역사교실,
역사에서 배우고 삶으로 가르치는

역사 교실,

역사에서 배우고 삶으로 가르치는

전국역사교사모임 지음

비아북
ViaBook Publisher

책을 펴내며

현장교사들이 교실에서 길어 올린 생생한 역사수업론을 펴낸 지가 어언 10년이 지났다. 1995년 『우리 역사, 어떻게 가르칠까』를 펴낸 이래, 2002년 『우리 아이들에게 역사를 어떻게 가르칠 것인가』, 2008년 『역사, 무엇을 어떻게 가르칠까』에 이어 이번에 『역사교실, 역사에서 배우고 삶으로 가르치는』을 출간하게 됐다. 특히 2018년은 전국역사교사모임 창립 30주년을 맞는 해여서 편집진은 전보다 더 다양한 실천과, 진지한 모색의 성과물을 싣고자 했다.

돌이켜보면 역사수업의 도정이 순탄하지만은 않았다. 2008년 하반기부터 소위 보수 정치 세력이 제기한 교과서 논란이 급기야 국정교과서 소동으로 이어져 역사교육의 지형은 크게 술렁였다. 역사교사들이 더 치열하게 내용을 고민하고, 더 치밀하게 수업을 디자인하는 데 공력을 쏟아야 할 시기에 퇴행적인 풍파를 겪은 것이다.

하지만 지난 10년여의 시간은 역설적으로 민주적인 가치와 건강한 시민교육의 중요성을 우리에게 일깨워주었다. 선언적 명제처럼 여겼던 인권, 민주주의, 평화의 가치를 수업에 녹여내 학생들의 삶 속에서 생명력을 갖도록 해야 한다는 인식이 역사교육계 전반에 확산됐다. 아울러 학생을 더 이상 수업의 대상이 아니라 어엿한 주체로 여기고 학생의 배움을 고려하는 인식이 현장으로 퍼져나갔다. 이런 노력은 교사의 적절한 길 안내를 바탕으로 학생들이 저마다의 생각을 키우고 서로 나누며, 더 큰 지혜를 만들어가는 역사수업의 필요성을 새삼 확인하는 과정이기도 했다.

이 책에서 편집진은 2008년 이후 역사수업의 중요한 변화를 살피고, 실천 사례를 음미하면서 새로운 가능성을 모색하고, 긴 호흡으로 역사교사들의 수업이 지향하는 바를 탐색하고자 했다. 명쾌하고 원론적인 정답을 제시하기보다는 다양하고 실천적인 해답을 소개하고, 역사교사들의 수업 고민에 방향타가 될 수 있는 논의를 풍성하게 담아내고자 했다.

1장에서는 역사수업의 전제가 되는 역사교육의 방향에 대한 논의를 실었다. 먼저 지난 10년간 전국역사교사모임 회보에 실린 수업이야기를 분석한 글을 통해 모임 초창기부터 견지해온 문제의식과 시대적 상황에 맞게 능동적으로 대응해온 수업실천의 궤적을 읽을 수 있다. 이러한 논의의 연장선에서 민주시민 교육의 중요성을 제기하고, 교육과정 재구성과 역사의 논쟁성 살리기를 통해 학생 삶 속의 역사, 삶을 가꾸는 역사라는 지향을 제시하는 글을 실었다.

2장에서는 역사를 제대로 가르치기 위해 현장에서 노력한 궤적을 살펴볼 수 있다. 2009년 무렵부터 크게 주목받은 배움 중심 수업을 역사과에 적용하는 과정에서 있었던 여러 가지 고민을 짚어보고, 역사 본연의 특성인 해석의 다양성을 살리는 논쟁식 수업을 내실 있게 실천하는 방안을 선보인다. 아울러 1장에서 제시한 민주적 가치를 지향하는 수업을 구현하기 위해 세계사 수업을 비롯해 한국사, 동아시아사 등의 영역에서 꾸준히 시도해온 교육과정 재구성 노력을 조명할 것이다.

3장에서는 이 책에서 남다른 의미가 있는 2편의 글을 통해 수업 성찰의 문제를 제기한다. 역사가 부단한 성찰을 통해 유장한 흐름을 통찰하는 과목이라면, 역사 교사도 자신과 자신의 수업을 돌아보고, 헤아리며, 더 나은 수업을 도모해야 한다. 이는 곧 교사의 성장, 수업 성장의 과정이기도 하다. 다만, 막연한 기억이 아니라 수업 기록을 토대로 학생의 배움을 의식하면서 자신의 수업을 진단해야 섣부른 오해와 이해 사이에 갇히지 않고 제대로 자신의 모습을 가늠할 수 있을 것이다.

4장에서는 역사수업의 외연을 넓히고 깊이를 더하는 노력을 읽을 수 있다. 사회과에 통합돼 역사로 인식되지 못했던 초등 역사의 자리매김을 위한 노력을 먼저 제시했으며, '위안부' 수업은 분노와 아픔의 회로를 벗어나 피해자 할머니에서 용감한 인권운동가 할머니로의 인식 전환이 필요하다는 깊이 있는 논의를 더했다. 학생들이 주인공이 되어 다양하게 펼치는 역사동아리 활동 사례와, 공감과 사색으로 이어지는 역사책 읽기 수업 역시 역사수업에 무게를 더해준다.

5장은 역사교사들의 수다로 채웠다. 앞에서 논의한 많은 내용을 생생한 대화 속에 구어체로 담아 함께 고민하고 더불어 실천하려는 마음가짐을 다지고자 했다. 전국 각지의 다양한 학교 급의 역사교사들이 모여서 배움, 가치, 논쟁, 융합,

계열화 등을 주제로 저마다의 실천과 꿈을 이야기하고, 서로의 등을 토닥여주는 모습을 보면서 독자들도 용기를 얻을 수 있으리라 본다.

일별하고 보니 다양하고 적잖은 논의를 펼친 것 같아 뿌듯한 마음이 들다가도 주제 하나하나의 무게를 느끼며, 적실하게 감당했는지 자신할 수가 없다. 그럼에도 편집진은 역사수업 현장에서 논의된 묵직한 주제들을 진지하게 받아들고, 교사의 실천을 씨줄로, 학생의 배움을 날줄로 삼아 수업 논의를 한 땀 한 땀 직조하려고 노력했다.

비록 미흡한 부분이 적지 않을 것이나 이 책이 독자들의 역사수업 실천 과정에서 디딤돌이 되고 길잡이 구실을 하기 바란다. 나아가 역사교사들의 꾸준한 실천으로 가꾸고 다듬어져 더 나은 역사수업이라는 열매를 함께 거둘 수 있기를 소망한다.

2018년 7월
전국역사교사모임 창립 30주년을 맞아
편집진 일동

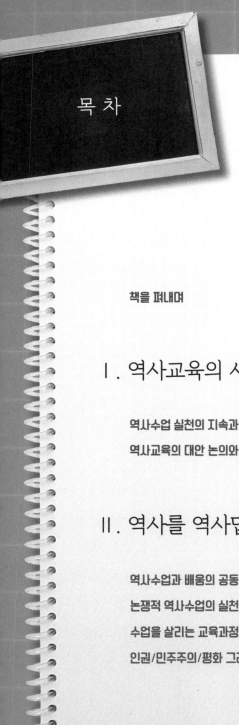

목 차

Ⅲ. 역사교사의 수업 성장과 수업 성찰

Ⅳ. 역사수업, 더 넓고 깊게 키우기

Ⅴ. 살아 있는 역사수업을 위한 대안 모색

정미란 │ 서울 초당초등학교 교사. 역사교육연구소의 역사수업 연구분과 및 어린이와 역사교육분과에서 활동하면서 좀 더 괜찮은 초등 역사수업을 하고 자 궁리와 도전을 거듭하고 있다. 학생의 역사 이해에 기반한 역사수업 구상 과 실행 및 성찰에 관심이 있다. 함께 쓴 책으로『한국 역사교육의 연구동향』, 『어린이들의 한국사』등이 있다. ihis2@hanmail.net

김육훈 │ 서울 독산고등학교 교사. 전국역사교사모임 회장과 역사교육연구 소장을 지냈다. 대안적인 역사교과서, 교육과정 논의에 두루 참여하여 '살아 있는 역사교과서 시리즈'를 개발하였다. 국정 역사교과서 소동으로 치달았던 과정을 성찰하며, 반공개발 국가주의를 넘어 인권, 평화, 민주주의를 추구하 는 새로운 역사교육의 얼개를 만드는 데 관심이 많다.『민주공화국 대한민국 의 탄생』,『살아있는 한국 근현대사 교과서』를 혼자 썼고,『외국인을 위한 한 국사』,『우리 역사교육의 역사』,『거리에서 국정교고서를 묻다』등을 다른 분 과 함께 썼다. yhkim2u@hanmail.net

Ⅰ. 역사교육의 새로운 지평 열기

전국역사교사모임 회보 '수업이야기'를 분석하여 모임 초창기부터 견지해온 문
제의식과 다양한 수업실천의 궤적을 읽으면서 민주시민 교육의 중요성을 제기
하고, 교육과정 재구성과 역사의 논쟁성 살리기를 통해 학생 삶 속의 역사, 삶
을 가꾸는 역사라는 지향을 제시한다.

+ 역사수업 실천의 지속과 변화
+ 역사교육의 대안 논의와 역사수업의 재구성 방향

역사수업 실천의 지속과 변화[1]

서울 초당초등학교 **정미란**

1. 머리말

역사수업 실천의 주체는 역사교사다. 6월 민주항쟁을 거치면서 성장한 역사교사들은 1988년, '역사적 진실을 왜곡하는 교과서와 입시 교육의 질곡을 벗고, 학생 스스로 주체적 삶을 일굴 수 있는 역사교육운동을 교사가 앞장서서 실천하자'고 선언하면서 '역사교육을 위한 교사모임'을 결성했다. 1991년, 역사교육을 위한 교사모임은 전국역사교사모임(이하 교사모임)으로 거듭났다. 역사교사들이 동호회 차원의 소모임을 넘어 전국적으로 결집된 건 유례가 없는 일이었고, 이는 역사교육의 제반 문제를 해결하기 위한 역사교육운동의 새로운 전환점이 됐다.[2]

교사모임은 역사교육과정 및 역사교과서의 구성 논리와 내용 편성에 대한 구체적이고 설득력 있는 비판과 대안 제시를 통해 역사교육의 변화를 주도했다. 역사교사들은 스스로 역사과 국가교육과정과 교과서를 분석, 검토해 교사 나름의 연간 교육과정과 배움책을 개발했고, 실제 수업에 적용했다. 교사모임은 역사수업 현장에서 활용할 수 있는 다양하고 풍부한 자료를 생산, 축적했고 '살아있는 역사수업'을 위한 역사수업 방법을 구현하고 공유했다. 현재 '전국역사교사모임 없이 역사교육을 말할 수 없을'[3] 정도로 교사모임은 역사교육 운동단체이자 전문성을 지향하는 역사교육 연구단체로서 중요한 위치에 있다.[4]

교사모임은 '참된 역사교육'을 실천하기 위한 '더 바람직한 역사교육의 내용과 방법'을 찾고자 했으며[5] 이러한 의지는 회보 『역사교육』에 반영됐다. 『역사교육』은 매해 봄, 여름, 가을, 겨울에 네 차례 발행됐고, 2017년 가을까지 총 118호가 나왔다. 회보는 지역 역사교사모임의 활동을 알리는 '모임 소식', 회원들의 일상생활 이야기를 풀어내는 '사는 이야기', 역사교육 현안에 대한 논의와 방향을 제안하는 '기획' 또는 '특집', 역사수업에 대한 다양한 사례를 발표하는 '수업이야기', 역사적 사건이나 답사 등을 다루는 '역사이야기', 역사교육과 관련된 책을 소개하는 '책이야기' 등의 꼭지로 구성된다.

이 중 역사수업과 관련해 주목할 내용은 '수업이야기'다. 교사모임은 『역사교육』의 첫 호부터 역사수업에 대한 꼭지를 마련해 그에 대한 논의와 실천을 지속해왔다. 역사수업에 대한 꼭지는 '수업사례', '수업지도안', '수업자료', '수업실천사례', '현장사례', '수업, 삶의 현장', '수업, 삶 마당' 등으로 명명되다가 2005년부터 '수업이야기'로 정착됐다.

창립 이후 20여 년간의 교사모임 활동에 대한 평가는 이미 자체적으로 실시된 바가 있다.[6] 하지만 교사모임에서 일구어놓은 역사교육과 관련된 수많은 자료에 대한 체계적 정리와 연구가 제대로 진행되지 않아 우리 현실에 맞는 역사교육실천의 성과와 노력은 사장돼버릴 수도 있는 처지다.[7]

최근 수업 사례 발표대회나 수업공동체 등이 유행이지만 역사교과의 특성을 담보한 경우는 많지 않다. 예외라면 교육부가 역사교육 역량강화 방안의 세부 추진 과제 중 하나로 역사교원의 전문성 강화를 위해 2016년과 2017년에 추진한 '역사수업 실천 사례 공모전' 정도를 들 수 있다.[8] 교육부는 이 사업을 시·도교육청에 의뢰하여 2016년에는 서울특별시교육청이, 2017년에는 인천광역시교육청이 담당했다. 역사수업 사례의 공모 주제는 교육부와 교육청의 의도에 따라 2016년에는 '학생의 학습능력과 수준을 고려하여 역사교육과정을 교과 및 창의적 체험활동을 통해 창의적으로 실천한 우수 사례'였다. 2017년에는 초·중등을 구분하여 초등은 '역사에 흥미를 가질 수 있는 수업 모형 개발·적용', 중등은 '성취기준-수업-평가-기록의 일체화 과정'이란 주제로 실시되었다.[9] 이 공모전은 관 주도의 전국적인 역사수업 사례 발표대회라는 점에서 의미가 있었으나 지속적이고 협력적인 방식의 역사수업 발굴과 공유, 개선을 모색하기는 어려웠다.[10]

역사수업 사례를 공동으로 연구, 실행하고 있는 교사수업공동체 혹은 교원학습공동체가 시·도교육청의 권고와 지원 속에 학교나 지역 단위로 조직되어 활동하고 있으나 모임을 지속적으로 운영하면서 그 성과를 공개적으로 발표하는 경우는 흔치 않다.[11]

역사교육연구소의 역사수업 연구분과는 초·중·고등학교 교사와 대학의 연구자가 자발적으로 참여하여 민주적인 관계 속에서 꾸준하고 심도 있게 역사수업연구를 하고 있어 주목을 끈다. 이 분과의 구성원들은 공동의 역사수업 기획과 실행 및 성찰을 통해 역사수업 전문성을 높여 가면서 역사교사이자 역사교육 연구자로서 함께 성장하고 있다.[12]

이런 상황에서 역사교사들의 역사교육에 대한 인식과 수업실천 사례를 실은 '수업이야기'는 비단 교사모임에 속한 특정 역사교사의 역사수업 사례에 그치는 것이 아니라 학교 역사수업의 성격과 방향을 가늠할 수 있는, 전국 역사교사들의 수업에 대한 궁리와 실천이 축적된 자료로서 각별한 의미가 있다.[13] 교사모임의 역사교육 현장에 대한 영향력과 수업 사례의 지속성, 전국을 포괄하는 참여 교사의 규모와 다양성 등을 고려해볼 때 그 의미는 더욱 크다.

이 글에서는 지난 10년간, 즉 2007년 봄 호(76호)부터 2016년 겨울 호(115호)까지 교사모임의 회보 『역사교육』의 수업이야기에 실린 역사수업 사례를 통해 역사교사의 수업실천 양상의 지속과 변화를 살펴보고자 했다. 먼저 2장에서는 수업이야기에 투고한 역사교사의 특성을 학교 급별, 지역별, 경력별로 살펴보았다. 3장에서는 역사수업 사례 중 역사수업 내용에 대한 글을 중심으로 역사교사들의 수업 내용에 대한 구상과 실천의 성격을 고찰했다. 4장에서는 역사수업 사례 중 역사수업 방법에 대한 논의와 실천의 양상을 분석했다.

본 연구가 지금까지 축적된 역사교사의 역사수업 실천이 학교 역사교육에 주는 의미와 전망에 대한 논의를 시작하는 디딤돌이 되기를 기대한다. 또한 교사모임의 역사수업이야기에 대한 성찰을 통해 앞으로 수업이야기가 역사교사의 역사수업에 대한 소통과 성장에 기여하고자 한다.

2. 역사수업 이야기를 하는 사람들

역사수업연구는 역사교사의 핵심 활동이자 학생의 주요한 학습 활동이 일어나는 장으로서 역사수업을 들여다본다. 교사의 수업 계획에서 시작해 내용 구성 및 자료 수집과 재구성을 거쳐 실제 수업을 실행한 뒤 실행의 결과를 반추해 다음 차시를 계획하고 고안하는 일련의 과정이 역사수업연구의 초점이다.[14] 즉, 역사수업연구는 교사의 전체적인 수업 과정을 그 대상으로 한다. 그런데 교사의 수업 과정에 대한 연구는 대부분 시공간에 제약이 있어 그 변화를 고찰하는 것은 쉽지 않다.

교사의 수업 실행 과정을 알 수 있는 축적된 자료가 드문 여건에서 주기적이고 지속적으로 발간된 『역사교육』의 역사 '수업이야기'는 한국 역사교사들의 역사수업 변천을 살펴볼 수 있는 소중한 자료다.

지난 10년 동안 『역사교육』에 실린 수업이야기는 모두 143편이다. 그중 4편은 전국역사책읽기대회 심사 결과에 대한 것이다. 여기서는 그 4편의 글을 제외한 139편의 글을 분석 대상으로 삼았다.

수업이야기를 쓴 사람은 대부분 중·고등학교에 재직하고 있는 역사교사였다. 필자를 학교 급별, 지역별로 정리하면 다음과 같다.

역사 '수업이야기' 필자의 학교 급별, 지역별 분포

	초	중	고	모임	그 외	계
강원	–	–	2	–	–	2
서울	5	19	17	–	–	41
경기	–	8	19	2	–	29
인천	–	3	2	2	–	7
충남	–	–	3	–	–	3
충북	–	1	1	–	–	2
대전	–	3	1	–	–	4
전남	–	5	1	–	–	6
전북	–	7	2	–	–	9
광주	–	1	1	–	–	2
경북	–	–	4	–	–	4
대구	–	1	7	–	–	8
경남	–	–	3	–	–	3
부산	–	–	9	–	–	9
울산	–	–	2	–	–	2
일본	–	2	4	1	–	7
그 외	–	–	–	–	1	1
계	5	50	78	5	1	139

수업이야기의 필자는 '전국'역사교사모임이란 이름에 걸맞게 전국 각 지역에 분포돼 있었다. 특히 서울 41편, 경기 29편으로 두 지역에서 근무하고 있는 교사들의 투고가 가장 많았고, 전북, 부산, 대구, 인천, 전남 등에서도 활발히 활동하는 것으로 나타났다. 아쉽게도 제주에서 보내온 수업이야기는 없었다.

전국역사교사모임과 일본역사교육자협의회의 교류 활동을 보여주는 일본 역사교사의 글도 7편 있었다.[15]

지역별, 학교 급별로 구분했을 때 어디에도 해당되지 않는 그 외의 사례는 거꾸로교실에 대한 다큐멘터리를 제작한 정찬필 프로듀서를 면담한 글이었다.

학교 급별로 사례 수를 살펴보면 고등학교 78편, 중학교 50편, 초등학교 5편으로 중·고등학교 역사교사, 특히 고등학교 역사교사들이 수업이야기를 주도하고 있음을 알 수 있다. 고등학교의 역사수업은 대학 입시를 대비한 강의식, 암기식 수업이 대부분일 거라는 통념을 깨는 결과다. 고등학교 역사교사들이 살아있는 역사수업을 하기 위한 여러 가지 방법을 구안, 실행하고 있는 것이다.

특히 정보산업고등학교, 반도체고등학교, 자동차고등학교, 상업고등학교, 기계공업고등학교, 예술고등학교 등 특성화고등학교 학생들의 학습 상황을 고려해 역사수업을 재구성하고 실천한 교사의 글이 10편(경기 3, 경북 1, 광주 1, 부산 1, 서울 1, 인천 1, 충남 1, 충북 1)이나 있었다. 또한 대안학교인 산마을고등학교와 특수목적고등학교인 한국과학영재학교의 수업 사례도 각각 2편, 1편이 있었다.

중학교의 경우 50편의 글이 실렸지만 고등학교에 비해 지역별 편차가 크다. 많은 지역에서 고등학교 사례가 중학교보다 더 많거나 중학교 사례가 전혀 없었고, 서울과 인천, 대전, 전남, 전북 정도에서만 중학교 사례가 더 많았다. 이는 지난 10여 년 동안 지역 역사교사모임의 수업에 대한 논의가 주로 고등학교 교사를 중심으로 이뤄졌음을 시사한다.

초등학교 역사수업 사례에 대한 글은 5편뿐인데, 그마저도 서울 지역에 근무하는 두 교사의 사례여서 앞으로 보다 다양한 사례의 발굴과 축적이 필요하다.[16] 모임 차원에서 수업이야기를 쓴 경우는 인천역사교사모임과 고양파주역사교사모임의 글이 각각 2편씩 있다.

필자들의 교직 경력을 살펴보면 대부분 5년 차 이상의 경력 교사다. 하지만 「3년 차 교사의 세계사 알아가기」(77호), 「4년 차 교사의 팀티칭 도전기」(81호), 「교사 3년 차, 조선철도를 공개수업하다」(82호), 「새내기 역사교사로서의 1년」(83호)처럼 초임 교사의 역사수업에 대한 고민과 실천도 엿볼 수 있다.[17]

특히 신규 역사교사를 위한 교사모임의 연수에 참가했던 초임 교사들의 소감과 수업 사례가 『역사교육』에 종종 실리는 것은 고무적인 일이다. 이는 교사모임이 일찍부터 초임 역사교사를 위한 연수를 개설, 운영하고, 회보에 역사교수법이나 수업 아이디어 등을 담은 글을 기획해 싣는 등 초임 교사들에 대한 꾸준한 관심과 지원을 아끼지 않았던 의식적인 노력 덕분이다.

예비 역사교사들에 대한 관심도 찾아볼 수 있다. 「교생실습기-'꿈'을 찾았던 한 달의 시간」(77호), 「역사교사로 한 달 살아보기」(81호) 등 예비 교사로서 역사수업을 해본 대학생들의 실습기가 있다. 하지만 교사모임 초기에는 예비 역사교사들의 참여가 더욱 활발했고, 2000년 봄 호의 경우 「역사교사 양성제도의 현황과 문제점」, 「교육실습의 현황과 과제」, 「교육실습에 대한 예비 교사의 단상」, 「교원임용고사의 문제점과 개선 방안」, 「임용고사를 봐보니」 등 역사교사의 양성과 임용에 대한 집중적인 논의가 이뤄졌다. 최근 10여 년간의 회보에서 예비 역사교사와 관련된 글은 손꼽을 정도로 적다. 교사모임이 이전보다 예비 역사교사들과의 연대에 힘을 기울이지 못하고 있는 것이다.

다시 말해 『역사교육』에 실린 수업이야기를 쓴 필자들은 대부분 경력 교사이며, 초임 역사교사들의 사례도 있으나 예비 역사교사들의 참여는 드물었다. 학교 급별 수업 사례는 고등학교, 지역별로는 서울과 경기 지역 집중 현상이 두드러졌다. 앞으로 역사수업 사례의 발굴과 논의가 지역별, 학교 급별로 좀 더 균형 있게 이뤄지도록 해야 한다. 또한 역사교사의 양성과 임용, 성장과 교류를 고려해 다양한 처지에 있는 교사 및 예비 교사의 역사수업에 대한 목소리를 담아낼 필요가 있다.

3. 자생적이고 가치 지향적인 역사수업 내용 재구성

『역사교육』의 수업이야기는 보통 역사수업에 대한 교사의 고백으로부터 시작됐다. 역사교사는 자신이 왜 그 수업을 구상했고, 어떻게 실행했으며, 실행 후에 학생들은 어떤 반응과 인식을 나타냈고, 자신의 수업 소감은 어떠한지 등을 써내려갔다. 역사교사의 수업 구상에서 가장 중요한 것 중 하나는 가르칠 내용, 즉 무엇을 가르칠 것인가에 대한 궁리일 것이다. 수업이야기는 특별한 형식이 있지 않고 필자에 따라 자유로운 형식으로 기고하므로 역사수업의 어떤 부분에 대한 이야기인지 뚜렷하게 구분되지 않는 경우가 많다.

1) 역사수업이야기의 구분

이 글에서는 역사 '수업이야기'를 필자의 문제의식과 글의 중심내용이 무엇인가에 따라 ① 역사수업 경험, ② 역사과 교육과정 재구성, ③ 역사수업 내용, ④ 역사수업 방법과 평가, ⑤ 창의적 체험활동, ⑥ 기타로 구분하였다.[18]

① 역사수업 경험은 역사교사가 자신의 역사수업에 대한 그동안의 경험을 토로하고 공유하는 글이다. ② 역사과 교육과정 재구성은 역사, 한국사, 동아시아사,

세계사 등 국가교육과정을 분석하고 재구성해 1학기 혹은 1년의 역사수업 계획을 제시하고 이를 배움책으로 구체화하는 글이다. ③ 역사수업 내용에 해당하는 글은 특정 역사 내용이나 주제에 대한 수업 사례다.

④ 역사수업 방법과 평가는 시청각 매체 활용, 토론이나 글쓰기, 연극 등 역사수업 방법에 대한 수업 사례다. ⑤ 창의적 체험활동은 정규 교과로서의 역사수업이 아닌 창의적 체험활동이나 동아리 활동으로 실천한 역사수업을 소개한 것이다. 마지막으로 위의 ①~⑤에 해당한다고 보기 어려운 사례들은 ⑥ 기타로 구분했다.

또한 각각의 수업이야기는 주된 내용이 어느 교과목에 해당하는지에 따라 한국사, 한국사+세계사, 세계사(동아시아사), 교과 연계 영역으로 구분했다. 수업이야기를 내용과 영역으로 구분해 정리하면 다음과 같다.

역사 '수업이야기'의 구분

급별	영역 \ 중심내용	①	②	③	④	⑤	⑥	계
초	한국사	2			2			4
	한국사+세계사				1			1
	세계사(동아시아사)							
	교과 연계							
중	한국사	2	2	9	8	2	1	24
	한국사+세계사	1	1	1	4		1	8
	세계사(동아시아사)	1(·)	1(·)	4(3)	1(·)			7(3)
	교과 연계	2		2	3		1	8
고	한국사	4	7	25	10	1	2	49
	한국사+세계사		1	2		1	1	5
	세계사(동아시아사)	7(4)	2(2)	4(·)	5(2)			18(8)
	교과 연계			2		1		3

모임 및 기타	한국사, 일본사		1	7		1		9
	한국사+세계사							
	세계사(동아시아사)		1(1)					1(1)
	교과 연계			1	1			2
계(%)		19 (13.7)	16 (11.5)	57 (41.0)	35 (25.2)	6 (4.3)	6 (4.3)	139 (100)

역사수업이야기에서 가장 많은 글은 ③ 역사수업 내용(41.0%)이었고, ④ 역사수업 방법과 평가(25.2%)가 그 뒤를 이었다. 다음은 ① 역사수업 경험, ② 역사과 교육과정 재구성, ⑤ 창의적 체험활동, ⑥ 기타 순서였다. 영역별로 보면 한국사(일본 사례의 경우 일본사 포함)에 대한 사례가 86건(61.9%)으로 압도적으로 많았고, 세계사(동아시아사 포함) 26건(18.7%), 한국사＋세계사 14건(10.1%), 교과연계 13건(9.3%) 순서였다.

초·중·고등학교 모두 한국사에 대한 수업 사례가 가장 많았고, 중학교의 경우 한국사＋세계사, 세계사(동아시아사), 교과 연계 수업 사례 수는 비슷했다. 고등학교의 경우 세계사(동아시아)에 대한 수업 사례가 좀 더 많았다. 이는 초등학교의 경우 한국사, 중학교는 한국사＋세계사, 고등학교는 한국사, 세계사, 동아시아로 편성돼 있는 역사과 교육과정의 규정력이 일정 정도 영향을 미친 것으로 생각된다.

교과 연계 영역의 사례로는 「4년 차 교사의 팀티칭 도전기」(81호), 「삼각산고등학교의 '기후변화'를 주제로 한 범교과 프로젝트 수업 사례」(95호), 「별에서 온 그대－2014학년도 2학년 교과 융합 수업」(110호) 등 역사와 미술, 국어, 과학, 지리 등의 교과와 연계한 수업 사례가 있었다.

역사수업이야기는 크게 두 부분으로 나누어 살펴보고자 한다. 이 장에서는 역사교사의 수업내용에 대한 논의와 관련된 ① 역사수업 경험, ② 역사과 교육과정 재구성, ③ 역사수업 내용을 살펴보았다. 역사교사의 수업방법에 대한 궁리에 해당되는 ④ 역사수업 방법과 평가, ⑤ 창의적 체험활동, ⑥ 기타는 4장에서 다루었다.

2) '나'의 경험을 '우리'의 경험으로

① 역사수업 경험에 해당하는 글들은 주로 역사교과를 가르친 경험을 소개하거나 역사수업에 대한 교사의 관점과 지향을 언급하는 경우가 많았다.

내가 맡게 된 과목은 1학년 국사와 3학년 세계사였다. 우리 학교는 국사-사회-세계사를 학년순으로 배우게 되어 있었다. 나는 개인적으로 세계사를 가르칠 수 있어서 너무 좋았다. 하지만 첫 수업부터 만만치 않았다. 우리 학교에는 인문계와 달리 취업을 염두에 두고 입학한 학생들도 있었다. 따라서 모두가 입시 준비를 하는 것도 아니었다. 또한 세계사가 입시에 큰 비중을 차지하는 과목도 아니었으니 세계사는 들어도 그만, 안 들어도 그만인 과목이었다. 그러므로 재미가 없다 싶으면 즉각 거부 반응이 왔다. 아이들은 참 솔직했다. 하지만 그 솔직함에 난 때로 속이 상했다. … 수업하면서 참 신기했던 건, 아이들에게 설명을 자세히 하든 간략히 하든 별 차이가 없다는 점이었다. 나는 내용을 너무 중요하게 생각했던 것 같다. 하지만 현장에서 임용고사식 공부 방법은 통하지 않았다. 내가 알고 있는 걸 모두 해체한 후 그것을 아이들에 맞게 다시 요리해야 했다.[19]

역사교사들의 역사수업 경험은 가르치는 학교 급별, 지역별, 학생들의 상황 등 처해 있는 수업 여건에 따라 달랐다.[20] 하지만 자신의 역사수업을 성찰하고 다른 역사교사들과 그 경험을 공유하고자 한다는 점은 비슷했다. 교사들은 수업이야기를 통해 역사수업을 마주하면서 겪는 어려움과 고민이 자신만의 문제가 아님을 알게 됐고, 그 속에서 위로받고 다시 힘을 내 배우고 실천했다.

한 해 동안 열심히 역사수업을 하고 나서 학생들의 강의 평가를 받았는데, "선생님의 수업은 텔레비전을 시청하는 것 같다. 왜냐면 내가 원하지 않는 선택할 수 없는 채널을 나는 그만 꺼버리고 싶었기 때문이다"라는 냉정한 평가에 가슴이 막히고, 어지럽고, 화끈거리면서 어디라도 숨고 싶고, 인정하고 싶지도 않았다. 그때 받은 상처 자리에 『역사교육』의 수업이야기를 마치 고약처럼 발라보았다.[21]

교사모임은 상호 협력과 친밀한 유대 관계를 중시하는 협력 지향 문화를 갖고 있으며, 역사교사들의 학습을 지원하기 위한 교과 내용 및 교수법 연구 문화를 지향한다. 이는 역사교사들의 열정적인 태도와 학습 지향성으로 드러난다. 또한 역사교사들은 기존의 교육 내용과 방법에 안주하지 않고 이를 끊임없이 비판하고 자신들의 관점에서 해석하고자 노력한다.[22] 이러한 특성들은 교사모임의 구성원들이 서로의 역사교육에 대한 관점을 드러내고 공유하며, 역사수업 경험을 얘기하고 수용, 발전시켜나가는 과정에서 보다 강화된다고 할 수 있다.

3) 배움책 제작을 통한 역사과 교육과정 재구성

수업이야기의 ② 역사과 교육과정 재구성과 ③ 역사수업 내용에 해당하는 글은 역사교사의 '역사수업에서 무엇을 가르칠 것인가'에 대한 궁리를 보여준다.

그중 ② 역사과 교육과정 재구성에 대한 글은 한국사, 세계사, 동아시아사, 한국사+세계사 등에 대한 한 학기 혹은 1년 과정의 수업 주제 및 내용을 구체적으로 제시하고, 그에 필요한 학습 자료와 학생용 학습지를 개발해 소개하는 글이 많았다. 각각의 사례는 특정 교사가 자체 개발한 경우도 있었지만 대부분 소모임이나 지역 역사모임의 활동을 통해 개발된 내용을 학습지 묶음 형식의 '역사수업 배움책'으로 제작해 보급하고자 했다. 지역 역사교사모임이 역사교사들의 수업실천에 많은 영향을 주고 있는 것이다.

> 올해 초, 경남역사교사모임에서 한국사 배움책 팀이 결성된 후 2~3주에 한 번씩 5명의 교사들이 모여 한국사 배움책을 만들어가고 있다. … 아직 배움책을 완성한 것도 아니고, 자랑할 만한 성과를 낸 것도 아니지만, 모임의 진행 과정과 배움책의 틀을 소개하면서 다른 지역 모임이나 단위학교에서 또는 개인적으로 만들어가고 있을 배움책이나 학습지를 만드는 작업에 미약하나마 도움이 되길 바라는 마음으로 글을 써보았다.[23]

역사교사들의 교육과정 재구성과 배움책 제작은 수업 현장의 필요성에 의해 자발적이고 적극적으로 이뤄졌다. 교사들은 배움책의 제작 과정과 성과, 어려움 등을 수업이야기를 통해 드러내고 공유함으로써 다른 교사나 모임에서 배움책을 제작할 때 도움이 되고자 했다.

사실 교사모임의 배움책 제작 운동은 1990년대 중·후반 역사교과서에 대한 문제가 제기되자 교과서를 대신할 교재를 제작해 역사수업을 하려는 몇몇 교사의 도전에서 시작됐다.[24] 역사교사들은 교과서와 교육과정에 대한 연구를 바탕으로 스스로 교과서를 재구성하고, 학생용 활동 자료를 풍부하게 제시했다. 배움책은 교사 나름의 역사교육관을 수업에서 체계적, 구체적으로 전개하는 도구이자 학생을 수업 공간에 적극적으로 참여시키는 통로가 됐다. 역사교사들이 각자의 조건에 맞게 제작한 배움책은 '교사가 능동적인 교육과정 조정자로서, 최적의 수업을

이끄는 전문가로서 존재함을 증명하는 성과'였다.[25]

배움책 제작 운동은 역사과 교육과정과 교과서에 대한 비판에 머무르지 않고 대안을 직접 마련하자는 대안교과서 발간 운동으로 발전했다. 이는 『살아있는 한국사 교과서』, 『살아있는 세계사 교과서』 등으로 구현됐다. 교육과정과 교과서를 주체적으로 재구성해 수업을 보다 풍성하게 만들기 위한 교사들의 노력이 배움책으로, 그리고 대안교과서로 이어진 것이다.

교수들이 학문적 전문성이나 난해한 연구 주제에 기반을 두고 교과서를 집필하는 것을 대신해 교사들은 다양하게 배치된 사료, 그림, 에피소드 등을 활용해 더욱 생동감 있는 역사이야기를 만들고자 했다. '교실에서 제작된 교과서'는 교사모임의 주요 업적으로 찬사를 받았고, 학생, 학부모 및 일반 대중에게 커다란 호응을 얻었다.[26]

배움책 제작과 대안교과서 발간을 통해 단련된 역사교사들은 2007 개정교육과정 개발과 검정 역사교과서 집필에 적극적으로 참여했다.[27] 대안교과서 작업은 교육과정과 교과서 개발에 새로운 모델을 제시했으며, 구체적인 현장의 대안을 놓고 교육과정을 토론한다는 점에서 교육과정 논의의 수준을 끌어올렸다. 역사교사들은 이러한 과정을 통해 역사교육 논의와 실행의 중요한 주체로서 자리매김했고, 교사가 교육과정 개발과 교과서 집필에 참여하는 것은 당연한 일이 됐다.

역사교사들은 교육과정과 교과서를 적극적으로 분석, 재구성해 역사수업을 구상하고 실천했다.[28] 「새로운 교과서를 대비하는 사람들 1 - 중학역사수업연구모임 활동 소개」(91호), 「새로운 교과서를 대비하는 사람들 2 - 고등학교 '한국사' 수업 준비에 대한 단상」(91호) 등은 2007 개정교육과정의 적용을 앞둔 역사교사의 적극적이고 시의적절한 대응을 보여준다.

검정교과서가 나오기 전에 모임이 시작됐기 때문에 처음에는 2007 개정교육과정 해설서에 의존해 공부를 시작했습니다. 교과서 없이 교육과정과 해설서만 참고해 발제를 준비하다 보니 처음에는 시행착오가 많았던 것으로 기억됩니다. … 지금 생각해보면 교과서에 얽매이지 않고 교육과정을 기준으로 삼아 가르쳐야 할 내용을 우리 나름대로 추출해본 경험도 의미 있었던 것 같습니다. 후에 검정교과서를 살펴보니 우리가 고민해 추출한 내용 요소보다 훨씬 많은 내용 요소가 나열돼 있어 아쉬움이 남았습니다. 교과서가 바뀌어도 교사의 적극적인 수업 재구성이 당연히 필요하다는 것을 다시 한번 확인하게 됐죠.[29]

역사교사들은 역사교과서가 발행되기 전에 가르쳐야 할 내용을 미리 계획하고 준비하기 위해 교육과정을 토대로 교육 내용을 추출해 재구성하는 과정을 자체적으로 제기하고 실행했다. 이러한 연구 활동을 통해 교사들은 발행된 검정교과서에 '우리가 고민해 추출한 내용 요소보다 훨씬 많은 내용 요소가 나열돼 아쉽다'는 등 역사교육 내용의 적절성을 판단하는 안목과 능력을 키워나갔다. 또 역사교과서가 바뀌었다고 그 교과서를 그대로 가르치는 것이 아니라 '교사의 적극적인 수업 재구성이 당연히 필요하다'는 점을 절감했다.

교사모임은 특히 2007 개정교육과정에서 동아시아사가 새로운 교과목으로 도입되는 논의 과정 및 교육과정 개발과 교과서 집필에 적극적으로 참여했다. 회보를 통해 동아시아사 교과목의 의미를 알리고 역사교사들의 수업실천을 선도적으로 조직, 소개했으며[30] 이는 동아시아 배움책 제작으로 이어졌다.

2013년 고파모임(고양파주역사교사모임) 내에 '동아시아사'를 가르쳐야 하는 선생님은 무려 6명이나 됐다. 이에 당장 수업에 쓸 학습지를 만들어야 한다는 위기감에 고파 내에서 동아시아사 학습지 모임의 필요성이 제기됐다. 그리고 신학기를 앞둔 2월 말부터 고2를 대상으로 한 학습지 제작을 위한 동아시아사 모임이 시작됐다.[31]

동아시아사 학습지 제작 과정

1. 첫 모임: 본격적인 학습지 제작에 앞서 동아시아사의 신설 배경과 경과, 동아시아사 교육과정 이해, 참고 자료(집필 안내서, 수업 참고 자료집 PPT, EBS 교재 등) 공유, 학습지 구성 방향 논의
2. 기초 작업: 단원별 학습지 제작 전 동아시아사 교육과정상의 교수 학습 내용과 성취기준 분석, 천재와 교학사 2종 교과서 내용 비교
3. 학습지 구성 틀 수립
4. 소단원별 샘플 학습지 제작: 돌아가며 제작 후 토론 및 수정
5. 소단원 학습지 완성

2007 개정교육과정 이후 역사과 교육과정과 교과서는 한국 정치 지형의 변화에 따라 현장의 교육 여건 및 실태와 상관없이 수시로 바뀌었다. 주객이 전도된 비교육적 현실에서도 역사교사들의 노력은 계속됐다. 배움책 제작은 더 이상 특이하고 예외적인 사례가 아니라 역사교육 전문가로서 자신을 자각한 많은 역사교사들에게 보편화하였다. 그리고 그것은 매년 자신의 연간 수업 계획을 짜고 실행해야 하는 다른 역사교사에게 좋은 참고 자료가 됐다.

이렇듯 수업이야기의 ② 역사과 교육과정 재구성에 해당하는 글들은 교사모임이 좀 더 나은 역사교육의 틀을 만들어가고 역사 내용을 역사 '교육' 내용으로 탈바꿈시켜가는 역사교사로서의 자율성과 전문성을 보여주는 사례다.

4) 근현대사 집중과 가치 지향의 수업 구상

③ 역사수업 내용은 수업이야기에서 가장 큰 비중을 차지했다. 이는 어쩌면 당

연한 결과다. 역사과는 타 교과와 달리 '역사 사실 이해', 즉 역사적 사실이 주요 교육 내용이기 때문이다. 역사교사가 역사를 어떻게 이해하고 어떤 방향으로 가르치는가 하는 것은 우리 역사교육의 현주소를 알 수 있는 핵심적인 지점이다. 여기서는 역사수업 내용을 시대별, 주제별로 분석해 역사교사들의 수업 내용 궁리의 주요 특성을 살펴보았다.

③ 역사수업 내용의 주제

영역	시대	학교 급	주제[내용](호)
한국사	남북국 이전	중	–
		고	–
	고려	중	–
		고	–
	조선	중	–
		고	한국 과학사 수업이야기[세종 대의 천문과학](88) 미술사 수업 어떻게 할까?–「몽유도원도」에서 찾은 조선 전기 사대부의 예술 정신(84) 까칠하게 보는 정조 열풍(79) 고지도와 대동여지도를 통해 시대 모습 훔쳐보기(84) 1급 정교사의 좌충우돌 공개수업[서민 문화](95)
	개항기 ~ 일제 강점기	중	개항기 외국인의 기록을 통해 보는 우리의 모습 그리고 지금 우리의 타자에 대한 시선(108) 대원군 논술을 통해 본 중3 학생들의 역사인식(88) 동학농민혁명과 역사교육(106) 생각하는, 그리고 살아있는 역사수업을 그리며[을미사변](98) 조선의용군 최후의 분대장 김학철–1930년대 일본의 중국 침략과 반제국주의 운동(86) 전쟁터로 내몰린 한국과 일본의 민중들–황민화 정책과 태평양전쟁의 희생자(99)
		고	한일역사교육교류회 수업 사례–개항을 어떻게 볼 것인가(83) 「HD 역사스페셜」과 함께하는 근대사 수업[동학농민운동](77) 역사 마실, 강원 지역 동학농민전쟁 숨결을 찾아 떠나다(106) 역사과 PCK 수업안 의병전쟁과 자강계몽운동(80) '일제강점기 경성 사람들의 생활'을 통해 인간과 역사를 이해하기(86) 한일 청소년의 역사 마주 보기[일제강점기 강화인의 삶](87)

	현대	중	5·18 이후를 이야기하다(101)
		고	해방 정국에서 모의 선거 수업(94) 건국 후 최초의 학생 민주운동 '대구 2·28 민주운동'(100) 묵은 교사의 수업 고백[이승만 정부의 정책](85) 마음으로 느끼며 머리로 생각하는 5·18 수업(81) 고등학생이 이해하는 5·16과 5·18 그리고 민주주의(105) 독재의 추억, 민주주의의 일상-박정희 정권 수업지도안(105) 기억하겠습니다. 봄꽃처럼 져버린 당신을 잊지 않겠습니다. 지독했던 4월의 그날들-세월호 1주기 공동수업안 후기(109)
	기타	중	단일민족 편견 깨기-한반도를 찾은 귀화인들의 역사(79) 일제 잔재 바로 알고 바로잡기(92) 다문화시대의 역사교육(102)
		고	'일방적'이 아닌 수업을 위한 노력-일본군 위안부를 주제로 한 편지 쓰기 수행평가 사례(78) 다큐멘터리 영화와 함께한 '일본군 위안부' 수업(87) 일본군 '위안부' 문제의 평화적인 해결 방안을 찾는다(102) 독도 수업, 어떻게 할까?(82) 특성화고 전공 교과 학생들을 위한 역사수업 만들기[한옥](98) 지역 역사 속의 다문화: 누가 진정한 이웃인가?[김충선, 두사충, 존슨](108) 히틀러 소동을 통해 본 보편적 가치 교육의 모색(115)
한국사 +세계사		중	용기 있는 도전-교사 3년 차, 조선철도를 공개수업하다(82)
		고	철도를 통해 본 조선의 근대화(80) 우리 안의 차별 깨기-관동대지진과 만보산사건 이후의 학살(112)
세계사 (동아시아사)		중	임진왜란, 동아시아 전쟁(82) 나는 매일 'SHOW'를 한다!-'동아시아 삼국의 수호통상조약' 수업 사례(78) 동아시아 평화를 모색하는 수업실천-'우리들의 전후 70년 담화' 수업을 중심으로(112) 발전을 위한 희생은 불가피한가?-신항로 개척 토론수업(103)
		고	민주주의, 아테네에서의 민주주의(98) 민주주의 시선으로 본 시민혁명 수업 사례(100) 유럽에 의한 아메리카와 아프리카 지배와 그 영향(83) 히로시마, 나가사키 원폭 투하 사실을 통해 본 평화 수업(83)
교과 연계		중	4년 차 교사의 팀티칭 도전기[르네상스 미술](81) 별에서 온 그대-2014학년도 2학년 교과 융합 수업[귀화인](110)
		고	삼각산고등학교의 '기후변화'를 주제로 한 범교과 프로젝트 수업 사례(95) League Of Disease(L.O.D.)-2015학년도 교과 융합 수업(111)

일본	중, 고	한일역사교육교류회 수업 사례–과거, 현재, 미래를 생각하는 '일본국 헌법의 탄생' 수업(83)
		조사학습, 발표학습으로 배운 3·1운동 수업(86)
		오키나와전을 어떻게 가르칠 것인가(87)
		우키요에에서 에도 서민의 생활을 배우다(90)
		삼림을 지키고 키우기 위해 가능한 일 수업 보고(92)
		일본사 수업 열기–후세 다쓰지(布施辰治)와 조선(94)
		가네코 후미코, '나는 나의 인생을 살아간다'(99)

역사 '수업이야기'에 실린 역사수업 내용의 주제는 한국사가 가장 많았다. 세계사(동아시아사), 역사(한국사+세계사), 교과 연계와 관련된 내용도 꾸준히 실렸다. ③의 한국사 수업 사례 중 고려 시대 이전 시기의 주제를 다룬 글은 없었다.[32] 전근대사 역사수업에 대한 역사교사들의 새로운 시각과 수업 방향을 살펴볼 수 없다는 점이 아쉽다.[33]

중학교 역사수업 주제는 개항기·일제강점기가 많았고, 고등학교의 경우 현대사, 기타 주제의 수업이 조금 더 많았다.

역사교사들이 관심을 갖고 실천한 역사수업 주제는 다양했다. 여러 교사들이 공통적으로 다룬 주제는 동학농민운동과 5·18 민주화운동, 일본군 '위안부'로 모두 현재까지 역사적 평가와 기억에 대한 논쟁이 활발한 것들이다.

역사교사들의 역사수업 내용 궁리에서 돋보이는 것은 수업에 대한 다각적, 성찰적 접근과 수업 내용에 대한 관점이다. 중학교 교사들은 임진왜란, 개항, 수호통상조약 등에 대한 수업을 동아시아의 시각에서 풀어내었다. 철도에 대한 수업 사례의 경우 중·고등학교 모두 세계사의 시각에서 내용을 구조화했다.

근간 학교교육에서 강조되는 다문화 교육에 대한 역사교육적 접근도 볼 수 있었다. 「단일민족 편견 깨기–한반도를 찾은 귀화인들의 역사」(79호), 「다문화시대의 역사교육」(102호), 「개항기 외국인의 기록을 통해 보는 우리의 모습 그리고 지금 우리의 타자에 대한 시선」(108호), 「우리 안의 차별 깨기–관동대지진과 만보산

사건 이후의 학살」(112호) 등은 기존의 역사학습에서 무심히 지나쳤던 '우리' 역사에 대한 성찰을 통해 다문화를 이해하려는 시도다.

역사교사들은 기존의 역사인식에 대한 문제 제기와 평화, 민주주의 등 보편적인 가치[34] 지향의 관점에서 수업 내용을 재구성하였다 .「까칠하게 보는 정조 열풍」(79호),「발전을 위한 희생은 불가피한가?-신항로 개척 토론수업」(103호) 등은 기존의 역사인식에 대한 비판 사례다.

평화의 가치를 지향한 역사수업 사례로는「히로시마, 나가사키 원폭 투하 사실을 통해 본 평화 수업」(83호),「일본군 '위안부' 문제의 평화적인 해결 방안을 찾는다」(102호),「동아시아 평화를 모색하는 수업실천-'우리들의 전후 70년 담화' 수업을 중심으로」(112호),「히틀러 소동을 통해 본 보편적 가치 교육의 모색」(115호) 등이 있다. '평화'의 가치를 담아내기 위한 교사모임의 노력은 2010년 이후 본격적으로 논의됐고, 회보의 특집 주제로 다뤄지기도 했다.[35]

민주주의의 가치를 지향한 역사수업 사례로는「민주주의 시선으로 본 시민혁명 수업 사례」(100호),「고등학생이 이해하는 5·16과 5·18 그리고 민주주의」(105호),「독재의 추억, 민주주의의 일상-박정희 정권 수업지도안」(105호) 등을 들 수 있다. 교사모임은 민주주의를 위한 역사교육에 대한 논의를 일찍부터 제기했고[36] 여러 가지 수업실천 방안을 모색했다.[37]

전체적으로 역사교사들의 역사수업 내용 궁리를 통해 근현대사 집중 현상 및 역사수업 내용에 대한 다각적, 성찰적 접근과 평화, 민주주의 등 보편적인 가치 지향의 특징을 찾아볼 수 있었다. 이는 교사모임에 소속된 역사교사들의 역사수업 방향이 교과서의 내용을 잘 전달하는 데 있는 것이 아니라 역사교육의 목적을 자문하면서 미래 지향적인 역사수업 내용을 발굴하고 수업 사례를 만들어가는 데 있다는 것을 보여준다.

특히 역사수업 내용의 근현대사에 대한 집중 현상은 학생들의 학습 동기와 흥미를 고려할 때 바람직한 방향이기도 하다. 역사교육연구소의 역사의식 조사 결과를 보면 중·고등학생들은 더 많이, 깊이 공부하고 싶은 시대로 현재와 아주 가까운 시기(31.1%)를 골랐다. 20세기의 역사(19.8%), 중세의 역사(18.2%), 근대의 역사(16.4%), 고대의 역사(14.6%) 순서였다. 학생들은 근대 이후 현재까지의 역사에 관심이 높았고, 특히 역사에 흥미가 없는 학생들은 현재와 아주 가까운 역사에 집중적인 반응을 보였다.[38]

지난 10여 년간 역사교사들이 근현대사 수업에 보다 집중한 것은 2008년에 벌어진 '건국절 파동', '「기적의 역사」 DVD 파동' 그리고 '한국 근현대사 교과서 비판 파동'[39] 등에 적극적으로 대응한 결과이기도 하다.[40] 역사학계와 역사교육계가 힘을 모아 교육과학기술부의 한국 근현대사 교과서 수정과 금성교과서의 교체 압력에 맞섰던 만큼 학문의 자유와 교육의 정치적 중립 그리고 교과서 채택의 자율성을 지키기 위한 역사교육운동이 격화되던 시기였다.

교사모임은 한국 근현대사 교과서 개악 시도에 강하게 비판하면서 적극적이고 전면적인 대응에 나섰고[41] 한국 근현대사 교과서 파동과 관련된 활동을 정리해 2009년 「한국 근현대사 교과서 문제 대응 백서」, 「역사교과서 공세와 역사교육」이라는 2권의 자료집을 발간했다. 또한 금성출판사 한국 근현대사 교과서 재판의 역사적 의미를 부여했는데[42] 이 재판은 2013년이 되어서야 대법원의 판결을 통해 일단락됐다.[43]

2015년 박근혜 정권의 한국사 교과서 국정화 강행은 역사학계 및 역사교육계를 비롯한 국민들의 분노와 저항을 불러일으켰다. '한국사 국정화 폐지'는 박근혜 탄핵을 요구하는 촛불집회의 주요 구호 중 하나였다.[44] 한국사 국정화에 대항한 역사학계와 역사교육계의 전면적인 투쟁은 촛불정국으로 탄생한 문재인 정부가

국정화 폐지를 선언하면서 결실을 맺었다.[45]

지난 10여 년간 역사학계와 역사교육계는 역사교육을 쥐고 흔들려는 정치 세력의 잇따른 공세와 역사교육의 본질을 호도하는 사회적 논란으로 빚어진 역사교육 위기 국면을 돌파해야 했다. 특히 교사모임은 온 역량을 모아 이에 맞섰고, 논란이 됐던 역사교육과 관련된 여러 문제들을 해결하는 데 크게 기여했다.

회보의 수업이야기가 근현대사 사례에 집중되고 평화, 민주주의 등의 가치를 지향하는 역사 내용 재구성의 경향을 나타낸 것은 이러한 역사교육운동의 맥락에서 이해할 수 있다. 그동안 교사모임의 주요 활동으로는 당면한 역사교육 위기 사태에 대한 즉각적인 대응이 우선시됐고, 이로써 역사교사들의 역사교육에 대한 궁리와 실천이 균형 있고 꾸준하게 진척되기 어려웠고 역사수업과 관련된 일상적이고 기초적이며 장기적인 연구 및 실천 활동들이 위축되기도 했다.[46]

4. 배움과 성찰이 있는 역사수업 방법의 실천

역사수업에서 무엇을 가르칠 것인가에 대한 궁리는 어떻게 가르칠 것인가에 대한 궁리와 맞닿아 있다. 수업이야기에서 역사교사들은 역사수업의 내용과 방법을 접목하였다. 4장에서는 그중 역사수업 방법을 주로 다루거나 특정 역사수업 방법을 강조한 글들을 살펴보았다.

1) 역사수업 방법의 학교 급별 특색

④ 역사수업 방법과 평가에 해당하는 글의 내용은 학교 급별 차이가 뚜렷하다. 초등학교 역사수업 사례는 3편으로 모두 최종순 교사가 쓴 것이다.[47] 최 교사는 역사초모[48]에서 활동하며 실천한 다양한 역사수업 방법—역사이야기 들려주기, 박

물관 학습과 역사 글쓰기, 사료나 그림 자료 읽으면서 수업하기, 역사책 만들기 등—을 소개했다.

특히 '사람들과의 만남을 통해서 배우는 역사' 수업에서는 '미안해요, 베트남 수업'과 변연옥 씨의 '원폭 피해 증언 수업'을 보여주었다. 이는 최 교사의 역사 진실 규명과 화해 문제에 대한 남다른 관심에서 비롯된 수업실천으로 볼 수 있다. 초등 역사수업의 양상을 살펴보기에는 사례가 매우 한정적이다.[49]

중학교의 경우 역사수업 방법에 대한 모색은 3가지 형태로 나타났다. 첫째는 학생의 배움을 중요하게 생각하는 새로운 수업 방법의 도입이다. 배움의 공동체 수업, 거꾸로수업 등을 적용한 수업 사례가 여기에 해당된다. 둘째는 역사책 읽기와 역사 글쓰기를 활용한 수업 사례다. 셋째는 현장 답사, 사회 참여 등의 체험활동 중심의 수업 사례다.

중학교 역사수업 방법 사례

수업 방법		글 제목(호)
새로운 수업 방법의 적용	배움의 공동체 수업	질문에서 발문으로 가는 길(89) 모둠과 함께 숨 쉬는 행복한 역사수업을 꿈꾸며(93) 혁신학교, 배움의 공동체 수업을 맛보고(94) 참실 수업 사례 1: 수업을 바꾸자, 조금씩이라도(96) 전입 교사 분투기(97) 학생의 시선으로 수업 궁리하기(106) 배움의 공동체를 활용한 1년 동안 수업 돌아보기(107) 배움이 있는 역사수업 만들기–교과 문집 제작 사례(112)
	거꾸로 수업	역사수업에서의 거꾸로교실: 거꾸로교실 특집 인터뷰 ①(109) 거꾸로교실 정찬필 PD를 만나다: 거꾸로교실 특집 인터뷰 ②(109)
역사책 읽기와 역사 글쓰기		역사가 책을 만나고 글쓰기와 만나다(97) 역사수업 시간에 책 읽기(102) 지혜의 나눔: 책과 함께하는 역사수업(107) 나의 수업과 수행평가 이야기 그리고 교과 문집 1, 2(111, 112)
체험활동		역사수업이 재미있을 수 있을까?(102) 삶을 바꾸는 사회 수업(103)

중학교 역사교사들은 배움의 공동체 수업을 역사과에 적용하는 다양한 시도를 했다.[50] 배움의 공동체 수업은 교수 중심 수업을 학습 중심 수업으로 바꾸려는 교육철학이자 수업 방법이었다. 배움의 공동체 수업을 적용한 역사교사는 "함께 읽고, 함께 생각을 나누고, 함께 배워 함께 성장하는 우리! 그것이 바로 우리가 역사시간에 만들어갈 배움의 공동체입니다"라고 그 방향을 제시했고, 학생의 질문이 있는 수업, 학생의 사고를 깨우는 교사의 발문, 협력적인 모둠 활동 등을 강조했다.[51]

몇몇 역사교사는 모임을 만들어 자신의 수업에서 배움의 공동체 수업 방식을 적용해보고 그 사례를 모아 '뭐 했더라(전시학습 확인)-역사 속으로(교과서 읽기)-개념 잡기(교사의 설명)-한 걸음 더(모둠 활동)' 등의 학습지 형태로 수업 과정을 구현했다. 배움의 공동체 수업은 혁신학교로 파급됐고, 혁신학교에 근무하는 역사교사들의 수업에도 반영됐다.

배움의 공동체 수업은 역사수업에 대한 관점을 전환해 '가르침' 대신 '배움과 성장'이라는 학생의 시선으로 수업을 되돌아보게 했다. 이는 역사수업에서 학생의 협력과 참여를 이끌어내기 위한 여러 활동들을 적극적으로 시도하게 했다는 점에서 역사수업 논의와 실천의 변화에 긍정적인 영향을 주었다. 하지만 한편으로는 배움의 공동체 수업이 역사적 사실에 대한 이해를 바탕으로 역사적 사고가 잘 이뤄지도록 하기 위한 역사과 수업 방식으로 적절한가에 대한 논란이 계속됐다.

거꾸로수업 방법은 언론과 교육계에서 각광을 받았고 최근에는 이를 적용한 고등학교 역사교사들의 수업 사례도 발표되었다.[52]

중학교 역사교사들은 역사책 읽기와 역사 글쓰기 활동을 따로 또 함께 역사수업에 접목했다. 이는 역사수업 방법이자 수행평가의 일환으로 활용됐다. 역사 글쓰기 수업은 '교과 문집' 형태로 발전하기도 했다. 배움의 공동체 수업과 교과 문집 발간이 접목된 사례도 등장했다.

역사수업 방법으로 제기된 체험활동 중심의 수업은 학생들의 현실 인식과 역사 이해 수준을 고려한 수업 방법으로 학생들의 자발적이고 적극적인 참여를 이끌어 내려는 역사교사들의 노력을 보여주는 사례였다.

고등학교 역사수업 방법으로 많이 제시된 것은 토론하기와 글쓰기, 시청각 자료 활용이었다. 토론하기는 한국사, 세계사, 동아시아사 수업 전반에 걸쳐 시도되고 있었고, 최근에는 한시적이고 일회적인 토론수업을 일상화하려는 수업실천 사례가 발표됐다.

고등학교 역사수업 방법 사례

수업 방법	글 제목(호)
배움의 공동체	서로 배우고 함께 나누는 프로젝트 수업(109)
토론하기	세계사 시간에 토론하기(80) 다 아는 이야기지만, 토론학습 해보니 괜찮다(92) 동아시아사 토론식 수업의 상시화를 위해 1, 2(114, 115)
역사 글쓰기	근현대사 인물과의 만남-역사인물에게 편지 쓰기 수행평가 사례(78) 철기시대 어느 족장의 일기(78) 역사 글쓰기 수행평가와 함께한 국사 수업(84) 나는 이렇게 평가한다: 고교 세계사(91)
시청각 자료 활용	참여와 소통을 위한 역사 이미지 활용 수업(79) 다큐멘터리 「한국사 전(傳)」을 활용한 영상 수업(90)
기타	사회극을 활용한 역사수업(84) 블록타임제를 활용한 프로젝트 수업(92) '교과교실제' 실시에 따른 수업 방법 개선에 대해(84)

고등학교 역사교사들은 역사 글쓰기를 주로 수행평가, 서술형 평가의 방법으로 활용하였다. 이는 중학교 역사교사들이 역사 글쓰기를 역사책 읽기와 접목해 수업 방식으로 활용하거나 누적된, 학생들의 글쓰기 활동 결과를 교과 문집으로 발

전시켰던 것과는 다른 접근 방식이다.

고등학교 역사교사들은 학생들의 흥미를 끌어내고 이해를 높이기 위해 역사 이미지나 다큐멘터리 등 시청각 매체나 연극을 활용한 수업을 실행했다.

배움의 공동체 수업은 「서로 배우고 함께 나누는 프로젝트 수업」(109호)에서 일부 수용되기도 했으나 중학교 역사교사들과 달리 고등학교 역사교사들에게는 별다른 반향을 일으키지 않은 것으로 보였다. 한편 교과교실제나 블록타임제 등 제도적 장치들을 역사수업에서 어떻게 활용할 것인가에 대한 사례도 있었다.

전반적으로 학교 급별 역사수업 방법의 차이는 두드러졌다. 역사교사들의 수업 방법은 다양해지고, 교사모임 초기부터 강조되던 사료학습, 극화학습, 토론학습 등은 교사가 재구성한 역사수업 내용을 뒷받침하는 방향으로 변형되었다.

특히 역사교사들은 이전과 달리 학생의 수업 반응과 역사인식을 구체적으로 확인하고, 그것을 바탕으로 자신의 수업을 성찰, 보완하여 배움이 일어나는 역사수업을 만들고자 부단히 노력하고 있었다.

2) 역사 관련 창의적 체험활동의 확대

⑤ 창의적 체험활동 사례는 대부분 고등학교의 사례이고, 중학교 사례로는 「수업이야기는 행복 이야기다 Ⅱ」(87호)가 해당된다. 이 글은 중학교에서 다년간 계발활동반으로 고적답사반을 꾸려 운영한 역사교사의 경험을 보여주는 사례다.

고등학교 창의적 체험활동 사례는 크게 역사 관련 교내외 행사 사례와 동아리 활동 사례로 구분해볼 수 있다. 역사 관련 교내외 행사 사례인 「교내 역사체험활동 1년 나기」(96호)는 고양파주역사교사모임에서 발표한 참교육실천보고대회 수업 사례다. 이 글은 정규 수업 시간에 하기 어려운 역사체험활동을 창의적 체험활동 시간에 해보자는 문제의식에서 출발했으며, 문화재 그리기, 학교 풍속화 그리기, 문화재 모형 제작, 탁본 작품 만들기, 의궤 제작, 북아트를 활용한 역사수업 등을 제안했다.

「인물사 그림책 체벌 대체 프로그램 이야기」(101호)는 전문계 고등학교에서 선도위원회와 징계 처리 업무를 맡아 고군분투한 윤국선 교사의 실천 사례다. 윤 교사는 사회봉사 이상 처분을 받은 학생들을 복지관과 같은 외부 기관으로 보내 교육을 받게 해야 했는데 외부 기관들이 학생들을 받지 않으려는 상황에서 50여 명의 학생이 정체되자 궁여지책으로 체벌 대체 프로그램을 만들었다.

동아리 활동 사례로는 교사모임이 주최하는 역사책읽기대회[53] 참가 학생들을 지도한 사례인 「역사책읽기대회를 준비하며」(109호), 역사 답사 동아리 운영 사례인 「프로젝트 학습 '역사 추적'-지평선 CSI '오얏꽃은 누구를 위해 피었는가'」(99호), 역사다큐를 시청하고 생각을 나누는 동아리 활동을 소개한 「영상으로 하는 민주주의 역사수업」(113호) 등이 있다. 「고등학교에서 인권, 평화, 민주주의 교육하기-다문화 인권 평화 동아리 이야기」(97호)는 역사교사가 남북 청소년 미션 캠프를 시작으로 조직했던 동아리를 남북교류분과, 국제이해분과, 팔레스타인 평화분과, 평화분과, 버마어린이지원분과로 확대했다가 남북교류분과, 인권평화분과로 통합해 운영하게 된 과정과 그 의미를 소개한 사례다.

역사교사들은 역사수업에서 충분히 다루지 못했던 내용이나 물리적인 제약으로 인해 할 수 없었던 여러 활동을 창의적 체험활동 시간을 활용해 펼쳐내고 있었다. 특히 이러한 역사수업 방법은 입시의 압박으로 역사수업의 자율성과 다양성을 발휘하기 어려운 고등학교에서 더 많이 시도되었다.

3) 역사수업에 대한 성찰과 역사교육에 대한 제언

⑥ 기타에 해당되는 글로는 다른 교사의 수업을 참관하고 쓴 수업 비평이나 학생의 성장을 관찰·기록한 글, 집중이수제에 대한 학생의 글 등이 있다. 이 사례들은 역사교사의 수업 경험을 반성적으로 사고하며 수업의 변화를 꾀하고 있었다.

「내레이션 수업과 거리 두기 게임」(77호)은 고등학교 역사교사가 자신의 수업을 성찰한 사례다. 「역사수업, 어떻게 볼까―남선진의 수업 참관기」(98호)는 중학교 역사교사가 한 후배 교사의 수업을 참관하고 작성한 글이다. 대부분의 수업이야기가 '저는 혹은 우리 모임에서는 이렇게 수업했어요'를 알리는 데 그 목적이 있었다면, 이 2편의 글은 '나 혹은 우리의 역사수업은 괜찮은가?'를 되돌아보게 한다는 점에서 의미가 있다.

윤종배 교사의 「학생의 성장을 기록하다」(108호)는 학생들에게 역사교육이 어떤 의미가 있는지를 성찰한 글이다. 담임교사로서 여러 교과목을 가르치며 학생의 다양한 면을 보게 되는 초등 교사와 달리 중등 역사교사들은 역사수업 시간에만 학생을 만나기 때문에 역사과에 한정해 학생을 재단할 가능성이 다분하다. 윤 교사는 수석교사로서 역사수업 시간에 학생을 가르치는 것 외에 다른 교과 시간에 학생이 어떻게 배우고 있는지를 관찰하고 같은 학교 타 교과 교사들과 모임을 조직해 학생들의 성장을 다각도로 살펴보고 이해를 넓히고자 노력한다.

윤 교사의 도전은 역사를 가르치기 위해 학생이 존재하는 것이 아니라 학생의 바람직한 성장을 돕기 위해 역사교육을 한다는 교육의 기본적인 전제를 다시 곱씹어보게 한다. 역사과의 수업실천이 팀티칭이나 교과 연계 수업 등 교수 측면의 교과 연대뿐만 아니라 학생의 성장을 위해 공동으로 노력하는 학습 측면의 상호협력을 고려하는 방향으로 나아가야 할 필요가 있다는 점을 깨닫게 해준다.

4) 역사교사의 사회 수업 사례

마지막으로 많은 수업이야기 사례 중 「삶을 바꾸는 사회 수업」, 「참여와 민주주의를 역사수업에 어떻게 엮어낼 수 있을까」는 역사교사의 역사수업이 아닌 사회 수업 사례로서 역사교사의 당면 현실과 수업 특성을 드러내고 있어 주목하게 된다.[54] 필자인 김선옥 교사와 정의진 교사는 둘 다 중학교에 근무하고 있었고, 그즈음 역사교육계에서는 '민주주의에 기여하는 역사교육'이 본격적으로 제기, 논의되고 있었다.

중학교에서는 역사교사가 역사가 아닌 사회를 가르치거나 역사를 전공하지 않은 교사가 역사수업을 맡는 경우가 종종 있다. 하지만 그러한 수업 사례는 발표되지 않거나 잘 드러나지 않아 찾아보기 어렵다. 두 교사는 '사회선생님이라는 혼란스러운 정체성과 계륵 같은 사회 수업'에 정면으로 도전해 자신의 사회 수업을 성찰, 재구성, 실천했다.

김 교사는 "사회 수업을 하면서, 나도 서서히 성장해갔다. 그동안 역사적 사명감을 갖고 역사수업을 해왔다면, 사회 수업을 하면서는 수업 시간에 내가 가르치는 것들을 내가 실천해야 한다는 생각에 나 자신을 많이 변화시켜야 했다. 아이들 앞에 서는 내가 곧 살아있는 교과서니까"라고 고백했다.

정 교사는 '역사가 되는 현재'란 주제로 지역의 이슈에 대한 학생들의 관심과 참여를 이끌어내고자 했다. "차별과 억압, 인권의 문제가 저 멀리 밀양에서, 강정에서만 일어나는 것이 아닌, 어떻게 지역사회의 문제와 잘 버무려 지역공동체에 기반을 둔 실천으로 나아가게 할 수 있을지 고민이다. 그래야만 역사교과서 속의 무미건조한 '그들'의 이야기를 조금은 가슴 벅차게 받아들일 수 있을 것 같아서다"라며 역사교사로서 진전된 사회 수업을 모색한다.

두 교사의 사회 수업 사례는 역사교사가 사회 수업을 할 때 어떤 어려움이 있는지, 역사교사로서 사회 수업을 할 때 어떤 점에 중점을 두고 수업을 구상, 실행하는지를 보여주는 사례. 역사교사의 타 교과 수업 사례와 함께 타 교과 전공 교사의 역사수업 사례가 역사 '수업이야기'에서 다루어져 역사교사의 수업 인식, 실천과 그에 대한 지평이 넓어지기를 기대한다.

지난 10여 년간 역사교사들의 역사수업 방법이 어떻게 달라져왔는지 살펴보았다. 역사교사들은 수업에 대한 성찰을 바탕으로 학생의 배움이 일어나는 역사수업 방법을 실천하였다. 배움의 공동체 수업, 거꾸로수업 등 새로운 수업 방법을 적용하고, 역사책 읽기와 글쓰기, 토론하기 등을 통해 학생들이 참여하는 역사수업을 만들어가고자 노력하였다. 또한 정규 수업시간에 실행하기 어려운 다양한 역사 체험 활동을 학교 역사 관련 행사나 역사동아리 활동에서 펼쳐내었다.

사실 역사수업 방법은 역사수업 내용과 떼어놓고 생각할 수 없다. 역사교사는 자신의 수업 목표를 고려해 궁리한 수업 내용을 가장 잘 구현할 수 있는 수업 방법을 선정해야 하기 때문이다.

역사는 시간과 공간을 씨실과 날실로 하는 과거 인간 경험의 총체다.[55] 과거 인간 경험의 모든 것을 역사수업의 소재로 삼을 수 있다. 역사교사는 역사를 가지고 학생들과 소통할 수 있고, 학생들의 삶에 의미를 줄 수 있는 역사수업 내용과 방법을 끊임없이 찾아나가는 순례자인 것이다.

5. 맺음말

어느 선생님의 고백처럼 역사수업은 역사교사의 숱한 궁리의 흔적을 고스란히 드러내는 정신적 지문이다.[56] 교사모임의 역사 '수업이야기'는 좀 더 나은 역사수업을, 살아있는 역사수업을 꿈꾸며 실천하는 교사들의 목소리를 생생하게 담아왔다. 전국의 역사교사들이 수업이야기를 쓰고, 읽고, 함께 논의하고, 나름대로 자신의 수업에 녹여내면서 우리 역사수업이 조금씩 변화하고 전진해왔다는 것을 알 수 있었다. 역사교사들은 다양한 경험을 축적, 공유하고, 변형, 발전시켜왔다.

역사 '수업이야기'를 통해 본 전국역사교사모임의 역사수업 실천은 지향의 지속과 수업 방법의 변화가 접속하고 있었다. 교사모임은 자생적으로 조직돼 스스로 역사교육 운동단체 및 연구단체로서 자리매김하고 그 활동을 지속해오고 있다. 교사모임은 역사교육이 당면한 여러 과제를 해결해나가는 데 중심적인 역할을 자임했고, 그것은 역사교사의 전문성과 자율성을 강화했다.

2018년, 서른 살이 된 전국역사교사모임은 '올바르고 참된 역사교육'을 지향하며, 모임의 회보 『역사교육』의 창간준비호에 실린 발기 취지문의 문제의식은 여전히 유효하다.

이제, 이 시대는 올바르고 참된 역사교육이 실현되기 위해서 현장에 있으면서 고민하는 역사교사들의 단결된 힘을 필요로 하고 있습니다. 우리 모여서 어려움을 토로하고, 좌절과 쓰라린 경험을 토대로 삼아, 더 바람직한 역사교육의 내용과 방법을 찾아봅시다. 우리가 하지 않으면 아무도 하지 않으며, 할 수도 없는 일입니다. 이것이야말로 중요한 역사교육 그 자체가 아니겠습니까? 자, 참된 역사교육은 무엇을, 어떻게 해야 하는 것인지, 모여서 연구하고 끝내 찾아서 실천해봅시다.[57]

역사교사들은 모임 초창기부터 교육과정 및 교과서에 대한 비판적 태도를 견지하면서 대안을 모색했고, 전국 역사교사들의 중지를 모아 더 바람직한 역사교육의 내용과 방법을 찾고자 노력했다. 교사모임의 역사수업 지향은 한국 근현대사

교과서 파동과 한국사 교과서 국정화 사건 등 역사교육과 관련된 위기 국면을 극복하는 과정에서 보다 뚜렷해졌다. 인권, 평화, 민주주의 등 보편적인 가치를 담은 역사교육을 추구하게 된 것이다.

이러한 역사수업 내용 재구성의 방향은 역사교사의 시대 인식과 사회 참여 의지이자 실천 방안으로서 의미가 있다. 가치 지향의 역사교육이 지나치게 강조되고 유행처럼 퍼지면서 교사모임의 일각에서는 그러한 수업이 역사교육 본연의 역할을 등한시하는 것은 아닌가 하는 우려를 제기하고 있다. 교사모임은 평화, 민주주의 등 가치를 담아내는 역사수업의 실행과 논의를 축적해 나가면서 보다 진전된 길을 열어가야 할 것이다.

그 길의 바탕은 학생들에게 왜 역사를 가르쳐야 하는지, 역사를 역사답게 가르치는 것은 무엇인지에 대한 끊임없는 모색과 성찰일 것이다. 학생의 역사교육에 대한 인식과 태도는 그가 어떤 역사교육을 받았는가, 그를 가르치는 교사나 그 주변 사람들이 역사교육에 대해 어떤 태도를 지니고서 역사교육의 의미와 가치를 어떤 방식으로 이해하고 설명하는가에 영향을 받는다. 역사교육은 다른 무언가를 위한 수단이 아니라 인간이 인간답게 살아가고 더 나은 삶을 만들어가기 위한 것이다. 학생들은 역사교육을 통해 현재를 이해하고 자신들이 살아갈 새로운 미래를 꿈꿀 수 있을 것이다.

교사모임 초기부터 학생의 수업 참여를 북돋우기 위해 제기했던 사료학습, 극화학습, 토론학습은 가치 지향적 역사수업 내용 재구성을 뒷받침하는 방향으로 변화하였다. 사료학습은 사료를 이해하고 해석하여 역사를 이해하는 것보다는 주로 토론이나 글쓰기 수업을 위한 근거로써 활용되었다. 역사토론수업은 역사의 논쟁적 성격과 민주주의 가치를 담아내는 수업 방법으로 주목받았고, 역사글쓰기 수업은 수행평가의 일반화와 학생의 역사 인식에 대한 역사교사의 관심이 맞물리면서 그 중요성과 활용도가 커졌다. 반면 극화학습에 대한 관심은 이전만큼 두드러지지 않았다.

한층 의미 있는 변화는 역사교사들이 역사수업에 대한 학생의 참여를 독려하는 것을 넘어 학생의 수업 반응과 역사인식을 구체적으로 확인하고, 그것을 바탕으로 자신의 수업을 성찰, 보완하여 배움이 일어나는 역사수업을 만들고자 한 점이다. 역사교사들은 학교의 여건과 학생의 처지를 고려한 여러 역사수업을 구안하고 실행했으며 역사수업에서 펼치지 못한 다양한 역사수업의 아이디어를 창의적 체험 활동 시간을 활용함으로써 교내외 역사행사와 동아리 활동 등을 통해 풀어냈다.

흥미롭게도 컴퓨터를 기반으로 정보를 제공하고 이용하는 기술이 놀랍게 발전하고 학생들 대부분이 휴대폰을 소지하게 된 상황에서도 이를 활용한 역사수업은 드물었다. 텔레비전의 역사다큐나 역사영화 등을 시청각 자료로 활용하고 거꾸로 수업 방법을 역사수업에 적용한 사례가 있는 정도다. 유튜브, 소셜 네트워크 등이 보편화된 지금도 실제 역사수업에서는 여전히 문서로 된 텍스트의 활용 비중이 높다. 이는 역사수업에서 여전히 사료가 많이 활용되고 있다는 것을 알게 해 준다. 또한 얼굴을 마주 보며 인간이 살아온 이야기를 나누고 앞으로 살아갈 방향을 탐색하는 역사교육의 전통이 여전히 유의미함을 생각하게 한다.

이상으로 역사 '수업이야기'를 중심으로 지난 10여 년간 전국역사교사모임의 역사수업 실천과 지향을 살펴보았다. 교사모임의 수업 사례가 학교 역사수업의 모든 양상을 보여주는 것은 아니다. 교사모임에 속하지 않은 역사교사들도 많고, 교사모임의 활동에 대한 문제 제기도 있다. 그럼에도 불구하고 교사모임의 역사 수업 실천이 중등 역사교육 현장에 많은 영향을 주었고, 역사교육 현장의 실제를 보여주는 축적된 수업 사례이며, 역사교육의 핵심적 논제들을 담지하고 있다는 사실은 자명하다. 전국역사교사모임의 역사수업 실천은 한국 학교 역사교육의 실태와 미래를 가늠할 수 있는 주요 지표 중 하나라고 할 수 있다.

　지난 시기 교사모임의 역사수업 실천에 있어 가장 큰 변수는 역사과 교육과정 개정과 교과서 개발 등 역사교육 내용에 대한 정책 변동과 그것을 둘러싼 사회적 논란이었다. 이에 대응하여 교사모임은 역사교육 운동단체로서 소임을 다하기 위해 내부 역량을 집중했다. 앞으로 보다 역사교육 정책의 구체적이고 실질적인 개선과 현장 역사교육의 질적인 변화를 이끌어내기 위해서는 교사모임의 역사교육 연구단체로서의 저력과 성과가 뒷받침될 필요가 있다. 교사모임의 역사교육 연구단체로서의 활동이 더욱 활발해지기를 기대한다.

　미래 사회가 지금의 사회와는 사뭇 다른 방식으로 작동될 것이라는 예측은 빠른 속도로 가시화되고 있다. 앞으로의 역사교육은 어떠한 의미가 있는지, 역사수업은 어떻게 달라져야 하는지, 역사교사는 그것을 위해 무엇을 준비해야 하는지에 대한 논의가 필요하다. 전국역사교사모임이 기존의 역사교과서 지식 체계의 울타리를 허물고 미지의 역사교육 패러다임을 개척해 나가는 길잡이가 되기를 바란다.

1 이 글은 정미란의 논문(<전국역사교사모임의 역사수업 실천과 지향-회보 『역사교육』의 '수업이야기'를 중심으로, 『역사교육연구』30, 2018, pp.169~210)을 수정, 보완한 것이다.

2 김육훈, 「역사교육운동과 '교사를 위한 역사교육론' 탐색-전국역사교사모임 실천을 중심으로」, 『역사와 교육』3, 2011, p.48.

3 신병철, 「역사교육은 실천을 통해서 완성되는 것」, 『역사교육』52, 2001, p.17.

4 전국역사교사모임의 활동에 대한 평가는 다음 논문을 참고할 수 있다.
   이재희, 「전국역사교사모임의 활동에 대한 연구」, 서울시립대학교 석사학위논문, 2005.
   이선숙, 「교과별 교사모임을 통한 교사의 전문성 개발에 관한 연구: 전국역사교사모임을 중심으로」, 서울대학교 석사학위논문, 2005.

5 '역사교육을 위한 교사모임' 준비 모임, 「'역사교육을 위한 교사모임' 발기 취지문」, 『역사와 교육』창간준비호, 1988, p.1.

6 교사모임은 10년을 주기로 자신들의 활동을 정리하고 새로운 도약을 모색하는 작업을 해왔다. 1998년에는 「10주년 약사-전국역사교사모임의 돌아본 10년」이란 글을 냈고, 2007~2008년에는 '살아있는 역사교육 지난 20년을 돌아본다'는 기획에서 그간의 여러 활동을 평가하고 앞으로 전망을 내놓는 글들을 실었다.

7 이재희, 앞의 글, p.66.

8 교육부 보도 자료 「역사교육 강화 방안」, 2013. 8. 12., 「역사교원 역량강화 사업 계획」 2016. 5. 25.

9 서울특별시교육청, '2016 역사교육 우수수업사례 공모전 응모 안내', 민주시민교육과 5857, 2016. 5. 9. '2017 역사수업 실천 사례 공모전 응모 안내', 민주시민교육과 3333, 2017. 3. 20.

10 2번의 공모전은 각각 30팀과 20팀을 선정하여 최종 보고회를 개최했는데, 주로 교사 개인이 수업 사례를 발표하는 방식이었다. 특전으로 지역별 안배를 고려하여 선정된 참가자들에게 국외현장 답사기회를 제공하고 장관표창을 수여했다.

11 같은 중학교에 근무하는 두 교사의 역사수업 공동 기획과 실행에 대한 연구가 있는데, 그 '연구공동체'는 한시적인 것이었다.
   김민정, 「'연구공동체' 교사의 '배움의 공동체' 역사수업 연구: 지향과 실제」, 『역사교육연구』25, 2016.

12 역사수업연구 분과가 발표한 수업 사례는 3·1 운동과 고려시대에 대한 것으로 『역사와교육』 12호(2015)와 『역사와교육』17호(2018)에 특집으로 실렸다. 이 분과의 활동에 대한 연구는 다음 자료를 참고할 수 있다.
   김민정, 「역사수업연구공동체의 3·1운동 수업 실행과 수업 대화」, 『역사교육논집』56, 2015, pp.135~164.
   신지혜, 「수업 전문성 신장을 위한 수업 비평 공동체에 관한 연구」, 『열린교육연구』19, 2011, pp.71~97.

13 그간의 역사수업에 대한 연구 성과는 다음 자료를 참고할 수 있다.
   정진경, 박혜영, 정미란, 「역사수업에 대한 연구 동향」, 양호환 편, 『한국 역사교육의 연구 동향』, 책과함께, 2011, pp.183~239.

14 김민정, 「역사교사의 가르칠 궁리에 대한 반성과 공유-역사수업연구에 대한 이론적 검토를 중심으로」,

『역사교육』117, 2011, pp.1~4.

15 일본의 역사수업 주제는 한일역사교육교류회 수업 사례로서 한일 관계를 생각해볼 수 있는 3·1운동, 후세 다쓰지, 가네코 후미코 등과 일본사를 통해 현재의 역사 문제를 다시 생각해볼 수 있는 일본국 헌법, 오키나와전 그리고 삼림의 중요성을 다룬 것이 있었다.

16 초등의 수업사례가 적은 이유는 전국역사교사모임에 가입된 초등교사의 수가 적고, 그동안 초·중등 교사들의 역사교육에 대한 협의가 활발하지 못했기 때문이기도 하다. 초등학교에서 국사를 5학년 한 해 동안 가르치도록 한 2007 개정교육과정은 초등 역사교육에 대한 관심을 불러일으켰고, 전국역사교사모임에서도 '초등 역사교육, 함께 고민을 시작하자'는 기획을 통해 초등 역사교육에 대한 논의를 시작했다.
박인숙, 「초딩 딸을 둔 중딩 역사교사의 좌충우돌 역사공부」; 문재경, 「초등학생과 역사공부하기」; 민윤, 「초등 '역사'교육 혹은 '초등' 역사교육」; 조윤호, 「또 하나의 교육과정과 초등 역사교육」, 『역사교육』79, 2007.

17 수업이야기의 글쓰기 형식이 자유로워서 경력 교사들의 글은 교직 경력이나 성별, 관련 활동 등이 분명하게 드러나지 않는 경우가 많았지만, 초임 교사들의 글은 구분할 수 있었다. 수업이야기의 말미에 간단하게라도 필자에 대한 소개와 역사수업 이력 등이 추가되면 해당 교사의 수업 사례를 좀 더 잘 이해할 수 있을 것이다.

18 이 글에서 검토한 수업이야기의 내용별 분류표는 뒤에 붙임으로 첨부했다.

19 박지숙, 「나의 일상 수업 풍경」, 『역사교육』82, 2008, pp.192~193.

20 교사모임은 26명의 역사교사가 겪은 다양한 교육 경험을 담은 다음의 책을 펴내기도 했다.
전국역사교사모임, 『역사교사로 산다는 것』, 너머북스, 2008.

21 김응호, 「고발 후 고백」, 『역사교육』95, 2011, pp.140~152.

22 이선숙, 앞의 글, pp.127~128.

23 오도화, 「고등학교 '한국사' 배움책을 준비하며」, 『역사교육』93, 2011, p.128.

24 배움책이란 용어는 1995년 전남 지역 중학교 역사교사였던 박병섭이 자신이 만든 학습지를 묶어 붙인 이름으로 이후 역사교사들 사이에 널리 쓰였다. 박병섭 외에도 박건호, 한석주, 장용준, 윤종배, 김육훈 등이 다양한 형태와 내용으로 여러 배움책을 제작했다.

25 윤종배, 「교사의 교육과정, 배움책과 대안교과서」, 전국역사교사모임, 『역사, 무엇을 어떻게 가르칠까-현장교사들이 쓴 역사교육론』, 휴머니스트, 2008, p.79.

26 양호환, 「역사 텍스트 독해를 둘러싼 동향과 쟁점」, 『역사교육』142, 2017, p.267.

27 2007 개정교육과정 논의에는 현장교사들의 참여가 두드러졌는데, 그들 대부분은 대안교과서에 직간접적으로 관여하고 있었고, 각자가 배움책을 만들어 수업하고 있는 교사들이었다.
윤종배, 앞의 글, p.93.

28 2007 개정교육과정에 대한 전국역사교사모임의 인식과 대응은 '새 교육과정, 무엇이 달라졌고 어떻게 준비해야 하나?'와 '2007년 수업, 이렇게 하겠다!'라는 특집이 실린 회보 76호에서 확인할 수 있다.
방지원, 「새로운 역사과 교육과정, 어떻게 달라졌나?」; 편집부, 「새 교육과정과 '역사' 그리고 역사교사의 몫」; 박수성, 「국정 역사교과서, 이건 아니다」; 편집부, 「역사과 독립, 함께 축하해주세요」; 권정애,

「고등학교 국사-2007학년도 1학년 국사 수업 계획 세우기」; 조동근, 「고등학교 한국 근현대사-새 학기 수업 구상」; 강문형, 「고등학교 세계사-2007년 세계사 수업을 생각하며」; 고민경, 「실업계 고등학교-아이들의 삶 속에 살아있는 역사수업을 꿈꾸며」; 박영아, 「중학교 국사-월별 계기 수업을 통한 현대사 수업 강화」; 김영주, 「중학교 국사-2007년, 딱 내 걸음만치만 내딛는다」; 김종민, 「중학교 국사-2007년, 이젠 나도 3년 차」, 『역사교육』76, 2007.

29 정다운, 「중학역사수업연구모임 활동 소개」, 『역사교육』91, 2010, pp.118~119.

30 동아시아사의 현장 적용을 앞두고 전국역사교사모임은 회보에 '역사수업의 새로운 화두, 동아시아사'라는 특집을 기획해 총 4편의 글을 실었다.
박중현, 「역사수업의 새로운 화두, '동아시아사'를 말한다」; 경기북부고양파주모임, 「넌 저 길? 난 이 길!-17세기 전후 동아시아 질서 변화와 한·중·일의 전통」; 부산역사교사모임, 「전쟁 중독, 치명적 유혹에서 벗어나기-근대 제국주의와 동아시아」; 이동욱, 「동아시아사, 다시 출발선 위에 서다」, 『역사교육』88, 2010.

31 조정아, 「고양파주역사교사모임-동아시아사 모임」, 『역사교육』104, 2014, pp.199~200.

32 ① 역사수업 경험이나 ② 역사과 교육과정 재구성, ④ 역사수업 방법, ⑤ 창의적 체험활동에 해당하는 글의 일부 소재가 전근대 시기 역사 내용인 경우는 있었다.

33 2007년 이전 시기의 수업이야기에는 「「임나일본부설」 수업 후기」(69호), 「모둠 활동을 통해 해결해본 고구려 역사 왜곡 수업」(68호), 「수업을 통한 학생들의 발해사 인식 변화」(68호), 「여성의 시각으로 보는 고대의 경제생활과 수취제도」(70호), 「몽골과의 관계 속에 나타난 여성의 삶」(72호) 등 전근대 시기의 수업 사례가 있었다.

34 이 글에서 보편 가치란 인간의 존엄성, 평화, 인권, 민주주의 등과 같이 대부분의 사람이 의견을 같이하고 함께 추구해야 한다고 생각하는 기본적인 가치를 말한다.

35 '평화와 평화교육을 생각해본다'는 특집을 기획해 총 4편의 글을 실었다.
이대훈, 「평화를 가르친다는 것」; 박한용, 「평화로 가기 위한 방법은 평화일까?」; 김남철, 「역사교육에서 민주화운동과 평화교육」; 유필조, 「남북, 전쟁과 대결의 역사와 교훈」, 『역사교육』92, 2011.
또 김영환의 「역사의 길에서 평화를 만나다」라는 역사이야기를 91~94호, 96~98호까지 7차례에 걸쳐 연재했다.

36 2007년에는 6월 항쟁 20주년을 맞이해 '민주주의의 역사를 어떻게 가르칠까'라는 주제로 역사학자, 역사교육 연구자와 역사교사 들이 쓴 6편의 글을 싣기도 했다.
박명림, 「한국의 민주주의와 87년 체제 성취와 한계의 성찰」; 김한종, 「역사교육에서 민주주의의 역사가 가지는 의미」; 최현삼, 「2007년에 되새겨보는 내 인생의 1987년」; 고민경, 「87년 노동자 대투쟁 수업 사례」; 강화정, 「박정희 시대의 종말과 부마민주항쟁」; 이효춘, 「우리에겐 기억하고 가르쳐야 할 역사가 있다, 5월」, 『역사교육』77, 2007.

37 '역사수업 시간에 민주주의 가르치기'라는 특집을 기획해 총 3편의 글을 실었다.
김육훈, 「민주주의 시선으로 역사를 읽고 가르치려는 하나의 실천」; 조경훈, 「민주주의, 아테네에서의 민주주의」; 김재욱, 「고등학교에서 인권, 평화, 민주주의 교육하기」, 『역사교육』97, 2012.

38 이해영, 「2013년 중·고등학생의 역사교육 이해 조사 결과」, 『역사와교육』9, 2014, p.83.

39 김한종은 한국 근현대사 교과서 파동이 아니라 '비판' 파동이 맞는 표현이라고 제기하며 그 이유로 이
  사건이 한국 근현대사 교과서 때문에 일어난 것이 아니라 이를 비판하는 사람이나 주장이 일으킨 문제
  이기 때문이라고 했다.
  김한종, 『역사교과서 국정화, 왜 문제인가』, 책과함께, 2015, p.127.

40 이명박 정부가 들어선 첫해인 2008년 건국 60주년을 기념하는 국가사업이 추진되는 과정에서 건국절
  파동, 『기적의 역사』 DVD 파동 그리고 한국 근현대사 교과서 파동 등이 이어져 1년 내내 역사 내전이
  일어났다.
  김정인, 「뉴라이트의 등장과 한국 근현대사 교과서 파동」, 역사교육연구소, 『우리 역사교육의 역사』, 휴
  머니스트, 2015, p.259.

41 교사모임은 한국 근현대사 교과서 비판 파동에 대한 연구자, 교사, 학생, 학부모의 의견을 담은 특집호
  를 발간했다.
  김한종, 「역사교과서 수정 논란의 전말」; 김태희, 「한국 근현대사 교과서는 좌편향인가?」; 김혜정, 「이
  시대가 원하고 있는 진정한 역사는 무엇인가?」; 장성희, 「나에게 있어 '근현대사'의 의미 그리고 교과서
  사태」; 문성현, 「'우리의 도시'를 지키는 것은 진정 누구인가?」; 박은수, 「한국 근현대사 교과서 사태를
  바라보며…」; 박이선, 「학부모가 바라본 한국 근현대사 수정 논란」, 『역사교육』 83, 2008.

42 2009년 『역사교육』 87호에는 '금성 한국 근현대사 교과서 재판의 역사적 의미'를 다룬 4편의 글이 실
  렸다.
  양정현, 「금성사판 한국 근현대사 교과서 재판의 의미」; 박경신, 「교과서 검인정제도의 본질과 정치적
  중립성」; 키미지마 카즈히코, 「교과서 검정과 교과서 재판의 논점」; 김보라미, 「검정교과서의 수정에 대
  한 문제점과 개선 방향」.

43 재판은 저자가 금성출판사를 상대로 낸 저작인격권 침해 금지 소송(민사소송)과 저자가 교육과학기술
  부를 상대로 낸 부당 수정명령 취소 청구 소송(행정소송)으로 진행됐다. 2013년 4월, 대법원은 교과서
  수정은 교육과학기술부 장관의 수정 지시를 그대로 따른 것이어서 출판사가 마음대로 교과서를 수정
  한 것으로 간주할 수 없다며 금성출판사의 손을 들어주었다. 2013년 11월, 대법원은 금성교과서에 대
  한 교육과학기술부의 수정 지시가 부당하다는 최종 판결을 확정했다.

44 촛불집회의 경과와 내용에 대해서는 다음을 참고할 수 있다.
  최영준, 『박근혜 퇴진 촛불운동-현장 보고와 분석』, 책갈피, 2017; 김예슬, 『촛불혁명』, 느린걸음,
  2017.

45 양호환은 최근 우리나라에서 큰 논란이 됐던 역사교과서 국정화 논쟁을 외국에 알리고 단일한 역사 해
  석에 비판적 입장을 견지한 한국 역사교육계의 노력을 역사 텍스트 읽기와 관련해 제시했다.
  양호환, 「역사 텍스트 독해를 둘러싼 동향과 쟁점」, 『역사교육』 142, 2017.

46 교사모임의 역사교육운동에 대한 헌신은 1980년대의 운동적 사고방식에서 벗어나지 못한 것이며, 교
  육운동 차원에서 당위적으로 사업을 결정하고 밀어붙이는 방식이 일반 회원의 참여를 가로막고 있는 것
  은 아닌지 모임의 집행부나 활동가 들이 고민해보아야 한다는 문제 제기도 있다.
  이재희, 앞의 글, p.64.

47 최종순, 「초등학교 역사수업이야기 1」, 『역사교육』 87, 2009; 최종순, 「초등학교 역사수업이야기 2-초

등학교에서 역사수업은?」,『역사교육』88, 2010; 최종순,「초등학교 역사수업이야기 3-사람들과의 만남을 통해서 배우는 역사」,『역사교육』89, 2010.

48 역사초모는 1990년대 말, 역사교육에 관심이 많은 초등 교사들이 만든 모임으로 '역사를 사랑하는 초등 교사 모임'이었다가 현재는 '역사와 사회과를 연구하는 초등 교사 모임'으로 변화해 초등 역사 및 사회과 수업 사례의 발굴, 실천과 한일역사교육교류 등의 활동을 하고 있다.

49 교사모임의 회보에 실린 초등 역사수업 사례는 적지만 2007 개정교육과정 이후 초등 역사수업에 대한 관심과 사례 발표가 크게 증가하였고, 여러 종류의 단행본이 출간되었다.
최용규 외,『초등 교사를 위한 사회과 역사수업 가이드: 살아있는 역사수업』, 교육과학사, 2009.
권의신 외,『초등 역사수업의 길잡이』, 책과함께, 2012.
구난희 외,『초등 역사수업 디자인하기』, 교육과학사, 2014.
이관구,『초등 한국사! 진짜 역사수업을 말한다』, 즐거운학교, 2014.
열 사람의 한 걸음,『역사수업을 부탁해』, 살림터, 2017.

50 교사모임은 배움의 공동체 수업과 관련된 책을 소개했고, 일부 역사교사들은 모임을 만들어 이를 역사수업에 적용하고자 했다.
「'대응'하는 교사, '배우는' 교실:『수업이 바뀌면 학교가 바뀐다』(사토 마나부 지음, 손우정 옮김, 에듀케어) &『배움으로부터 도주하는 아이들』(사토 마나부 지음, 손우정 외 옮김, 북코리아)」,『역사교육』91, 2010.

51 김선옥,「전입 교사 분투기」,『역사교육』97, 2012, pp.161~162.

52 박순화,「역사와 거꾸로수업의 만남 1, 2-1, 2-2」,『역사교육』116, 117, 118, 2017.
이종관,「교사와 학생이 행복한 수업」,『역사교육』119, 2017.

53 역사책읽기대회는 2012년 제1회 대회를 시작으로 매년 개최되고 있으며, 그 취지는 다음과 같다. "'역사책 읽기'를 통해 학생들이 역사공부의 깊은 맛을 느낄 수 있도록 하며, 역사책 읽기를 활용한 다양한 수업과 평가 사례를 축적함으로써 학생들의 역사책 읽기를 확산시킨다."

54 김선옥,「삶을 바꾸는 사회 수업」,『역사교육』103, 2013, pp.158~168.
정의진,「참여와 민주주의를 역사수업에 어떻게 엮어낼 수 있을까?」,『역사교육』104, 2014, pp.180~188.

55 양정현,「7차 교육과정과 역사과의 진로」,『역사교육』52, 2001, p.14.

56 윤종배,『역사수업의 길을 묻다』, 휴머니스트, 2018의 머리말 인용

57 '역사교육을 위한 교사모임' 준비 모임, 앞의 글, p.1.

붙임: 수업이야기 분류표

순	년도 (호)	학교 급	지역	필자	영역	구분	제목
1	07여름 (77)	독산고	서울	임선일	세계사	1	3년 차 교사의 세계사 알아가기
2	〃	구월중	인천	고재연	세계사	1	세계사 공부의 첫걸음, 저 바보 같은 질문 하나 해도 될까요?
3	07가을 (78)	온곡중	서울	윤종배	한국사 + 세계사	1	나의 '연구' 수업기
4	〃	상경중	서울	김선옥	한국사	1	To Sir With Respect & Jealousy
5	08여름 (81)	태릉고	서울	김육훈	세계사	1	세계사 수업을 생각하며
6	08가을 (82)	도봉정보 산업고	서울	박지숙	세계사	1	나의 일상 수업 풍경
7	09여름 (85)	반도체고	충북	원종혁	한국사	1	전문계고에서의 민주주의 수업
8	〃	세화여중	서울	손현준	한국사	1	수업이야기는 행복 이야기다
9	09가을 (86)	도봉초	서울	최종순	한국사	1	초등학교 역사교육에 대한 고찰
10	10겨울 (91)	선산여고	구미	김응호	한국사	1	수업일기 – 나의 수업을 고발한다
11	11겨울 (95)	선주고	구미	김응호	한국사	1	고발 후 고백
12	12봄 (96)	재현고	서울	김재욱	한국사	1	집중이수제? 집중포기제!
13	12여름 (97)	유신고	수원	최효성	동아시아사	1	세 달 남짓 해본 동아시아사 수업
14	13여름 (101)	창원초	서울	황은희	한국사	1	역사야, 놀자

15	14봄 (104)	여수여중	전남	정의진	사회	1	참여와 민주주의를 역사수업에 어떻게 엮어낼 수 있을까?
16	〃	신정고	부산	윤미경	동아시아사	1	부산역사교사모임 내 동아시아사 관련 모임 소개
17	〃	대영고	서울	이윤선	동아시아사	1	나의 동아시아사 수업
18	〃	독산고	서울	김육훈	동아시아사	1	처음 한 '동아시아사' 수업
19	15여름 (109)	수원북중	경기	정태윤	교과연계	1	길들여지지 않고 자유로워지기 – 직접민주주의 대안교실을 꿈꾸며

순	년도 (호)	학교 급	지역	필자	영역	구 분	제목
1	07봄 (76)	–	인천	인천역사 교사모임	한국사	2	아름다운 시행착오 후의 성과, 배움책을 내며
2	〃	동성고	서울	한상철	한국사	2	교실에서 만든 근현대사 교육과정 – 『우리 현대사 노트』(서해문집)
3	08겨울 (83)	충남예고	충남	이명희	한국사+ 세계사	2	세계사 속 한국사 수업 만들기 도전
4	09봄 (84)	상인천 여중	인천	정다운	세계사	2	중학교 1학년 세계사 부분 단원 재구성
5	〃	두정고	천안	이명희	한국사	2	2008년도 TTangkong 선생의 국사 수업 되돌아보기
6	10가을 (90)	동성고	서울	한상철	한국사	2	근현대사, 무엇을 어떻게 가르칠 것인가
7	10겨울 (91)	상인천 여중	인천	정다운	한국사	2	새로운 교과서를 대비하는 사람들 1 – 중학역사수업연구모임 활동 소개
8	〃	돌마고	성남	김남수	한국사	2	새로운 교과서를 대비하는 사람들 2 – 고등학교 '한국사' 수업 준비에 대한 단상

9	11여름 (93)	봉림고	창원	오도화	한국사	2	고등학교 '한국사' 배움책을 준비하며
10	13가을 (102)	–	경기	고양파주 역사교사 모임	동아시아사	2	동아시아사 수업, 어떻게 하고 계시나요?
11	14봄 (104)	유성생명 과학고	대전	윤세병	동아시아사	2	동아시아사 교육과정과 교재 재구성
12	〃	정발고	고양	조정아	동아시아사	2	경기북부 고양파주역사교사모임 – 동아시아사 모임
13	15봄 (108)	수락중	서울	윤종배	한국사+ 세계사	2	역사과 교육목표 다시 세우기
14	15가을 (110)	전일중	전주	강명희	한국사	2	나의 거꾸로교실 이야기
15	16여름 (113)	김포제일 공고	경기	정겨울 문순창	한국사	2	삶과 만나는 한국사 교육과정 리빌딩 1 – 특성화고를 위한 한국사
16	16가을 (114)	김포제일 공고	경기	정겨울 문순창	한국사	2	삶과 만나는 한국사 교육과정 리빌딩 2 – 특성화고를 위한 한국사

순	년도 (호)	학교급	지역	필자	영역	구분	제목
1	07여름 (77)	성서고	대구	유정순	한국사	3	「HD 역사스페셜」과 함께하는 근대사 수업
2	07가을 (78)	가양중	대전	안영옥	한국사 + 세계사	3	나는 매일 'SHOW'를 한다! – '동아시아 삼국의 수호통상조약' 수업 사례
3	〃	홍성여고	충남	최승기	한국사	3	'일방적'이 아닌 수업을 위한 노력 – 일본군 위안부를 주제로 한 편지 쓰기 수행평가 사례
4	07겨울 (79)	낭주중 옥천중 풍양중	전남	윤이성 김월향 천장수	한국사	3	단일민족 편견 깨기 – 한반도를 찾은 귀화인들의 역사

5	〃	대영고	서울	오세운	한국사	3	까칠하게 보는 정조 열풍
6	08봄 (80)	정보고	광주	강남진	한국사 + 세계사	3	철도를 통해 본 조선의 근대화
7	〃	정보산업 공고	수원	이동욱	한국사	3	역사과 PCK 수업안 의병전쟁과 자강계몽운동
8	08여름 (81)	석관중	서울	송치중	교과연계	3	4년 차 교사의 팀티칭 도전기
9	〃	대평고	수원	최찬묵	한국사	3	마음으로 느끼며 머리로 생각하는 5·18 수업
10	08가을 (82)	무등중	광주	고경애	한국사+ 세계사	3	용기 있는 도전-교사 3년 차, 조선철도를 공개수업하다
11	〃	정림중	대전	최형희	한국사+ 세계사	3	임진왜란, 동아시아 전쟁
12	〃	운암고 청량고 중원중	대구 서울 서울	황상천 조현우 박인숙	한국사	3	독도 수업, 어떻게 할까?
13	08겨울 (83)	당곡고	서울	조강희	세계사	3	유럽에 의한 아메리카와 아프리카 지배와 그 영향
14	〃	서울여고	서울	김정안	세계사	3	히로시마, 나가사키 원폭 투하 사실을 통해 본 평화수업
15	〃	사이타마 현공립고	일본	호리구치 히로시	일본사	3	한일역사교육교류회 심포지엄의 수업 사례 -과거, 현재, 미래를 생각하는 '일본국 헌법의 탄생' 수업
16	〃	산마을고	인천	최보길	한국사	3	한일역사교육교류회 심포지엄의 수업 사례-개항을 어떻게 볼 것인가
17	09봄 (84)	부산전자 공고	부산	이서훈	한국사	3	미술사 수업 어떻게 할까? 「몽유도원도」에서 찾은 조선 전기 사대부의 예술 정신
18	〃	김제여고	김제	이우종	한국사	3	고지도와 대동여지도를 통하여 시대 모습 훔쳐보기
19	09여름 (85)	경북 자동차고	경북	이문경	한국사	3	묵은 교사의 수업 고백 – 이승만 정부의 정책

20	09가을 (86)	광남중	경기	김지영	한국사	3	조선의용군 최후의 분대장 김학철 - 1930년대 일본의 중국 침략과 반제국주의 운동
21	〃	영신고	서울	우주연	한국사	3	'일제강점기 경성 사람들의 생활'을 통해 인간과 역사를 이해하기
22	〃	법정대학 고등학교	일본	요네야마 히로후미	일본사+ 한국사	3	조사학습, 발표학습으로 배운 3·1운동 수업 3·1운동
23	09겨울 (87)	용인고	경기	남궁 진	한국사	3	다큐멘터리 영화와 함께한 '일본군 위안부' 수업
24	〃	이와누마 중	일본	아베	일본사	3	오키나와전을 어떻게 가르칠 것인가
25	〃	산마을고	인천	최보길	한국사	3	한일 청소년의 역사 마주 보기
26	10봄 (88)	한국과학 영재학교	대전	노경현	한국사	3	한국 과학사 수업 이야기
27	〃	오남중	서울	조남규	한국사	3	대원군 논술을 통해 본 중3 학생들의 역사인식
28	10가을 (90)	역교협	일본	히라노 노보루	일본사	3	우키요에에서 에도 서민의 생활을 배우다
29	11봄 (92)	인천역사 교사모임	중학 교팀	조영민	한국사	3	'일제 잔재' 바로 알고 바로잡기
30	〃	자유의 숲고	일본	오니자와 마사유키	교과연계	3	삼림을 지키고 키우기 위하여 가능한 일 수업 보고
31	11가을 (94)	토평고	경기	이경주	한국사	3	해방 정국에서 모의 선거 수업
32	〃	도야마고	도쿄 도립	이와네 겐이치	일본사	3	일본사 수업 열기 - 布施辰治(후세 다쓰지)와 조선
33	11겨울 (95)	설천고	무주	경태윤	교과연계	3	1급 정교사의 좌충우돌 공개수업
34	〃	삼각산고	서울	김버들	교과연계	3	삼각산고등학교의 '기후변화'를 주제로 한 범교과 프로젝트 수업 사례
35	12가을 (98)	중앙고	서울	조경훈	세계사	3	민주주의, 아테네에서의 민주주의
36	〃	인천여상 고	인천	조인규	교과연계	3	특성화고 전공교과 학생들을 위한 역사수업 만들기

37	〃	방학중	서울	남선진	한국사	3	생각하는, 그리고 살아있는 역사수업을 그리며
38	12겨울 (99)	안서중	경기	이성훈	한국사+ 일본사	3	전쟁터로 내몰린 한국과 일본의 민중들 – 황민화 정책과 태평양전쟁의 희생자
39	〃	아사카 제3중	일본	주조 가쓰토시	한국사+ 일본사	3	가네코 후미코, '나는 나의 인생을 살아간다' –후미코는 우리에게 무엇을 전해주고 싶었을까?
40	13봄 (100)	만덕고	부산	홍혜숙	세계사	3	민주주의 시선으로 본 시민혁명 수업 사례
41	〃	성광고	대구	박재홍	한국사	3	건국 후 최초의 학생 민주운동 '대구 2·28 민주운동'
42	13여름 (101)	여수여중	전남	정의진	한국사	3	5·18 이후를 이야기하다
43	13가을 (102)	운산고	광명	고진아	한국사	3	일본군 '위안부' 문제의 평화적인 해결방안을 찾는다
44	〃	오산중	서울	이춘산	한국사	3	다문화시대의 역사교육
45	13겨울 (103)	여수여중	전남	정의진	세계사	3	발전을 위한 희생은 불가피한가? – 신항로 개척 토론 수업
46	14여름 (105)	충렬고	부산	강화정	한국사	3	고등학생이 이해하는 5·16과 5·18 그리고 민주주의
47	〃	형곡고	구미	한민혁	한국사	3	독재의 추억, 민주주의의 일상 – 박정희 정권 수업지도안
48	14가을 (106)	학산중	정읍	조광환	한국사	3	동학농민혁명과 역사교육
49	〃	사북고	강원	이기원	한국사	3	역사 마실, 강원 지역 동학농민전쟁 숨결을 찾아 떠나다
50	15봄 (108)	괴정중	대전	문인식	한국사	3	개항기 외국인의 기록을 통해 보는 우리의 모습, 그리고 지금 우리의 타자에 대한 시선
51	〃	성산고	대구	차경호	한국사	3	지역 역사 속의 다문화: 누가 진정한 이웃인가?

순	년도(호)	학교 급	지역	필자	영역	구분	제목
52	15여름(109)	진접고	남양주	김애경	교과연계	3	기억하겠습니다. 봄꽃처럼 져버린 당신을 잊지 않겠습니다. 지독했던 4월의 그날을 – 세월호 1주기 공동수업안 후기
53	15가을(110)	해솔중	파주	백옥진	교과연계	3	별에서 온 그대 – 2014학년도 2학년 교과 융합 수업
54	15겨울(111)	삼척고	강원	최윤석	교과연계	3	League Of Disease(L.O.D.) – 2015학년도 교과 융합 수업
55	16봄(112)	영도여고	부산	정연두	한국사+세계사	3	우리 안의 차별 깨기 – 관동대지진과 만보산사건 이후의 학살
56	〃	백석중	고양	고진아	동아시아사	3	동아시아 평화를 모색하는 수업실천 – '우리들의 전후 70년 담화' 수업을 중심으로
57	16겨울(115)	일산동고	경기	조정아	한국사+세계사	3	히틀러 소동을 통해 본 보편적 가치 교육의 모색

순	년도(호)	학교 급	지역	필자	영역	구분	제목
1	07가을(78)	부천북고	경기	조한경	한국사	4	근현대사 인물과의 만남 – 역사인물에게 편지 쓰기 수행평가 사례
2	〃	김해가야고	경남	김정현	한국사	4	철기시대 어느 족장의 일기
3	07겨울(79)	금곡고	경기	조두형	한국사	4	참여와 소통을 위한 역사 이미지 활용 수업
4	〃	중앙여고	부산	김민수	한국사	4	역사 탐구 교실, 진흙탕 속에서 꿈을 현실로
5	08봄(80)	부산고	부산	강문형	세계사	4	세계사 시간에 토론하기
6	09봄(84)	운암고	대구	박영숙	한국사	4	사회극을 활용한 역사수업

7	09겨울 (87)	도봉초	서울	최종순	한국사	4	초등학교 역사수업이야기 2 – 초등학교에서 역사수업은?
8	10봄 (88)	노원초	서울	최종순	한국사	4	초등학교에서 역사수업은?
9	〃	신현고	서울	송옥란	한국사	4	역사 글쓰기 수행평가와 함께한 국사 수업
10	〃	함평고	전남	장용준	한국사	4	'교과 교실제' 실시에 따른 수업 방법 개선에 대하여
11	10여름 (89)	노원초	서울	최종순	한국사+ 세계사	4	초등학교 역사수업이야기 3 – 사람들과의 만남을 통해서 배우는 역사
12	〃	온곡중	서울	윤종배	세계사	4	질문에서 발문으로 가는 길
13	10가을 (90)	경덕여고	대구	차경호	한국사	4	다큐멘터리 「한국사 전」을 활용한 영상 수업
14	10겨울 (91)	효자고	의정 부	심우근	세계사	4	서술형 평가 – 나는 이렇게 평가한다
15	11봄 (92)	삼일여고	울산	손성호	한국사	4	다 아는 이야기지만, 토론학습 해보니 괜찮다
16	11여름 (93)	용동중	경기	박철호	한국사	4	모둠과 함께 숨 쉬는 행복한 역사수업을 꿈꾸며
17	11가을 (94)	삼정중	서울	권오경	한국사+ 세계사	4	혁신학교, 배움의 공동체 수업을 맛보고
18	12봄 (96)	원광중	익산	김억동	한국사	4	참실 수업 사례 1 – 수업을 바꾸자, 조금씩이라도
19	〃	대송고	울산	강민주	한국사	4	블록타임제를 활용한 프로젝트 수업
20	12여름 (97)	지평선중	김제	홍성진	한국사	4	역사가 책을 만나고 글쓰기와 만나다

21	〃	온곡중	서울	김선옥	한국사+ 세계사	4	전입 교사 분투기
22	13가을 (102)	천보중	의정 부	정태윤	한국사	4	역사수업 시간에 책 읽기
23	〃	여수여중	전남	정의진	한국사	4	역사수업이 재미있을 수 있을까?
24	13겨울 (103)	온곡중	서울	김선옥	사회	4	삶을 바꾸는 사회 수업
25	14가을 (106)	수락중	서울	윤종배	교과연계	4	학생의 시선으로 수업 궁리하기
26	14겨울 (107)	지평선중	김제	홍성진	한국사+ 세계사	4	지혜의 나눔 – 책과 함께하는 역사수업
27	〃	서원중	청주	조현목	한국사	4	배움의 공동체를 활용한 1년 동안 수업 돌아보기
28	15여름 (109)	태봉고	창원	오도화	세계사	4	서로 배우고 함께 나누는 프로젝트 수업
29	〃	전일중	전북	강명희	한국사+ 세계사	4	역사수업에서의 거꾸로교실 – 거꾸로교실 특집 인터뷰 ①
30	〃	KBS PD	기타	정찬필	교과연계	4	거꾸로교실 정찬필 PD를 만나다 – 거꾸로교실 특집 인터뷰 ②
31	15겨울 (111)	당곡중	서울	이근화	한국사	4	나의 수업과 수행평가 이야기, 그리고 교과문집
32	16봄 (112)	당곡중	서울	이근화	한국사	4	나의 수업과 수행평가 이야기. 그리고 교과문집 2
33	〃	중평중	서울	윤종배	교과연계	4	배움이 있는 역사수업 만들기 – 교과 문집 제작 사례
34	16가을 (114)	장곡고	시흥	손석영	동아시아사	4	동아시아사 토론식 수업의 상시화를 위하여 1
35	16겨울 (115)	장곡고	시흥	손석영	동아시아사	4	동아시아사 토론식 수업의 상시화를 위하여 2

순	년도 (호)	학교 급	지역	필자	영역	구분	제목
1	09겨울 (87)	세화여중	서울	손현준	한국사	5	수업이야기는 행복 이야기다 Ⅱ
2	12봄 (96)	–	경기	고양파주 역사교사 모임	한국사	5	참실 수업 사례 2 – 교내 역사체험활동 1년 나기
3	12겨울 (99)	지평선중	전북	홍성진	한국사	5	프로젝트 학습 '역사 추적' – 지평선 CSI '오얏꽃은 누구를 위해 피었는가'
4	13여름 (101)	운산고	경기	윤국선	기타	5	인물사 그림책 체벌 대체 프로그램 이야기
5	15여름 (109)	영도여고	부산	정연두	교과연계	5	역사책읽기대회를 준비하며
6	16여름 (113)	성산고	대구	차경호	한국사	5	영상으로 하는 민주주의 역사수업 12개의 근현대사 주제

순	년도 (호)	학교 급	지역	필자	영역	구분	제목
1	07여름 (77)	중앙고	서울	박범희	한국사	6	내레이션 수업과 거리 두기 게임
2	11가을 (94)	서라벌고	서울	용건우	한국사	6	집중이수제에 대해 말하자면 – 학생 이야기
3	12가을 (98)	수락중	서울	윤종배	한국사	6	역사수업, 어떻게 볼까 남선진의 수업 참관기
4	14겨울 (107)	수락중	서울	윤종배	교과연계	6	학생의 성장을 기록하다
5	15봄 (108)	논공중	대구	박영숙	한국사+ 세계사	6	역사수업과 답사 – 뜨리마 까시의 나라, 인도네시아를 가다
6	16가을 (114)	숙지고	경기	이동욱	한국사+ 세계사	6	'올바른 역사교과서'를 넘어선 '상식적인 역사교육'을 고민하다

역사교육의 대안 논의와 역사수업의 재구성 방향[1]

서울 독산고등학교 **김육훈**

1. 머리말

지난 십수 년 동안 역사교육계는 엄청난 홍역을 치렀다. 이명박 정권이 검정 한국 근현대사 교과서 강제 수정 사건과 역사교육과정의 왜곡 졸속 개정으로 대못을 박더니, 박근혜 정권에서는 아예 역사교과서 전부를 국정제로 발행하려 했다. 지금 돌이켜보면, 이 모든 일들은 실상 교과서를 이념 전쟁의 도구로 활용하겠다는 정권의 어처구니없는 시도가 아니었다면, 일어날 수도 없고 일어나서도 안 되는, 그런 점에서 하나의 소동과 같은 일이었다.

지식사회 안에서 역사교과서 국정화를 지지한 그룹을 찾기 어려우며, 보수언론조차도 모두 이를 반대했고, 정말 많은 국민이 반대운동에 나섰는데도 정부 여당은 불통의 막장을 보여주듯이 이 일을 추진했다. 이를 위해 역사학자들 대부분이 편향됐다거나 전국 99.9퍼센트 학교에서 편향된 교과서를 쓰고 오직 0.1퍼센트만 균형 잡힌 교과서를 쓴다는 식의 반지성적 정치선동을 일삼았으며 어처구니없는 편법과 불법, 대국민 여론 조작을 동원해 이 정책을 밀어붙였다. 심지어 모습을 드러낸 국정교과서가 편향과 오류로 도저히 현장에 보급할 상황이 안 되는데도 불구하고, 국·검정 혼용이니 연구학교니 하는 수단을 동원해 마지막까지 현장에 대못을 박으려 시도했다.

박근혜 정권이 벌인 소동은 촛불혁명의 과정을 거쳐 새 정부가 탄생함으로써 일단락됐다. 국정교과서는 폐기됐고, 악랄한 정치선동과 불법·부당행위를 바탕으로 이뤄진 국정화 사건에 대한 진상조사도 진행됐다. 교학사 소동에서 국정화 사건으로 이어지는 과정은 우리 사회에서 역사교육이 차지하는 위치를 냉정하게 성찰할 수 있는 계기가 됐다. 권력이 교과서 문제를 악용할 때 빚어지는 최악의 사태, 역사교육의 방향이 잘못 설정될 때 발생할 수 있는 문제점 등이 분명하게 드러났다. 동시에 역사교육이 새롭게 재구성돼 다른 방향으로 실천될 경우 얼마나 새로운 변화를 선도할 수 있는지도 분명하게 드러났다.[2]

이 글은 역사교과서 국정화 소동을 직접적으로 다루지 않는다. 또한 국정화를 추구했던 이들의 역사교육론과 그 문제점에 대해서도 본격적으로 다루지 않는다. 이 글은 국정화 소동의 전개과정을 염두에 두면서, 이 소동을 전후한 시점에 제기됐던 대안적 역사교육 논의의 흐름을 정리함으로써, 우리 역사교육이 나아가야 할 방향에 대한 시사점을 얻으려 한다.

교사의 수업실천은 주어진 교과서 내용을 효과적으로 전달하는 것 그 이상이다. 교과서를 둘러싼 갈등이 정권의 향배를 놓고 벌인 엄청난 규모의 정치적 투쟁으로 확장된 과정을 모든 국민이 지켜보았듯이, 역사교육은 우리 정치·사회현실을 구성하는 중요한 요소다. 어떤 내용의 역사교과서를 어떤 방식으로 가르칠 것인가 하는 교사의 고민이 수업에 대한 기능적 접근이나 교사 개인의 결단에 머물 수 없는 이유다. 학생이 역사를 안다는 것이 어떤 뜻인지, 교사가 역사를 가르친다는 행위의 사회적 의미는 무엇인지, 사회 속에서 역사교육이 자리해야 할 위치는 어디인지에 대한 성찰 위에서 역사수업에 대한 논의가 활발하게 이뤄지길 기대하는 마음으로, 역사교육을 변화시키려던 지난날들의 노력을 이야기해보겠다.

2. 대안적 역사교육 논의의 흐름과 방향

1) 국정교과서 반대운동의 논리와 대안 탐색

중등 역사교과서의 국정화는 유신독재의 산물이다. 박정희 정권은 1972년부터 국사 교육 강화정책 시행과 교육과정 개정을 동반하면서 역사교과서 국정화를 추진했다. 다음은 이 무렵 만들어진 국사 교육과정의 일부다.

우리 민족의 발전 과정을 주체적인 입장에서 파악시키고, 민족사의 정통성에 대한 인식을 깊게 하며, 문화민족의 후예로서의 자랑을 깊이 하게 한다.

－ 문교부령 제325호(1973. 8.) 중학교 국사 목표

국사 교육을 통해 올바른 민족사관을 확립시키고 민족적 자부심을 키워서, 민족중흥에 이바지하게 한다.

－ 문교부령 제350호(1974. 12.) 인문계 고등학교 목표

국정제를 통해, 역사를 해석하고 교과서를 기술하는 주체가 되어 다른 역사 이해가 경합할 수 있는 가능성을 원천봉쇄하고, 국민에게 내면화시키려 한 역사인식을 담은 글이다. 대한민국(남한)이 민족사적 정통성을 가졌다는 사실을 알고

국민으로서 자부심을 갖고 민족중흥이란 국가 과업에 적극 동참할 수 있는 인간, 그것이 바로 1973년 박정희 정권이 국정화를 내걸면서 육성하려던 새 한국인이 었다.[3]

역사교과서 국정화는 유신독재라는 엄혹한 상황에서도 많은 반대 위에서 이뤄졌다. 여러 역사학자들이 공개적으로 국정화 방침에 반대했으며, 국정교과서가 나온 뒤에는 국정교과서의 사관과 서술체재, 개별 서술 내용에 대한 검토를 진행해 국정화의 문제점을 지적했다.

전두환 군사독재 시대에도 국정교과서 비판은 민주화운동의 일환으로 진행됐다. 역사학계에서는 교과서가 정권의 정당성을 홍보하는 도구로 전락했다는 점, 나아가 교과서의 역사인식이 반민중적이고 반통일적인 역사인식을 재생산한다는 점을 비판했다. 그리고 교과서가 민중의 삶과 주체적 성장, 개혁과 민주화를 위한 노력, 분단의 아픔과 통일운동의 역사를 적실하게 다뤄야 한다는 점을 강조했다.

교사들은 역사학계의 주장에 공감하며 두 측면에서 국정제의 문제점을 추가로 지적했다. 첫째는 국정 단일 교과서가 교사들이 교과서를 넘나들면서 학생의 상황에 맞도록 자율적으로 교재를 재구성할 수 있는 교수의 자유를 가로막는다는 점이다. 둘째로 국정제가 지식 중심 교육과 결합하면서 획일적인 역사인식을 양산함으로써 학생들이 스스로 생각하는 힘을 기르는 데 장애가 된다는 점이었다.[4]

역사학자와 교사 들은 그 연장선에서 역사교과서 국정제 폐지를 의제화했고, 교과서에 담을 역사 내용과 서술체재를 탐구했다. 민주화가 진전되면서 국정교과서 폐기 주장이 갈수록 높아지는 가운데, 교과서와 수업실천을 혁신하려는 다양한 연구와 실천이 잇달았다. 교사들은 2002년 이후 '살아있는 역사교과서' 시리즈로 대변되는 대안적인 역사교과서를 선보였으며, 많은 교사가 저마다의 교육과정을 상징하는 배움책을 만들어 썼다. 동아시아 역사 갈등을 계기로, 역사교사,

역사학계와 시민사회를 중심으로 역사 대화를 통해 평화와 인권, 민주주의를 실현할 수 있는 역사교육 방안이 탐구되었다. 이 노력은 역사학계의 국사 교육을 둘러싼 민족주의 논쟁, 세계사 교육의 서구 중심주의와 중국 부중심주의 극복 논의와 짝하면서 역사교육의 틀을 새롭게 논의하는 기초가 됐다.

여러 갈래에서 진행된 대안 탐색 노력이 상호 침투하는 가운데 2007 개정교육과정이 탄생했다. 국사와 사회과 속의 세계사로 이원화됐던 역사교육은 이때부터 '역사'과목으로 재조직됐다. 한국사와 세계사를 관련지어 이해하면서 인간과 사회를 성찰하는 것이 역사과목의 목표로 설정됐다. 중학교 과정에서 한국사 영역과 세계사 영역을 한 권의 교과서에 포괄했고, 특히 10학년에서는 근현대사를 중심으로 한국사 내용과 세계사 내용을 한 단원 안에 통합했다. 고등학교 2, 3학년 선택과정에 한국사와 세계사 외에 동아시아사 과목이 처음 등장했다. 이와 함께 오랫동안 남아 있던 중등학교의 국정교과서 제도도 종식됐다.

교육과정을 개정하는 방식에도 변화가 있었다. 2007년 12월에 교육과정을 고시하기 위해서 2004년부터 기초 연구를 시작했다. 연구진을 구성하면서 교육부는 학회와 단체에 참가 의사를 묻고 추천을 받았다. 연구진과 심의진 역시 대표성과 전문성의 조화를 꾀하는 가운데 구성했고, 논의 중에 중요한 쟁점이 대두했을 때는 역사학계와 교사 단체의 대표자 회의를 통해 문제를 해결했다. 열린 의사결정 구조 안에서 자율적인 참여와 다양한 의견 수렴을 통해 교육과정을 개정한 것이다. 역사교육정책이 민주적 절차를 거치면서 공공의 가치를 지향하는 가운데 수립됐다는 사실, 역사학·역사교육 전문가들이 마련한 집단지성과 상식을 존중했다는 점은 주목할 만한 변화였다.[5]

그러나 이명박 정부 수립 이후 역사교육 논의는 심각한 왜곡과 퇴행을 겪었다. 이명박 정부는 집권 초부터 금성교과서 강제 수정 소동을 일으켰고, 새 교과서 편찬이 끝나 검정까지 통과한 시점에서, 교육과정을 개정하고 졸속으로 교과서를 집필하도록 했다. 그러면서 새 교과서가 채 현장에 공급되기 전부터 새 교육과정을 만들더니, 연구 개발 절차가 다 끝난 상태에서 뉴라이트 단체의 요구를 받아들여 교육과정 속의 민주주의란 단어를 모두 자유민주주의로 변경하는 만행을 저질렀다. 박근혜 정부 시기 역사교육의 변화는 더욱 극단적이어서, 급기야 역사교과서 국정화란 심각한 퇴행으로 귀결됐다. 이는 권력을 잡은 이들이 '국가정체성 바로 세우기'를 내걸고 반대 진영을 반대한민국 세력 혹은 비국민으로 몰아붙이면서 학문의 전문성과 자주성과 교수학습의 자율성을 비롯한 민주적 가치를 훼손하는 일이었다.

역사교사들과 역사학계는 권력이 역사교육을 장악하려는 시도에 맞서 활발한 반대운동을 벌였다. 한편에서 허위와 기만, 부당한 정치선동의 실상을 폭로하고 다른 한편에서 국가권력의 역사 장악 시도가 갖는 민주주의 후퇴 양상을 지적했다. 또한 뉴라이트 역사인식을 체계적으로 분석하면서, 권력이 강조하는 국가정체성이 실상 대한민국의 헌법적 가치를 심각하게 훼손하는 것임을 드러냈다. 이 과정에서 많은 국민이 역사교육 문제에 관심을 기울였고, 이는 범국민적인 역사교과서 국정화 반대운동으로 이어졌다.

교사와 학계, 시민사회는 활발하게 국정화 반대운동을 벌이면서 대안적 역사교육의 방향을 논의하는 데 많은 시사점을 남겼다. 반대운동의 주장을 네 차원으로 요약해보았다.[6]

첫째, 국정화론자들이 친일 독재를 미화할 우려가 있다. 독립운동과 민주화의 역사를 제대로 가르칠 수 있어야 한다. 역사교육이 국가정체성 교육이란 점을 일부 인정하되, 뉴라이트 방식이 아닌 민족·민주적으로 국가정체성을 바로 세워야 한다는 것이다.

둘째, 역사교육을 통해 해석의 다양성을 체험할 수 있도록 해야 한다. 국정화론 자들이 말하는 '올바른 교과서'는 원천적으로 존재할 수 없으며, 획일적인 주입식 역사교육을 넘어서 다양한 관점에서 생각하고 체계적으로 사고할 수 있도록 해야 한다는 것이다.

셋째, 해석의 다양성에서 더 나아가, 역사 자체의 복수성(다원성)을 강조했다. 국가 서사, 위인의 이야기를 넘어, 지역의 역사, 여성의 역사를 포함해 평범한 사 람들의 삶을 담은 이야기, 경제성장의 그늘에서 어려움을 겪었던 사람들, 잘 알려 지지 않았던 독립운동가나 민주화운동가 이야기에 이르기까지, 본질적으로 하나 의 역사라는 관념은 존재할 수가 없다.

넷째, 학생의 학습이란 차원에서 역사교육을 조명하며 학생의 배울 권리 차원 에서 역사교육을 조망했다. 국정교과서가 학습자들이 바른 교육을 받을 권리, 나 아가 조작되지 않은 역사를 배울 권리를 침해한다는 점을 지적하고, 역사교육의 국제적 규범을 천착하면서 새로운 역사교육의 상을 그려나갔다.[7]

반대운동에 동참한 이들이 모두 위와 같은 생각을 가졌던 것은 아니고, 반대운 동 내부의 생각 차이도 결코 작지는 않았다. 그러나 적어도 극복하고 지양해야 할 잘못된 역사교육이 무엇인지 분명해졌고, 내부의 차이도 어느 정도 드러났다. 그 래서 국정화 논란 시기의 백가쟁명식 논의는 이후 역사교육 논의를 진행할 때 참 조할 수 있는 역사교육 담론의 저수지와 같은 역할을 할 수 있을 것이다.

2) 역사교육에서 민주주의 교육론의 전개

국정화 반대운동이 다양한 대안 논의와 쉽게 접목될 수 있었던 것은 그동안 교 육계와 역사학계가 역사교육을 민주주의 교육 차원에서 재구조화하려는 시도를 꾸준히 진행한 결과이기도 했다.

역사학계에서는 2012년 전국역사학대회의 주제로 '역사학과 민주주의'를 채택해 민주주의 역사를 통하여 현실을 비판적으로 성찰하려 했다. 2014년에는 '국가권력과 역사학'을 대회 주제로 선정해 공동 연구를 진행하고 역사교과서 국정화 반대 성명을 채택했으며, 2015년에는 '역사학과 역사교육의 소통'을 공동 주제로 삼아 역사연구의 전문성과 교육의 자주성 및 전문성, 정치적 중립성을 확보하는 문제를 토론했다. 이 과정은 훗날 학회와 학교, 개인 차원의 국정화 반대운동으로도 이어져 범국민적 반대운동의 도화선 같은 역할도 했다.

교사들이 역사교육을 통해 민주주의 교육을 실천하려는 시도는 더 활발했다. 2008년 이명박 정부가 금성 근현대사 교과서를 강제로 수정하고 이에 굴종한 일부 보수 교육감들이 교과서 재채택을 강요한 사태를 경과하면서, 역사교사들은 국가권력의 역사교육 침탈에 맞선 대중운동을 진행하며 역사교육이 민주주의 교육을 실천하는 현장이 돼야 한다는 점을 무겁게 받아들였다. 전국역사교사모임은 여러 차례 국가주의 교육의 대안을 탐색하려는 주제를 설정해 참교육실천대회를 치렀으며, 역사교육연구소에서는 역사교육이 민주공화국의 시민 형성을 추구해야 한다는 취지 아래, 국가주의 역사교육론을 해부하고 역사교육 내용과 역사수업의 방법론을 새롭게 구성하려 했다.[8]

역사학계와 역사교육계는 '역사교육연대회의'라는 협의체를 꾸준히 가동했다. 2013년 교학사 교과서를 공동으로 검토했고, 2014년에는 역사교과서의 국정제가 갖는 문제점을 공동으로 연구해 토론회를 열었으며, 초등 역사교과서 실험본(근현대편)을 함께 분석했다. 국정화 로드맵 속에서 진행된 2015 교육과정 시안을 검토해 문제점을 정리했으며, 초등 국정교과서(전근대편, 사회 5-2)를 분석하고, 역사교육에 대한 유엔 보고서의 의미에 비추어 국정제의 문제점을 지적한 학술토론회를 조직했다. 이 과정에서 그동안 역사교육의 가치와 방향을 둘러싼 논의를 더욱 풍성하게 전개할 수 있는 새로운 시야를 만들 수 있었다.

교사단체와 학계의 연구와 짝해 제도 정치 내부에서도 역사교육의 가치와 방향을 이전과 다른 각도에서 재정의하려는 움직임이 전개됐다. 야 3당이 함께 추진한 국정화 금지법과 진보교육감들의 실천이 그 사례다.

먼저, 야 3당이 공동으로 추진한 국정화 금지 법안의 정식 명칭은 '역사교과용 도서의 다양성 보장에 관한 특별법[9]'이다. 국정화가 역사교육에서 가장 중요한 요소인 다양성을 저해함으로써, 교육의 자주성 및 중립성 확보에 어려움을 겪을 가능성이 높다는 전제 아래, 역사교과에서는 국정도서를 금지하며(안 제6조), 역사교과용 도서의 다양성 보장 및 검정·인정 기준에 관한 사항을 심의하기 위해 역사교과용 도서 다양성 보장위원회를 국회에서 추천한 인사(여야 동수)들을 중심으로 구성한다(안 제7조)는 내용을 담았다.

진보교육감이 있는 교육청들의 활동도 활발했다. 경기도교육청은 '경기도교육청 역사교육 활성화 조례'를 제정해 대한민국의 헌법적 가치와 민주시민 육성과 교육의 자주성이라는 교육기본법의 가치 구현을 목표로 역사교육을 활성화하겠다는 방침을 내걸었다. 전북·광주·강원·세종교육감은 국정교과서 발간에 맞춰 대안적인 성격의 역사교육 보조 자료를 개발해 보급하기로 했다. 서울시는 민주사회를 위한 역사교육위원회를 조직해 교육청 단위에서 시행할 수 있는 종합적인 역사교육 계획을 세워 국정화 논란으로 불거진 다양한 형태의 토론을 통해 역사교육 논의를 확산시키고 심화하면서, 역사교사들의 교육 역량 강화를 위한 자료 개발 및 연수 활동을 벌였다.

야당의 법안이나 진보교육감의 국정화 대응 활동은, 대안적인 역사교육 논의를 반영하면서 또 일정하게 선도하는 측면이 있었다. 위의 국정화 금지법은 '역사교과용 도서는 관용, 상호 이해, 인권, 민주주의와 같은 근본적인 가치들을 장려하는 내용을 포함해야 한다'(안 제4조)는 내용을 담았다. 경기도 조례는 활성화하려는 참된 역사교육을, '건강한 시민을 기르기 위한 민주시민교육으로서의 역사교육'(조례 제4조 제1항)으로 정의했다. 경기도 조례와 4개 교육청의 보조교재 개발 계획에서 국가와 민족 단위의 역사에 매몰되지 않고, 지역의 역사를 중심으로 인간의 숨결을 되살리려는 시도도 눈길을 끈다. 서울시교육청 차원에서 조직한 역사교육위원회가 '민주사회를 위한'이란 접두어를 붙이고, 민주시민 형성을 역사교육의 지향으로 설정한 뒤 '토론'을 화두로 삼은 사실도 시사하는 바가 크다.

이처럼 교사와 역사학계 그리고 제도권에서 이뤄진 대안적 역사교육 탐색은 현실의 무게를 인정하면서도 새롭게 지향할 역사교육 논의가 구체성을 획득하는 데 적지 않은 시사점을 준다.

3) 민주시민교육 활성화 논의의 역사교육적 함의

세월호 참사를 거치며, 진보교육감들이 대세를 이룬 교육 정세 속에서 학교 시민교육 논의는 어느 때보다 풍성해졌다. 경기도교육청이 개발한 민주시민교육 인정교과서가 발행돼 두루 보급됐으며, 시도교육청이나 교육부에 민주시민교육과를 상설하거나 세계시민교육을 활성화하려는 노력도 활발하다. 학교 민주시민교육의 방향과 과제에 대한 정책 연구도 꾸준히 이뤄지고 있다. 이 같은 논의는 그동안 학교 역사교육의 방향을 둘러싼 역사교육 내부의 논의와 함께 가면서 좋은 영향을 주고받는 중이다.

그동안 역사교육은 민족정체성, 국민정체성을 함양해 애국적 국민을 만든다는 차원에서 주로 논의되고 민주시민의 자질 함양이라는 교육기본법의 이상과 관련해서는 거의 논의되지 않았다. 그런데 애국적 국민과 민주시민이 반드시 다른 개념은 아니다. 한 국가공동체가 보편적 인권공동체와 국제평화를 지향한다면, 민주시민은 존엄성이 긍정되는 인권적 존재이면서, 다양한 집단에 속한 시민사회의 구성원이면서, 국가공동체의 구성원인 국민이자 세계시민일 수 있기 때문이다. 그럼에도 불구하고 그동안 역사교육의 존재 의의를 설명할 때 민족정체성, 국민 정체성 개념이 모든 논의의 중심에 서면서, 인권이나 시민사회의 자율성과 다원성, 보편적 가치와 세계시민 자질 등을 별개로 논의했던 것이다.

　민주주의 국가에서 국민정체성 함양을 위한 교육은 필요하다. 국가 구성원들이 공동의 과제를 해결하기 위해 서로 소통하면서 협력하기 위해서는, 공통의 가치를 공유하고 국민이란 귀속감이나 동료로서 유대감을 갖는 것이 필요하기 때문이다. 그런데 '국민정체성'을 역사의 공유 정도로 좁게 해석하거나, 어떤 경우에도 국민 통합이 우선이란 발상은 잘못이다. 애국심 교육이 국민이 누릴 수 있는 권리와 국가가 지향하는 가치를 인식하는 일 또는 국민적 동일성과 동일한 비중으로 국민 내부의 다양성을 인정하며, 갈등을 당연시하고 민주적 원칙에 따른 문제 해결의 방도를 배우는 일과 별개일 수 없다. 그렇다면 역사교육이 화두로 삼았던 민족정체성, 국민정체성 함양이란 의제와 마치 역사교육의 것이 아닌 양 논의에서 배제됐던 민주시민교육 논의는 하나로 통합할 수 있고, 오히려 양자를 유기적으로 통합해 논의하는 것이 바람직하다.[10]

　국정화 논란 과정에서 현대사 교육의 방향을 둘러싼 갈등 문제에 대한 해법으로 많은 사람이 주목했던 독일의 보이텔스바흐 합의(Beutelsbacher Konsens)를 참고해보자.[11] 이 합의는 1970년대에 독일 사회를 심각한 갈등으로 내몰았던 정치교육-현대사 교육의 방향을 놓고 벌인 활발한 논의를 기초로 만들어졌다. 국가 기관의 개입 없이 민간 차원에서 활발한 토론이 이뤄졌고, 여전히 어떤 구속력 있는 법적 근거를 갖지 않으면서도 오늘날 독일 학교교육 혹은 시민교육의 대원칙으로 기능한다. 이 합의는 간략한 다음 세 문장으로 이뤄진다.

1. 교사가 자신이 원하는 견해를—어떤 수단을 통해서든—학생이 받아들이도록 강제하고 그것을 통해서 학생의 '자립적인 판단 형성'을 방해하는 것은 허용되지 않는다.
2. 학문과 정치에서 논쟁적인 것은 수업에서도 논쟁적으로 나타나야 한다.
3. 학생은 정치 상황과 자신의 고유한 이익 상태를 분석할 수 있도록 안내돼야 한다.

1항은 어떤 경우에도 가르치는 이가 자신의 견해를 일방적으로 주입하려 하면 안 된다는 교화 금지 원칙이다. 학생 개개인을 주체적인 판단이 가능한 존재로 간주하고, 그들이 자신만의 판단을 내릴 수 있도록 돕는 과정이 교육의 본질에 부합한다는 뜻이다. 2항은 아직 어린 학생들에게 섣부른 가치 교육을 시도하거나 민감한 현실의 쟁점을 다루지 않는 것이 정치적 중립성인 양 간주되는 한국 사회의 또 다른 모습에 대한 성찰적 시선을 제공해준다. 3항은 학교에서 배우는 지식을 자신의 삶이나 생활과 무관한 어떤 것으로 간주하지 않고 모든 사안을 자신과 연계해 실천적으로 탐색하고 결과적으로 학습이 실천으로 이어지도록 해야 한다는 차원이다. 물론 국정화가 시도되는 한국적 상황에서는 교화 금지, 논쟁성, 이익 상관이라는 이 세 원칙에 앞서는 기본 전제 같은 것이 필요할지 모른다. 모든 사람은 조작되지 않은 역사를 배울 권리가 있다거나 역사교육은 전문가에게 맡겨져야 하며, 국가권력은 이를 뒷받침하는 역할을 한다는 극히 상식적인 원칙 말이다.[12]

그런데 학교와 사회를 애써 구분 짓지 않고, 학생을 주체적인 시민으로 성장할 수 있도록 돕는다는 발상은 다른 시민교육 논의에서도 쉽게 확인할 수 있다. 영국의 사례도 그중 하나다. 영국 시민교육 논의를 새롭게 정초했다 할 크릭보고서는 모든 학생이 '자신의 삶을 사회와 관련지으면서 그 책임을 이해하도록 어려서부터 배워야 하며, 다양한 단체와 연계해 활동하고, 사회생활에 필요한 정치적 문해력을 갖도록 배려해야 한다'고 전제한 뒤, 학교에서 논쟁적인 주제를 적극적으로 가르쳐야 할 필요를 특별히 강조했다.[13] 영국 시민교육 지침서는, "가장 효과적인 시민교육의 학습 방식은 무엇인가?"라고 질문을 던진 뒤, 학생들이 스스로 생각하도록 한다는 점에서 비판적 학습, 토의와 토론을 이용한다는 점에서 대화형 학습, 사회문제를 적극적으로 도입한다는 점에서 연관성 있는 학습 등을 강조한다. 동일한 차원이다.[14]

최근 한국의 민주시민교육 논의 역시 이 같은 흐름과 맥이 통한다. 서울과 경기도교육청에서 민주시민교육을 체계적으로 활성화시킬 수 있는 방안을 마련하기 위한 정책 연구를 진행했는데, 이때 제출된 두 보고서가 좋은 사례다. 두 보고서는 역사교과서를 둘러싼 정체성 논란이 폭발적인 양상을 띤 2012~2014년 상황에서 이뤄졌고, 이 같은 현실 위에서 실천 가능한 학교 민주시민교육의 방향을 논의했다는 점에서 현재 역사교육 논의에도 참조할 점이 많다.

두 연구는 모두 헌법적 가치를 시민교육의 기본 방향 중 하나로 설정하면서 지금껏 뉴라이트 진영이 왜곡해 전유한 헌법적 가치를 국민주권주의에 입각해 재해석한다. 나아가서 국민정체성, 애국심 교육의 중요성을 인정하되, 그것을 인권과 민주적 헌정 질서에 대한 존중 차원에서 이해한다. 국가의 이익을 앞세워 개인의 희생을 강요하고 당연시하며 개인이나 집단의 차이와 다양성을 무시하고 억압하면서 우리 아닌 남을 배제하도록 이끌어서는 안 된다는 것이다.

두 연구는 민주시민교육의 원칙을 두 방향에서 제안했다. 사회·정치적 현안에 내장된 갈등은 교육 현장에서도 당연히 재연돼야 한다(논쟁성의 원칙)는 것과 학생들이 민주적 공동체 생활에 필요한 여러 가지 능력을 학교생활의 다양한 국면에서 몸으로 익힐 수 있어야 한다(실천성의 원칙)는 것이다.[15]

이처럼 민주시민교육에서 논의하는 교화 금지, 논쟁성 살리기, 현실과 관련짓기 등의 큰 흐름, 나아가 헌정적 애국주의에 입각한 시민교육에 대한 논의는 그동안 역사교육학계 일각에서 꾸준히 제안한 '역사인식교육으로서 역사교육'이나 학교 현장에서 활발하게 추구한 '살아있는 삶을 위한 역사교육'과 대단히 가까운 거리에 있으며, 그동안 국정화에 맞서면서 대안적 역사교육을 탐색하던 노력과 매우 가까운 곳에 있다.[16]

3. 교육과정과 수업실천의 재구성

1) 역사교과의 성격과 목적: 국가정체성 교육을 넘어서

　7차 교육과정 시기까지 역사교육은 국사와 세계사 과목으로 분리된 채 운영됐다. 민족정체성 함양을 내건 국사의 중요성은 당연시됐고, 국사에는 민족, 국가 단위의 역사가 통사 형태로 편성됐다. 그런데 뒤를 이은 2007 개정교육과정에서는 한국사와 세계사 영역을 역사로 통합해 중학교에서는 한 권의 교과서에 한국사와 세계사 영역을 함께 편재하되 상대적으로 전근대사에 비중을 두고, 10학년에서 근현대사를 중심으로 한국사와 세계사 영역이 통합됐다. 두 영역을 통합해 새롭게 출발한 역사과목의 성격은 다음과 같이 진술된다.

　'역사'는 과거에 있었던 인류의 다양한 삶을 이해하고 현재 우리의 모습을 과거와 연관 지어 살펴봄으로써 인간과 인간의 삶에 관해 폭넓은 이해와 안목을 키우는 과목이다. … 이러한 과정을 통해 학습자로 하여금 인간의 삶과 관련된 문제들을 다양한 시각에서 해석하고, 나아가 과거와 현재, 나와 타인의 삶에 대해 성찰할 수 있는 능력을 기르도록 한다.

이전 시기 교육과정과는 제법 달랐다. 학생들이 국사와 세계사 영역을 넘나들면서 해석의 다양성을 배우고 자신의 위치와 바람직한 가치를 성찰하도록 하자는 제안이다.[17]

이처럼 역사교육의 형태와 지향 가치는 얼마든지 변화될 수 있다. 지금까지 그래왔고, 한국에서만 그런 것도 아니다. 바로 그 때문에 어떤 정해진 형태의 역사교육이 있다고 생각하면서, 역사교과의 성격이나 역사교육의 목적을 선험적으로 정의하고 본래적 가치를 중심으로 일반적 이야기를 하는 건 현실에서 큰 힘을 받기 어렵다. 역사교과를 정의하는 방식과 목적 설정 및 연령별, 세부 영역별 구성과 내용 선정, 조직 등에 대해 본격적으로 토론하기 위해서는 역사교과가 대두해 오늘에 이르기까지 하나의 교과로서 수행한 역할과 가치를 실사구시적으로 평가하고, 변화하는 사회 환경을 반영해 우리 사회에서 역사교육을 둘러싼 쟁점이 형성되고 진화한 과정을 천착해야 한다는 뜻이다.

교학사 소동과 국정화 논란의 와중에 『역사비평』 편집부가 10인의 역사학자, 역사교사, 역사교육 연구자, 역사철학 전공자에게 다음과 같은 질문을 던지고 그 답을 구한 일이 있는데, 이 같은 질문에 답을 구하는 과정에 역사교과를 재정의한 일과 유사한 접근이 필요하겠다는 뜻이다.

역사교육의 목적은 무엇이라고 생각하는가? 국가는 역사를 통해 국가정체성을 구축하고 강화하려 나선다. 역사학과 역사교육은 국가정체성이나 민족정체성 형성에 복무해야 하는가? 다양한 지역과 국가에서 역사교육은 국가(혹은 민족)의 성취와 성공을 내세우는 데 또는 긍정적 국가(민족) 발전의 역사를 부각하는 데 기여했다. 이때 특정 방향의 역사에 대한 긍정적 기억의 창출을 통해 결국 역사가 정치적으로 오용되거나 권력에 의해 악용되는 일이 흔했다. 그런데 그와 같은 정치적 오용이나 악용을 막기 위해 문제 삼아야 할 점은 단지 그 정체성의 특정 내용과 방향뿐인가? 아니면 역사교육은 어떠한 정체성 형성에서 벗어나 비판적인 역사의식 함양이나 개방적이고 다원적인 역사상의 형성에 기여해야 하는가?[18]

갑오개혁기에 역사는 '국체(國體)의 대요(大要)를 알고 국민된 지조(志操)를 기르는 교과'로 처음 제도화됐다. 국체는 군주제를 비롯한 조선의 통치 조직을 뜻하며 국민된 지조는 충군애국하는 마음을 뜻한다. 황국신민화교육 시기 국체명징(國體明徵)이란 말도 같은 맥락이다. 나아가 유신 시절 국정교과서에서 민족사적 정통성을 운운한 부분이 북한에 대한 남한의 배타적 정통성임을 지적한 것이나, 뉴라이트 진영이 역사교육을 국가정체성 교육과 관련짓는 행위도 그리 유별나지는 않다.

그런데 역사교과의 존재 근거와 직결될 수도 있는 국가정체성이나 민족정체성 개념이 정확히 정의돼 사용된 것은 아니다. 많은 논자가 막연히 정체성 형성이란 단어로 주장을 펼쳤고, 민족정체성, 국민정체성, 국가정체성의 차이를 구분해 사용하지도 않았다. 정체성이 변화 속의 영속성, 다양성 속에서 건져 올린 동일성을 뜻하는 말로 특정 개인이나 집단의 자기 인식을 뜻한다면, 민족정체성, 국민정체성 말고도 다양한 층위의 정체성을 논의할 수 있다. 우리는 한민족의 일원이면서, 남한의 국민이고, 특정 지역의 사람이며, 여성 혹은 남성이기 때문이다. 그런데 지금까지 역사교육은 국민, 민족 단위의 동일성, 귀속의식을 만들어내는 데 주로 관심을 가졌을 뿐, 다른 정체성과 관련해서는 거의 논의되지 않았다.

나는 '민족은 근대의 산물로, 오늘날 한민족으로 불리는 집단이 근대에 비로소 동질적 집단이란 인식을 가졌다'는 주장에 동의하지 않는다. 군주제나 신분제가 있어 민족, 국민 내부의 평등이 확립되지 않았다 해도, 동일 언어를 사용하고 오랫동안 하나의 정치적 공동체를 유지하면서 자신을 중국, 일본, 북방 민족과 구별

짓는 자아 인식이 성장했기 때문이다. 바로 그 때문에 일제강점기 동안 민족적 저항을 조직하는 것이 자연스러웠으며, 일제의 패망이 건국 준비로 이어질 때 어느 누구도 분단을 염두에 두지 않았다. 그래서 역사교육이 오늘날 한국인들이 공유하는 민족적 동질성을 비중 있게 다루고, 학생들 스스로 민족의 구성원으로서 소속감을 갖도록 이끄는 일은 자연스럽다. 민족정체성 함양에 역사교육이 할 역할이 있다는 뜻이다.

그러나 분단이 오랫동안 지속되면서, 게다가 남과 북 사이의 차이가 갈수록 심화되면서 민족정체성과 국민정체성이 분리되는 현상도 자연스럽다. 세계화가 가져온 자연스러운 귀결로 한국인들의 해외 이주와 외국인들의 한국 이주 역시 민족과 국민 개념의 분리를 촉진했다. 그래서 교과서 포럼을 비롯한 뉴라이트 인사들이 공공연하게 대한민국 국가주의를 내걸고 북한을 대한민국사 밖으로 내몰려는 역사인식을 노골화하기 이전에도, 민족정체성과 국민정체성을 구별하고, 국민정체성을 새롭게 정의하려는 움직임이 있었다. 여전히 국민을 문화적, 민족적 차원에서 이해하며 국민정체성을 강조하는 논의도 활발하지만, 시민권을 가진 정치적 공동체 구성원으로서 국민이 누릴 권리와 책임을 염두에 두고 이와 관련한 국가의 역할을 의식하는 새로운 형태의 국민정체성 논의도 적지 않다.[19]

국민정체성 개념과 연계해 국가정체성 개념이 등장했다. 이 말은 뉴라이트 계열 인사들이 '역사학계가 통일지상주의, 민족지상주의에 빠져 성공한 대한민국의 자랑스러운 역사를 폄하하고 실패한 북한에 동조하고 있다'면서 '대한민국사-대한민국사관'을 본격적으로 제창하는 가운데 선명히 모습을 드러냈다. 그들은 역사교육은 국가정체성 교육을 통해, 성공한 대한민국의 원천이라 할 대한민국(남한) 체제에 대한 자부심과 충성심을 기르는 것이라고 주장한다. 이처럼 국가정체성 개념은 처음부터 북한보다 남한에 정통성이 있다거나, 자신의 생각에 동조하지 않는 이들을 반국가적 혹은 비국민으로 규정하려는 정체성 정치의 일부였다.

국가정체성을 전면에 내건 정체성 정치가 횡행하면, 국민이 누릴 권리와 책임은 무엇이며 국가는 국민에게 무엇인지, 국가와 국민의 공동체가 함께 지향할 바람직한 가치는 무엇인지에 대한 논의는 사라지고, 진영 대결에서 승리하기 위해 극단화된 국가정체성 주장이 각자의 진영을 포섭하고 결과적으로 강화된 진영 논리가 국민들을 화해하기 어려운 분열로 몰아간다.

바로 이 때문에 정체성을 둘러싼 격렬한 갈등이 수그러들더라도 심각한 결과가 남게 되며, 이건 나중에 다른 형태로 또 다른 정체성 정치의 원인이 된다. 결국 앞으로 국정화 문제가 어떤 돌파구를 찾는다 해도, 정체성을 둘러싼 논란은 또 다른 형태로 이어질 것이다. 그렇다면 국가정체성을 둘러싼 논란이 극단화되는 것을 막고, 역사교육이 정체성 정치의 희생물이 되거나 과잉 정치화 되지 않도록 하기 위해서는, 국가정체성을 정확히 개념화하고, 그 속에서 국민정체성을 새롭게 정의하는 데서 출발할 수밖에 없다.[20]

정체성이 변화 속에서도 이어지는 영속성을 뜻한다면, 국가정체성은 국가가 지향하는 본질적 가치란 맥락에서 사용될 수 있다. 그런데 국가를 '만세일계의 천황이 다스린다'는 식으로 인식하지 않는 한, 모든 국가는 역사적으로 구성된 것이며 구성될 때마다 국가의 구성 원리나 국가가 지향하는 가치가 달라진다고 생각해야 자연스럽다. 특히 오늘날 민주공화국의 국가정체성은 식민지 체제나 왕조 국가의 그것과 현저히 다르다. 따라서 굳이 국가정체성이란 개념을 사용하려면, 어떤 국가가 지향하는 헌법적 가치를 뜻하는 말로 사용하는 것이 옳고, 여러 차례 헌법 개정에도 불구하고 변함없이 이어지는 헌법 조문이 있다면 그것을 핵심적인 국가정체성으로 개념화하는 게 맞는다.[21] 거슬러 올라가면 대한 인민의 주권 선언을 바탕으로 대한민국이 탄생한 1919년 임시헌장 제1조에서 유래해 해방 이후 여러 차례 헌법을 바꾸었음에도 단 한 번도 바뀌지 않은 '대한민국은 민주공화국이다' 라는 헌법 제1조 1항, 1948년 헌법 제정 이래 큰 변화 없이 이어진 헌법 전문의 가치 등이 이에 해당하겠다. 국가 차원에서 제도화된 학교교육이 근거해야 할 최고의 교육강령은 바로 이 부분이다. 헌법 제1조의 정신을 학교교육 논의의 대강령으로 이해한다면, 학교는 '모든 학생을 민주공화국의 가치를 지향하는 주권자로 기른다'는 형태로 표현될 것이다. 헌법 전문을 의식한다면, '국민은 국가를 구성한 계약의 주체이며, 국가는 국민의 안전과 자유와 행복을 보장하기 위해 노력해야 할 책무를 지닌다'는 명제로 표현될 것이다.

'모든 국민은 인간으로서의 존엄과 가치를 가지며, 행복을 추구할 권리를 가진다'는 헌법 제10조 항목의 일부 역시 교육의 대강령으로 손색이 없다. 이 조항은 누구든 그가 인간이란 이유만으로 존엄하다는 뜻으로, 차이를 차별로 연계하거나 국가란 이름 아래 차이를 불온시하는 일, 국민 통합이나 다수의 이름 아래 소수를 비국민으로 단죄하는 일, 나아가 국가의 이름으로 조작된 역사를 주입하는 일 따위에 맞서, 다른 생각을 강요받지 않고 다름의 가치를 온전히 살려나갈 수 있도록 국가가 해야 할 일을 요구할 수 있다는 뜻이다.

학교교육의 기본 방향을 설계한 교육기본법도 같은 맥락이다. 교육이념을 천명한 이 법 제2조를 보면, 모든 사람의 인간적 가치를 고양하고 자주적인 생활 능력과 민주시민의 자질을 함양하는 것이 대한민국 학교교육이 지향할 가장 중요한 가치다. 어떤 특정 과목이 아니라, 모든 과목이 이 가치를 지향하면서 교과의 특수성을 반영하는 형태여야 한다. 이처럼 적어도 국가정체성에 근거해 국가정체성 교육을 논한다면, 교육은 국민 개개인이 인간다운 삶을 지향하는 주권자임을 자각하고 다른 이들과 함께할 수 있는 법을 배우도록 하는 것이 목적이어야 한다. 역사교육이 지향할 가치 역시 이 차원에서 개념화되는 것이 맞다.

국가정체성 혹은 국민정체성, 나아가 정체성 교육을 이 같은 맥락에서 재개념화할 때, 우리는 자아 인식과 세계 인식을 스스로 만들어가는 학습의 주체로서 학생을 만나게 된다. 역사교육은 바로 학습자 개개인이 자신과 자신이 살아갈 세상을 성찰하고 주체적인 삶을 살기 위해 다양한 관계를 맺으면서 살아갈 수 있는 힘을 기르고, 그들이 건강한 시민으로 자라나는 것을 토대로 우리의 헌법적 가치가 구현될 수 있도록 하는 것이다. 바로 그렇기 때문에 대안적 역사교육 논의는 교화식 국가정체성 주입이 아니라, 학생이 민주공화국의 시민으로 성장할 수 있도록 돕는 것에서 출발해야 한다.

2) 대안적 역사교육의 방향: 민주공화국의 가치와 시민 형성 연구

역사교육을 재구성하는 기본 방향으로 민주공화국의 가치와 시민 형성을 제안하는 이유는 다음 세 차원에서다.

첫째는 극단적 국가정체성 논란을 우회하면서, 그동안 놓치고 있던 헌법과 교육기본법의 가치에 입각해 역사교육이 논의될 수 있는 토대를 마련해보자는 취지다. 상대를 반국가적 혹은 비국민이라 낙인찍고, 그들을 공론의 공간에서 제거하기 위해서라면 국민적 상식이나 민주적 절차 따위는 관심도 없다는 식이 아니라, 교육의 대강령이라 할 헌법과 교육기본법의 가치를 새롭게 확인함으로써 우리 교육을 시민교육 차원에서 새롭게 정초하고 그 터전에 역사교육의 방향을 논의할 공론장을 만들자는 뜻이다.

둘째는 친일 독재 미화 우려가 있는 반공 개발국가주의적 국가 서사가 갖는 문제점을 정당하게 지적하고, 독립운동과 민주화의 역사를 중심으로 시민 중심의 민주적이고 민족적인 국가정체성을 역사교육의 지향점으로 세우려는 토론을 벌이자는 제안이다. 오랫동안 역사교육이 민족정체성 함양과 관련해 개념화되면서 정작 민주공화국의 가치나 성찰하고 실천하는 주체적 시민상을 담기 위한 노력은 충분하지 못했다. 물론 그런 역사교육을 일방적으로 부과하자는 주장은 아니다.

셋째는 교과서에 내장된 국가주의적 서사를 근원적으로 돌아보자는 것이다. 그 동안 민족과 국가 단위의 역사 서사가 당연한 것으로 간주됐다. 바로 이 때문에 국가의 경계를 넘나들면서 이뤄진 역사, 국가와 민족 내부의 다양성이나 갈등 요소는 제대로 다뤄지지 않았다. 이제 민족적, 국가적 과제에 동원되는 국민이 아니라, 국민 모두를 보편적 인권의 주체란 차원에서 조명하며, 이들의 적극적인 노력으로 더 나은 사회가 만들어졌음을 보여주는 새로운 역사 서사를 시도해보자는 뜻이다.

그렇다면 민주공화국의 가치를 새로운 역사교육의 핵심 개념으로 한다는 것은 무슨 뜻인가?

먼저, 구체적으로 대한민국 국가정체성의 핵심이라 할 헌법 제1조를 비롯해 헌법적 가치의 교육적 의미를 충분히 담자는 뜻이다. 이는 1919년에 임시정부와 임시의정원을 중심으로 대한민국이 처음 만들어졌을 때 천명한 취지, 더 직접적으로는 1948년 제헌 당시 천명한 다음과 같은 취지를 바탕으로 헌법을 읽고, 그 가치를 교육이 지향할 가치로 세우자는 뜻이다.

이 헌법의 기본 정신은 정치적 민주주의와 경제적, 사회적 민주주의의 조화를 꾀하려고 하는 데 있다고 말씀할 수 있겠습니다. 다시 말씀하면 불란서혁명이라든가 미국의 독립시대로부터 민주주의의 근원이 되어온 모든 사람의 자유와 평등과 권리를 위하고 존중하는 동시에 경제 균등을 실현해보려고 하는 것이 이 헌법의 기본 정신이라고 말할 수 있습니다. … 제1조에서 제5조는 그런 기본 정신을 말한 것입니다.

– 제헌국회 속기록 중

둘째, 인권과 민주주의의 역사, 민주공화국을 건설하고 그 가치를 실현하려는 노력을 적극적으로 반영하자는 뜻이다. 세계사의 경우 인권과 민주·공화정체의 형성, 자본주의 등장과 사회권의 대두, 사회주의 혁명과 자본주의 수정 과정, 민주주의에 대한 도전과 민주주의 개념의 변화, 인권·민주주의에 비추어 본 전쟁과 평화의 역사, 반제 민족운동과 민족적, 민주적 개혁 등의 내용이 이전보다 더 중요해질 것이다.[22] 한국사에서도 민중의 진출이 확대되고 민중적 정치사상의 형성, 서구적 민주공화 개념의 수용과 국민, 민족 개념의 등장, 민족운동의 과정에서 민주공화제에 합의하는 과정, 민주공화국에 담아야 할 내용이 본격적으로 검토돼 독립국가의 상으로 확립되는 과정, 해방 이후 민주공화제 국가의 형성, 분단과 전쟁이 민주공화국의 지향에 미친 영향, 체제 경쟁 속에서 이뤄진 민주화와 산업화 과정의 특성 등을 이전보다 비중 있게 다뤄야 할 것이다.[23]

셋째는 바로 이 같은 역사 변화의 주역으로서 시민의 위치와 역할을 역사에서 분명히 해두어야 한다는 점이다. 민주주의는 민주화를 위한 시민들의 운동 과정에서 형성됐으며, 그것을 지키려는 시민들의 의식적인 노력을 통해서 유지되고 발전될 수 있다는 사실을 교과서에 담아야 한다. 국가의 주인은 국민이고, 참여가 세상을 바꾼다는 생각이야말로 새로운 역사 서사를 구성하는 과정에서 일관되게 견지되어야 할 관점이다. 개개 사건에 대한 상세한 묘사도 중요하지만, 민주공화국의 건설, 민주화의 과정이 가져온 변화를 구체적으로 체험할 수 있도록 내용을 조직해야 한다.

민주공화국의 가치를 핵심 개념으로 한다는 제안이 현행 헌법을 무조건적으로 정당하다고 보려는 것은 아니다. 오히려 현재의 헌법 역시 특정한 역사의 산물이며, 정치적 논의에 따라 얼마든지 재구성될 수 있는 것으로 보자는 것이다. 그러니 현실의 민주공화국 헌법적 가치를 담으면서도, 그 성과와 한계를 동시에 조망하면서 앞으로 도래하기를 소망하는 바람직한 민주공화국의 이상을 담기 위한 노력을 함께 포함하자는 뜻이다.

그렇다면 시민을 핵심 개념으로 하자는 것은 또 어떤 뜻인가? 그것은 그동안 역사교육이 민족이나 국민을 중심으로 논의됐다는 데 대한 반성과 사실 위주의 교재 구성과 지식 중심의 역사교육에 대한 반성을 동시에 담는 표현이다.

첫째는 민족, 국민을 넘어 시민을 주체로 한 역사를 상상하자는 제안이다. 그동안 역사교육은 학생 모두를 하나의 민족 혹은 국민으로 만든다는 뚜렷한 목적을 가졌다. 그래서 민족사의 유구함, 국민적 동일성이나 국민적 단결의 필요성, 민족과 국가를 위한 국민의 의무와 책임이 강조됐다. 국민정체성 함양이란 가치를 부정하지 않으면서도, 모든 인간의 존엄성과 보편적 인권을 핵심적인 가치로 삼으며, 시민(국민) 내부의 다양성을 긍정하고 다양한 형태의 집단적 정체성 형성을 고무함으로써 차이를 이해하고 서로 소통할 수 있도록 하자는 취지를 반영하고, 나아가 동아시아 혹은 세계시민으로서의 모습도 함께 반영하자는 것이다.

핵심 개념으로 시민을 제안하는 또 다른 이유는 학습자를 인식과 실천의 주체로 설정하는 교육론을 추구하자는 취지다. 어른의 생각을 획일적으로 주입하는 것이 아니라, 학생들 스스로 자료를 읽고 쓰는 법을 배우면서, 다양한 각도에서 생각하고 과학적으로 탐구하는 법을 익히도록 돕고, 앎과 실천의 경계를 넘나들면서 한 사회의 구성원으로서 자기 정체성을 스스로 만들어갈 수 있도록 하자는 뜻이다.[24]

3) 역사교과의 재구성: 한국사와 세계사의 통합, 근현대사의 내실 추구

국가정체성 교육론에 등장하는 국가주의적으로 정의된 국민됨을 배우는 교과가 아니라, 민주공화국의 가치를 견지한 시민됨을 배우는 교과가 되기 위해서는,

헌법과 교육기본법의 이념을 바탕으로 학교교육이 지향할 가치를 새롭게 설정하고, 역사교육을 민주공화국의 가치와 시민 형성에 부합하도록 변화시켜야 한다. 여기에는 역사교과의 성격과 교육목표에 대한 재정의, 학교 급에 따른 역사과목의 배치와 내용 체계 재구성, 역사교육의 본질에 맞도록 역사학습과 평가 제도를 개선하는 문제까지 포함된다. 이를 몇 가지 차원에서 정리해보겠다.

첫째, 국사와 세계사의 기계적 이분법을 넘어서야 한다.

국사와 세계사의 유기적 결합은 2차 교육과정에서 일시적으로 시도된 바 있고, 2007 개정교육과정에서 시도된 바 있으며 현행 교육과정도 사회 교과 내 역사과목의 형태로 양자의 결합을 부분적으로 시도하고 있다. 그러나 아주 오랫동안 초등 역사는 한국사 영역에 한정됐고, 중학교 역사 역시 한국사와 세계사를 같은 교과서에 편집해놓은 상태여서 유기적 결합을 말하기는 어렵다. 그나마 이명박 정부 시기 10학년에 개설된 공통 과목으로서 통합역사 과목의 폐기는 2007 개정교육과정의 제한된 취지마저 크게 훼손하는 결과를 빚었다. 이 같은 상황을 극복하기 위해서는 다음 세 방향에서 변화가 필요하다.

ⅰ. 교육과정 총론을 고쳐서, 한국사와 세계사 영역을 역사로 통합한 뒤 사회과에서 독립시킨다. 한국사 통사를 세 차례 반복하면서도 공교육 과정 전체를 통해 한 번도 세계사를 제대로 배울 수 없는 형태의 국가교육과정을 지양한다. 두 영역의 결합을 전제로 학교 급별 역사교육 내용의 틀을 새롭게 구성해야 한다.
ⅱ. 특히 근현대사의 경우 한국사와 세계사를 넘나들면서 현대사의 과제를 비판적으로 성찰하도록 새로운 형태의 과목 설정과 내용 조직 방안을 논의해야 한다.
ⅲ. 한국사 서술은 세계사적 맥락 위에서 비교사적 성찰을 포괄해야 하고, 세계사 서술에서 한국인들의 주체적 관점을 반영하기 위한 노력이 이뤄져야 한다.

둘째, 민족, 국가 단위의 정치적 사건, 그 주역들의 이야기를 넘어서야 한다.

그동안의 역사교과서는 민족과 국가를 단위로, 그것도 중앙 차원에서 이뤄진 영향력 있는 소수의 이야기를 다루는 경우가 많았다. 바로 이 때문에 넓은 의미의 정치사 영역의 비중이 높았다. 결과적으로 실제 역사를 만든 다양한 목소리가 드러나지 않고, 사건의 배경과 맥락을 구성했던 장기 지속적인 흐름도 충분히 드러나지 않았다. 더욱이 역사를 학습할 대다수 평범한 주체들의 삶과 관련된 문제의식이 매우 적었다. 민족, 국가 단위의 정치사 일변도를 벗어나 다양한 역사 주체가 드러나도록 내용을 구성해야 한다.

i. 사회사, 문화사 비중을 확대한다. 다양한 집단의 삶과 문화를 들여다볼 수 있게 하고, 그들이 가꾼 주체적 삶이 역사를 구성하고 변화시키는 큰 힘이었음을 보여준다. 국가의 이름으로 각 집단이 호명되는 방식이 아니라, 하나의 국가가 주체적 삶을 사는 다원적 집단에 의해 구성된다는 점을 알 수 있게 한다. 성이나 계급의 시각에서 국가사를 재구성하고, 차이가 적극적으로 기술돼야 한다. 중앙 차원에서 이뤄진 통일된 역사가 아니라, 중앙의 역사가 지역에 따라 다른 의미를 갖는 점이 분명히 드러나고, 각 지역의 역사가 갖는 독립된 의미, 차이가 있는 그대로 인지될 수 있어야 한다.

ii. 부담스러운 역사, 민족, 국가 서사의 희생자들 이야기를 담아야 한다. 긍정의 역사를 주장하며 민족과 국가에 대한 자부심을 길러야 한다거나, 민족이니 국민적 통합이니 하는 가치를 앞세워 아픈 역사, 고통스러운 기억을 어설프게 봉합하려 해서는 안 된다. 어떤 역사에도 비판적 성찰의 지점이 있으며, 특정한 이들에게 성공적인 역사가 다른 이에게는 아픔과 좌절의 기억이 될 수 있다. 역사적 사실을 다양한 각도에서 조명할 수 있도록 한다는 점에서, 나아가 다양한 접근과 비판적 성찰을 통해 비극적 역사가 되풀이되지 않도록 역사교육이 재구성돼야 한다.

셋째, 근현대사의 비중을 늘리고 현대사 교육의 내실을 기해야 한다.

그동안 정치·사회적으로 민감한 주제를 회피하는 것이, 나아가 쟁점이 될 만한 주제를 아예 다루지 않는 것이 정치적 중립성인 양 오해된 경향이 많았다. 그러나 학생들이 현실 사회를 살면서 직면할 다양한 문제를 성찰적으로 인식하고 주체적으로 해결할 수 있는 힘을 기르기 위해 교육이 이뤄진다는 점을 감안하면, 이는 완전한 잘못이다. 학생들은 현대사에 더 많은 관심을 보이며, 교사들 역시 현대사의 교육적 가치가 매우 높다고 생각하는 이가 훨씬 많다. 해방도 70년을 넘었고, 산업화와 민주화의 결정적 전환기라 할 1970~80년대도 40년가량 지났다. 그동안 거의 달라지지 않은 근현대사 서술의 대변화가 절실하다.

ⅰ. 자국사를 중심으로 한 하나의 통사 체계 속에서 민족·국가사의 큰 얼개를 구성하되, 개항 이후 역사가 60퍼센트 이상 되도록 하며, 현대사의 비중을 더 강화하고, 이미 30년이 지난 1987년 이후 역사를 독립된 단원으로 다룬다.

ⅱ. 근현대의 경우 왕조 체제와 제국주의 침략에 맞서 민주공화국을 건설하기 위한 노력과 그 가치를 이해하고, 현대사회에서, 민주화와 산업화 속에서 민주공화국의 가치가 제대로 구현될 수 있는 방안을 비판적으로 성찰할 수 있도록 내용을 조직한다.

ⅲ. 전근대사 교육이 국가주의 서사로 일관되지 않도록 한다. 근대를 소급해 전근대를 조명하기보다, 각 시대가 갖는 고유한 특성을 이해하게 한다. 민족문화의 독자성과 우수성만큼이나 세계와 호흡하면서 다원적인 문화를 일구었음도 기억하도록 하며, 고정된 민족정체성을 전제하기보다 그것이 만들어지는 과정을 역사적으로 조망할 수 있도록 한다.

넷째, 초등 역사교육 논의의 활성화와 대안 탐색이 활발해져야 한다.

초등의 역사교육은 사회과의 일부로 이뤄진다. 초등 역사를 사회과 역사로 정의할 때와 역사교과의 초등 단계로 정의할 때 차이는 적지 않다. 그런데도 두 관점에서 각자의 주장이 정연한 형태로 제안됐다고 하기 어렵고, 교육과정의 개발과 교과서 집필은 그 작업에 참여한 주체들과 그 시기 교육부의 입장에 따라 상당한 편차를 보였다. 그럼에도 불구하고 초등의 역사 서사는 유신 때 만들어진 민족주의 국가주의 서사에서 크게 달라지지 않았으며, 세계사 영역을 거의 의식하지 않고 있다. 초등 교사의 양성 과정과 전문성을 감안하면, 수업에서 교과서가 차지하는 위치가 특별한 만큼 초·중·고 역사교육을 하나의 계열 속에서 바라보고, 초등 단계의 특성과 초등교육 현장의 특성을 반영한 역사교육의 큰 틀을 새롭게 구성하려는 노력은 특별히 강조할 필요가 있다.[25]

4) 내용 조직과 교수학습: 역사의 논쟁성을 살리는 교육

국정화 소동은 권력자들이 자신의 역사인식을 일방적으로 국민에게 주입하려는 발상에서 시작됐으며, 여전히 많은 이가 더 많은 역사지식을 아는 게 좋은 역사수업이라고 생각한다. 이는 지식 위주의 획일적 평가, 수능과 같은 국가의 평가제도로 지속, 강화되고 있다.

그러나 역사지식은 본질적으로 수학이나 과학적 지식과 다르며, 역사교육은 더 많은 역사지식을 아는 것 이상이다. 사람들은 저마다 다르고, 다양한 집단의 일원으로 살아가며, 자신의 경험과 처지에서 역사를 본다. 과거 역시 생각과 처지가 다른 사람들이 관계를 맺으면서 변화를 도모해온 과정이었다. 역사를 인식하는 사람도 다양하고 인식 대상이 되는 과거가 다양하다면, 역사도 당연히 여럿이란 생각이 자연스럽다.

바로 이 때문에 역사교육에 대한 유엔 권고안은 '역사는 본질적으로 논쟁적'임을 거듭 지적하며, '어떤 역사 내러티브도 본질적으로 부분적인 관점을 반영하기 때문이며, 엄밀한 조사에 의해 객관적인 과정이 다 밝혀진 사건에 대해서도 관련자들은 그 행위의 의미와 결과를 놓고 격렬하게 논쟁할 수 있다'고 했다.

그런데도 국가가 역사 해석을 독점하고, 그들의 역사해석을 유일하게 올바른 것으로 간주하면서, 그것과 다른 해석을 제시할 경우 국가정체성을 훼손했다고 위협하고 공론의 장에서 배제하거나 심지어 비국민으로 간주하는 상황은 완전한 잘못이다. 유럽평의회의 '역사와 역사교육에 대한 권고안'의 일부만 봐도 알 수 있다.[26]

9. 역사가들은 항상 가능한 한 객관성 확보를 목표로 할지라도 역사는 주관성을 가질 수밖에 없으며, 다양한 방식으로 재구성되고 해석된다.
10. 시민들은 조작되지 않은 역사를 배울 권리가 있다. 국가는 교육에서 이 권리를 보장해야 하며, 종교적 혹은 정치적 편견을 배제하고 적절한 과학적 접근을 장려해야 한다.

이처럼 역사의 다원성을 긍정하는 바탕 위에서, 해석의 다양성과 비판적 사고를 배우는 것이 역사교과의 본질적 지향점이다. 우리 역사교육학계에서도 역사교육을 '많은 역사적 사실을 기억하도록 하는 것이 아니라 텍스트를 비판적으로 읽는 힘을 기르도록 한다거나, 자기 나름의 내러티브를 구성할 수 있는 힘을 기르는 것'으로 간주하려는 흐름이 강하다.[27] 국정교과서를 반대하는 많은 성명서에서 해석의 다양성을 소리 높여 주장한 것도 바로 이런 이유에서였다. 따라서 국정화 논란 이후 역사교육의 대안을 탐색하려 할 때, 역사 자체의 논쟁성이 갖는 의미를 제대로 살리는 데서 출발해도 좋겠다.[28]

역사의 논쟁성을 살리는 역사교육이 뜻하는 바는 수업 속에 토론을 많이 도입하자는 말 그 이상이다.

첫째, 교화를 금지해 학생들의 자기 생각 만들기를 기본 방향으로 삼아야 한다. 그 주체가 국가든 교사든 학생들의 주체적인 판단을 방해하는 역할을 해서는 안된다. 다양한 학습자들이 자기 생각을 만들어갈 수 있도록 관점을 열어주고 자료를 제공하며 적절한 경로를 제공해주어야 한다. 당연한 이 이야기를 굳이 확인하는 것은, 유독 역사교육을 국가정체성을 위로부터 주입하는 교과로 규정하고, 역사지식을 많이 알게 되는 것이 좋은 수업이란 관념이 강하기 때문이다.

둘째, 문해력 신장을 꾀하며, 읽기와 쓰기 그리고 토론하기 활동을 수행한다. 학생들이 다양한 관점을 체험하고 여러 자료를 분석하고 해석하려면, 비판적 읽기와 쓰기가 필수적이다. 그런데 많은 경우 비판적 읽기나 대안적 사고는 고사하고, 제시된 내용을 요약하는 능력조차 떨어지는 학생이 많다. 문해력과 관련된 심각한 이 문제를 역사교육도 자기 과제로 삼아야 한다. 읽기 교육에 적합한 교재를 개발하고, 글쓰기를 촉진하는 활동을 진행해야 한다. 다만 읽기와 쓰기, 토론하기를 별개의 교육 활동으로 생각하지는 않아야 한다. 읽기가 쓰기의 전제가 되기도 하지만, 쓰기는 읽은 결과를 정리하는 이상으로 새로운 읽기의 방향을 제시하고 깊이 읽기를 돕는다. 또한 읽기와 쓰기가 주로 토론의 전제가 되지만, 발표와 토론은 학생을 교실에서 살아있게 만들고 읽고 쓰기를 촉진한다.

셋째, 토론이 있는 역사수업을 지향한다. 역사의 논쟁성을 살리는 교육실천에는 다양한 형태의 토론이 제격이다. 일차적으로는 과거의 사건에 대한 현재 해석의 다양성을 반영한 논쟁을 도입하는 경우가 있겠다. 광해군의 중립외교는 옳았는가, 대원군의 통상 수교 거부 정책을 지지할 것인가와 같은 유형이다. 다른 유형으로 과거의 논쟁을 교실에 재현하고 학생들이 과거를 간접적으로 체험하도록하는 경우다. 최익현과 박규수를 함께 등장시켜 개항을 둘러싼 논란이 갖는 복잡성을 체험해보는 방식이다. 이 같은 방식이 대립 토론(debate)의 취지를 일정하게 반영하는 경우라면, 조금 더 확장한 경우도 생각해볼 수 있다. 어느 시대나 다양한 주체들이 여러 갈래의 생각으로 역사의 변화에 가담했으니, 아예 하나의 국가 내러티브에 대한 해석상의 논란이 아니라 역사 내러티브의 다양성을 체험할 수 있도록 내용을 조직해 교수학습활동을 진행할 수도 있을 것이다.

넷째, 역사는 구성된 이야기란 것을 알게 한다. 역사교과서의 첫머리에 '역사란 무엇인가' 혹은 '세계사 공부의 목적은?'과 같은 학습주제가 있다. 이 수업을 충실히 하고 이 수업의 문제의식을 일관되게 견지하는 일이 필요하겠다. 여기에 보태, 역사지식의 오용이나 남용에 관한 수업을 적극적으로 구상해볼 수도 있다. 역사학의 역사를 다루는 곳이면 어디서든 이 수업을 해볼 수 있다. 특히 식민사학과 반식민사학의 문제, 동북아 역사 갈등, 역사교과서 논쟁은 좋은 사례가 된다. 1996년 유럽평의회는 모든 유럽 국가에 '학생들은 조작되지 않은 역사를 배울 권리를 가졌다'고 권고했다. 2001년 유럽평의회 권고안과 2013년 유엔 권고안은 역사의 오용(誤用)이 구체적으로 어떻게 이뤄지는지 지적했다. '역사란 무엇인가' 란 단원에서 시작해, 역사 해석을 둘러싼 논쟁을 수시로 교재화하고 역사의 오용이 가져올 폐해를 언급하는 데서 교과서를 끝내면 어떨까?[29]

역사교육이 역사의 논쟁성을 최대한 살린다는 말은 학생을 앎의 주체로 여기고 그 앎이 제대로 이뤄지는 과정에서 역사교육의 특성을 충분히 살리자는 관점이다. 발표와 토론이 쓰기와 읽기 활동을 촉진하고, 쓰기가 깊이 읽기로 이어지는 과정처럼, 앎이 삶의 문제와 더 깊이 연동될수록 앎을 위한 노력이 촉진되고 앎의 깊이도 깊어진다. 역사공부가 과거에 대한 죽은 지식을 습득하는 행위가 아니라 살아있는 현재와 만나는 이유도 그렇다. 학생을 앎의 주체로 여기고 역사의 논쟁성을 살리는 역사교육에서 역사교육이 지향할 또 다른 가치, 삶 속의 역사—삶을 위한 역사란 방향이 도출된다.

5) 삶 속의 역사, 삶을 가꾸는 역사: 시민의 자기 형성

오랫동안 많은 역사교사가 '살아있는 역사교육'을 활동의 기본 방향으로 생각하고 실천했다.[30] 화석화된 과거 지식을 주입하는 역사교육이 아니라, 교사와 학생이 교실 속에서 살아있어야 하고, 그렇게 공부하는 역사가 오늘 학생들의 삶에 의미 있는 무엇으로 존재해야 한다고 생각하며, 이를 위해서는 과거를 생생하게 복원해 학생 스스로 살아있는 과거를 만나야 한다는 취지였다. 나아가 자기 삶의 실천적 문제의식과 연계할 때 의미 있는 앎이 이뤄진다고 생각했다.

이 같은 문제의식은 시민교육 논의에서 확인한 현실과 연관 짓는다는 방향성 혹은 실천성의 원칙과 만난다. 이제 양자를 연계하면서 대안적 역사교육 논의와 관련한 추가적인 제안을 덧붙여보겠다.

첫째, 역사를 자신의 삶과 연계해 배울 수 있도록 한다.

교사들이 만든 대안교과서에서 여성과 청소년의 역사를 발굴해 특별히 서술한 적이 있다. 초등 교사들이 어린이들과 관련된 역사를 기록해 어린이들의 한국사를 통사 형태로 개발한 일도 있다. 역사가 자신과 상관없는 이야기가 아니라, 현재 자신이 역사의 일부로 존재하고 과거에도 자신과 비슷한 처지에 있었던 사람이 그러했음을 알고 그들의 시선으로 역사를 배울 수 있도록 기획한 일이다. 많은 역사수업에서 오래전부터 시작했던 나와 내 가족의 역사를 통해 근현대사를 돌아보려는 시도도 같은 맥락이다. 바로 이 지점에서부터 역사는 학생들에게 살아있게 된다.

둘째, 수업은 과거를 생생하게 체험할 수 있도록 이루어져야 한다.

역사가 학생들에게 살아있기 위해서는 학생들이 역사를 생생한 형태로 접할 수 있어야 한다. 학생들은 살아있는 역사자료를 제공받을 수 있어야 하며, 당대의 인물을 체험할 수 있는 수업 방법이 시도돼야 한다. 이를 바탕으로 화석화된 과거 혹은 숫자 속의 이름이 아니라, 우리와 같은 인간을 체험할 수 있어야 한다. 그렇게 할 수 있을 때 역사는 현재와 만나고, 지식과 감수성이 결합하는 교육실천이 이뤄질 수 있다.

셋째, 체험적 역사교육 프로그램을 다변화한다.

얼마나 많은 역사지식을 알게 됐느냐가 아니라, 어떤 변화가 학생들에게 일어났는가를 중심으로 역사교육 논의를 진행한다. 학생의 자발적인 배움이 일어나는 수업, 다양한 형태의 협력학습과 프로젝트형 활동의 진행, 나아가 범교과 협력학습과 같은 새로운 형태의 수업이 이뤄질 수 있도록 평가와 교수 환경의 변화가 요구된다. 우선은 역사동아리부터, 나아가 교실 자체가 학생들을 다양한 형태로 역사를 탐구하고 체험할 수 있도록 이끎으로써 과거와 현재가, 지식과 체험이 경계를 넘나들면서 학생 삶의 변화에 기여할 수 있도록 한다.

넷째, 교과서와 교실 밖 역사가 소통하게 하며 역사문화를 바꿔나간다.

교사들은 학교 밖 역사문화에 더 많은 관심을 기울이고, 학교 밖 역사문화가 학생의 사회·역사인식에 미친 차이를 의식하고 이를 교재화한다. 이를 통해 교과서 역사와 교과서 밖 역사인식이 활발하게 소통되도록 한다. 나아가 교사와 학자, 시민사회와 제도권이 서로 협력하면서 교실 밖의 역사문화가 올바르게 형성될 수 있도록 노력한다. 박물관이나 전시, 축제를 비롯한 학교 밖 역사교육에 꾸준히 관심을 기울이면서 그것이 제대로 설 수 있도록 애쓴다.

모든 국민은 남성과 여성, 노동자와 농민, 기업인, 상인 혹은 노년과 청소년 등의 형태로 존재한다. 학생들이 현재와 과거를 관련짓고, 교실과 사회를 연계해 배우고 실천하면서 저마다 다중적인 정체성을 갖고 적극적으로 참여하는 시민으로 살아가는 데 학교와 역사교육이 일정한 역할을 할 수 있기를 바란다. 그것은 국민적 동일성 안에서도 각자가 자신이 속한 집단의 차이를 정의하고 지켜나갈 권리를 갖도록 한다는 뜻이다. 노동자를 근로자로 호명하는 방식과 같이 집단적 정체성이 국가주의적 가치에 의해 잘못 규정되는 방식을 지양하고, 그 다양성과 집단적 자율성이야말로 역사발전의 원동력이고 민주주의 그 자체란 점을 인식할 수 있어야 한다.[31]

4. 맺음말

민주시민 형성이라는 문제의식을 중심으로 역사교육의 방향을 전환하는 데 우려를 표하는 이들도 있다. 민주시민교육은 사회과나 도덕과의 역할이며, 역사교육은 다른 방향에서 그 존재 의의를 찾아야 한다는 것이다. 그중 한 방향은, 역사교육은 민족·국민정체성 형성과 관련되기 때문에 민주시민을 기르는 사회과와 다르다는 관점이다. 다른 방향은 역사교육은 본질적으로 역사인식 교육이며 인간에 대한 폭넓은 성찰을 추구하기에, 정치교육의 틀 안에 가두면 안 된다는 관점이다.

그런데 교과를 불문하고, 민주시민 형성은 학교교육의 목표다. 오랫동안 사회나 도덕교육 역시 국가주의적 가치로부터 자유롭지 못했다. 민주시민을 말했으나 실상 관제시민-공민(국사의 국민)인 경우가 많았으며, 민주정치를 말했으면서도 존재하는 정치 질서를 정당화하는 역할을 맡았던 점을 부인할 수 없다. 그러나 민주주의가 정착된 사회라면, 애국적 국민과 민주시민 혹은 세계시민의 차이가 현저히 작을 것이다. 그리고 사회와 도덕, 역사는 모두 애국적 국민이자 민주시민 육성을 교과 목표로 한다. 잘못된 우려라고 생각한다.

민주시민 형성을 지향할 때, 역사교육은 다른 교과가 쉽게 맡기 어려운 특징을 가진다. 당초 민주주의와 시민 개념은 역사적으로 구성된 것이다. 외국 혹은 사회과학 연구 성과를 바탕으로 민주주의를 개념적으로 정의하기에 앞서, 1919년 대한민국이 탄생한 이래 오늘날까지 지속되는 민주공화국 건설과 발전이라는 문제 의식을 돌아보면 오늘의 민주주의를 비판적으로 성찰하고 대안을 탐색하는 데 크 게 도움받을 수 있을 것이다. 바람직한 시민성을 전제하고 그 개념에 부합하도록 학생을 이끌려는 대신, 국가와 국민의 관계가 어떻게 변화됐는지를 비판적으로 성찰하다 보면 시민의 역할을 이해할 수 있을 것이다. 민주주의는 시민의 힘으로 성취됐고 시민의 활동에 따라 변화했으니 세상 어디에도 똑같은 민주주의가 없으 며, 후퇴하거나 더 나은 방향으로 나아가는 것 역시 시민의 행동으로 결정됨을 있 는 그대로 보여준다는 점에서 민주시민교육에서 역사교육이 차지하는 위치는 매 우 크다.[32] 민주시민 형성을 위한 역사교육은, 그들 행위자 모두를 구속하는 구조 의 문제를 놓치지 않으려 하고 그 연장선에서 사회과학의 여러 개념을 활용해 현 재적 과제와 연결하려 애쓰지만, 또 다른 한편에서 동일한 조건에서도 행위자의 결단에 따라 실제로 결과가 달라졌음을 보여줄 수 있다.

역사교육을 정치교육에 가두지 않고 역사인식교육으로 이해하자는 제안에 공 감할 부분이 많다. 역사는 본질적으로 증거에 입각한 사고와 엄정한 탐구 절차를 강조하지만, 이는 자연과학이나 사회과학의 탐구 절차와는 많이 다르다. 역사는 본질적으로 구성된 이야기이며, 동일한 사실도 여러 각도에서 해석된다. 여러 층 위에서의 다양한 역사가 존재할 수 있다. 앞으로 역사교육은 비판적 읽기와 해석 의 다양성을 실천할 수 있도록 더 달라져야 한다. 그러나 역사교육이 현실에서 정 치교육적 요소를 중요하게 수행한다는 현실을 외면해서는 안 될 것이다. 이는 역 사가 공교육의 한 형태로 제도화되는 한 피하기 어렵기 때문이다. 더욱이 이 측면 이 간과돼 국가주의적 교육 문화에 대한 비판적 성찰이 매우 부족했음을 감안하 면 더욱 그렇다.

역사교과서 국정화가 일시적 소동에 그치지 않고, 2017년부터 현장에 보급됐다면 어떻게 됐을까? 반공 개발국가주의적 역사 내러티브를 바탕으로 국경 너머에 가상의 적을 만드는 데 그치지 않고 남과 북 사이의 대립을 고취하며 외부의 적과 내통할지 모른다는 구실을 앞세워 민주주의를 전면적으로 부정하는 일이 지금도 진행될 뻔하지 않았나? 한 철학자의 이 시대에 대한 통찰을 소개하면서, 교사의 한 사람으로서 우리 하는 일의 의미를 다시 생각한다.[33]

조상들이 역사교육을 통해 적과 동지 구별법을 전승하는 학습이 계속되면, 후손들이 흘려야 할 피와 희생돼야 할 생명의 수만 늘어난다. 후손들이 전쟁이 아닌 평화를 누리게 하려면, … 자유의 최대화, 폭력의 최소화를 위한 민주주의를 구현해야만 한다. 이를 위해 역사교육은 세계 역사에서 보편적 이념의 정치·사회·문화적 성장의 역사를 공유하는 방향으로 나가야 한다. … 자민족 영웅에 대한 사랑을 가르치는 역사교육이 아니라, 서로를 주체로 인정하며 공존해온 세계시민들이 주체가 되는 역사교육이어야 한다. 역사를 배울수록 슬픔이 아닌 자유가 커지게 하려면 폭력의 가해자와 피해자의 이분법을 토대로 한쪽에 감정이입을 하도록 강요하지 말고 폭력의 뿌리를 찾아 제거하는 과정이 전개돼야 한다.

1   광주시교육청 주관 정책 연구인 '초·중·고 역사교육 방향 연구' 프로젝트의 일환으로 진행한 역사교육 토론회에서 발표한 글을 수정, 보완한 글이다.

2   김육훈, 「박근혜 정부의 역사교육정책과 역사교과서 국정화」, 『교육비평』 37, 2016.
    김육훈, 「역사교과서 국정화와 재국정화 소동 이후의 역사교육」, 문화사학회, 『기억은 역사를 어떻게 재현하는가』, 한울아카데미, 2017.

3   이 부분에 대한 상세한 내용은 다음 글을 참조할 수 있다.
    김한종, 『역사교육으로 읽는 한국현대사』, 책과함께, 2014, pp.207~229.
    김정인, 『역사 전쟁, 과거를 해석하는 싸움』, 책세상, 2016, pp.44~108.

4   김육훈, 『살아있는 삶을 위한 역사교육, 우리 아이들에게 역사를 어떻게 가르칠 것인가』, 휴머니스트, 2002, pp.11~20.
    김육훈, 「역사교육운동과 '교사를 위한 역사교육론' 탐색」, 『역사와 교육』 3, 2010.

5   구난희, 「1990년대 이후 역사교육정책 네트워크의 구조와 양상 변화」, 『역사교육』 127.
    구난희, 「민주화, 세계화와 역사교육의 변화」, 역사교육연구소, 『우리 역사교육의 역사』, 휴머니스트, 2015.

6   다음 글을 간추렸다.
    김육훈, 「국정교과서 논란을 넘어서」, 『황해문화』 90, 2016.
    김육훈, 「국정화 소동의 의의와 역사교육의 대안 탐색」, 『역사와 교육』 13, 2016.
    한국사교과서국정화저지네트워크, 『거리에서 국정교과서를 묻다』, 민족문제연구소, 2016.

7   역사교육연대회의가 주최한 '역사교과서 편찬의 국제적 기준과 한국의 현실-유엔 경제적, 사회적, 문화적 권리위원회 특별보고서와의 비교' 학술대회(2015. 10. 6.)에서 발표된 다음 3편의 글을 참조했다.
    정용욱, 「유엔 인권이사회 문화적 권리 분야 특별조사관의 역사교육 보고서가 제시하는 역사교과서 편찬의 국제적 기준」
    김한종, 「유엔 보고서의 역사교과서 편찬 원리와 한국 교과서 제도의 문제점」
    이신철, 「국가권력의 역사교과서 개입과 문제점-일본의 사례」

8   이에 대한 내용은 다음 두 글에서 상세하게 다루었다.
    방지원, 「'국민적 정체성' 형성을 위한 교육과정에서 '주체적 민주시민'을 기르는 교육과정으로: 향후 역사교육과정 연구의 진로 모색」, 『역사교육연구』 22, 2015.
    김정인, 「국가주의를 넘어 민주주의로: 역사교육의 어제, 오늘, 내일」, 『역사 전쟁, 과거를 해석하는 싸움』, 책세상, 2016.

9   도종환 의원 등이 발의한 역사교과용도서의 다양성 보장에 관한 특별법안(의안정보시스템에서 의안번호 2000956으로 검색할 수 있다)으로 법사위에 계류 중이다(2018년 7월 기준).

10 미국 시민교육센터, 『미국 시민교육 지침서』, 민주화운동기념사업회, 2008, pp.46~57.

11 이동기, 「국정화가 전체주의다: 독일 역사교육 이야기」, 한국사교과서국정화저지네트워크, 『거리에서 국정교과서를 묻다』, 민족문제연구소, 2016, pp.183~187, 248~249.
    이동기, 「정치 갈등 극복의 교육 원칙-독일 보이텔스바흐 합의」, 『역사교육연구』 26, 2016.
    심성보 외, 『보이텔스바흐 합의를 통한 민주시민교육 정책 방안 연구』, 서울시교육연구정보원, 2016.

지크프리트 실레 외, 『보이텔스바흐 합의는 충분한가』, 민주화운동기념사업회, 2009.

12 이동기, 「국정화가 전체주의다: 독일 역사교육 이야기」, 한국사교과서국정화저지네트워크, 『거리에서 국정교과서를 묻다』, 민족문제연구소, 2016, pp.183~187, 248~249.

13 영국 시민교육자문위원회, 『크릭보고서: 학교 시민교육과 민주주의』, 민주화운동기념사업회, pp.30~35, 125~134.

14 영국 시민교육재단 외 6개 대표 기관, 『영국 시민교육 지침서』, 민주화운동기념사업회. 2008, p.23.

15 강경선 외, 「서울 민주시민교육 모형과 실천 방안 연구」, 『교육정책연구보고서』, 서울특별시교육연구정보원, 2012.

장은주 외, 「왜 그리고 어떤 민주시민교육인가-한국형 민주시민교육의 이론적 기초에 대한 연구」, 『교육정책연구보고서』, 경기도교육연구원, 2014.

16 두 연구가 진행되던 시기, 필자는 '민주공화국의 시민 형성'이란 방향에서 역사교육 재구조화를 거듭 제안했다. 서로 교류나 상호 참조는 없었는데, 나중에 시민교육의 새로운 방향을 추구한 이들의 글을 읽고 공감과 유대감을 많이 느꼈다.

김육훈, 「역사교육은 민주화에 기여할까」, 전국역사교사모임, 『역사, 무엇을 어떻게 가르칠까』, 휴머니스트, 2008.

김육훈, 「민주공화국의 시민을 기르는 역사교육 시론」, 『역사교육연구』 18, 2013.

김육훈, 「국가주의 역사교육, 그 너머를 향해」, 『역사와 교육』 11, 2015.

17 2007 개정교육과정 시기 통합역사 등장의 의미에 대해서는 다음 글을 참조할 수 있다.

김육훈, 「고등학교 '역사'교육과정과 근현대사 교육」, 『역사와 교육』 1, 2009.

방지원, 「처음 만나는 '역사' 어떻게 구성할까」, 전국역사교사모임, 『역사, 무엇을 어떻게 가르칠까』, 휴머니스트, 2008.

18 이만열 외 9인, 「역사교육을 묻는다」, 『역사비평』 107, 2014.

19 한승완, 「한국 국민정체성의 민주적 반추와 통일 문제」, 『사회와 철학』 22, 2011.

이 글에서 한승완은 국민정체성을 형성하는 두 원리를 지연공동체(데모스: 정치적 의지의 통일을 통한 정당한 지배 구축, 사회 내부를 통합하는 기능)와 종족공동체(에트노스: 국가 외부와 구별 짓기)로 간주한 뒤, 최근 한국에서 혈연공동체란 점보다는 정치공동체 구성원으로서 소속감이 높아지고는 있지만, 여전히 혈통이나 문화를 중요하게 여기는 비율이 높다고 지적한다.

20 필자는 2015년의 국정화 소동을 박정희, 유신독재의 국정화가 누적해놓은 '국정화 효과'의 연장선에서 이뤄진 재국정화 사건으로 이해한다. 이는 이번 국정화 소동이 또 다른 국정화 시도의 문화적 토양을 형성하는 데도 기여할 수 있다는 경계를 포함한다.

김육훈, 「역사교과서 국정화와 재국정화 소동 이후의 역사교육」, 문화사학회, 『기억은 역사를 어떻게 재현하는가』, 한울아카데미, 2017.

21 박명림, 「남한과 북한의 헌법 제정과 국가정체성 연구: 국가 및 헌법 특성의 비교적, 관계적 해석」, 『국제정치논총』 49-4, 2009.

성낙인, 「헌법과 국가정체성」, 『서울대학교 법학』 52-1, 2011.

22 미셸린 이샤이, 『세계인권사상사』, 길, 2005.

나종석 외, 『민주주의 강의 1: 역사』, 민주화운동기념사업회, 2007.

김철신 외, 『민주주의 강의 2: 사상』, 민주화운동기념사업회, 2007.

로저 오스본, 『처음 만나는 민주주의 역사』, 시공사, 2012.

존 B. 베리, 『사상의 자유의 역사』, 바오, 2005.

김삼웅, 『진보와 저항의 세계사』, 철수와영희, 2012.

23 김육훈, 『민주공화국 대한민국의 탄생』, 휴머니스트, 2012.

서희경, 『대한민국 헌법의 탄생』, 창비, 2012.

박찬승, 『대한민국은 민주공화국이다: 헌법 제1조 성립의 역사』, 사계절, 2013.

24 김육훈, 「민주화운동사, 민주주의 역사, 무엇을 어떻게 가르칠까」, 『역사와 교육』 16, 2017.

김정인 외, 『민주화운동 관련 역사교과서 분석 및 서술 방향 연구 보고서』, 민주화운동기념사업회, 2017.

25 그동안 초등 역사교육은 '한국사 영역, 민족·국가사 단위의, 통사'란 점을 전제로 교육과정과 교과서 논의가 이뤄졌다. 초등 역사의 대안으로 생활사 논의가 무성했는데, 내부에서 들여다보면, 전체를 생활사로 하자는 것인지 민족·국가사의 문제를 지양하는 수단으로 생활사 관련 내용을 많이 포함하자는 것인지조차 분명하지 않다. 초등에서 세계사 교육의 문제나 다양한 형태의 집단정체성 차원 혹은 인권과 민주주의 차원에서 교육과정을 재구성하자는 논의도 별로 없었다. 새로 도입된 초등 역사교과서에 세계사 관련 내용이 전혀 없다는 점, 납득하기 어려운 시대별 비중 문제(2016년 교과서를 보면 조선시대가 100쪽, 일제강점기는 18쪽이다)를 시급히 바로잡아야 하며, 중앙 단위에서 이뤄진, 역사적 사실로 두꺼운 교과서를 잔뜩 채우는 현재의 교과서 및 교재 구성 방식 등에 전면적인 변화가 필요하다.

26 윤세병, 「역사교육에서 국제적 표준의 가능성」, 『역사와 교육』 13, 2016.

27 다음 두 글은 이런 경향을 잘 보여준다.

송상헌, 「역사교육 내용을 둘러싼 역사교육 담론의 검토」, 『역사교육연구』 1, 2005.

송상헌, 「역사교육에서 역사교과서의 성격 규정 문제」, 『사회과교육』 51-2, 2012.

28 그런데 역사교육에서 중시하는 '논쟁성'은 민주시민교육이 지향하는 원칙적 가치 가운데 하나이기도 하다. 그래서 그동안 충분히 실천되지는 않았다 해도 우리 사회와 교육과정이나, 역사교육과정에도 이 같은 취지가 적절하게 진술되어 있었다. 2015 역사교육과정을 보면, 역사는 다양한 매체를 통해 얻은 역사 정보를 분석·토론·종합·평가하는 능력, 과거 사례에 비추어 오늘날의 문제를 해결하는 능력, 타인을 이해하고 존중하는 태도를 갖도록 하는 교과로 간주되며, 이 같은 학습이 이뤄지도록 교재를 구성하고 수업을 진행할 것을 요청하고 있다.

29 윤세병, 「역사교육에서 국제적 표준의 가능성」, 『역사와 교육』 13, 2016.

30 전국역사교사모임의 별칭은 '살아있는 역사교육공동체'다. 전국역사교사모임은 출범 당시부터 살아있는 삶을 위한 역사교육, 살아있는 역사교육을 지향점으로 활동했다. 전국역사교사모임의 활동 속에서 살아있는 역사교육의 의미를 정리한 다음 두 글을 참조할 수 있다.

김육훈, 「살아있는 삶을 위한 역사교육」, 전국역사교사모임, 『우리 아이들에게 역사를 어떻게 가르칠 것인가』, 휴머니스트 2002, pp.11~20.

김육훈, 「역사교육운동과 '교사를 위한 역사교육론' 탐색」, 『역사와 교육』 3, 2010.

31 유럽평의회 문화협력심의회, 「유럽평의회 EDC 보고서-민주시민교육 프로젝트」, 민주화운동기념사업회, p.78, pp.98~114.

32 시민은 탄생하는 것이 아니고 끝없이 만들어진다는 말이 있다. 민주주의 또한 마찬가지다. 민주주의나 시민 개념은, 국가의 통치 전략과 시민의 대응 사이에서 늘 구성되고 재구성된다. 민주주의나 시민을 특정한 방식으로 정의해놓고, 이로부터 민주시민교육을 연역하는 방식이 아니라 그 개념이 실은 구성된 것이며 또 언제든지 재구성될 수 있다는 관점에 서서 관련된 사실을 있는 그대로 기술할 때 역사교육이 민주시민 형성에 기여할 수 있는 역할을 더 잘 파악할 수 있다.
정일준, 「한국 민주주의의 사회적 구성-자유주의적 통치성과 시민 형성 프로젝트」, 『기억과 전망』 33, 2015.
정상호, 『시민의 탄생과 진화』, 한림대학교출판부, 2013.
바바라 크룩생크, 『시민을 발명해야 한다: 민주주의와 통치성』, 갈무리, 2014.

33 박구용, 「역사교육을 향한 철학적 제안」, 『역사비평』107, 2014.

한수현 ┃ 경기 늘푸른중학교 교사, 한국 배움의 공동체연구회 연수부장으로 경기도, 경남 등 전국의 지역교육청에서 배움의 공동체 수업에 대한 강의를 하고 있으며, 배움 중심 수업과 혁신교육에 관심이 많다. 지은 책으로는『함께 배우는 보평중 역사수업』(수업자료집)이 있다. suhyni@korea.kr

강화정 ┃ 부산 신정고등학교 교사. 아이들이 살아온 역사, 그들이 살아갈 세상을 고민하다보니 한국 현대사 교육과 민주주의 교육에 많은 관심을 가지게 되었다. 우리 사회의 민주주의를 더 튼튼하게 가꾸고, 학생들이 '보통의 훌륭한 시민'으로 자라나는 데 역사교육이 기여하길 희망한다. 부산과 전국, 역사교사모임 선생님들과의 만남을 통해 함께 배우고 실천하는 삶이 얼마나 가슴 설레는 일인지 알게 되었다. exhibi1@hanmail.net

문순창 ┃ 경기 운산고등학교 교사. 삶과 연계된 역사수업을 통해 아이들과 함께 좀 더 나아진 세상을 그리는 것을 희망한다. 역사과 교육과정 재구성, 학생 자치와 학교민주주의, 수업혁신을 위한 공동체 문화 등에 관심이 많다. 역사수업 연구모임 '사초'에서 선생님들과 수업 고민을 함께했고 전국역사교사모임 편집부에서 일손을 보탰다. bangsoon87@naver.com

역사수업 연구모임 사초 ┃ 2014년부터 2017년까지 전국역사교사모임 안에서 활동한 새내기 교사들의 연구모임이다. 서울, 경기지역 교사들이 격주로 만나 서로의 수업 고민을 나누고 한국사, 세계사 내용에 대한 학습을 하며 이를 수업지도안으로 만드는 작업을 했다. 특히 2017년에는 인권, 평화, 민주주의의 관점에서 서양사를 재구성한 수업자료집을 펴내기도 했다. 모임의 좌장으로 김종훈, 윤종배, 이근화가 도움을 주었고, 정희연, 유지혜, 조혜민, 유안나, 정미나, 문순창, 한유섭, 박종무, 조근희, 노슬아 등이 활동했다.

II. 역사를 역사답게 가르치기 위한 노력

역사과 배움 중심 수업에 대한 여러 가지 고민을 짚어보고, 해석의 다양성을 살리는 논쟁식 수업 방안을 선보인다. 아울러 민주적 가치를 지향하는 수업을 구현하기 위해 한국사, 동아시아사, 세계사 영역에서 꾸준히 시도해온 교육과정 재구성 노력을 조명한다.

+ 역사수업과 배움의 공동체의 만남
+ 논쟁적 역사수업의 실천과 고민
+ 수업을 살리는 교육과정 재구성
+ 인권/민주주의/평화 그리고 세계사 수업

역사수업과 배움의 공동체의 만남

경기 늘푸른중학교 **한수현**

1. 머리말: 배움의 공동체를 알게 되다

2009년 9월 1일 보평중학교로 발령을 받았다. 보평중학교는 경기도에서 최초로 지정된 혁신학교 중 하나였다. 지금은 혁신학교가 전국에 1,200여 개나 되고 다양한 유형의 학교도 많지만, 당시는 처음 시작하는 상황이었다. 따라서 학교 선생님들과 혁신학교가 무엇인지, 무엇을 혁신해야 하는지 끊임없이 토론해야 했다.

거듭되는 토론 끝에 우리가 찾은 방향은 수업 혁신이었다. 혁신학교가 공교육의 문제를 극복하고자 하는 학교라면 결국 수업이 혁신돼야 한다고 생각했다. 그래서 학교 선생님들과 수업에 대해 공부했고, 그 속에서 배움의 공동체를 만났다.

배움의 공동체는 나와 동료들에게 기적이었다. 수업을 통해 학교를 바꾼다는 학교개혁운동인 배움의 공동체는 우리가 생각했던 혁신학교의 비전과 일치했다. 더군다나 우리가 막연하게 생각하던 수업 혁신의 방향도 보여주었다. 학생이 배움의 주체가 되는 학생 중심 수업을 하고, 이를 위해 동료들에게 일상적인 수업을 공개하고, 함께 수업의 사실로부터 배우는 연구회를 조직하라는 것이었다.

정보가 폭증하고 생성 주기도 단축되는 상황에서 강의식 수업이 학생들의 삶에 도움이 되지 않는다는 건 우리 모두가 인지하고 있는 사실이었다. 다만 학생 중심 수업이라는 것을 경험하지 못한 상황이라 낯설고 두려웠기 때문에, 입시를 핑계로 숨었던 것이다. 이러한 우리들에게 비전을 가지고 함께 수업을 바꿔보라는 배움의 공동체는 용기를 주었고, 함께였기에 과감하게 시작할 수 있었다.

2. 배움의 공동체 역사수업의 어려움을 극복하다

1) 배움의 공동체는 수업 방법인가?

배움의 공동체 수업을 하면서 직면한 가장 큰 어려움은 배움의 공동체에 대한 오해였다. 배움의 공동체를 수업의 방법으로 오해한 선생님들은 어떻게 특정 수업 방법으로 한 학교 전체 수업을 몰고 갈 수 있느냐며 의문을 제기했다.

그러나 내가 이해한 배움의 공동체는 '한 명의 학생도 배움에서 소외되지 않는 (공공성) 질 높은 배움을 통해(탁월성) 민주시민을 육성하겠다(민주성)'는 철학이었다. 이 철학은 우리나라 교육법, 혁신학교의 철학과도 다르지 않았다.

따라서 이 3가지 철학에 기반을 두고 학생 중심 수업을 하는 것이 배움의 공동체라고 생각했다. 수업의 방법은 어떤 것을 사용해도 좋다고 본다. 수업의 제자백가시대라고 할 만큼 좋은 수업 방법은 차고 넘쳐나니, 적절한 수업 방법을 취사선택하면 되지 않겠는가?

배움의 공동체를 철학으로 받아들이니, 학생 중심 수업이 흔들리지 않게 됐다. 과거에는 새로운 수업 방법을 시도하다가 잘 안 되면, 쉽게 포기하고 강의식 수업으로 되돌아왔다. 그러나 배움의 공동체는 철학이기 때문에 쉽게 포기할 수도 없고, 포기하게 되지도 않았다. 우리 아이들이 살아갈 미래에 꼭 필요한 철학이라는 것을 알기 때문이었다.

2) 진도는 언제 다 나가지?

두 번째 어려움은 교과서 진도를 다 나가지 못한다는 점이었다. 특히 역사교과는 내용이 방대해 늘 2월 말까지 진도를 나가는 상황인데, 학생에게 활동을 시키면서 어떻게 그 많은 진도를 나갈 수 있겠는가?

고민 끝에 얻은 결론은 교과서 진도의 탄력적 조절이었다. 2009 개정교육과정에서 성취기준을 제시한 것은 결국 교과서가 아닌 성취기준을 중심으로 교사가 교육 내용을 재구성하라는 말이 아니겠는가? 따라서 성취기준 이외의 교과서 내용을 과감하게 생략했다. 그랬더니 학생이 활동을 통해 스스로 배울 수 있는 시간을 확보할 수 있었다.

선생님들 중에는 수능 같은 중요한 시험에서 성취기준 이외의 문제가 나오면 어떻게 하느냐고 걱정하는 경우가 있다. 그러나 수능이든, 학교 내 시험이든 성취기준을 벗어나는 내용은 원칙적으로 출제되면 안 되는 것으로 안다. 간혹 고등학교에서 등급을 매기고, 동점자를 없애기 위해 성취기준을 벗어나는 문제를 내는 경우가 있는데, 이 역시 이렇게 하면 안 되는 것이다.

그렇다면 교과서 구석구석을 다 가르치는 것보다, 성취기준에 나오는 내용을 학생들이 활동을 통해 스스로 배울 수 있게 한다면, 당연히 학생들이 좋은 성적을 받는 데도 유리하지 않겠는가?

3) 교사의 설명 없이 학생의 배움이 가능할까?

세 번째 어려움은 교사의 설명을 어디까지 줄일 수 있는가 하는 것이었다. 역사교과는 과거의 사실을 통해 문제를 해결하는 교과이니만큼 상식으로 수업을 진행할 수 없다. 명확한 사실을 이해해야 하고, 어려운 용어와 개념도 많다. 이러한 상황에서 교사의 강의를 줄이고도 학생이 스스로 문제를 해결할 수 있을까?

이런 문제를 해결하기 위해 처음 선택했던 방법은 사전을 가지고 수업에 들어가는 것이었다. 아이들이 스스로 모르는 용어를 찾아보도록 한 것이다. 그러자 한 시간 내내 아이들은 사전을 찾았다. 다음으로 시도한 방법은 활동지마다 어려운 용어에 주석을 달아주는 것이었다. 그러자 활동지 반쪽이 주석으로 채워졌다.

이런저런 실패 끝에 현재는 이러한 어려움을 모둠 활동으로 해결한다. 도전과제뿐만 아니라 기본내용 역시 모둠으로 활동하게 하는 것이다. 그러자 아이들은 모르는 것을 친구에게 쉽게 물었고, 친구는 교사보다 더 쉽게 설명해주었다.

고려의 통일에 대해 공부할 때, 교과서를 읽던 아이가 친구에게 질문했던 내용이다.

학생 1: 왕건이 뭐야?

학생 2: 사람이야.

학생 1: 아하.

놀랍지 않은가? 만약 학생 1이 나에게 물었다면 어땠을까? 나는 역사교사의 언어로 대답했을 것이다.

"왕건은 후삼국시대 송악의 호족이야."

후삼국, 송악, 호족! 갑자기 쏟아져 나오는 어려운 개념에 학생은 더 혼란에 빠졌을 것이다. 이에 비해 친구의 설명은 얼마나 쉬운가? 사실 이 부분에서 학생은 왕건이 지명인지, 인명인지를 몰라서 헤매고 있었던 것이다. 함께 교과서를 읽고 있는 친구는 이러한 것을 이해하고 쉽게 '사람'이라고 대답해줬다.

교사의 설명을 줄이기 위해 사용한 또 한 가지 방법은 교과서를 읽도록 한 것이다. 역사는 흐름이 있기 때문에, 성취기준만 빼서 가르쳤더니 학생들이 어려워했다. 이러한 학생들을 이해시키려다 보니 설명은 길어지고, 결국 학생 중심 수업은 교사 중심 수업으로 돌변하게 됐던 것이다. 그래서 교과서를 읽으며, 학생들이 기본내용을 먼저 정리해보게 했다. 그런 후 학생들이 어려워했던 부분만 짚어주고 넘어갔더니, 자연스럽게 강의가 줄게 됐다.

4) 어떤 도전과제를 던져야 하나?

네 번째 어려움은 도전과제를 만들기가 어렵다는 것이었다. 배움의 공동체 수업에서는 학생들의 질 높은 배움을 위해 기본내용을 응용한 도전과제를 던진다. 학생들은 자신의 삶과 연결된 도전과제, 즉 이 과제를 해결하면 내 삶이 좀 더 풍요로워진다고 생각할 때 열심히 활동했다. 그래서 한때는 무리하게 도전과제를 학생의 삶과 연결시키려고 노력했다가 마지막이 도덕 수업으로 끝나는 경우가 많았다.

한 예로, 르네상스와 종교개혁을 배울 때, 학생들이 종교의 벽을 넘어 인간다운 삶을 찾고자 했던 당시 사람들의 노력을 알았으면 했다. 그래서 다음과 같은 도전과제를 제시했다.

> 르네상스와 종교개혁은 자신들의 삶을 억압하고 있는 현실의 벽을 넘어, 인간적인 삶을 찾아가고자 했던 14~16세기 사람들의 노력의 과정이었다. 그렇다면 여러분

이 생각하는 인간적인 삶이란 무엇인가? 앞으로 인간적인 삶을 살아가기 위해 우리가 극복해야 할 것은 무엇인가?

그러자 아이들이 주춤거렸다. 도전과제를 선택한 의도가 아이들에게 와닿지 않은 것이다. 아이들의 입에서 나온 이야기는 평등한 삶, 자유로운 삶, 행복하고 즐거운 삶 등 다분히 상식적인 것이었다. 극복 방안 역시 한 시간 내내 함께 이야기했던 르네상스와 종교개혁과는 전혀 관련이 없는 선입견 버리기, 책임 다하기, 스트레스 요소 없애기 등을 제시했다. 앞에서 배웠던 역사적 사실은 파묻히고, 역사수업이 순간 도덕 수업으로 돌변해버린 것이다. 도전과제를 역사적 사실은 뺀 채무리하게 아이들의 삶으로 연결시켰던 나의 실수였다.

역사는 사실에 근거해 문제를 해결하는 교과이기에, 도전과제 역시 역사과의 본질에 맞게 구성돼야 함을 깨닫게 해준 실패한 수업이었다. 아이들이 역사적 사실에 근거해 자신의 생각을 말할 수 있도록 하는 것이 진정한 삶과의 연결임을 배웠다.

역사는 과거의 이야기이기 때문에 학생들의 삶과 연결시키기가 쉽지 않았다. 당장 어제 일도 모르겠다는 아이들에게 100년 전, 1,000년 전 이야기는 관심 밖이었다. 어떻게 하면 과거의 사실에 근거해 현재의 문제를 해결하는 힘을 키워줄수 있을까? 어떻게 하면 학생이 자기 생각을 만들도록 도울 수 있을까?

이러한 문제를 해결하기 위해 내가 찾았던 것은 전국역사교사모임이었다. 배움의 공동체 역사수업을 하는 선생님들과 머리를 맞대고 도전과제를 함께 만들었다. 그동안 연구한 많은 자료를 흔쾌히 공유해준 역사선생님들이 있었기에 가능한 일이었다. 이 자리를 빌려 그분들께 감사드린다. 나 역시 여러 선생님과 함께만든 자료이기에 활동지를 모든 선생님과 공유하고 있다.

중학교 역사1 도전과제 목록

– 무신정권과 농민, 천민의 봉기

※ 다음 자료를 읽고 물음에 답해보자.

> ㈎ 정중부와 최충헌이 농민들을 수탈하는 고려사 자료
>
> ㈏ 만적의 봉기 관련 고려사 자료

1) ㈎, ㈏를 바탕으로 당시 농민과 천민 들의 저항이 심했던 까닭을 토의해보자.
2) 무신정권기에 일어난 농민과 천민 들의 저항운동이 고려 사회에 어떤 영향을 끼쳤을지 추론해보자.

– 병자호란

※ 청이 조선에 대해 임금과 신하의 관계를 맺을 것을 요구해오자 조선에서는 주전론과 주화론의 대립이 있었다. 다음 글을 읽고 내가 당시의 조선 백성이었다면 주전론과 주화론 중에서 어느 입장을 지지했을지 얘기해보자.

> 윤집의 주전론, 최명길의 주화론 사료

– 세도정치와 농민 봉기

※ 다음 자료를 읽고 물음에 답해보자.

> ㈎ 홍경래의 격문
>
> ㈏ 홍경래의 난 진압 관련 『순조실록』 사료
>
> ㈐ 공주 농민들의 요구서
>
> ㈑ 2016. 11. 5. 송현여고 2학년 조성해 학생 발언

1) ㈏처럼 농민 봉기는 수많은 농민의 희생으로 끝났다. 농민 봉기에 참여했던 사람들이 목숨까지 던지며 꿈꾸었던 세상은 어떤 세상일까? ㈎, ㈐를 근거로 말해보자.
2) ㈎, ㈑를 참고로, 농민 봉기와 촛불혁명의 공통점과 차이점을 최대한 많이 말해보자.

– 인도의 통일 제국과 불교의 발전

※ 다음을 보고, 물음에 답해보자.

> ppt 자료: 그리스 조각상, 간다라 불상, 중국 불상, 석굴암 본존불상

1) 4개 조각상의 공통점을 최대한 많이 찾아보자.

2) 간다라미술 양식처럼 다른 나라의 문화가 전파돼 우리 문화로 수용된 것에는 어
   떤 것이 있을까?

– 그리스 폴리스와 헬레니즘

※ 다음 글을 읽고 물음에 답해보자.

> 아테네와 현대의 민주정치 자료

1) 아테네와 현대의 민주정치를 비교해 장단점을 말해보자.

2) 아테네와 현대 민주정치의 장점이 합쳐져 미래의 민주정치가 이뤄진다면, 어떤
   방법으로 이뤄질까?

– 송과 원

※ 칭기즈칸은 영웅일까, 학살자일까? 다음 자료를 참고해 자신의 생각을 말해보자.

> 칭기즈칸에 관한 긍정과 부정의 평가 자료(역사신문 참고)

3. 배움의 공동체 역사수업을 실천하다

– 가야를 중심으로

'가야 연맹의 발전과 해체'의 성취기준을 보니 '삼국의 발전 과정에서 나타난
공통점을 추출하고, 이를 가야 연맹의 성립과 변화 과정에서 나타난 특징과 비교
해 그 차이를 설명할 수 있다'였다. 이에 따라 수업 내용을 삼국이 중앙집권 국가
로 발전하는 과정에서 나타난 공통점을 찾아보고, 이를 가야의 발전 과정과 비교

해 가야가 중앙집권 국가로 발전하지 못한 이유를 생각해보는 것에 초점을 맞추고, 나머지 교과서 내용은 생략했다(첨부된 활동지 참고).

1) HOP(도입)

도입 단계에서 동기 유발을 하는데, 너무 과하면 오히려 수업에 방해가 됐다. 과거에 도입 부분에서 뮤직비디오를 틀어준 적이 있다. 학생들에게 최고로 인기 있는 가수의 뮤직비디오가 학생들을 수업에 집중시킬 수 있다고 생각했다. 결과는? 학생들은 뮤직비디오가 끝나는 순간 다 엎어졌다. 수업이 결코 뮤직비디오만큼 재미있지도, 자극적이지도 않았기 때문이다.

따라서 동기 유발은 수업과 관련 있는 내용으로, 가급적 빨리 끝내고 바로 수업에 들어가는 것이 효과적이었다. 현재는 이야기, 노래, 사진 등을 이용한 간단한 발문으로 수업을 시작한다.

◆ 이야기: 「토끼의 간」 이야기를 아나요? (「토끼의 간」을 간단히 이야기하고 나서) 김 춘추는 「토끼의 간」 이야기를 듣고 어떻게 살아서 돌아갈 수 있었을까요? 이번 수업을 통해 알아봅시다.

◆ 노래: (「새야 새야 파랑새야」를 들려주고) 이 노래에서 파랑새는 누구를 비유하는 걸까요? 녹두꽃은 누구를 뜻하는 걸까요? 청포장수는 누구를 말하는 걸까요? 오늘 수업을 통해 알아봅시다.

◆ 사진: (1910년대 칼을 찬 교사의 사진을 보여주면서) 사진 속 인물의 직업은 무엇일까요? (학생들의 다양한 답을 듣고 나서) 놀랍게도 이 사람의 직업은 교사예요. 왜 1910년대 교사는 칼을 차고 있을까요? 이번 차시를 통해 알아봅시다.

'가야 연맹의 발전과 해체'에서는 가야의 건국신화와 허황옥의 이야기를 통해 학생들의 가야에 대한 호기심을 자극했다. 김수로왕의 건국 이야기를 들려주면서 왜 알이 6개였는가 물어보고, 김수로왕 무덤의 물고기 사진(아래 왼쪽)과 힌두교 사원의 물고기 사진(아래 오른쪽)을 함께 보여주면서 김수로왕 부인인 허황옥이 진짜 인도의 공주였을까를 물어보는 것으로 학생들의 호기심을 유도했다.

2) STEP(기본과제)

교사의 강의를 줄이기 위해 학생들이 스스로 교과서를 읽으며 수업 내용을 활동지에 정리하도록 했다. 이 속에서 학생들이 텍스트를 읽어내는 능력도 기를 수 있기를 기대했다.

교과서를 그대로 정리하는 쉬운 활동이지만, 모둠 활동으로 진행했다. 이러한 기본적인 내용조차 어려워하는 학생들이 여러 명 있기 때문이다. 학생들은 혼자 하라고 하면 포기하지만, 친구가 옆에 있으면 포기하지 않았다.

학생들이 기본과제 내용 정리를 끝낸 후 설명을 했다. 강의를 할 때 유의할 점은 절대 정답을 말해주지 않는 것이었다. 학생들은 이미 초등학교 때부터 정답 찾기에 익숙해져 있고, 정답은 교사만이 알고 있다는 잘못된 선입견을 가지고 있었다. 따라서 내가 정답을 알려주면, 스스로 교과서를 읽고 내용 정리를 하려 하지 않았다. 안타까웠던 점은 충분히 혼자 할 수 있는 역량이 있는 아이들도 빈칸을 남겨두었다가 내가 정답을 알려줄 때 적는다는 것이었다.

앞으로 아이들이 살아갈 미래에는 누구에게나 묻고 배울 수 있는 능력이 필요하다고 생각한다. 따라서 정답을 말해주는 대신 이야기를 해주었다. 역사교과는 인간이 살아온 이야기이기 때문에 스토리텔링으로 흐름을 잡아주었다. 물론 이속에서 질의응답을 통해 오개념을 수정해주기도 했다. 아이들이 교과서를 읽고 활동지를 정리하는 동안, 돌아다니면서 아이들이 어떤 부분을 어려워하는지, 어떤 부분에 오개념이 생겼는지를 관찰했다. 그리고 틀린 사실을 함께 이야기하면서 오개념을 수정했다.

'가야 연맹의 발전과 해체'에서는 성취기준에 나온 삼국의 발전 과정에서 나타난 공통점과 가야 연맹의 성립과 변화 과정을 교과서를 읽으며 10분 정도 스스로 정리하도록 했다. 그런 후 다음과 같이 학생들과의 질의응답을 통해 수업 내용을 10분 정도 정리했다.

교사: 가야의 건국 설화에 나오는 6개 알의 의미를 이제 이해했나요?

학생 1: 가야가 6개가 연합한 나라였다는 뜻이에요.

교사: 아, 가야는 6개 나라가 연합한 연맹 왕국이었군요? 그러면 6가야 중에서 초기 연맹을 주도했던 나라는 어디인가요?

학생 함께: 금관가야요.

교사: 금관가야가 초기 연맹을 주도할 수 있었던 이유가 무엇인지 한 가지씩 말해줄 수 있나요?

학생 2: 농사에 유리했어요.

학생 3: 질 좋은 철이 많이 났어요.

학생 4: 바닷가에 위치해 해상 활동에 유리했어요.

교사: 해상 활동이 유리하면 뭐가 좋지요?

학생 4: 철을 외국에 수출해서 이득을 많이 얻을 수 있었어요.

교사: 아, 그렇구나! 그러면 이렇게 강력했던 금관가야가 쇠퇴하게 된 이유는 무엇인가요?

학생 5: 광개토대왕의 공격을 받았어요.

교사: 광개토대왕이 이끄는 고구려군의 공격을 받았군요? 왜 고구려는 금관가야를 공격했나요?

학생 6: 금관가야가 신라를 공격하자, 신라가 고구려에게 도움을 요청했어요. 그래서 공격했어요.

교사: 금관가야가 신라를 혼자 공격했나요?

학생 7: 백제랑 왜와 함께요.

교사: 그래서 4세기 말 한반도에서는 어떤 세력 대 어떤 세력이 대립하게 됐다고 했지요?

학생 8: 금관가야, 백제, 일본 대 신라와 고구려요.

교사: 아, 그렇군요! 금관가야가 고구려의 공격으로 타격을 입자, 연맹체의 주도권은 어디로 넘어갔나요?

학생 함께: 대가야요.

교사: 그러면 대가야가 후기 가야 연맹을 주도할 수 있었던 이유는 무엇인가요? 한 가지씩만 얘기해주세요.

학생 9: 농사에 유리했어요.

학생 10: 대가야에도 질 좋은 철이 많았어요.

학생 11: 대가야는 고구려의 침략을 받지 않았어요.

교사: 아, 그렇군요! 그러나 결국 금관가야도 대가야도 모두 6세기에 멸망했죠. 어느 나라에 의해 멸망됐나요?

학생 함께: 신라요.

교사: 금관가야가 먼저 멸망했죠? 신라 어느 왕에 의해 멸망했나요?

학생 함께: 법흥왕이요.

교사: 대가야는?

학생 함께: 진흥왕이요.

교사: 그러면 이제 중앙집권 국가의 공통점에 대해 알아볼까요? 한 가지씩만 얘기해 주세요.

학생 12: 정복 전쟁을 통해 영토를 확장했어요.

학생 13: 왕권이 강했어요.

교사: 왕권이 강했다는 증거는 뭐죠?

학생 13: 왕위를 부자 상속했어요.

교사: 아, 그렇군요! 또 다른 중앙집권 국가의 공통점이 있을까요?

학생 14: 법률을 반포하고, 관리제도를 정비했어요.

교사: 이때 반포된 법률은 중국의 영향을 받은 체계적인 법률이었죠? 뭐라고 불렀나요?

학생 모두: 율령이요.

교사: 또 다른 공통점이 있나요?

학생 15: 불교를 받아들였어요.

교사: 불교를 받아들인 것이 중앙집권 국가의 형성과 어떤 관련이 있었나요?

학생 16: 불교를 통해 민심을 모을 수 있었어요.

학생 17: 왕은 부처와 자신을 동일시해 왕권을 강화했어요.

교사: 아, 그렇군요. 그러면 왜 가야는 중앙집권 국가로 발전하지 못했나요? 이유를 한 가지씩만 말해주세요.

학생 18: 가야는 6개가 연합한 나라라서 지배력을 집중시키지 못했어요.

교사: 아, 가야는 연맹 국가라서 지배력을 집중시키지 못해 국력이 약했군요? 또 다른 이유가 있을까요?

학생 19: 백제와 신라의 공격을 계속 받아서 성장하지 못했어요.

교사: 아, 하필 잘나가던 백제와 신라 사이에 있었군요?

3) JUMP(도전과제)

역사과의 본질과 관련되고 성취기준, 즉 수업 주제와 관련되고, 학생의 생각을 키울 수 있고, 학생의 삶과 연결된 도전과제를 던지는 것이 무엇보다 중요하다.

우선 모둠으로 만나 10분 정도 서로 이야기를 나누며 도전과제를 해결하도록 했다. 모둠으로 이야기를 나누지만, 의견을 통일할 필요는 없다고 강조했다. 친구와 이야기를 나누며 자신의 생각을 더 풍성하게 만드는 것이 목적이지, 의견 통일이 목적은 아니기 때문이다. 역사교과에서 의견을 하나로 모으는 것은 의미가 없다고 생각한다.

'가야 연맹의 발전과 해체'에서는 가야가 삼국과 함께 존재했던 시기를 '삼국시대'로 불러야 하는지, '사국시대'로 불러야 하는지를 도전과제로 제시했다. 학생들은 기본과제로 삼국이 중앙집권 국가로 발전하는 과정에서 나타난 공통점을 배웠기에 삼국시대로 불러야 한다는 의견이 많았다. 그러나 가야의 성립과 발전 과정을 통해 가야의 우수한 철과 해상 교역 등 강점을 알게 됐기에 사국시대라고 불러야 한다는 학생도 있었다. 결국 도전과제를 해결하는 과정에서 기본과제를 다시 다지고 성취기준에도 도달하게 되는 것이다.

모둠 토론이 끝나면 전체가 함께 자신이 배운 것을 나누는 전체공유를 했다. 우선 삼국시대라고 생각하는 학생의 이야기를 쭉 듣고, 칠판에 키워드만 정리했다. 사국시대라고 주장하는 의견 역시 칠판에 키워드만 정리했다. 키워드를 적은 이유는 반론을 위한 장치일 뿐, 내용을 정리해주는 것은 아니었다. 마지막으로 서로 반론을 하게 했다. 가장 좋은 학습은 반론을 통해 얻는 것이라고 생각한다. 반론에 반론이 거듭되면서 학생들은 자신의 생각을 수정하기도 하고, 더 공고하게 다지기도 한다. 정답은 없다. 다만 학생들이 역사적 사실을 통해 생각하고 판단하는 능력을 기르는 것이 중요하다고 본다. 학생들이 국가 발전을 보는 기준이 무엇인지에 대해 의문을 가지고 가야사를 다시 보게 되면서, 역사를 바라보는 자신만의 관점을 갖게 되고, 성취기준에도 도달할 수 있으리라 기대했다.

교사: 이제 모둠에서 나눈 이야기를 함께 얘기해보죠. 먼저 가야가 고구려, 백제, 신라와 경쟁하던 시기를 삼국시대로 불러야 한다고 생각하는 분 손 들어보세요. (잠시 시간을 두고) 그러면 사국시대라고 불러야 한다고 생각하는 분 손 들어보세요. (잠시 시간을 두고) 삼국시대가 좀 더 많네요? 그러면 삼국시대라고 불러야 한다고 생각하는 분들은 근거를 한 가지씩만 얘기해주세요.

학생 1: 가야는 왕이 많았고, 국가마다 독자성이 유지돼서 하나의 국가로 보기는 힘들어요.

학생 2: 가야는 중앙집권 국가가 되지 않았어요. 중앙집권 국가가 되지 않았다는 것은 국력이 약했다는 증거예요. 내분도 벌어질 수 있는 불안한 상황이었기 때문에 삼국시대로 봐야 해요.

학생 3: 가야의 영토는 오늘날 경상도 수준밖에 되지 않았어요. 따라서 국가라 부르기 어렵고, 의회 연합, 도시 연합 정도로 봐야 한다고 생각해요.

학생 4: 가야는 다른 삼국처럼 전쟁을 활발하게 한 것도 아니고 영토 확장도 거의 없어서 전성기가 없었어요.

교사: 삼국시대로 봐야 한다는 분들 중에서 또 다른 의견이 있나요? (잠시 시간을 두고) 그러면 이제 사국시대로 불러야 한다고 생각하는 분들이 이유를 한 가지씩만 이야기해주세요.

학생 5: 가야의 문화는 찬란했어요. 삼국시대라는 것은 찬란한 가야의 문화에 대한 왜곡을 넘어선 위험한 표현이라고 생각해요.

학생 6: 가야는 일본, 중국에까지 무역을 했다고 했잖아요? 심지어 인도와도 무역을 했다는 건국신화도 있구요. 그런 건 가야의 영향력이 컸다는 증거예요. 그러니까 가야까지 포함해서 사국시대로 봐야 해요.

학생 7: 가야는 백제, 일본이랑 손잡고 신라를 쳤잖아요. 이건 가야의 국력이 백제, 일본과 연합할 정도로 강했다는 증거예요.

학생 8: 가야는 철기 기술을 많이 발전시켰기 때문에 사국시대로 불러야 한다고 생각해요.

교사: 사국시대를 뒷받침할 또 다른 근거가 있을까요? (잠시 시간을 두고) 그러면 이제 반론할 게 있으면 해보세요.

학생 9: 아까 전에 중앙집권 국가가 아니기 때문에 삼국시대로 불러야 한다고 했잖아요? 그렇지만 연맹 국가 단계도 국가잖아요. 국가라 부를 수 있기 때문에 사국시대라고 봐야 해요.

학생 3: 그런데 국력이 강하면 왜 왕이 6명이나 필요해요? 그건 국력이 약했다는 증거예요.

학생 5: 로마제국은 동로마, 서로마로 나뉘었는데, 그러면 로마제국은 국력이 약해서 따로 통치한 건가요? 가야는 애초부터 연합체였지, 국력이 약했던 건 아니에요.

학생 10: 철기 기술은 고구려, 백제, 신라에도 있었어요. 그걸 빠르게 발전시켰다고 사국시대라고 부를 순 없다고 봐요.

학생 5: 철기가 고구려, 백제, 신라에도 있었지만, 가야의 철이 훨씬 더 우수했다고 역사가들도 인정하잖아요?

학생 11: 가야의 철이 우수했다는 건 인정하지만, 결국 가야는 나머지 국가와의 경쟁에서 졌잖아요.

학생 3: 학생 5가 로마제국을 꺼냈는데, 로마제국은 몇 년 동안 갔어요? 로마는 1,000년을 갔잖아요. 가야는 로마에 비해 역사도 짧고, 영토도 훨씬 작았어요. 비교를 할 때는 기준을 잡아야지… 로마와 가야를 비교하는 건 맞지 않는다고 봐요.

학생 5: 가야의 역사도 600년을 갔어요. 600년이 짧은 시간은 아니잖아요? 게다가 영토의 크기가 국가 성립 조건은 아니라고 봐요. 오히려 그 국가가 가진 영향력을 봐야죠. 가야의 우수한 철기 문화는 일본과 신라에까지 영향을 줬어요. 그런 나라를 국가로 인정하지 않는 것은 아니라고 봐요.

교사: 네! 두 분(학생 3, 학생 5) 이야기 충분히 이해가 되죠? 그러면 오늘 발표 안 한 분 중에서 더 추가할 내용이 있으면 말씀해주세요. (잠시 시간을 두고) 그러면 생각이 정리됐나요? 이제 다시 한번 손을 들어보세요. 토론을 다 듣고 났더니 삼국시대로 부르는 게 맞다고 생각하는 분? (잠시 시간을 두고) 그러면 사국시대로 부르는 게 맞는 것 같다고 생각하는 분? (잠시 시간을 두고) 사국시대가 좀 더 많아졌네요? 그러면 원래 삼국시대였는데, 토론을 듣고 사국시대로 입장을 바꾼 분 중에서 이유를 말해줄 분 있나요?

학생 12: 학생 5가 말을 너무 잘해서 설득당했어요. 원래는 가야가 중앙집권 국가가 되지 않았기 때문에 삼국시대라고 했는데, 생각해보니 가야도 가야만의 우수한 문화가 있었잖아요. 철기를 팔면서 활발한 대외 교류도 하고, 신라와 일본의 문화에도 영향을 줬구요. 그걸 무시하면 안 될 것 같아요. 그래서 사국시대로 불러야 할 것 같아요.

학생 12의 배움이 일어나는 장면이었다. 학생 12는 모둠 토론을 할 때만 해도 삼국시대로 불러야 한다는 입장을 견지했는데, 전체공유를 통해 입장을 바꿨다. 학생 12는 중앙집권 국가의 공통점을 알았기 때문에 삼국시대라는 입장을 취했으나, 친구들의 발언을 통해 가야의 우수한 철기 문화와 활발한 대외 교류에 주목하게 된 것이다. 결국 '삼국의 발전 과정에서 나타난 공통점을 추출하고, 이를 가야 연맹의 성립과 변화 과정에서 나타난 특징과 비교해 그 차이를 설명할 수 있다'는 성취기준에도 도달하고, 자신의 생각을 갖고 역사를 보는 힘도 키우게 된 것이다.

4. 교육과정 재구성-수업-평가-기록을 일체화하다

요즈음 학교 현장에는 교육과정-수업-평가-기록의 일체화(이하 교-수-평 일체화) 바람이 불고 있다. 교-수-평 일체화란 교육과정, 수업, 평가, 기록을 하나의 연속된 교육 활동으로 바라보고, 이를 통합적으로 운영해 학생의 성장을 돕는 것을 말한다.

이러한 움직임에 쉽게 적응했던 이유는, 배움의 공동체 역사수업을 하다 보니 자연스럽게 교-수-평 일체화가 이뤄졌기 때문이다. 배움의 공동체 역사수업이 교육의 추세와도 맞는다는 생각이 든다.

1) 교육과정 재구성

배움의 공동체 역사수업에서 가장 먼저 부딪힌 문제는 교과서 내용을 다 가르칠 수 없다는 것이었다. 앞에서 언급한 대로 학생 중심의 수업을 하다 보니, 수업 시간이 늘 부족했다. 그래서 성취기준을 중심으로 교육과정을 재구성하게 됐다.

처음에는 성취기준만 남기고 나머지 교과서 내용을 생략하는 것이 교육과정 재구성인 줄 알았다. 그러나 한 해 두 해 수업을 해가며 교육과정 재구성에서 가장 중요한 것은 교과의 철학을 세우는 것임을 깨달았다.

나는 왜 학생들에게 역사를 가르치는가? 학생들이 역사를 통해 어떤 역량을 가지기를 기대하는가? 역사는 과거 사실을 통해 현재의 문제를 해결하고, 평화, 인권, 민주주의라는 감수성을 키우는 교과라고 생각한다. 따라서 과거 사실에 근거해 현재의 문제를 생각해보도록 시도했고, 평화, 인권, 민주주의를 강조했다. 또한 3단위 수업에서 과감하게 1단위를 역사독서로 진행해, 평화, 인권, 민주주의에 관한 책을 읽도록 했다.

교과의 철학을 세운 다음에 한 것은 교육과정 공부였다. 국가교육과정정보센터(NCIC)에서 초등학교 사회, 중학교 역사, 고등학교 한국사·동아시아사·세계사 교육과정을 찾아 읽었다. 중학교 역사교사인 내가 초등학교와 고등학교 교육과정을 읽은 이유는 교육과정 재구성에서 자유로우려면 교육과정을 종적으로 읽을 필요가 있음을 깨달았기 때문이다. 즉, 내가 가르치는 아이들이 초등학교 때 어떤 내용을 배웠고, 고등학교에서 어떤 내용을 배울 것인지 명확히 알아야 했던 것이다.

교육과정 재구성을 하다 보니 때로는 외부 사료를 가져와 내용이 추가되기도 했다. 가르칠 순서를 바꿔 가장 중요한 근현대사를 3월에 가르치기도 했다. 국어시간에 배운 『양반전』을 가지고 와 실학수업을 진행하기도 했다. 물론 이러한 융합을 시도하려면 교육과정을 횡적으로 읽을 필요가 있었다. 즉, 내가 가르치는 학년의 다른 교과 교육과정을 읽어보는 것이 도움이 됐다.

2) 평가의 변화

2011년 1학기 중간고사가 끝나자마자 이상한 일이 벌어졌다. 중간고사를 보기 전까지만 해도 열심히 수업에 참여했던 아이들이 모둠 토론 시간에 잡담을 하며 떠들기 시작한 것이다.

"얘들아! 왜 안 하니? 너희들 열심히 했었잖아?"

나의 질문에 아이들은 망설임 없이 답했다.

"시험에 안 나오잖아요!"

심지어 따지는 아이들도 있었다.

"샘! 시험지 받자마자 배신감을 썼었어요. 샘이 교과서는 달랑 10분만 알려주고, 내내 우리들 생각이 중요하다며 토론을 시키시더니 시험은 다 교과서에서 나왔잖아요."

그제야 알았다. 수업이 바뀌면 평가가 바뀌어야 한다는 것을. 내가 학생의 생각을 만드는 배움의 공동체 수업을 했다면, 평가 역시 그 생각을 묻는 방식이어야 했다. 그래서 2011년 1학기 기말고사부터 지필고사에 논술형 문제를 출제하기 시작했다. 처음에는 채점 기준도 모호하고, 채점하는 데 시간이 너무 걸리는 논술형 출제가 엄청 부담스러웠다.

그러나 배움의 공동체 수업을 유지하기 위해서는 논술형 문제를 낼 수밖에 없었고, 그 효과는 놀라웠다. 가장 큰 변화는 수업 태도가 엄청 좋아졌다는 것이다. 도전과제에서 한 내용이 그대로 논술형 문제로 출제되니, 아이들은 수업에 열심히 참여했다. 이러한 내용은 문제집이나 인터넷 강의에 나오지 않았기 때문에, 수업 시간에 열심히 참여하지 않으면 답을 쓸 수 없었던 것이다. 자기 생각만으로는

300자, 600자 이상의 논술형을 쓰기가 어려웠기 때문에 친구들의 이야기에 경청하는 자세도 좋아졌다. 심지어 사교육도 줄었다. 논술형 문제는 학원에서 대비해 줄 수 없었기 때문이다(그러나 영어와 수학 사교육은 줄지 않았다).

현재 지필고사의 선택형과 논술형 비율이 5:5인데, 과거의 사실을 통해 문제해결력을 키우는 역사교과에 오지선다 문제는 큰 의미가 없다고 생각하기 때문에, 앞으로 지필고사를 100퍼센트 논술형 문제로 출제할 계획이다.

당연히 배움의 과정이 중요해졌기 때문에 수행평가 비중도 늘었다. 현재는 지필고사를 학기당 1회만 보고, 지필고사와 수행평가의 비율이 3:7이다. 수행평가는 당연히 수업의 전 과정에서, 수업 시간에 이뤄진다. 배움의 과정을 중시하는 배움의 공동체 수업과 지필평가는 맞지 않는다고 생각한다. 추후에는 예술 교과처럼 지필고사를 보지 않고, 100퍼센트 수행으로 평가를 진행하고 싶다.

2017년 2학년 1학기 역사과 평가 계획

평가종류	지필평가		수행평가						
반영비율	30%		70%						
영역	2차		역사 모둠 토론	역사 논술형 평가 (논술형)	역사 활동지 포트 폴리오 1	역사 활동지 포트 폴리오 2	역사 활동지 포트 폴리오 성장평가	역사독서 서평쓰기 (논술형)	역사독서 찬반 대립 토론
	선택형	논술형							
만점 (반영 비율)	50점 (15%)	50점 (15%)	10점 (10%)	10점 (10%)	10점 (10%)	10점 (10%)	5점 (5%)	10점 (10%)	15점 (15%)
	100점(30%)								
평가시기	7월 1주		3월 1주 ~ 6월 5주	4월 3주	5월 2주	6월 5주	6월 5주	5월 4주	6월 4주

3) 학생 활동 중심의 기록

수업이 학생 중심으로 바뀌니, 학교생활기록부의 과목별 세부능력 및 특기사항의 기록도 수월했다. 학생들의 활동 중에서 의미 있게 발언한 부분, 친구들에게 가장 많은 지지를 받았던 부분 등을 짧게 메모해두었다가 학기 말에 그대로 써주면 되기 때문이다. 놀라운 것은 대다수의 아이들이 1학기 때보다 2학기 때 분명히 성장한다는 사실이다. 그래서 2학기 세부능력 및 특기사항은 성장의 측면에서 작성하게 됐다.

2016년 2학년 4반 A 학생의 교과별 세부능력 및 특기사항 기록

> 1학기 역사: 발해사에 관한 토론을 할 때 동북공정에 대한 지식을 바탕으로 논리적 의견을 제시해 친구들에게 지지를 받음. 역사독서 시간에 『전태일 평전』을 읽고 '전태일의 분신 자살은 옳은 선택이다'는 논제로 찬반대립토론을 할 때 꼼꼼하게 자료를 조사하여 입론을 잘함.
>
> 2학기 역사: 징기즈칸은 영웅인가, 학살자인가에 관해 토론할 때, 히틀러를 예로 들어 징기즈칸이 영웅이라고 주장하는 친구의 의견에 논리적인 반론을 전개함. 『위대한 평화주의자 20인』을 읽고 '비폭력은 폭력을 해결할 수 있는 유일한 방법이다'는 논제로 찬반대립토론을 할 때, 입론뿐만 아니라 5·18 민주화운동 등을 근거로 체계적인 반론을 하는 등 토론에서 크게 성장한 모습이 보임.

5. 맺음말: 나의 도전은 계속된다

배움의 공동체 수업을 함께 시작했던 역사선생님들 중에 많은 분이 이제는 더 이상 배움의 공동체 수업을 하지 않는다. 이유는 내가 직면했던 어려움과 크게 다르지 않다. 역사 교과는 용어도 어렵고, 내용도 방대하고, 기본적인 내용을 모르면 도전과제를 던질 수 없기 때문에 교사의 강의가 절대적으로 필요하다는 것이다.

그렇지만 배움의 공동체 역사수업이 불가능하다고 말하면서도 100퍼센트 강의식 수업을 하는 분들은 없다. 다른 교과에 비해 교사의 설명이 많을 뿐이지, 사실의 암기보다 학생들의 생각을 만드는 것이 중요하다는 것을 알기 때문이다. 이미 대다수 역사교사들은 한 명의 아이도 소외되지 않는 질 높은 배움을 위해 고군분투하고 있다고 생각한다.

지식이 끊임없이 변화하는 미래 사회에 필요한 핵심 역량은 공감능력, 도덕성, 의사소통능력, 문제해결능력, 창의성 등이라고 한다. 이제 학생들에게 필요한 역사수업은 단순한 사실을 이해하고 암기하는 것이 아니라, 기본적 사실을 응용해 자신의 생각으로 해석해낼 수 있는 힘을 키우는 수업이라고 생각한다. 이러한 능력은 배움의 공동체 역사수업을 통해 기를 수 있다고 본다.

역사교사가 할 일은 학생들이 스스로 배울 수 있는 힘을 믿고, 학생이 친구와 협력해 질 높은 배움에 도전할 수 있도록 수업을 디자인하는 것이 아닐까? 역사를 통해 자신의 생각을 다져가며 학생들은 민주시민의 자질을 키우게 될 것이고, 역사 교과가 추구하는 궁극적 본질인 평화에 도달할 수도 있을 것이다. 따라서 역사야말로 배움의 공동체에 꼭 필요한 수업이라고 생각한다.

배움의 공동체를 만나기 전까지 나는 늘 흔들리는 교사였다. 수업은 항상 어려웠고, 방학은 다양한 수업 방법에 대한 연수로 채워졌다. 연수를 들을 때는 분명히 될 것 같았는데, 막상 내 교실에서는 그 방법이 적용되지 않았다. 방학이 지날 때마다 새로운 수업 방법을 들고 나타났기에, 아이들만 두려움에 떨게 했을 뿐이다. 몇 번 새로운 수업을 시도하다가 금방 포기해버리고, 다음 방학에 또 다른 연수를 전전했다.

그런데 배움의 공동체 수업을 시작하면서 악순환의 고리를 끊을 수 있었다. 이유는 동료의 손을 잡았기 때문이다. 같은 학교 선생님들, 전국역사교사모임 선생님들, 배움의 공동체 연구회 선생님들에게 내 수업을 열고, 고민을 털어놓았다. 함께 머리를 맞대고 활동지를 만들었다. 특히 같은 학생들을 가르치는 동 학년 교사들과의 소통은 큰 도움이 됐다. 수업을 함께 고민할 수 있는 수업 친구가 있기에 흔들릴 때마다 힘을 얻고 다시 시작할 수 있었다.

배움의 공동체 수업을 시도한 지 7년째, 지금도 여전히 수업은 어렵다. 같은 활동지인데도 반마다 학생들의 배움의 지점이 다르고, 학생들이 개인적으로 가지고 있는 다양한 어려움들이 수업에 영향을 준다. 그래도 나는 모든 아이들이 질 높은 배움을 얻을 수 있고, 그들이 훌륭한 민주시민으로 성장할 것을 믿는다. 아이들이 역사적 쟁점에 대해 열심히 토론하는 모습을 지켜보면서 그들이 나보다 훨씬 더 당당하게 역사의 주체로 살 것이라고, 지금보다 훨씬 더 평화로운 세상을 만들어 낼 것이라고 믿는다. 그래서 계속 묻는다! "너는 어떻게 생각하니?"

활동지

10차시: 가야 연맹의 발전과 해체	
주제	

▶ 교과서 53쪽, 63~65쪽을 읽고 내용을 정리해보자.

금관가야			대가야	
초기에 연맹을 주도하게 된 이유는?	쇠퇴하게 된 원인은?	멸망은?	후기에 연맹을 주도하게 된 이유는?	멸망은?

○ 삼국이 중앙집권 국가로 발전하는 과정에서 나타난 공통점은?(65쪽 참고)

○ 가야가 중앙집권 국가로 발전하지 못한 이유는?

▶ 친구들과 함께 의논해 문제를 해결해보자.

○ 다음 글을 읽고 가야가 고구려, 백제, 신라와 경쟁하던 시기를 '삼국시대'로 불러야 할지 '사국시대'로 불러야 할지 자신의 의견을 말해보자.

> 풍부한 철을 바탕으로 성장한 가야는 왜, 중국 군현 등 주변 여러 지역과 활발하게 교류하며 문화를 발전시켰다. 가야의 여러 고분에서 출토되는 철정(철제품을 만드는 재료), 철제 무기, 철제 갑옷, 금동관, 토기 등은 가야의 수준 높은 문화를 보여주고 있다. 가야 문화는 신라와 왜의 문화에도 큰 영향을 주었다. 그러나 가야는 삼국과의 경쟁에서 패배해 연맹 국가 단계에서 멸망했고, 현재 대다수의 역사가들은 가야가 고구려, 백제, 신라와 경쟁하던 시기를 '삼국시대'라고 부른다.

논쟁적 역사수업의 실천과 고민

부산 신정고등학교 **강화정**

1. 머리말: 논쟁적 역사수업이란

> 논쟁을 하나의 춤이라고 상상하자. 그러면 싸우던 둘은 협업하는 파트너가 된다. 차
> 이를 없애거나 무시하라는 뜻이 아니다. 보다 복잡하고 역동적인 관계를 맺으라는 의
> 미다. … 이는 '관계 안에서 색다른 방식으로 이해하기'다.
>
> — 닉 수재니스, 『언플래트닝, 생각의 형태』 중

논쟁은 '서로 다른 의견을 가진 사람들이 각각 자기의 주장을 말이나 글로 논하여 다툰다'는 뜻이다.[1] '쟁(爭)'이라는 글자가 지닌 다툼의 의미 때문에 논쟁은 때때로 승패가 나뉘는 전쟁에 비유된다. 닉 수재니스의 제안은 기발하다. 논쟁을 전쟁이 아닌 춤으로 상상하자는 제안이다. 함께 춤추는 광경은 상상만으로 즐겁다. 춤은 상대의 몸짓에 집중하며 나의 자세를 살핀다. 논쟁은 상대의 발언에 귀 기울

이며 내 논리를 살핀다. 둘은 크게 다르지 않다. 상대에 집중하며 유기적으로 움직인다. 논쟁을 통해 서로 간의 차이를 확인하며 상대와 내가 다르다는 지극히 당연한 사실을 깨닫고 상대의 견해도 내 견해만큼 중요하다는 것을 인식하게 된다.

논쟁성은 역사의 본질적 특징이다. 과거의 사실을 역사화하는 과정은 서로 다른 견해의 충돌과정이다. 역사 이해의 기초 작업인 사료 비판부터 논쟁의 연속이다. 사실의 진위 여부를 따지고 사료의 맥락을 파악하기 위한 논쟁이 끊이지 않는다. 여기에 역사 해석과 평가의 문제까지 더해지니 역사는 본질적으로 논쟁적이다.

논쟁적 역사수업은 '논쟁'을 수업의 구성 원칙으로 삼는다. 이때 논쟁은 토론, 토의 같은 수업 방식에 한정되지 않는다. 학습자 간의 역사인식 혹은 견해의 충돌을 의미한다. 토론'식' 역사수업도 같은 문제의식을 가진다. 형식으로서 토론뿐아니라 다양한 의견의 교류 내지 충돌을 뜻한다. 논쟁적 역사수업은 '학생들이 수업에서 다양한 관점을 체험하고, 여러 자료를 분석하고 해석할 수 있는 능력을 기르는 것'이며 이를 위해서는 '읽고 쓰고 생각하고 말하기를 결합하는 수업실천'이 필요하다.[2]

논쟁적 역사수업에 대한 관심은 개별적으로 지속돼왔다. 최근에 논쟁적 역사수업에 대한 관심이 새롭게 고조된 것은 국정교과서와 관련이 깊다. 국정교과서 사태를 겪으며 '국정제 반대를 넘어 역사교육의 대안'을 찾아가자는 요구가 나타나고[3] 수업을 통해 적극적으로 민주주의를 가르치자는 자발적 실천이 확산됐다.[4] 국가 주도의 단일한 내러티브가 아니라 해석의 충돌과 갈등을 학습자가 직접 경험할 수 있는 논쟁적 역사수업이 한층 주목받게 됐다.

국정교과서 반대운동 당시 주목받던 '역사교과서와 역사교육에 관한 문화적 권리 분야의 특별조사관 보고서'도 역사교육은 비판적 사고와 분석, 토론 능력을 길러주어야 한다고 권고한다.[5] 논쟁적 역사수업과 같은 맥락에서 역사의 복잡성을 지적하고 다양한 시각의 역사 접근법을 강조하는 것이다.

논쟁적 역사수업의 목표는 한국 사회 민주주의의 발전을 이끌 시민을 기르는 것이다. 이때 민주주의는 제도와 절차에 한정된 민주주의가 아니라, 사회경제적 불평등 문제를 포함해 사회적 갈등을 공론장에서 논의하고 이를 해결하는 과정이다. 주권을 가진 시민은 공론장의 논의에 참여하고 이를 제도화해 개인의 평등과 자유를 확장해갈 수 있다.

논쟁적 역사수업의 목표로서 민주주의를 강조하는 이유는 논쟁적 수업이 수업 방법론으로 축소될 때 기능적으로 이용되거나 악용될 소지가 있기 때문이다. 실례로 일본의 새로운 역사교과서를 만드는 모임(새역모)의 회장 후지오카 노부카쓰(藤岡信勝)는 일찍부터 학생들이 주체적으로 참가하는 수업, 디베이트 학습 방법을 강조했다. 그는 사회적 통념이나 당연시되는 역사인식에서 벗어나 사회 권위에 도전하는 인간을 기른다는 목표로 '러일전쟁은 필요했나, 불필요했나', '한국 합병은 불가피했나' 등의 논제를 던져 극우의 견해를 상대화하고 결국 합리화하는 모습을 보였다.[6] 자랑스러운 일본 역사를 강조하려는 정치적 의도 속에서 교수 학습 방법론으로 논쟁적 학습(디베이트 학습)을 강조했다. 이는 논쟁적 역사수업에서 민주적 가치 지향이 중요함을 반증하는 사례다.

2. 논쟁적 역사수업의 실천

1) 논쟁적 역사수업의 분류

논쟁적 역사수업을 통해 학습자들은 주체적 배움의 과정을 경험한다. 자료를 해석하고, 자신의 생각을 정리하고, 옆자리 친구와 의견을 교환하며 대안을 마련하는 일련의 과정에서 학생들은 배운다. 학습자에 따라 배우는 지점은 다 다르다. 자료 해석하기, 생각을 글로 정리하기, 조리 있게 말하기, 친구의 이야기를 경청하기, 합리적인 대안 찾기 등 누군가는 모든 과정을 충실히 소화하지만, 누군가는 1~2가지도 겨우 실행한다. 하지만 하나라도 성취할 수 있다면, 배움의 과정을 경험했다고 할 수 있다. 공부 잘하는 소수의 아이들이 수업을 주도할지 모른다는 우려와 달리 논쟁적 역사수업을 실천한 경험을 가진 교사들은 각기 다른 수준의 학습자들이 서로 교류하는 과정에서 저마다 다른 방식으로 배우는 과정을 목격했다.[7]

많은 역사교사들이 역사의 논쟁성을 살린 수업을 실천해왔다. 본고는 전국역사교사모임의 회보인 『역사교육』과 역사교사의 수업실천을 담은 『전국참교육실천보고대회 역사교육 분과 자료집』, 몇몇 학술지에 수록된 논쟁적 역사수업 사례를 분석해 다음과 같이 분류해보았다.[8]

A. 학습자가 역사를 만나는 방식에 따라
　A-1. 학습자가 역사가로서 과거를 평가하며 논쟁하는 수업
　A-2. 학습자가 과거인이 되어 당대의 역사적 사건을 논쟁하는 수업
B. 학습자가 대면하는 역사 내러티브의 형태에 따라
　B-1. 역사 내러티브를 생성한 서술자의 인식을 비판, 논쟁하는 수업
　B-2. 현재 진행중인 역사 내러티브 논쟁을 재현한 수업
　　(동북공정, 일본의 역사 왜곡 등)

학습자가 현재 시점에서 역사적 사건과 인물을 평가하는 유형(A-1)으로는 하나의 논제로 첨예하게 부딪치는 디베이트 방식이 대표적이다. 고려왕조의 유지냐 새 왕조의 개창이냐, 광해군은 실리주의자인가 기회주의자인가[9], 균역법에 찬성

하느냐 반대하느냐[10]와 같이 하나의 논제에 상반되는 2개의 입장이 분명한 토론 방식이다. 맞짱토론, 토론대회, 50분토론 등의 이름으로 진행되며 서로 간에 치열한 논박이 이어진다.

모의재판도 이 유형에 속한다. 역사인물을 교실 안으로 소환해 그의 행위를 판단하는 수업이다. 검사 측과 변호사 측 또는 반대자와 옹호자로 나뉘어 역사인물의 행위를 평가한다. 가령, 한국의 베트남전 파병에 대해 박정희 정부를 피고로, 베트남 사람과 파병 한국 군인을 원고로 상정해 재판을 구성할 수 있다. 베트남전 파병이 박정희 시대 경제성장에 대한 평가로 연결되면서 서로 간 치열한 논박이 이뤄지고, 이후 다수의 배심원이 피고에게 유무죄를 선고한다.[11] 모의재판의 장점은 수업에 누구도 소외되지 않고 각자의 역할이 있다는 점, 정형화된 시나리오가 존재한다는 점, 가상의 역사인물을 법정에 세우고 논박, 단죄하는 과정에서 생생한 역사의 평가 혹은 판단이 이뤄진다는 점이다.

논쟁적 역사수업도 수업에 따라 견해의 충돌 정도에 차이가 있다. 디베이트처럼 격렬하지는 않지만 역사인물이나 역사적 사실에 대한 평가와 해석이 나뉘고 입장에 따라 다양한 견해가 제시된다. 황사영백서사건을 집권 측의 시각, 황사영 본인의 입장(천주교 교회 재건 방안), 현재 우리가 평가하는 시각의 3가지 측면에서 다층적으로 살펴보고 토의한 수업 사례를 살펴보자.[12] 해당 수업은 개항을 요구하며 접근하는 서양 세력에 어떻게 대응해야 했는지를 묻는다. 황사영백서사건과 이양선의 접근 문제를 중점적으로 다루는데, 해당 수업은 구체적이고 풍부한 사료를 바탕으로 역사 행위자와 조선 정부, 서양 세력의 의도와 입장을 추론할 수 있도록 구성된다. 차근차근 질문하고 논의함으로써 개항 직전의 조선이 해결해야 할 문제가 무엇인지 고민하게 한다.

역사인물을 역사교실로 불러낸다는 점에서 토론극은 모의재판과 유사하다. 그러나 토론극에서 학습자는 스스로 역사인물이 되는 경험, 감정이입적 이해의 과정을 거친다[13](A-2). 산업혁명기 아동노동을 둘러싼 찬반토론에서 8명의 학습자가 각각 아동노동을 찬성하는 공장주, 운동가, 의사, 노동자 대(對) 아동노동을 반대하는 공장주, 운동가, 의사, 노동자가 된다. 이후 '12세 이하 아동의 방직공장 노동 금지 법안'에 대한 치열한 토론이 전개된다. 토론 후에는 아동노동 문제를 처리할 법안을 만들어 제출하도록 한다.[14] 토론극은 학습자들이 역사갈등을 자기문제화하는 효과가 있다.

'논쟁 재현' 방식의 역사수업 역시 같은 효과를 가진다. 학습자가 특정 시점의 역사 속으로 들어가 논의의 맥락을 파악하고 자신의 입장을 결정하는 과정에서 역사는 현재 나의 문제로 다가온다. 1971년 7대 대통령 선거에서 박정희와 김대중 두 후보 중 누구를 선택할 것인지를 두고 벌인 토론수업 사례를 보자.[15] 박정희와 김대중이라는 역사인물에 대한 특정 이미지를 바탕으로 선호 후보가 있는 학생들이 1971년 당시의 선택이란 단서에 망설이게 된다. 1971년은 경제개발 5개년 계획이 힘차게 추진되는 중이었고 유신 선포 전이었다. 10월 유신을 선포한 독재자로서 박정희를 인식하며 그를 지지하지 않던 학생들이 1971년 투표권을 가진 시민이 되자 새롭게 고민하기 시작했다. 선거 유세문에 등장한 3선 개헌 문제, 경제성장 방식에 대한 이견, 향토예비군을 비롯한 북한과의 대치 상황 등을 종합적으로 고려해 지지 후보와 지지 입장을 결정하고 토론을 진행했다.

역사 내러티브를 담은 텍스트의 저자와 학습자 간에도 인식의 충돌은 일어난다(B-1). 일본 역사교사인 요네야마 히로후미는 3·1운동, 유관순, 제암리 교회 사건, 3·1운동 당시 일본의 상황 등을 학생들에게 조사하게 한다.[16] 학생들은 조사 내용을 발표하면서 같은 주제라도 참고한 문헌에 따라 내용이 다른 것을 발견한다. 가령 제암리 사건에 대해 『한국독립운동지혈사』, 『조선사령관일기』, 『일본 공식 문서의 사건 요약문』의 서술 내용을 듣고 왜 문서의 내용이 다른지를 질문하고 이를 바탕으로 재조사한다. 결론적으로 제암리 교회 사건의 잔혹성을 인정하면서도 『한국독립운동지혈사』의 과장과 은폐 기도를 같이 지적한다. 이 수업에서 학습자들은 텍스트 저자의 인식과 의도를 파악하고 자기 인식과 비교한다. 해당 수업은 역사적 사건의 조사, 발표만으로 논쟁적 역사수업이 가능하다는 것을 보여준다.

동아시아 역사갈등 문제와 같이 현재 논쟁적인 이슈로 논쟁적 역사수업을 구성할 수 있다(B-2). 동북공정, 독도, 일본군 '위안부', 일제강점기 강제동원 등이 대표적이다. 이 주제를 통해 국가에 따라 서로 다른 서사(역사 내러티브)를 만들어 낸다는 사실을 확인할 수 있다. 아이러니하게도 논쟁중인 이슈와 관련한 수업들은 논쟁을 재현하기보다는 논쟁의 문제점, 상대 견해의 문제점을 설명하는 방식이 주를 이룬다. 중국의 동북공정이나 일본의 독도 영유권 문제가 대표적이다. 하지만 같은 주제도 접근법에 따라 다른 문제의식을 담는다. 일본군 위안부 수업을 젠더적 입장에서 고찰한 수업은 김학순 할머니가 46년 만에 침묵을 깨고 자기 발언을 한 시점에서 학생 글쓰기를 시작한다.[17] 한일 청소년이 함께 강화도 지역의 노인들을 대상으로 일제강점기 피해상을 인터뷰하는 수업 역시 역사갈등 문제를 생생하면서도 책임성 있게 논쟁적으로 가르치는 사례로 보인다.[18]

2) 토론수업의 '상시화'를 위한 노력

다양한 형태의 논쟁적 역사수업 중에서 논쟁성의 의미를 가장 적극적으로 구현한 수업은 토론수업이다. 다만 역사과 토론수업은 단순히 단일 논제에 대한 찬반토론이 아니라 관련한 역사적 맥락을 복합적으로 이해한 후에 의견을 나눈다는 점에서 좀 더 까다롭다. 그럼에도 역사 교과에서 토론수업을 일상적으로 수행했을 때 학생들의 변화는 더 크다.

숙지고 이동욱의 사례는 역사토론이 지속될 때 어떤 변화가 일어나는지 보여준다.[19] 이동욱은 선사시대부터 현대사에 이르는 한국사 전 영역을 토론수업으로 구성한다. 교사는 학생들에게 '수업은 과제 수행을 위한 협업의 과정'이라고 소개하며, 모둠별 학습자 간 교류와 소통, 도움을 통한 성장을 강조한다. 또, 각 반별로 진행팀 8명을 선발해 토론의 진행과 기록을 맡긴다. 학생들의 추천과 자발적 의사로 구성된 진행팀은 수업의 보조적 위치를 넘어 적극적이고 주체적으로 수업에 참여한다. 교사는 진행팀의 활약을 통한 수업의 전개과정을 '수업자치'라고 표현한다.

모둠별 토론이 이뤄지는 1차시 수업과 반 전체가 토론에 참여하는 2차시 수업은 개별 학습자가 수업에서 소외되지 않도록 설계된다. 모둠별 토론에 앞서, 내용 파악을 위한 활동, 발표, 질의응답 과정에서 학생의 개별활동이 이뤄진다. 소수의 집단 속에서 개별 학생의 활동이 가능하다. 전체 토론에서는 개별 학습자가 '수업일기'에 토론 과정과 자기 인식의 변화 과정을 기록한다. 이 같은 일상적인 역사토론을 위해 교사는 학습자에게 자신이 제작한 워크시트를 제공한다. 워크시트는 토론 주제와 직접 연관된, 학습자가 읽을 만한 수준의 텍스트를 포함하고 있다.

숙지고의 한국사 토론수업의 차시별 전개

	수업 활동 내용
1차시	워크시트 배부 → 모둠별 내용 정리(doing history) → 모둠별 발표 및 질의응답 → 토론 주제(thinking history)에 대한 모둠별 토론
2차시	수업일기 배부 → 토론 주제(thinking history)에 대한 입장 정리 → 입장 정하기 → 좌석 이동 → 전체 토론 → 수업일기 쓰기

역사토론을 지속적으로 경험한 학습자들은 역사가 다양한 관점에서 해석된다는 점을 자각하고 다른 역사적 문제를 대할 때도 비판적 시선을 유지할 수 있었다. 역사적 사건을 오늘날과 연계해 생각하고 사회참여의 의지도 높아졌다.[20] 이런 변화는 개별 학생의 변화를 넘어선 것이다. 역사과 토론수업과 수업 자치에 적극 참여한 학생들은 학생회 활동에 활발히 참여하고 학교 자치를 실현시켜나갔다. 역사토론이 학생 문화와 학교 문화 전반에 영향을 미쳤다는 사실은 무척 인상적이다.

이동욱이 한국사 수업에서 토론의 '상시화'를 추구한다면, 장곡고 손석영은 동아시아사 수업 전체를 토론으로 이끌어간다. 모둠별로 토론수업을 진행하면서도, 학습자들이 수업에 참여할 수 있는 방안을 세세하게 고민했다. 읽기 자료를 조원들이 돌아가며 읽게 한다든가 조별 토론 이후에 생각이 다른 친구와 짝 토론을 시키는 장면이 그러하다.

손석영이 제시하는 토론 주제는 도발적이다. 예를 들면 다음과 같다.

① 조선 통신사는 '선진' 문화의 전파자였는가?
② 일제강점기는 '일본인'에 의한 지배인가?
③ 신해혁명은 성공한 혁명이었는가?
④ 애국이란 무엇인가?

다소 파격적인 방식의 논제 제기는 현재의 관념에 대한 통렬한 비판에서 비롯된다. 위 논제들은 각각 ① 전근대 일본 사회를 시혜적으로 바라보는 관점을 비판하고 ② 일본인을 뭉뚱그려 하나로 바라보는 인식의 오류를 지적한다. ③ 성공의 기준과 의미에 대한 문제를 제기하며 ④ 국가의 부당한 명령에 대한 복종마저 애국과 동일시하는 인식을 비판한다. 논제가 교사의 문제의식을 분명하게 반영한 사례다. 논제 선정에 대한 색다른 도전으로 보인다.

논쟁에 적합한 텍스트를 매 시간 쓰며(철수와 영희가 해당 주제를 토론하고 대화하는 텍스트를 작성한다), 학생 토론을 기록으로 남겨 끊임없이 수업을 성찰하는 모습은 그의 고민도 수업의 발전도 현재 진행형임을 보여준다.

3. 논쟁적 역사수업의 구성상 유의점

논쟁적 역사수업을 구성할 때, 이 수업이 '다원적 관점'을 제공할 수 있는지 고민해야 한다. 역사에 등장하고 언급된 인간들은 서로 다른 관점을 가진다. 다원적 관점은 역사수업을 통해 그들의 관점을 학생들에게 제공하고 관찰, 분석할 계기를 마련해야 한다는 의미이다.[21] 독일 역사교육은 다원적 관점을 다양한 층위에서 강조한다. 사료에 포함된 과거 인간들의 다원적 관점과 역사연구자들의 다원적 관점이 낳은 논쟁의 차원, 학생들이 과거의 증거 및 논쟁적 역사 서술, 해석에 대해 각자의 견해와 판단을 형성하는 차원에서 다원적 관점이 논의된다.[22]

다원적 관점을 견지하는 논쟁적 역사수업의 논제는 충분히 개방적이고 확산적이어야 한다. 역사교실의 논쟁적 수업 모델은 찬성과 반대 혹은 대별되는 2개의 입장으로 제시되는 경우가 많다. 입장이 분명할수록 서로의 차이점이 부각되고 의견이 격돌하면서 학습자들이 토론에서 더 큰 자극을 받게 된다. 하지만 양자택일의 논제로는 정해진 2가지의 선택지를 넘어서는 다원적 차원의 접근법을 기대할 수 없다. 광복절이냐 건국절이냐를 둘러싼 논란에서 2가지 선택지가 아니라 뉴라이트와는 구별되는 김대중 대통령식의 '제2의 건국'을 제3의 견해로 제시할 수도 있다.[23]

다원적 관점을 자극하는 확장적 논제의 가능성은 가토 기미아키의 토론수업 연구에서 찾아볼 수 있다.[24] 이 연구는 한 장의 사진으로 시작한다. '가조리 개의 수수께끼를 풀어라'라는 이 수업은 조몬시대 패총에서 발견된 개 뼈 사진을 학생들에게 제시한 후 개의 용도를 추론하게 한다. 학생들은 식용견, 사냥개, 들개, 번견, 신앙의 대상, 애완견 등 6가지의 추론을 세웠다. 모둠별 협의 후 비판과 질문, 재비판과 재질문의 과정을 거쳐 가장 유력한 설을 찾아간다. 토론 과정에서 학생들이 진실을 찾아간다는 사실에 흥미로워하며 적극적으로 토론에 참여하는 모습이 인상적이다.

2개의 첨예한 입장 차이를 전제하지 않더라도 논쟁적 수업이 가능함을 보여주는 또 하나의 사례를 살펴보자. 세종 이후 과학기술사의 전개와 관련한 글쓰기 수업이다.[25] 초점은 2가지다. 세종 이후 과학기술의 변화를 쇠퇴로 볼 것인지 여부와 과학기술의 의미를 오늘날과 비교해보는 것이다. 학습자들은 공통적으로 세종대 과학 발달이 통치의 필요성, 즉 왕권 강화와 정통성 확보를 위한 것이라 지적한다. 하지만 이후의 과학기술사 전개를 보는 관점은 쇠퇴, 유지, 개량 혹은 점진적 발전으로 각각 달랐다. 오늘날 과학기술에는 과거 통치 수단과 구별되는 개인적 탐구심과 호기심, 학문적 순수성, 실용성 등 다양한 방식으로 의미를 부여했다. 이처럼 하나의 논제를 다원적 관점에서 바라볼 때 폭넓은 논쟁의 가능성이 열린다.

다원적 관점은 서로 다른 목소리뿐 아니라 소수의 이야기를 듣는 방식이기도 하다. 기존의 주류적 관점과 대립되는 행위자의 관점에서 역사를 볼 수 있다. 하지만 이 입장에 반드시 대립되는 2가지 관점만 존재하는 건 아니다. 수당전쟁 당시 고구려를 승리로 이긴 농민들은 청야전술에 어떤 입장을 가졌을까. 당군이 철수하면서 강제 이주시킨 요동성, 개모성, 백암성의 주민에게 수당전쟁은 어떤 의미였을까. 안시성의 지방 세력과 고구려 중앙 세력은 수당전쟁 당시 같은 입장이었을까. 전쟁에 참여한 이들의 국적과 성별, 신분 상황에 따라 역할을 정하고 수당전쟁을 평가하는 토론도 가능하다. 수당전쟁을 승리로 이끈 고구려인 속에 얼마나 다양한 입장과 목소리가 있는지 생각해볼 필요가 있다.[26]

찬성과 반대, 지지와 부정의 표면적 입장이 같더라도 논리와 이유는 다를 수 있다. 또 같은 입장이어도―'적극 찬성'과 '찬성'처럼―온도 차가 존재한다. 개화기 조선의 철도 건설을 반겼던 개화파 지식인과 일본인 관리의 입장에도 차이가 있었다. 철도 건설에 부정적이었던 조선의 일반 민중과 보수 유생 역시 서로 다른 이유와 논리를 가졌다. 또 개화에 찬성하지만 일본의 침략성을 간파했던 비판적 지식인들도 존재했다.[27] 이처럼 하나의 사안에는 다양한 입장이 존재한다. 논쟁적 역사수업은 학습자들이 다원적 관점을 경험하는 계기로 작동해야 한다. 다만 다양한 관점이 존재하는 것에 그치지 말고 그 견해를 충돌시켜 학습자의 인식에 균열을 내는 작업이 필요하다.

논쟁적 역사수업에서는 '학습자 중심'으로 논제를 구성할 필요가 있다. 이때 학습자 중심의 의미는 첫째, 학습자의 역사인식에서 출발하는 논제의 구성, 둘째, 학습자의 삶과 연관되는 논제의 구성을 뜻한다.

학습자의 역사인식에서 출발하는 논제는 연극 대본, 판결문, 역사신문, 가상 인터뷰 등 학습자의 역사인식이 드러나는 활동 자료에서 이끌어낸 주제다. 가령, 재판 수업의 판결문 내용이 시대적 상황에 비추어 타당한가, 가상 인터뷰 내용이 옳은가를 토론할 수 있다. 학습자의 역사인식을 텍스트로 삼아 논쟁적 역사수업을 구성하는 것이다. 해방 정국의 모의 선거 수업 사례를 활용해보자.[28] 김구의 한국독립당, 김규식의 민족자주연맹, 여운형의 한국인민당, 이승만의 독립촉성중앙협의회, 김성수의 한국민주당 총 5개 정당과 정치 지도자 중 하나를 선택해 모둠별로 지지 연설문을 작성하고 개인이 투표한 후 결과를 발표했다. 득표수는 이승만, 여운형, 김구 순이었다. 유세 내용이 통일정부냐 단독정부냐 하는 문제에 집중되고, 결과적으로 단독정부를 지지한 이승만이 가장 많이 득표한 것은 당시 민중들의 열망과 반대되는 결과다. 학생들의 표심과 해방 정국에서 정치인들의 지지도(설문 조사)를 비교해 차이점이 무엇인지, 그 차이가 어디서 기인했는지를 살펴보면 학생 개인의 역사인식을 객관화하는 논쟁적 수업을 구성할 수 있다.

학습자의 삶과 연관된 논제로 논쟁적 역사수업을 구성하면 현실 사회와 연관된 문제, 특히 학습자가 속한 사회의 정치, 사회, 경제적 모순을 토론할 수 있다. 이같은 논제 설정은 보이텔스바흐 합의의 세 번째 항목과 만난다.[29] 합의 내용은 '교육을 통해 학생들이 당면한 정치 상황에 자율적으로 자신의 입장을 도출할 수 있는 능력을 키우도록 한다'이다. 따라서 교사는 학생들이 정치적 상황과 자신의 이해관계가 놓인 상황을 분석할 수 있게 안내해야 한다. 추상적이거나 공허한 내용이 아니라 학습자 자신의 삶을 이해하고 분석하게 해야 한다는 뜻이다. 학습자가 처한 실제 삶의 조건과 이익 및 경험과 기억으로 역사교육을 조직한다면 청소년의 역사, 지방사, 이주사, 여성사 등 다양한 관점의 역사가 제공될 수 있다.[30]

논쟁적 수업 속에서 현재 학습자의 삶과 연관된 논제를 고민한 사례를 예로 들면 다음과 같다.

◆ 오늘날 학교에서 배우는 학문은 실학인가?

◆ 3·1운동의 정신은 현재 대한민국 국민들의 일상생활에서 어떻게 실현되고 있는가?

◆ 동학의 제폭구민, 척양척왜의 구호는 오늘날 적용 가능한가?

– 이상 이동욱 수업 사례 중

◆ 여성의 입장에서 형사취수제, 민며느리제, 데릴사위제를 어떻게 평가하는가?

◆ 오늘날 세종과 같이 유능한 인물이 등장한다면 독재를 인정하겠는가?

◆ 사관이 갖춰야 할 자질은 무엇이며, 우리 반에서 사관에 어울리는 친구는 누구인가?

◆ 사야가의 행동을 어떻게 평가하는가? 오늘날 한국 군인 중 사야가와 같은 행동을
  하는 이가 있다면 어떻게 평가할 것인가?

– 이상 이민동 수업 사례 중

학습자가 속한 현실 문제와 연관해 논제를 던질 때, 학습자가 역사를 '자기 문제화'할 가능성은 더 커진다. 학습자의 삶과 직결되는 역사 문제를 만나게 되기 때문이다. 역사교육은 학습자에게 역사란 결국 나의 역사임을 깨닫는 계기를 제공한다. 타인의 고통을 나의 아픔으로 느끼고 그 속에서 역사적 책임과 인식을 확장할 기회를 갖는 것은 역사교육의 중요한 목표이기도 하다. 하지만 학습자의 현실적 연관성만을 강조하다 역사적 오류를 초래할 가능성도 염두에 둬야 한다. 과거의 사례를 현재 문제로 무리하게 끌어들일 때 생기는 문제다. 가령, 한양천도와 노무현 정부 시기 행정수도 이전을 같은 맥락에서 비교해 논의하게 한다거나 전근대 인물인 세종이 민주적인 군주냐 아니냐를 묻는 논의는 역사성을 훼손한 사례다.

학습자의 현실적 연관성을 고려할 때, 논쟁적 역사수업에서 교사가 상반된 2개의 입장 중 하나를 지정(강제)하거나, 토론 과정에서 정반대의 입장을 서로 바꾸게 하는 방식에는 비판의 여지가 있다. 역사과 수업 사례 중 아랍과 이스라엘의 분쟁을 다룬 수업은 토론으로 다루기 힘든 주제를 영화를 바탕으로 구성한 점에서는 뛰어났지만 토론 과정에서 팔레스타인과 이스라엘 두 입장을 서로 바꾸어 한 점은 다소 고민스러운 장면이다.[31] 수업의 목표가 역사 분쟁을 이해하는 것이

었기에 각자의 주장과 논리를 모두 경험하는 유용함도 있었으나, 학습자가 역사
문제를 자신의 실존적 문제로 이해하는 데 있어서는 한계가 있다. 토론에서 입장
바꾸기는 사회과나 국어과 토론수업에서도 흔히 사용하는데 이는 토론을 하나의
기술로, 논거의 다양함과 합리성을 판단하는 수준에서 토론을 기능적으로 대한다
는 느낌을 준다.

　논쟁적 역사수업을 구성할 때 학습자의 문해력을 염두에 두고 이를 증진시키는
방안을 고민해봐야 한다. 앞서 언급한 논쟁적 역사수업 구성의 유의점―다원적
관점, 학습자 삶과의 연관성―이 논제를 만드는 문제와 관련된다면 문해력은 학
습자가 논제를 이해하고 토론에 참여하는 과정에서 고려해야 할 부분이다. 문해
력은 글을 읽고 이해하는 능력(literacy)을 말한다. 문자 텍스트뿐 아니라 그림이
나 사진, 사회구조까지 문해의 대상은 확장된다. 토론식 수업에서 문해력은 토론
을 위해 제시되는 역사자료와 정보를 읽는 능력을 의미한다. 역사자료와 정보는
특정한 관점에 따라 구성됐다는 점에서 비판적 사고가 필수적이며, 문해력을 바
탕으로 풍부한 역사정보와 지식을 축적할수록 심도 있는 토론이 가능해진다. 논
제를 명확하게 이해하는 힘 역시 문해력에서 비롯된다. 문해력을 바탕으로 토론
과 글쓰기도 가능해진다.

　김영학의 수업은 토론 전후 학생들이 작성한 초고와 수정고를 비교함으로써 토
론을 통해 학생들의 역사 이해가 얼마나 깊어졌는지를 확인할 수 있는 사례다.[32]
교사는 '광주민주화운동 중 결사항전은 옳았나'를 주제로 찬반 토의(1차 조별 토
론)를 한 후 학생들에게 온건파인 시민수습위원회 측 인물 4명(조비오, 조아라, 윤
영규, 이종기)과 항쟁파인 시민군 인물 5명(윤상원, 김동수, 김종배, 허규정, 정상
용)을 조사하게 한다. 구체적 역사인물과 그들이 처한 상황을 조사하고 이해하는

과정(문해의 과정)을 거친 후 각자가 조사한 인물이 되어 토론에 참여한다. 이 과정에서 학습자는 역사인물로 감정이입하고 토론은 열기를 띠게 된다.

해당 수업 사례의 시사점은 2가지다. 첫째, 토론, 역사 글 읽기, 역사 글쓰기의 세 과정은 논쟁적 역사수업에서 반드시 함께 진행돼야 한다. 토론이 학습의 중심 활동이긴 하지만 토론만으로 끝나서는 안 된다는 것이다. 특히 학습자가 구체적 역사상황 속에서 사고하고 토론하고 자신의 생각 변화를 확인하기 위해서는 글 읽기와 글쓰기가 필수적이다. 둘째, 학습자의 문해력을 고려해 정보를 제공하는 형태와 방식을 고려해야 한다. 학습자 스스로 정보를 찾게 하는 것이 옳은지, 교사가 관련 정보를 제공하는 것이 옳은지, 그 정보는 사료의 형태인지, 흥미진진한 서사를 가진 역사이야기 형태가 좋은지, 또 정보 수집 과정에서 비판적 문해력을 자극하는 방법은 무엇인지, 고민해야 할 요소가 많다.

4. 논쟁적 역사수업의 실천에서 상대주의와 평가의 문제

논쟁적 역사수업을 역사교실 속에서 실천할 때 고려해야 할 문제로 상대주의와 평가의 문제를 생각해보려 한다. 먼저 상대주의다. 공론의 장에서 논의되는 모든 견해를 인정해야 하는가, 표현의 자유와 가치의 상대성은 온전히 허용돼야 하는가의 문제다. 이완용에 대한 역사재판에서 '나라를 판 매국노'를 질타하는 검사 측의 논리보다 '가족사와 시대적 상황'을 탓하며 자신의 행위를 합리화하는 변호인의 견해가 더 많은 지지를 받은 수업 사례를 살펴보자.[33] 학생들은 스스로 역사를 평가하는 과정에 주체적으로 참여한 것에 만족해하며 신선하다고 표현했다. 하지만 결과적으로 해당 수업을 통해 학습자는 이완용이라는 개인만을 이해한 셈이 됐다. 역사인물의 공적인 책임, 역사적 책임의 문제가 사라진 꼴이다. 이때 교사는 어떠한 개입이나 후속 조처 없이 학생들의 견해와 판단을 인정해야 하는가.

표현의 자유를 넘어서는 혐오 범죄로 지칭될 법한 발언, 가령 이주민이나 동성애자, 여성 등에 대한 지나친 폄하의 견해가 오갈 때 토론은 지속돼야 하는가, 중단돼야 하는가? 그 같은 견해는 공론의 장에서 차단돼야 하는가? 상대주의의 문제는 논쟁적 역사수업을 진행할 때 가장 고민스러운 문제다. 학자들은 "보편적 인간성을 위한 단호한 당파성이 필요"하다고 말한다.[34] 그러나 민주적 공동체를 파괴하는 견해가 무엇인지 그 경계가 모호하다. 이마저도 다시 토론과 논쟁이 필요한 사항이다.

문제는 논쟁적 역사수업이 전개되는 역사교실 안이다. 토론이 진행되는 과정에서 간간이 혹은 집단적으로 터져 나오는 극단적 견해에 교사는 어떤 자세를 취해야 할까? 교사가 공정한 사회자의 입장을 버리고 논쟁에 뛰어들거나 일장 훈계조의 발언을 늘어놓는다면 논쟁적 역사수업의 취지는 무색해지고 말 것이다. 하지만 극단적 견해가 가지는 사회적 해악과 파괴적 측면은 반드시 지적돼야 한다. 그럼 언제 어떤 방식으로 문제점을 지적하는 것이 합당할까? 이 장면에서는 교사와 학생 간의 '관계'도 중요한 고려 사항이 된다. 극단적 의견을 가진 학생들이 쉽게 바뀌지 않더라도 교사가 적어도 변화할 수 있는 기회를 제공할 필요가 있고, 논쟁적 역사수업은 그 기회가 될 수 있다. 학생들에게 또래 학습자들 간의 토론을 통해 다양한 사고의 스펙트럼 속에서 자기 인식의 '극단성'을 고민할 기회를 줄 수 있다. 나치에 동조한 스웨덴의 한 고등학생 사례를 소개한 오를레니우스는 이를 처벌하기보다는(실제로는 정학 처분을 받았다) 그의 사상과 이상을 논쟁의 기초로 활용하라고 조언한다.[35]

많은 경우, 극단적 견해란 타자에 대한 분노와 증오에서 싹튼다. 타자에 대한 적대적 감정으로 가득한 이를 배제하고 타자화하기보다 우선은 토론에서 발언의 기회를 줄 수 있다. 오히려 극단적 견해를 하나의 텍스트로 객관화하며 논쟁거리로 삼을 수 있다. 가령, '일베(일간 베스트 저장소)'의 5·18 민주화운동 폄하 발언의 문제점을 따지기보다 이를 하나의 현상으로 바라보며 한국 민주주의의 후퇴, 5·18이 보편 기억으로 나아가지 못하는 역사적 맥락에 관해 이야기를 나눌 수 있다. 처벌과 차단이 극단주의를 변화시키는 요인이 아님은 분명하기에 다른 노력이 필요하다.

논쟁적 역사수업에 참여한 학생을 어떻게 평가할 것인가도 고민거리다. 수업의 어떤 요소를 평가할지 생각해봐야 한다. 토론수업의 평가 문제를 고민한 연구 중에서 토론 과정만을 온전히 평가한 경우는 대학교 토론대회가 유일했다. 그 외에는 토론 과정을 포함해 토론 전후의 글쓰기와 발표 준비 과정을 함께 평가하고 있었다. 대학교 토론대회에서 평가가 타당했는지를 알아보기 위해 채점 결과를 분석해봤더니 전체평가, 인상평가에 치우쳐 제대로 된 타당한 평가가 이뤄지지 않았다. 토론의 과정마다 촘촘하게 평가 요소를 측정했지만 이 같은 결과가 나타났다. 해당 연구는 평가 지표를 정의적 영역과 인지적 영역으로 나눠 더욱 세분화할 것을 주문했으나[36] 이 같은 방법으로 평가의 타당성이 담보될 수 없었다. 더구나 이런 사례는 평가에 예민한 중·고등학교 역사교실에 그대로 적용하기 힘들다. 교사들에게 부담으로 작용할 여지가 크다.

논쟁적 역사수업에서 학생의 발언을 평가한다고 할 때, 평가 요소로 책정 가능한 것은 발언의 횟수(참여도)나 발언의 적절성(논거의 합리성, 논증의 적절성 등) 정도다. 발언 횟수를 평가에 반영하는 것은 수업 참여도를 높이기 위한 교사의 고육지책이지만 발언이 특정인에게 집중되거나, 내성적인 학생들이 수업에서 소외되는 문제점을 낳을 수 있다. 발언의 적절성에 대한 평가 역시 문제점을 가진다. 자신의 발언을 교사가 채점한다는 사실을 염두에 두면 학습자는 자유롭게 자신의 생각을 표현하지 못할 것이다. 끊임없이 자신의 견해를 검열하고 정답을 말하려 할 것이다.

논쟁적 역사수업에서 평가는 완화된 형태로 진행하는 것이 좋다. 불가피하게 토론 과정을 평가해야 한다면 타당성보다는 신뢰성에 중점을 둬야 한다. 학습자들이 평가 결과를 수긍할 수 있어야 한다는 의미다. 신뢰성을 높일 수 있는 세심한 장치가 필요하다. 평가자가 교사 개인이 아닌 다수의 친구가 되거나(배심원 형태), 충분한 토론 시간과 피드백을 통해 토론 과정에서 토론자의 공과가 잘 드러날 수 있게 해야 한다. 논쟁적 역사수업 과정에서 학습자의 글쓰기를 평가에 반영하는 것도 좋은 방안이다. 토론 발제문이나 토론을 정리하는 종합 강평 형태의 글쓰기를 평가하는 것이다. 토론 전후의 글쓰기를 비교해 향상도를 보고 점수를 부여할 수 있다.

5. 맺음말

논쟁적 역사수업은 역사교육의 실천적 대안으로 제시되고 있다. 논쟁적 역사수업을 통해 학습자들은 비판적 사고를 바탕으로 다양한 서사를 인정하는 역사인식의 주체자로 자라날 수 있다. 논쟁적 역사수업의 핵심은 다른 견해와의 충돌이다. 충돌을 위해 필요한 것은 타자의 존재 그리고 그와의 소통이다. 이는 학습자가 살아가고 만들어갈 민주사회의 필수적 요건이다. 따라서 역사교육이 민주사회의 시민을 기르는 데 기여할 수 있는 방안 혹은 대안으로 논쟁적 역사수업을 적극 고민하고 실천할 필요가 있다.

기존 수업 사례를 통해 수업 구성의 방향과 유의점을 확인하고 논쟁적 역사수업의 확대 가능성을 타진할 수 있었다. 그러나 검토된 사례는 많은 경우 단발적이고 일회적으로 실시됐다. 자료를 읽고, 해석하고, 발표하고, 토론하는 일련의 과정이 익숙하지 않은 교사와 학습자 들은 토론수업의 절차와 형식에 집중하는 경향이 컸다. 의사소통 훈련을 넘어서는 논쟁적 역사수업에서는 논쟁의 본질이 무엇인지에 대한 탐색과 고민이 선행돼야 한다. 이 같은 본질을 놓치지 않는 지속적 수업의 필요성도 제기돼야 한다. 앞서 이완용의 역사재판 사례에서 보듯 이완용의 역사적 책임과 역사의 공공성에 대한 고민이 부재한다면 학습자 활동 중심의 수업이라도 논쟁적 역사수업의 의미를 잘 살린 수업이라 보기 힘들다. 논쟁적 역사수업에서 진행된 토론은 국어나 사회과의 토론과 어떤 점에서 달라야 하는가에 대한 진지한 고민이 필요하다. 이 같은 고민은 역사교사의 구체적 수업실천 속에서 확장되고 심화될 수 있다.

1   네이버 국어사전

2   김육훈, 「읽기와 쓰기, 대화와 토론이 있는 역사수업」, 『2016 역사교육 전문가 심포지엄 자료집: 서울 역사교육의 새 길을 묻다』, 2016, p.75.

3   김육훈, 「'국정화 소동'의 의의와 역사교육의 대안 탐색」, 『역사와 교육』 13, 2016.

4   『제13회 전국참교육실천보고대회 역사교육 분과 자료집』(서울: 전국역사교사모임, 2014)은 대표적인 수업 사례 모음집이다. 전국역사교사모임 소속 교사들이 '민주적 시민교육이라는 목표 아래, 역사교육이 할 수 있는 역할과 실천 방안을 수업을 통해 함께 나누도록 한다'는 목표 아래 수업 사례를 모았다.

5   정용욱, 「유엔 인권이사회 문화적 권리 분야 특별조사관의 역사교육 보고서가 제시하는 역사교과서 편찬의 국제적 기준」, 『역사교육』 111, 2015.

6   김한종, 「지유샤 역사교과서의 교수·학습적 성격」, 『역사교육연구』 10, 2009, pp.162~163.

7   윤종배 외, 「역사과 토론식 수업과 평가」, 『역사와 교육』, 2017, pp.189~192.

8   이 같은 분류법은 김육훈과 강선주의 견해에 도움을 받았다. 김육훈은 논쟁적 역사수업을 ① 역사적 사건과 인물에 대한 평가를 포함한 토론, ② 당대 논쟁을 재현한 수업, ③ 역사 내러티브를 경험하도록 구성한 수업, ④ 역사 내러티브의 본질을 다룬 수업으로 분류했다(김육훈, 「읽기와 쓰기, 대화와 토론이 있는 역사수업」, 『2016 역사교육 전문가 심포지엄 자료집: 서울 역사교육의 새 길을 묻다』, 2016, pp.75~76). 강선주는 ① 과거인 사이의 토론, ② 과거인과 현재인 토론, ③ 역사가들 사이의 토론으로 역사 토론수업을 분류했다(전국역사교사모임 토론수업 연구모임 특강 '역사토론수업: 과거와 현재의 거리 확인하고 역사에서 지혜 얻기', 2017).

9   박철호, 「모둠과 함께 숨 쉬는 행복한 역사수업을 꿈꾸며」, 『역사교육』 93, 2011.

10   이헌주, 「시사토론 형식을 통해서 본 균역법」, 『역사교육』 44, 1999.

11   이동욱, 「한국의 베트남 독립전쟁 파병, 어떻게 볼 것인가」, 『제7회 전국참교육실천보고대회 역사교육 분과 자료집』, 2008.

12   김용, 「조선과 서양의 만남」, 『제7회 전국참교육실천보고대회 역사교육 분과 자료집』, 2008.

13   김환수는 이 지점에서 다른 견해를 펼친다. 토론극에서 '낯설게 하기'의 개념이다. '자기가 맡은 역을 충실히 토론극으로 만든 후 다시 자신으로 돌아와 자기가 맡은 배역의 생각과 주장에 대한 자신의 생각을 밝히는 것'이 '낯설게 하기'의 개념이다. 주체와 타자를 분리하고 충돌시키면서 자기 갈등을 폭발시키는 과정에 주목하는 것이다. 이는 '감정이입적 이해'와 또 다른 논리로 학습자가 역사인물을 인식하는 새로운 틀을 제공한다.
     김환수, 「인헌고 극화수업과 학급 작품 발표회」, 『제1회 전국참교육실천보고대회 자료집』, 2002.

14   강문형, 「세계사 시간에 토론하기: 산업혁명기 아동노동을 둘러싼 찬반토론」, 『역사교육』 44, 1999.

15   강화정, 「'논쟁 재현' 방식의 토론식 역사수업 사례 연구-7대 대통령 선거, 누구를 선택할 것인가?」, 『역사와 교육』, 2017.

16   요네야마 히로후미, 「조사학습, 발표학습으로 배운 3·1운동 수업」, 『역사교육』 86, 2008.

17   남궁진, 「다큐멘터리 영화와 함께한 일본군 위안부 수업」, 『역사교육』 87, 2009.

18   최보길, 「한일 청소년의 역사 마주 보기-일제강점기 강화 사람들의 삶」, 『역사교육』 87, 2009.

19   이동욱, 「역사토론, 일 년에 백 번 하기」, 『역사과 토론식 수업을 위한 워크숍 자료집』, 2016.

20 이해영, 「민주주의 관점으로 구성한 역사수업 탐색」, 『역사교육연구』21, pp.165~174.

21 이병련, 「역사교육에서의 다원적 관점 이론」, 『사총』, 2015.

22 이동기, 「보이텔스바흐 합의와 독일의 역사교육」, 『2016 역사교육 전문가 심포지엄 자료집: 서울 역사교육의 새 길을 묻다』, 2016.

23 2016년 역사교육 전문가 심포지엄 '서울 역사교육의 새 길을 묻다' 중 이동기의 발언

24 권오현, 「주체적 역사인식을 육성하기 위한 가토 기미아키(加藤公明)의 토론수업 연구」, 『사회과 교육연구』20, 2013.

25 노경현, 「한국 과학사 수업 이야기」, 『역사교육』88, 2010.

26 김한종, 「비판적 사고를 위한 역사교육의 내용과 방법」, 『2016 역사교육 전문가 심포지엄 자료집: 서울 역사교육의 새 길을 묻다』, 2016.

27 강남진, 「철도를 통해 본 조선의 근대화」, 『제7회 전국참교육실천보고대회 역사교육 분과 자료집』, 2008.

28 이경주, 「해방 정국에서 모의 수업」, 『역사교육』94, 2011.

29 보이텔스바흐 협약은 논쟁적 역사수업을 고려할 때 꼭 살펴봐야 할 문서 중 하나다. 독일 정치교육의 기본적 원칙으로 1976년 합의 이후 지금까지 유지되고 있다.
지그프리트 쉴레 외, 『보이텔스바흐 협약은 충분한가』, 민주화운동기념사업회, 2009.

30 이동기, 「국정화가 '전체주의'이다」, 민족문제연구소, 『거리에서 국정교과서를 묻다』, 2016, pp.186~187.

31 이종경, 이윤주, 「역사과 논쟁 문제 교수 학습 방안: '아랍·이스라엘 분쟁'을 중심으로」, 『역사교육연구』10, 2009.

32 해당 연구를 실행했던 김영학은 글쓰기 능력의 신장에 더 초점을 맞추었다. 하지만 교수 과정에서 학생들의 역사 이해 과정이 눈에 띄게 늘어난 것을 확인할 수 있었다.
김영학, 「글쓰기 능력 신장을 위한 교수 모형 연구: 역사의 한 상황을 화제 삼은 토의 및 토론 수행을 중심으로」, 『교양교육연구』9, 2015.

33 강민주, 「블록타임제를 활용한 프로젝트 수업」, 『역사교육』96.

34 이병련, 앞의 글, p.218.

35 린 데이비스, 『극단주의에 맞서는 평화교육』, 한울, 2014, pp.204~206.

36 유해준, 「토론 평가 방법 분석에 따른 토론 평가의 방향 고찰」, 『사고와 표현』9, 2016.

수업을 살리는 교육과정 재구성

경기 운산고등학교 **문순창**

1. 머리말

'역사수업' 전에 무엇이 있었던 것일까? 누군가는 말할지 모르겠다. 태초에 국가수준 교육과정 문서와 역사교과서가 있었노라고. 물론 이는 적어도 교육과정학에서 부여한 어떤 위계에 충실할 때의 이야기다. 실제적인 역사수업의 현장에서는 어떨까. 많은 역사교사에게 국가수준 교육과정 문서는 말 그대로 그냥 '문서'다. 그 명칭이 가진 무게만큼 역사교사에게 큰 존재감을 갖지 못한다는 점에서 말이다. 역사교과서 역시 그저 하나의 수업 자료 혹은 내용 요소를 나열한 유력한 목차의 하나로 여겨지고 있을지 모른다. 2가지 모두 역사교사의 역사수업에 어떠한 영혼을 불어넣고 있지는 못하다는 얘기다. 실제로 수업을 고민하는 역사교사들에게 비로소 유의미한 것은 '교사 수준의 교육과정'이다. 역사교사들의 실천적인 고민이 역사과 교육과정 재구성의 출발점이 돼야 하는 이유다.

2. 역사과 교육과정 재구성이란?

교육과정 재구성이란 무엇일까? 입에 익을 정도로 자주 사용하고 있지만 정색하고 들여다보면 새삼스러운, 그런 개념일 수 있다. 학계에서는 이미 이와 관련해 다양한 논의를 해왔다. '국가수준의 교육과정과 이를 기반으로 집필된 교과서를 교사가 중심이 되어 재구성하는 것'이라는 수준에서 대체적인 합의가 이뤄진 듯 보인다. 그러나 재구성의 범주와 수준을 논의하는 데 있어서는 상당한 이견이 존재한다. 심지어 '교육과정 재구성'이라는 용어 자체가 모호성이 짙다고 비판하며, 국가수준에서 교육과정을 개발하는 것과 교사가 교육과정을 실현하는 것은 다르기에 이를 '교육과정 구현' 혹은 '교육과정 창도(唱尊)'라고 부르자는 의견도 나와 있다.[1] 그러나 전반적으로 교육과정을 보는 관점에 대한 합의는 뚜렷한 것 같다. 기존의 '주어진' 교육과정에서 학교 및 교사 중심으로 '만들어가는' 교육과정으로 전환됐다는 관점이다.[2] 이는 교사가 더 이상 교육과정 문서에 제시된 내용 체계나 교과서의 내용 요소를 일방적으로 전달하기만 하는 존재가 아니라는 견해와 일맥상통한다.

어찌 보면 '역사과 교육과정 재구성'은 별다른 것이 아닐지도 모르겠다. 역사교사의 모든 수업 준비 과정이 이미 그 자체로 역사과 교육과정 재구성의 본질과 맞닿아 있기 때문이다. 소위 '배움 중심 수업'을 적용한 역사수업이나 새로운 수업 커리큘럼을 구안하는 '거창한' 수준의 수업이 아닌 경우에도 말이다. 넓은 의미에서 교육과정 재구성은 수업 구상 작업과 마주한 교사의 모든 메타인지를 포괄하는 것이라고 볼 수 있다. 역사교사가 수업을 기획하고 이와 관련한 제반의 준비 과정, 실제 수업에서 실행에 이르기까지의 모든 과정은 교육과정 재구성의 속성을 지니고 있다.

가상의 예를 통해 한번 살펴보자. 역사교사 A는 고등학교 1학년 한국사 수업을 담당하고 있다. 교사 A는 교과서를 바탕으로 약간의 서브노트 활동지를 통해 강의식 수업으로 학생과 만나는 교사다. 교사 A는 '3·1운동과 대한민국임시정부의 수립'에 관한 부분을 준비하고 있다. 교과서의 내용을 분석하고, 강의를 준비하면서 소위 자신만의 '수업 내러티브'를 구성할 것이다. 그 와중에 교사 A는 다음과 같은 생각을 하게 된다.

'임시정부가 한국 근현대사 파트에서 처음으로 등장하는 게 이번 수업이지… 작년에 수능을 준비하던 3학년 학생들이 임시정부의 변천사에 대해 매우 어려워했던 것이 기억나. 역사적 상황에 따라 임시정부의 수도와 활동 근거지도 변했고, 그에 따라 임시정부의 조직과 운영 방식도 변화하니까 학생들이 따로 정리를 부탁했었잖아? 이게 수능 한국사에 자주 출제되기도 하고 말이지. 이번 기회에 아예 임시정부라는 주제를 따로 뽑아서 그 변천사를 이번 차시에 한꺼번에 정리해주는 게 좋을 것 같아. 이번 활동지에 그 부분을 정리해서 넣고 보다 체계적으로 설명해줘야겠어!'

이에 따라 교사 A는 임시정부의 수립부터 임시정부의 분열, 일제의 중국 본토 침공을 피해 충칭으로 근거지를 옮긴 1940년대 상황까지의 변천사를 중심으로 활동지를 구성하고 수업에 임했다. 이러한 구성은 본래 국가수준 교육과정의 대단원 구성 체계나 한국사 교과서와 다른 것이다. 교사의 고민과 판단에 의해 '재구성'된 것이기 때문이다. 이렇게 본다면, 역사교사의 수업 준비 과정 자체가 본질적으로 교육과정 재구성이라고 할 수 있을 테다.

하지만 이 글이 다루고자 하는 것은 이러한 사례의 성질을 넘어서는 것이다. 단순히 수업 구상 시 재구성을 부분적으로 활용하거나 내용 요소를 변형하는 수준에 머무르지 않겠다는 것이다. 이 글에서 주목하고자 하는 '역사과 교육과정 재구성'은 역사교사가 재구성을 하는 목적과 방향, 계획을 의식적으로 시도하는 것을 뜻하며, 나아가 그러한 시도를 성찰하고 검증하는 과정을 거쳐 역사수업을 진전시키는 것을 대상으로 했다. 그런 '체계적 실천성'이 글에서 인용하고 분석한 수업 사례들에서 뚜렷이 나타나는 특징이다.

그 어떤 논의도 교실 현장의 호흡이나 역사교사의 맥박보다 먼저일 수 없다. 특히 역사과 교육과정 재구성은 이론의 영역보다는 역사교사들에 의한 '실천'의 영역에서 그 생명력을 가진다. 교육과정 재구성과 관련해 출간된 어느 유명한 책의 제목처럼 역사교사들은 역사과 교육과정에 '끊임없이 돌직구를 던지고' 있으며, 자신의 철학과 신념을 바탕으로 교육과정을 재구성하고 이를 수업 혁신과 평가 계획, 학교생활기록부의 기록에까지 '일체화'시키려 노력하는 등 다양한 시도를 하고 있다.[3] 이에 이 글에서는 역사교사의 관점과 수업 현장의 맥락에 충실한 수업 이야기를 풀어놓으려 하며, 역사과 교육과정 재구성에 대해서도 자체적으로 다음과 같이 정의해보고 싶다.

> 역사과 교육과정 재구성이란 역사교사가 주체가 되어 역사수업의 내용, 체계를 교육적 상상력에 따라 재조직화, 수정, 통합하는 실천의 과정이며, 재구성의 기준은 수업에 대한 교사 고유의 철학과 역사를 바라보는 눈 그리고 학생들과 함께 살아내는 환경이다.[4]

이러한 정의가 현장에서 고군분투하는 역사교사 모두의 언어이기를 바라며 역사과 교육과정에 대한 이야기를 시작한다. 교육과정 재구성을 통해 역사수업을 바꾼 현장의 다양한 사례들을 검토하고, 그러한 시도를 둘러싼 우리의 현실과 교육적 환경에 대한 이야기를 함께 나누는 과정이 될 것이다.

3. 다양한 재구성 실천 사례

1) 사례 ① : 동아시아사 학습지 제작 과정

　동아시아사 수업 준비와 관련된 김육훈 교사의 실천 사례를 먼저 살펴보자. 이는 교육과정 재구성이 수업을 준비하는 역사교사의 고민 과정 그 자체라는 것을 체계적으로 보여준다. 고등학교에서 선택과목 동아시아사를 처음으로 담당하게 된 그는 수업 준비 과정의 일환으로 교재를 제작했다. 주기적으로 모둠별 집단탐구활동이 있었지만, 기본적으로 수업은 강의식으로 진행됐다. 이를 위해 나름의 기준과 철학을 바탕으로 강의를 위한 교재를 제작했는데, 이를 위한 고민의 과정에서 우리는 교육과정 재구성의 한 층위를 발견할 수 있다. 아래는 김 교사 실천기[5]의 일부다.

　… 교재를 만들면서 가장 곤혹스러웠던 점은 네 나라 각각에 대해 기본적인 지식도 없는 대다수 학생들과 함께 동아시아 차원을 이야기해야 하는 상황이었다. … 수업 순서는 변화 → 구조 → 변화 순서로 전개했다. 해당 시기의 정치 변동과 국제 관계를 먼저 짚은 뒤 경제나 사회, 문화를 다루고 그 구조의 변동으로 다시 나아가는 양상을 띠었다. …

　김 교사는 일본사를 의도적으로 배치하거나 중국사의 흐름을 이해할 수 있도록 내용을 조직하고, '대몽항쟁을 전후한 역사'와 같이 동아시아 차원으로 파악할 수 있는 단원을 개발했으며, 베트남사 특강을 매 단원에 배치했다.

　동아시아사 과목은 교사나 학생에게 '편안한 친구'는 아니다. 각 국의 지리적 개념에 대한 이해도 부족한 학생들과 '동아시아적 관점'과 통찰을 나눠야 하기 때문이다. 자칫 맥을 잃으면 4개국(한국, 베트남, 일본, 중국)의 역사에 대한 역사적 사실의 망라와 나열로 치닫는 '사태'가 발생할 수도 있다. 김 교사의 교재 구안 과정은 이러한 특성에 대한 이해와 고민을 포함하면서도 동아시아사라는 과목과 내용에 대한 문제의식을 반영하는 교육과정 재구성의 과정이었던 셈이다.

2) 사례 ② : 세계사와 한국사의 통합 지향하는 중학 〈역사〉

'중학교 역사수업의 교과 교육목표를 좀 더 체계적으로 세울 수 없을까?' 중학교 2, 3학년 역사과목을 담당하는 윤종배 교사가 역사과 교육목표를 전반적으로 설계하면서 한 고민이었다고 한다. 혁신학교에 근무하는 윤 교사는 교과 목표의 구성에서부터 교과 내용 재구성의 방향 설정에 이르기까지 일관된 체계를 세우려 공을 들였다. 그의 사례는 학교 교육목표-역사수업 목표-차시 목표의 수립부터 평가까지 입체적으로 고민했다는 것이 특징이다. 특히 수업 재구성을 앞두고 윤 교사가 작성한 다음의 교과 운영 계획서(일부)[6]는 교육과정 재구성 측면에서 주목할 만하다.

4. 교과 내용 재구성의 방향 설정하기

　가. 2학년 역사는 대체로 교과서 순서에 준하되, 한국사와 세계사의 통합적 인식을 돕기 위해 한국사, 중국사, 일본사 관련 단원과 내용을 재배치한다.

　나. 동아시아사 외의 세계사 내용은 인도-동남아, 서아시아, 유럽 순으로 배치해 각 역사 문화권의 특색을 계통적으로 인식할 수 있도록 안배한다.

　다. 3학년 역사는 세계사 내용을 먼저 배워 세계사적 배경을 충분히 이해하고 한국 근현대사의 전개과정을 학습하도록 배치한다.

윤 교사의 이러한 재구성 시도는 중학교 역사과목의 특징을 이해할 때 그 의도를 비로소 짐작할 수 있다. 2007 개정교육과정 이후 중학교 역사과목으로 '역사'가

신설됐다. 이를 통해 이전 사회 과목에 포함됐던 세계사 부문이 들어왔다. 이전 국사 과목을 통해 한국사만을 가르쳐야 했던 상황에서 역사과목을 통해 한국사와 세계사를 함께 아이들과 나눌 수 있게 된 것이다. 이는 한국사와 세계사의 통합적 이해라는 문제의식을 바탕으로 시행된 조치였다. 그러나 현실 속 역사수업에서 이런 조치는 그 취지를 오롯이 구현하는 것에 실패했다. 교과서 속 한국사-세계사 단원은 단순하게 병렬적으로 배치돼 있었고, 대부분의 경우 이런 순서로 가르치다 보니 상대적으로 세계사 수업이 소홀하게 운영됐던 것이다. 상황이 이렇다 보니 한국사와 세계사에 대한 학생들의 통합적 이해도 어려웠던 것이 현실이다.

윤 교사가 재구성의 방향을 위와 같이 설정한 것은 이러한 현실에 대한 고민의 결과로 보인다. 한국사의 어떤 차시와 연관되는 세계사의 내용을 연결해 배치하고 이를 통해 '국사'가 아닌 '역사'의 관점에서 통합적인 인식을 도우려 했던 것이다. 다음 세부 내용 구성의 일부를 보면 이런 부분이 잘 구현된 것을 알 수 있다. 7세기 무렵의 삼국시대를 학습하는 차시 앞에 중국사(수, 당)와 일본사를 당겨 배치하는 교육과정을 운영한 것이다.

중2 역사 세부 내용 구성 및 평가

차시	주제		핵심 발문	수업 방식	사고력	수행 과제
20	세계사	당의 발전	–	하브루타	–	–
21		고대 일본	–	하브루타	–	–
22	한국사	대(對) 수·당 전(戰)	연개소문은 영웅인가?	모둠 토론	판단력	역사 관련 수련 활동 보고서 쓰기 (학년 통합 수업 –모둠 과제)
23		삼국통일 1	삼국통일의 과정은?	하브루타	–	
24		삼국통일 2	삼국통일 어떻게 볼까?	모의재판	판단력	

교과서 순서대로라면 대부분의 학생이 중국 전근대사 부분은 중학교 2학년 2학기 중후반기에 접하게 된다. 하지만 윤 교사의 교육과정 재구성을 통해 학생들은 중국사를 한국사의 맥락 속에서 더욱 유의미하게 접할 기회를 가질 수 있게 됐다. 나아가 삼국통일의 과정을 동아시아의 국제적 역학 관계에서 고민해볼 수도 있을 것이다.

이 사례뿐만 아니라 윤 교사의 중학교 역사 운영 계획 속에서는 한국사와 세계사가 밀접하게 연계된다. 역사교과서의 서술과 내용 체계 또는 국가수준 교육과정의 성취기준이 특별히 변화한 것은 아니었지만, 윤 교사의 실천 속에서 이미 '통합역사'의 취지가 살아날 수 있었던 것이다. 중학교 역사 과목이 국사에서 역사로 그 이름을 바꾸고 세계사 내용을 삽입한 것의 의의를 충실하게 살린 경우라 볼 수 있겠다. 이는 교육과정 재구성이 일상적인 수준에서도 충분히 가능하며, 그 효과가 클 수 있다는 것을 보여준 사례다.

3) 사례 ③ : 배움책 제작을 통한 입체적 재구성

교육과정 재구성은 단지 수업 주제의 순서를 조정하거나 차시 내 내용 요소의 체계를 변화시키는 것에 머무르지 않는다. 특정 주제나 시대사에 대한 역사교사의 문제의식과 통찰을 바탕으로 재조직하는 것도 좋은 역사과 교육과정 재구성의 사례다. 김종훈 교사의 사례는 그런 면모를 보여준다.

김종훈 교사는 중학교에서 근무하며 2, 3학년 역사과목을 두루 맡아 다년간 가르친 경험이 있다. 그의 수업 속에서 역사교과서는 주인공이 아니다. 그가 제작한 배움책[7]이 메인 텍스트를 대신한다. 그의 배움책은 풍성한 내러티브로 구성되고 다양한 자료를 제시하는 자료집이다. 학생들은 배움책을 메인 텍스트로 삼아 공부하고, 이를 바탕으로 간단한 내용 정리부터 역사 글쓰기와 모둠 토의를 하게 된다. 이러한 배움책을 구성하는 고민의 단계와 실행의 과정은 본질적으로 그 자체가 적극적인 수준의 교육과정 재구성이라고 할 수 있다.

그의 실천 사례는 역사과 국가수준 교육과정 문서가 곧 역사교과서여서는 안된다는 문제의식과 교사의 역사수업이 역사교과서의 구조와 틀에 매몰되면 안 된다는 고민의 산물이다. 그런 의미에서 김 교사가 제작한 배움책은 역사교과서를 통한 수업의 보조 자료로 활용되는 학습지나 워크북 수준과는 차이를 보인다. 다음 표는 그 구체적인 사례로 배움책의 목차 중 조선시대 전기에 대한 부분을 발췌해 정리한 것이다.

배움책 목차(조선시대 전기)

연번	배움책 목차	내용		교과서[8]와 비교
1	새 나라 조선이 서다	조선 건국 과정, 국호 제정, 한양 천도	⇐	V-1-(1) 새로운 왕조 조선이 건국되다
2	누가 나라의 주인인가?	왕권과 신권의 갈등, 세종의 민본정치	⇐	V-1-(2) 유교 이념에 따라 통치체제가 정비되다
3	조선, 유교적 이상정치를 꿈꾸다	유교적 왕도정치의 이념과 그 실천, 과거제, 중앙정치제도, 실록 편찬	⇐	V-1-(2) 유교 이념에 따라 통치체제가 정비되다 V-2-(1) 유교 이념에 따라 민족문화가 화려하게 꽃을 피우다
4	지방통치제도	4군 6진의 개척, 지방행정제도, 유향소, 호패법	⇐	V-1-(2) 유교 이념에 따라 통치체제가 정비되다
5	훈구와 사림	훈구파의 성장과 사림의 등장, 연산군의 폭정, 조광조 개혁정치, 붕당	⇐	V-3-(1) 사림이 정계에 진출하다 V-3-(2) 붕당이 출현하다

6	유교의 가르침을 받들어라	삼강오륜의 유교 윤리, 서원, 향약, 여성의 사회적 지위	⇐	V-3-(3) 사림이 서원과 향약을 중심으로 성장하다
7	나는 양반이다	신분제, 교육제도, 양반의 조건	⇐	V-1-(2) 유교 이념에 따라 통치체제가 정비되다
8	백성이라는 이름	농본정책, 조세제도, 각종 민란(임꺽정 등)	⇐	V-1-(2) 유교 이념에 따라 통치체제가 정비되다
9	자주인가, 사대인가? - 조선 사대부들의 국제 인식	사대외교, 세종의 자주정책, 일본과의 교린외교와 삼포무역	⇐	V-1-(3) 사대교린의 외교정책을 펴다 V-2-(1) 유교 이념에 따라 민족문화가 화려하게 꽃을 피우다

역사과 국가수준 교육과정 문서나 역사교과서 속의 내용 체계는 전공 개론서의 목차와 꼭 닮아 있다. 마찬가지로 조선 전기 역사를 다룬 교과서의 목차는 한국사 개론서 목차의 조선시대 부분과 크게 다르지 않다. 물론 현행 역사과 교육과정과 중학교 역사1 교과서는 조선 전기사를 『조선왕조실록』처럼 왕들의 연대기만으로 구성하지 않으려 노력하며, 나름의 주제식 구성을 갖추고 있다. 그러나 기본적으로 정치사-제도사, 사회제도-문화사의 틀로 조선 전기사를 정리하기 때문에 구체적인 맥락 속에서 사건과 인물이 드러나긴 어려운 구조다. 학생들 입장에서는 역사적 사실의 나열과 망라로 받아들이기 쉽다. 특히 조선의 중앙정치, 지방통치 제도나 신분제 등은 교사가 시험에 출제하기는 좋지만 학생들은 매우 골치 아파 하는 내용이다. 무엇보다도 문제는 조선이라는 나라의 본질과 맥락이 아이들에게 입체적으로 다가가지 못한다는 점에 있을 것이다.

김 교사의 사례는 적극적인 역사과 교육과정 재구성이 이러한 한계를 대안적으

로 극복할 수 있으며, 그것이 수업의 교육적 효과를 높일 수 있다는 점을 잘 보여
준다. 앞 표에 드러난 사례를 보면, 조선 초기 정치사를 왕권과 신권의 역학 구도
나 유교적 왕도정치 등 주제식으로 재구성하고 있다. 이 맥락 속에서 각종 제도
사도 의미 있게 학생들과 만날 수 있다. 의정부나 육조(六曹)는 왕권과 신권의 힘
겨루기라는 역사적 맥락 속에서, '3사(홍문관, 사간원, 사헌부)'와 같은 언관 기구
는 사림의 등장이라는 서사 속에서 학생들의 배움과 효과적으로 결합된다. 또한
조선 전기 '민족문화 창달'의 사례로서 언급되는 내용 요소들(훈민정음, 『칠정산』
등)을 사대교린외교에 대한 논의 속에서 세종의 자주정책 사례로 제시하는 구성
도 눈에 띈다. 이러한 김 교사의 시도는 내용 체계에 대해 교사 고유의 역사관과
해석을 가미해 교육과정을 재구성한 사례라는 점에서 큰 영감을 준다.

4) 사례 ④ : 특성화고 〈한국사〉 자율 교육과정 리빌딩

한 해 동안 전면적인 형태의 수업 커리큘럼을 운영한 교육과정 재구성 사례도
있다. 일종의 자율 교육과정을 운영한 사례라고 볼 수 있을 것 같다. 특성화고등
학교에서 한국사 과목으로 아이들과 만났던 정겨울, 문순창 교사의 사례다. 두 교
사는 특성화고의 현실과 해당 학교 급 학생의 특성을 고려한 한국사 수업이 필요
하다고 여겼다. 이를 위해서는 수업의 차시 단위 개선을 넘어 교육과정 차원의 전
면적인 변화가 필요했다.

이 사례 속 교육과정 재구성의 동기와 지향점은 특성화고라는, 두 교사가 처한
현실에 우선적으로 기반이 있다. 특성화고는 대학 진학이 목표가 아닌 졸업 후
취업을 희망하는 학생들이 진학하는 학교다. 이에 학교 내 과목도 전문교과(전공
과 교과)와 보통교과(인문 교과)로 나뉜다. 상대적으로 보통교과에 대한 선호도
나 관심이 떨어질 수밖에 없기에 특성화고에 근무하는 보통교과 교사들은 수업

에 다소 어려움을 겪는다. 특히 해당 교사들이 근무한 학교가 전통적 '공업고등학교'라는 특성으로 취업 등과 관련한 여건이 열악하고, 해당 학교의 학생들 상당수가 사회경제적 어려움에 노출돼 있었기에 그 곤란함의 정도가 매우 컸다고 할 수 있다.

그러나 해당 교사들을 힘들게 한 것은 해당 학생들이 아니라 특성화고에 대한 주변의 시선과 관성적인 태도였다고 한다. 학부모, 학생, 심지어 교사들조차 그들에게 "힘드시겠어요"라는 자조 어린 위로와 "다음에 좋은 학교 (전근) 가세요"라는 현실도피 어린 반응을 보냈고, 두 교사는 그것에서부터 벗어나고 싶었다고 회고했다. 그 결과 구안한 것이 '삶과 만나는 한국사 교육과정 리빌딩(특성화고를 위한 한국사)'이라는 교육과정 재구성안과 배움책이다. 이들이 재구성의 원칙과 철학으로 삼고자 했던 것은 다음과 같다.

한국사 과목 교육과정 재구성의 철학

① 삶: 특성화고 아이들 삶에 닿을 수 있는 내용이었으면!

② 흥미: 역사학 본연의 의미를 살리되 참여와 능동의 기쁨을 맛봤으면!

③ 과감: 정례화된 교육과정의 틀을 벗어난 과감한 방식, 형식의 재구성

④ 생각: 학생들 스스로의 관점과 생각의 좌표를 정할 수 있었으면!

교육과정 재구성에 기반을 둔 단위수업의 지향점

• 잘하고 못하고를 떠나, 일단 수업이 '되도록' 하자.

• 특성화고 학생들의 삶에 와닿을 수 있는 내용으로 구성하자.

• 틀에 얽매이지 않는 과감함과 수업 소재의 다양화를 추구한다.

• 학생들의 수준에 맞도록 학습량과 깊이는 적절하게 조정한다.

• 그러나 쉬운 것만을 가르치기보다는 탁월한 것을 함께 나눌 수 있도록 한다.

• 내밀하게 설계된 활동을 매 차시 넣고, 매 수업 시간 안에 소화할 수 있게 한다.

- 필요하다면 타 교과와 융합을 통한 수업도 구안해보자.
- 시민사회 등 다양한 주체와 연대한 행사를 마련해 역사공부를 풍요롭게 하자.
- '배운 것'을 학생들이 마주하는 공동체에서 실천할 수 있는 프로젝트를 설계하자.
- 배움 중심 수업 패러다임을 반영해 매 차시에 다양한 활동을 담아보자.

재구성 주제: 5개 테마(독립운동, 민주주의, 개혁, 노동, 전쟁)를 중심으로 재구성
- 독립운동: 식민지 시기의 폭력성을 성찰하고 대안적 세상을 꿈꾸던 독립운동의 참
  의의 새기기
- 민주주의: 민주화의 가치를 내면화한 민주주의자 되기
- 개혁: 변화와 개선을 꿈꾸는 상상력을 바탕으로 하는 민주적 실천가 되기
- 노동: 청소년 노동자이자 미래의 예비 노동자로서 노동인권의식 갖기
- 전쟁: 평화 감수성을 기반으로 하는 피스빌더(Peace-builder)의 자질 갖추기

　이와 같은 철학과 신념을 바탕으로 총 1년의 커리큘럼을 설계하고 고등학교 1학년 학생들을 대상으로 한국사 과목을 운영했다. 테마 5개의 키워드를 중심으로 재구성한 이 커리큘럼은 특성화고 학생들이 대상인 점을 고려해 이들과 꼭 나누고 싶었던 수업 주제들이나 이들과 다른 방식으로 수업을 통해 나누면 더 의미 있을 것 같다고 생각한 바를 바탕으로 재구성한 것이다.

특성화고 한국사 교육과정

테마	차시	이름	내용	수업 방식
1		오리엔테이션	수업 안내, 교사와 소통, 특성화고 학생에게 역사란	안내, 모둠 토의
	2	[OT] 독립운동사 시작하기	시대 개관, 독립운동가의 마음과 자세	강의

독립운동	3		국권피탈기: 안중근, 제국주의의 심장을 쏘다	일제의 국권피탈 내용, 안중근의 의거와 동양평화론의 정신	강의 및 글쓰기
	4		3·1운동: 탑골공원에 퍼진 대한독립의 함성	3·1운동의 장면 직접 체험하기, 3·1 정신 알아보기	극화학습 및 글쓰기
	5		항일무장투쟁: 만주에서 울려 퍼진 독립군가	1920년대 초 만주 무장항일투쟁사	강의 및 글쓰기 (독립군가 개사하기)
	6		의열투쟁: 목숨이 하나뿐인 것이 안타까웠던 사람들	의열단과 한인애국단의 활동, 의열투쟁과 테러리즘	강의 및 글쓰기
	7		친일 1: 그들은 왜 황국신민이 되려 했는가	친일파의 사례와 그들의 논리 (사회진화론)	강의 및 글쓰기 (부분 교과 융합 연계: 국어)
	8		친일 2: 아직 끝나지 않은 이야기, 친일 청산	친일 청산 좌절의 역사, 올바른 역사 청산의 필요성	강의 및 글쓰기
	9 ~ 11		영화 「암살」: 우릴 잊으면 안 돼!	역사영화 역사적으로 읽기 (주제 정리용)	역사영화 시청 및 활동지 활용
	12		군함도 징용: 전쟁에 동원된 슬픈 민중들	일제 징용 사례를 통해 보는 식민지인의 아픈 역사	영상 시청 및 활동지
	13		일본군 '위안부' 문제: 할머니들 그리고 평화 나비	'위안부' 문제를 명확히 들여다보고 평화의 관점에서 대안 마련하기	강의 및 조각그림 그리기
	14		[정리] '슈마리나이' 프로젝트: 진정한 역사 화해 상상하기	'70년 만의 귀향' 사례를 바탕으로 동아시아적 역사 화해 모델 구안 계획서 작성하기	퍼실리테이션식 모둠 활동
	15		[OT] 민주주의를 시작하며	현대사 스케치, 시대 구분, 민주화와 산업화, 민주주의의 문제	영상 중심 강의 및 글쓰기
	16	이승만 정권	헌법은 누더기, 권력은 영원히	이승만의 불법 개헌과 독재정책, 이승만에 대한 평가	영상 중심 강의 및 글쓰기

수업을 살리는 교육과정 재구성

민주주의	17	4·19	뜨거운 4월, 껍데기는 가라!	4·19혁명과 4월 혁명의 정신	영상 중심 강의 및 글쓰기
	18	유신	장기 집권의 꿈, 유신시대	유신 독재의 배경, 각종 독재적 조치, 유신체제의 붕괴 (교과 융합: 사회+미술+국어+음악+역사)	강의 및 글쓰기 (타 교과 융합 수업)
	19 ~ 21	5·18	웹툰 「26년」 깊이 읽기 (1), (2)	5·18과 역사적 화해에 대한 주제를 웹툰으로 내밀하게 읽기	웹툰 깊이 읽기 (활동지)
	22		사랑도 명예도 이름도 남김없이	배경, 5·18에 대한 3가지 쟁점, 결과 등 내용 정리	영상 중심 강의 및 글쓰기
	23 ~ 24	전두환 정권	영화 「변호인」으로 읽는 1980년대 민주화운동	민주화운동에 대한 여러 키워드와 이미지 (고문, 언론 통제, 불법 시위, 국보법 등)	영화 깊이 읽기 (활동지)
	25	6월 항쟁	웹툰 「100℃」로 읽는 그날, 그 사람들	6월 항쟁의 의미와 전개에 대해 웹툰으로 내밀하게 읽기	웹툰 깊이 읽기 (활동지)
	26		국민의 힘으로 이룩한 민주주의	6월 항쟁의 배경과 전개, 결과 등 내용 정리	영상 중심 강의 및 글쓰기
	27 ~ 28		2017 모의 대선 프로젝트	2017 대선 모의 참여, 18세 선거권에 대한 성찰, 다음 대통령에 대한 한국 현대사 내 역사적 의미 찾기	모둠 탐구, 모의 투표
	29		역사가 된 그들의 이야기	부모님들로부터 듣는 한국 현대사(준비~인터뷰)	인터뷰 활동
	30		민주화 이후의 민주주의	정치적 민주화에서 사회 전반으로 확대된 민주주의의 흔적들과 이후 우리의 역할	모둠 탐구, 글쓰기
	31		[OT] 변화가 현실이 되는 길, 개혁	개혁의 의미와 개념 알아보기, 우리 반의 학교 개혁 의제 정하기	퍼실리테이션식 모둠 활동

개혁	32	조광조: 시대를 앞서 간 개혁, 목숨을 건 선비들	기묘사화와 조광조 개혁의 의미	웹툰 활용 및 글쓰기
	33	갑신정변: 3일 천하의 꿈, 그들은 왜 실패했는가	갑신정변에서 성찰해야 할 개혁의 한계	극화학습 및 글쓰기
	34	세종: 세종이 남긴 민주적 리더십	지도자로서 세종의 덕목 (민주적 리더십 및 민생주의)	강의 및 글쓰기
	35	실학: 응답하라 18세기! 치열하게 현실을 고민한 학자들	현실의 문제에 대응하는 대안적 개혁의 모색 (성장이냐 분배냐)	강의 및 글쓰기
	36	김육: 백성을 위한 꿋꿋한 걸음, 대동법	대동법 개혁과 개혁가 김육 (공익을 위해 헌신하는 삶)	강의 및 글쓰기
	37	전봉준: 「새야 새야 파랑새야」, 구슬픈 혁명의 노래	아래로부터 변화의 가치 (동학농민운동의 전개, 의의)	강의 및 글쓰기
	38 ~ 39	개혁요구안 쓰기: 나의 외침으로 만드는 변화	우리들이 쓰는 개혁요구안 (생활규정개정위원회 사업과 연계)	집단지성 글쓰기 활동
노동	40	[OT] 우리 모두의 이름, 노동자	노동교육의 필요성, 노동자의 범주와 개념	강의 및 글쓰기
	41	노동, 너는 누구니?: 본질과 우리의 인식	노동의 가치와 본질, 노동을 대하는 태도 등을 애니로 해석	모둠 활동 (보석맵 토의)
	42	나우루공화국에서 배우다: 노동 없는 삶은 가능한가	나우루공화국의 사례를 반면교사로 삼아 노동의 가치를 되새겨보기	모둠 활동 (보석맵 토의)
	43	[개념] 우리가 만드는 노동용어 사전	노동용어 익히기	모둠 활동(직소)
	44	우리 곁의 노동조합	노동조합에 대한 우리의 인식과 새로운 재인식	강의

	45~46	[역사] '공순이'의 사연		여성 문제, 인권 문제로서의 1970년대 여성 노동, 여공 노동환경 조명 (한국 콘트롤데이타, 동일방직 노조)	모둠 탐구 및 강의
	47	[역사] 전태일: 우리를 바꾼 사람		전태일로 보는 한국 경제사와 한국 노동문제	영상 중심 강의 및 글쓰기
	48~49	청년유니온과의 만남: 청년&학생 노동을 외치다		토크 콘서트식 강연회 (강연회 준비~진행)	초빙 강연회 (준비 수업 포함)
	50	영화 「카트」로 들여다본 오늘의 노동 (1)~(3)		영화로 보는 오늘날 노동문제 (비정규직, 청소년 노동 등)	영화 깊이 읽기 (활동지)
전쟁	51	임진왜란	전쟁의 발발과 이순신의 활약	임진왜란의 전개와 이순신의 승리	영상 중심 강의 및 글쓰기
	52		『칼의 노래』가 담은 영웅의 고뇌	인간 이순신과 그의 리더십 평가	영상 중심 강의 및 글쓰기
	53		전쟁이 남긴 것	문물 교류, 항왜 등	강의 및 글쓰기
	54	병자호란	광해군, 왕이 되지 못한 남자	광해군의 중립외교와 G2시대 한반도	강의 및 글쓰기
	55		명분에 사로잡혀 병란을 부르다	인조 외교정책, 주전론-주화론과 명분 vs 실리	강의식 및 토론
	56		치욕의 날들 그 이후	삼전도 치욕, 북벌과 북학	강의식 및 글쓰기
	57	한국전쟁	20세기 최대의 비극, 한국전쟁	전쟁의 명칭과 배경을 영화 「태극기 휘날리며」(축약)로 파악하기	영상 중심 강의
	58		한반도에 흐르는 피	전쟁의 흐름과 전개 정리	강의 및 글쓰기
	59		한국전쟁을 바라보는 다양한 시선	영화 셋과 전쟁에 대한 기억 방식 (「태극기~」, 「포화 속~」, 「고지전」)	영상 중심 강의 및 글쓰기

60	베트남 전쟁	왜, 무엇을, 누구를 위해	전쟁의 배경, 목적, 원인 알아보기, 세계사적 의미, '정의로운 전쟁'의 허와 실, 한국의 참전 원인	강의 및 글쓰기
61		기억의 조각들: 생애사로 본 베트남전쟁	한국의 '월남 파병 용사', 희생당한 베트남 민중, 미국 군인의 생애사를 중심으로 베트남전쟁 들여다보기	독서 활용 수업 (진로시간 연계)
62		미안해요 베트남: 한국군 증오비와 파병 용사를 넘어	한국의 베트남전쟁 학살과 이에 대한 역사 화해, 베트남 문제 사과 없이 위안부 사과 요구는 가능한가?	강의 및 글쓰기
63		전쟁을 사유하는 우리	학습 내용 주요 쟁점에서 모둠 활동으로 정리: 쟁점, 평화적 시선	집단지성 모둠 활동

　이러한 재구성안은 단순히 역사수업을 넘어 학교 전반의 교육 활동과 긴밀하게 연결된다. 이 교육과정 재구성안에 두 교사가 붙인 이름은 '삶과 만나는 한국사 교육과정 리빌딩'인데, 이 표현과 같이 역사수업을 학교공동체 속 학생들의 삶과 긴밀하게 연결하고자 했다는 것이다. 예컨대, 학생들은 테마 '민주주의'를 학습한 뒤 이를 마무리하는 프로젝트 활동으로 학생자치회 선거에 참여함으로써 학교 민주주의에 참가하는 경험을 가질 수 있다. 테마 '노동'을 학습한 뒤에는 역시 '청년유니온 토크 콘서트'의 기획과 실행 과정에 내밀하게 참가해 수업에서 다룬 노동 인권의 역사에 관한 이야기를 세대별 노동조합인 '청년유니온' 활동가와 나누는 경험을 한다. 테마 '개혁'을 학습한 뒤 모둠 활동을 통해 학교개혁안을 작성하고 학생자치회에 제출하면, 이 결과물을 바탕으로 학교생활인권규정 재개정 사업이 진행되는 식이다. 이는 한 교과의 교육과정 운영을 보다 풍성하게 하고 역사수업의 효용을 높이려는 시도로 볼 수 있을 것이다.

　해당 재구성안과 관련해 고민할 지점도 많다. 우선 근현대사 비중이 65퍼센트로 기존의 국가수준 교육과정이나 교과서와는 크게 차이가 있으며, 핵심성취기준과 비교해도 빠진 내용 요소가 많다는 점이다. 이 부분과 관련해 두 교사는 재구성 테마에 포함되지 않거나 수업 주제화 되지 못한 부분은 강의식 수업을 통해 기본적인 내용을 정리하는 형태로 '타협'하기로 했다. 두 교사는 실천 수기를 통해 "이 재구성안은 훌륭하고 모범적인 사례를 만들기 위한 것이 아니라 아이들과 역사수업을 통한 만남 그 자체가 가능할 수 있도록 하기 위함이다"라고 밝히면서, 역사교사가 학교 급이나 수준, 해당 학교가 처한 상황, 학생과 맺는 관계성 등을 종합적으로 검토해 자율적으로 재구성할 수 있어야 한다고 말한다. 이는 교육과정 재구성에 관한 교사의 자율성이라는 측면에서 고민해볼 만한 지점으로 보인다.

4. 교육과정 재구성을 둘러싼 환경들

교육과정 재구성과 관련한 치열한 실천 사례들을 앞서 소개한 바 있다. 이러한 시도들이 눈에 띄게 다양해진 것은 분명하지만, 아직도 교육과정 재구성 시도를 망설이는 역사교사도 많다. 최근의 어떠한 환경과 요소 들이 교사들의 역사과 교육과정 재구성을 촉진하고, 한편으로는 어렵게 만드는 것일까?

1) 장애물과 도약대 사이: 핵심성취기준, 역사교과서, 평가

우선, 핵심성취기준을 살펴보자. 2009 개정교육과정부터 도입된 핵심성취기준은 교육과정 재구성 활성화를 위한 일종의 제도적 근거가 된다는 측면에서 수업 혁신의 흐름과 추세에 부응하는 요소다. 특히 역사과 입장에서는 '학습 내용의 경감'에 도움이 될 수 있는 핵심성취기준의 등장은 크게 반가워할 일이었다.

'사실(史實)'의 학문이라는 역사학의 특성상 어쩔 수 없는 것이기도 했지만, 이는 '역사수업은 암기할 것이 많다'는 학생들의 고통스러운 요구에 상응하는 조치이기 때문이었다. 특히 역사과 교육과정 재구성을 고민하는 교사 입장에서 내용 요소의 감축은 재구성을 시도할 수 있는 여지를 넓혀준다는 측면에서 반가운 일이었다.

그러나 모순되게도 역사과 핵심성취기준은 역사과 교육과정 재구성을 마냥 촉진하는 것만은 아니다. '핵심'성취기준의 모순성에 대한 비판적인 검토가 필요한 부분이다. 연구[10]에 따르면 2009 개정교육과정에 핵심성취기준이 마련되면서, 이전보다 역사과의 학습 내용이 30퍼센트 정도 축소됐다. 그러나 실제적인 내용 감축보다 형식적으로 성취기준 수를 줄인 것에 불과해 하나의 성취기준 안에 2가지 이상의 내용 요소와 행동 요소를 포함하는 결과를 초래했다는 비판이 일고 있다. 이는 취지와 다르게 교육 내용의 선정과 조직 면에서 교육 주체인 역사교사의 재량권이 충분히 발휘될 수 없다는 것을 뜻한다.

비슷한 맥락에서 역사교과서의 문제도 논해볼 수 있다. 학습 내용의 대강화(大綱化)에 실패한 것은 역사교과서도 마찬가지다. 많은 경우, 검정 역사교과서들은 그 구성과 포함된 학습 요소들에 획일적인 면이 많다는 비판을 받는다. 역사과 교육과정에는 다른 교과에서는 찾아보기 힘든 역사과 집필 기준이 존재하는데 이는 학습 요소의 대강화를 불가능하게 하고, 교육과정 재구성의 여지를 축소시킬 수밖에 없다. 많은 역사교사가 '역사교과서에 나오는 내용은 어느 정도 가르쳐야 하는 것 아닌가?'라는 책무감에 짓눌리는 것이 현실이기에 더욱 그렇다.

시험, 즉 평가의 문제도 교육과정 재구성을 어렵게 하는 요인이다. 절대평가가 됐다고 하지만, 대학수학능력시험에서 고등 한국사는 '필수과목'이다. 이 점이 부담스럽기 때문에 많은 교사가 교육과정 재구성 시도를 맘 편히 하지 못하는 측면도 있다. 또한 교사별 평가가 시스템으로 보장돼있지 않은 오늘의 학교 현실도 역사교사들의 부담감을 키운다. 교육과정 재구성을 할 경우 때에 따라서는 교사별 평가가 올바르게 작동하고 존중받아야 효과적일 수밖에 없다. 그러나 많은 경우 학교 당국과 교사들은 교사별 평가에 대해 부정적이거나 부담을 느낀다. 성적 산출 시 고려해야 하는 '평가의 신뢰도'라는 측면이 부담의 큰 이유다. 물론 아예 개선된 부분이 없는 것도 아니다. 중학교의 경우 2019학년도부터 전국에서 고입 선발고사가 폐지[11]되므로 내용 요소를 역사수업 시간에 세세히 전달하고 정리해주지 않아도 된다. 고등학교의 경우, 수능 한국사가 절대평가가 됐다는 취지를 십분 활용하면 모든 내용 요소를 수업 시간에 마냥 충실히 망라하지 않아도 된다. 한편으로 중학교에서 학년 단위로도 확대될 예정인 자유학기제에서는 '주제 선택 프로그램[12]'을 운영하기도 한다. 결국 많은 제약에도 불구하고 환경적 요인을 도약대로 쓸 것인지 장애물로 여길 것인지는 교사의 선택에 달려 있다는 점을 한번쯤은 생각해볼 필요가 있다.

2) 문제는 교육과정이다

앞서 살펴본 바와 같이 교육과정 재구성은 철저히 교사 수준의 교육과정이다. 따라서 교육과정 재구성의 시도는 앞서 말한 촉진 요소와 방해 요소 가운데서도 역사교사 자신이 실천 의지를 가지고 도전하는 것에서 출발할 수밖에 없다. 그렇다면 교육 당국은 교사의 실천 의지를 독려하고 지원해야 옳다. 하지만 역사교사 앞에는 그들의 시도를 방해 혹은 방관하고 있는 큰 벽이 있다. 바로 국가수준 교육과정이다.

이러한 논의는 국가수준 교육과정이 구성되고 쓰이는 방식, 즉 '문법'에 대한 비판으로 이어질 수 있다. 그 문법이란 국가수준 교육과정이 학습 요소 제시에 초점을 두는 것을 의미한다. 국가수준 교육과정이 그렇다 보니 교과서 서술도 역사 내용 요소의 전달과 확인에 치우치게 된다. 교육과정 재구성은 이미 구조적으로 제한받을 수밖에 없는 것이다. 이러한 측면에 부담을 느끼는 역사교사는 교육과정 재구성의 도전자가 될 수 없으며, 도전하는 역사교사 역시 실천적인 측면에서 선택의 기로에 서야 한다. 이러한 국가수준 교육과정 문서의 문법이 근본적으로 변화할 때 비로소 교육과정 재구성의 시도가 보편화될 수 있을 것이다.

그렇다면 새로운 문법에 대한 가능성은 없는 것일까? 적어도 상상력을 발휘해 볼 수는 있을 것 같다. 보다 열린 형태의 문법으로 채워진 역사과 교육과정 문서를 말이다. 이와 관련해 많은 교사 연구자가 그 대안을 제안하고 있는데, 교육적 상상력의 지평을 넓힌다는 차원에서 참고할 만하다. 이와 관련해 미국이나 캐나다, 영국의 사회과 및 역사과 교육과정을 검토해 대안을 말하는 시도도 있어 한번 들여다볼 만하다.[13] 앞으로도 이런 논의를 참고해 교사들의 목소리를 담고 기존의 틀을 깬 새로운 문법의 역사과 교육과정을 고민할 필요가 있다.

5. 맺음말: 그럼에도 불구하고

조금은 생뚱맞은 이야기로 글을 마감하고자 한다. 막스 베버(Max Weber)의 이야기다. 독일 출신의 20세기 위대한 정치학자이기도 했지만, 그는 철저하게 실패한 정치가이기도 했다. 제국의회 의원에서 낙선한 그해, 베버는 대학생들을 상대로 공개 강연을 펼친다. 그 스스로 마지막이라 밝혔던 강연의 내용은 매우 유명하다. 그 내용을 엮어 출간된 저서가 바로 『소명으로서의 정치』다. "저희도 정치에 참여해서 세상을 바꾸어보고 싶습니다"라며 초롱초롱 눈을 뜨고 지혜를 구한 청년들 앞에서 베버가 강의 내내 설파한 것은 부정적인 현실과 고통이었다. '정치가'가 감수해야 할 번뇌와 호락호락하지 않은 '정치현실'에 대해 설파했던 것이다.

이런 베버의 메시지에는 역사교사의 입장에서 한번 고민해볼 지점이 많다. '정치가'를 역사교사로, '정치현실'을 교육현실로 바꾸어 생각해보자. 역사과 교육과정 재구성과 같은 시도들을 고민하는 역사교사들은 마냥 희망에만 부풀 수 없다. 하지만 베버의 메시지가 향하는 건 단순히 현실에 대한 자조와 냉소는 아니었다. 베버의 강연을 마감하는 구절은 많은 사람에게 큰 인상을 남겼다. 그는 청년들에게 이러한 부정적 현실 앞에서 '그럼에도 불구하고'를 말할 수 있어야 한다고 덧붙였다. 베버가 말하고자 했던 것은 부정적인 현실 앞에 맞서는 가능주의였다. 좋은 수업에 대한 역사교사들의 도전과 번민 앞에도 '그럼에도 불구하고'라는 수식어가 필요하다.

많은 교사가 좋은 역사수업을 고민한다. 스스로의 역사수업이 아이들에게 어떤 의미가 되길 원하며, 수업에 참가하는 동안에는 생동감이 있었으면 좋겠다는 생각을 누구나 하고 바란다. 경기 소재 중학교에 근무하는 역사선생님 J 교사도 그랬다.

"공부에 관심 있는 아이든 '역포자(역사수업을 포기한 자)'인 아이든 결과는 같더라고요. 전자는 시험 보고 까먹고, 후자는 시험 보기 전에 까먹는 거죠. 철저하게 그렇게 되더라고요. 우리들의 역사수업이 아이들에게 최소한의 무언가를 남겨주어야 할 텐데, 허무감이 들었어요."

일반화의 오류를 감수하고 하는 말이지만, 많은 경우 교사들은 '성실'하다. 그 성실함이 국가수준 교육과정과 교과서를 향한다면 어떨까. 교육과정 문서에서 명시한 핵심성취기준에 입각해 모든 내용 요소들을 가르쳐야 한다고 생각하진 않을까? 역사교과서에 담긴 학습 요소를 세세히 학생들에게 알려주어야 한다는 생각에 찝찝하진 않을까? 단정하긴 어려우나, 이 같은 많은 역사교사의 맹목적인 성실함이 스스로를 옥죈다고 생각된다. 더 행복하게 역사수업에서 아이들과 만날 수 있는 기회를 놓치고 있다.

J 교사도 스스로를 매우 성실한 사람으로 자평했다. J 교사가 인터뷰 중 내뱉은 위와 같은 언급은 우리 모두의 고민이기도 할 것이다. 교사가 정해진 내용 요소를 단지 잘 '전달'하고 충실하게 수업을 진행하는 것만으로 좋은 수업을 할 수 없기 때문이다. 이는 진정한 배움의 과정에 대한 고민이기도 하다. 역사수업을 통해 망라된 지식이 아닌 아이들의 가슴에 남겨줄 최소한의 무언가를 고민하는 것과 연계된다.

그러나 앞서 살펴보았듯 현실적 제약들을 마냥 등한시할 수 없는 것도 사실이다. 국가수준 교육과정 문서와 역사교과서의 촘촘함 앞에서 역사교사들의 자율성은 그 여지가 매우 좁아진다. 많은 수업 혁신의 시도를 어렵게 만드는 평가라는 측면을 생각해봐도 역사과 교육과정 재구성은 무모해 보일 수 있다. 역사교사들의 창발적인 시도를 주저하게 만드는 현실적인 벽, 그 자체를 부정하거나 회피하기는 아마도 어려울 것이다. 그렇다면 정말로 역사과 교육과정 재구성은 그저 무모한 도전일까?

어느 역사교사의 표현을 빌리자면, 교육개혁과 수업의 변화는 '1인칭'이다. '여건이나 환경이 이러하니까 할 수 없어'라는 관점에서 '여건이나 환경이 이러하니 이렇게라도 해보자'로 바꿀 수 있는 주체는 '나', 역사교사 자신이라는 의미다. 역사교사 스스로 시도하는 만큼 변화는 지금 서 있는 자리에서, 각자의 수준에 맞게 시작된다. 역사과 교육과정 재구성도 마찬가지다. 교사들이 현장의 언어와 논리로 구성한 교육과정 구성 사례들이 쌓이면 그것이 바로 앞서 말한 환경의 변화를 이끌어낼 수 있는 힘과 근거가 될 것이다. 앞에 살펴본 사례들이 많은 역사교사에게 큰 울림과 영감을 줄 수 있는 건 그러한 실천성 때문이 아닐까.

자신의 소명을 다하는 많은 역사교사에게 이 '그럼에도 불구하고'가 힘이 될 수 있으리라 믿는다. 층위에 따라 다르겠지만 재구성 없이 가르치거나 배울 수 없는 것은 근본적인 역사교육의 속성이다. 그런 점에서 역사과 교육과정 재구성은 역사수업에 있어 역사교사의 존재 이유를 찾는 과정이기도 하다. 그럼에도 불구하고 교육과정 재구성은 각자가 처한 환경 속에서 분투하는 역사선생님들에게 큰 힘이 되어줄 것이다. 역사과 교육과정 재구성, 그 즐거운 구상을 지금부터 해보는 건 어떨까. 마지막으로 막스 베버의 『소명으로서의 정치』 중 한 부분을 함께 나누고 싶다. 많은 역사교사들에게 위안을 주는 문구라고 믿기 때문이다. 다만 문구 속 '정치'를 '좋은 역사수업'으로 바꿔 읽을 수 있을 용기가 좀 필요하다. 매번 수업을 고민하면서 많은 역사교사들이 잊지 않고 간직해왔던 그 용기 말이다.

자신이 제공하려는 것에 비해

세상이 너무나 어리석고 비열하게 보일지라도

이에 좌절하지 않을 사람,

그리고 그 어떤 상황에 대해서도

"그럼에도 불구하고!"라고 말할 능력이 있는 사람,

이런 사람만이 '좋은 역사수업'(←정치)에 대한 '소명'을 가지고 있습니다.

역사교실 · 역사에서 배우고 삶으로 가르치는

1   서명석, 「교사들의 교육과정 재구성 개념적 모호성과 애매성 비판」, 『교육과정연구』 29-3.

2   이해영, 「역사교사의 교육과정 재구성 사례 연구」, 『역사와 담론』 74, 2015.

3   교육과정 재구성 실천에 관한 사례를 현장의 맥락에서 소개한 저서 2권의 이름을 빌려 온 것이다.
    정성식, 『교육과정에 돌직구를 던져라』, 에듀니티, 2014.
    김덕년, 『교육과정-수업-평가-기록-일체화』, 에듀니티, 2017.

4   김한종은 역사수업을 재구성할 때 고려해야 할 요인을 제시했는데, 역사교과 지식, 역사교육관, 학생
    에 대한 이해 등을 교사의 인식에 영향을 주는 요소로 꼽았다. 이 글에서 내린 정의의 문제의식과 일맥
    상통한 것으로 보인다.
    김한종, 『역사수업의 원리』, 책과함께, 2005.

5   김육훈, 「처음 한 '동아시아사' 수업」, 『역사교육』 104, 2014.

6   윤종배, 「역사과 교육목표 다시 세우기」, 『역사교육』 108, 2015.

7   김종훈, 배움책 『읽는 역사, 쓰는 역사』, 전국역사교사모임.

8   한 중학교 역사1 교과서에서 조선 전기 역사를 다룬 소주제 목차를 인용했다.
    정선영 외, 중학교 역사1, 미래엔, 2017.

9   2009 개정교육과정은 각 교과 교육과정에 핵심성취기준의 개발을 최초로 제시했다. 전체적으로 학습
    의 양과 부담을 고려해 최소로 내용 요소를 선정하기 위한 기준을 마련하고자 한 시도였으며, 이를 통
    해 학습의 부담을 경감하고 교수학습의 질을 제고할 수 있게 하자는 취지에서 제안됐다.

10 김민정, 「역사과 교육과정 내용 체제의 대강화와 성취기준 제시 방식에 대한 재검토」, 『사회과 교육연
    구』 21, 2017.

11 2017년 울산광역시, 경상북도, 제주도에서 치러진 시험을 마지막으로 고입 선발고사는 폐지됐다.

12 자유학기제 실시 과정에 '주제 선택 활동'을 운영해 교과 교사가 잘 가르칠 수 있는 프로그램을 개발하
    거나 수업을 개설할 수 있는 제도를 말한다.

13 정의진의 '내용 요소가 아닌 역사적 기능을 중심으로 한 교육과정'에 대한 제안이 대표적인 예다. 이 제
    안에서는 캐나다 온타리오주와 호주의 사회과 교육과정을 예로 들며 새로운 교육과정 문법에 대한 상
    상력을 권유하면서, 이를 바탕으로 기능 중심의 역사과 교육과정을 구상해 제시한다. 5가지 가치와 태
    도(민주주의, 인권, 공감, 평화, 다원적인 정체성), 5가지 기능(시간성과 공간성, 비판적 사고력, 역사자료 분
    석과 해석, 의사결정, 표현)을 해당 시대에 적절히 조합해 기준을 세우고 교사 수준의 역사과 교육과정을
    수립해보자는 것이다.
    정의진, 「국민에서 시민으로」, 『역사와 교육』 16, 2017.

인권/민주주의/평화 그리고 세계사 수업

역사수업 연구모임 **사초**

1. 머리말

우리 사초 모임이 올해 1년은 세계사를 공부하고 고민하기로 했는데, 도대체 어떻게 공부해야 할까요? 지역사를 해야 할까요? 시대사를 해야 할까요? 관계사나 교류사를 해야 할까요? 아니면 시간 관계상 몇 가지만 골라 주제사적 접근을 해야 할까요? 그 것도 아니면 세계사 교육 담론을 공부해야 할까요? 분명 첫 모임에서 그 답을 찾아야 할 것 같습니다. 그러지 않으면 방대한 세계사 속에서 길을 잃고 헤맬 테니까요. 바쁘 시겠지만 틈틈이 시간 내셔서 추천한 논문을 다 읽고 오시면 방향 설정에 도움이 될 것입니다.

2016년 2월, '3월 모임과 관련해…'라는 제목으로 사초[1] 온라인 카페에 올라온 글의 일부다. 그로부터 약 1년 뒤 사초 모임은 서울시교육청에 「인권·민주주의·

평화의 관점에서 본 역사수업의 재구성(서양사 수업을 중심으로)」이라는 제목으로 연구보고서를 제출했다. 그리고 2017년 봄, 연구보고서를 수정, 보완해 전국역사교사모임 이름으로 같은 제목의 세계사 수업 자료집을 발간했다. 이것이 다소 부담스러운 이 글을 쓰게 된 배경이다.

출발은 '세계사를 잘 공부해보자!'는 비교적 단순하고 소박한 생각이었다. 교단 경험과 수업의 고민이 충분치 않은 다수의 새내기 교사들로 구성된 모임에서 거창한 연구 성과를 기대하기는 어려운 일이었다. 게다가 역사교사들에게도 '세계사'는 달갑지 않은 손님이다. 워낙 내용이 방대해 학습량 자체가 많고, 가르칠 시간이 부족하며, 불가피하게 사실적 지식을 전달할 때면 아이들도 교사도 '정신적 고통'을 감내해야 한다. '세계사 교육이 중요하다'는 선언은 당위이지만 현실은 녹록지 않다. 이런 현실에 깊이 공감하던 사초 선생님들은 1년 동안 세계사 수업에 대해 고민하기로 뜻을 모았다. 그리고 세계사를 잘 가르치기에 앞서 역사교사인 우리 자신부터 세계사 공부가 부족하다는 데 인식을 같이했다.

세계사를 공부하기로 마음먹으면서 사초 선생님들의 고민은 보다 본질적인 것으로 향했다. 방대한 세계사 속에서 공부의 방향을 정해야 했다. 세계사를 공부하다 보면 넓이와 깊이에서 끝이 없을 터, 공부하다 길을 잃고 헤매지 않도록 처음부터 명확한 목표를 세울 필요가 있었다. 또한 교사의 공부란 수업을 전제로 한 것이기에 세계사 공부가 그냥 공부에 그치지 않고 교실 수업의 대안 모색으로 이어질 수 있도록 체계를 세워야 했다.

그렇다면 무엇을 어떻게 공부할 것인가? 우리에게 익숙한 세계사는 유럽 중심-중국 부중심을 토대로 지역 세계[2]의 역사에 각국사가 선택적, 부조적으로 결합된 형태였다. 이런 체제에 대해 이미 역사학계와 일선 교육 현장에서 다양한 비판이 제기된 바 있다. 지구사(Global History)의 제안, 유럽 중심 사관 탈피, 비교사적 접근, 관계사와 교류사의 강화 등 많은 논의가 오갔다. 그러나 수많은 비판과 비평이 허공을 맴도는 동안에도 기존의 세계사 체제는 굳건했다. 『살아있는 세계사 교과서』 발간과 같은 사례를 제외하면 세계사 수업에 대한 이론적 논의가 실천적 대안 모색으로 이어지지 못했기 때문이다.

이런 현실을 염두에 두면서 사초 모임은 몇 가지 원칙을 세워 연구의 방향을 정했다. 일단 '세계사'는 처음부터 존재한 것이 아니라 '누군가가 구성한 것'이라는 관점에서 우리에게 익숙한 '교과서적' 세계사를 낯설게 보자, 또한 공부하면서 '세계사란 무엇인가?'라는 질문을 계속 던져 현행 세계사가 어떻게 구성돼 있는지 비판적으로 분석하고, 그것이 과연 역사교육의 시대적 소명에 부응하고 있는지 점검해보자, 그리고 가능하다면 새로운 '상상력'을 발휘해 세계사 수업의 대안을 모색하고 우리의 연구가 수업실천으로 이어질 수 있도록 공부의 성과를 종합해 수업 자료집으로 엮어보자.

세계사 공부 방향을 논의하는 과정에서 우리 스스로에게 또 한 가지 굴레를 덧씌웠다. 우리의 공부거리를 서울시교육청이 운영하는 교과교육연구회 프로젝트에 부친 것이다. 이는 연구 활동에 필요한 책값, 워크숍 비용, 식비 등을 벌기 위한 목적도 있었으나 보다 근본적으로는 연구 활동의 책무성을 높이고 모임 활동의 긴장감을 유지하기 위한 것이었다. '부담'을 갖지 않으면 '성과'를 내기 어렵다. 사초 선생님들 모두가 이러한 취지에 동감하고 1년 동안 애쓴 덕분에 이 글을 쓰고 있는 것이 아닌가 싶다.

이후 소개하는 사례는 사초 선생님들이 세계사 수업을 재구성한 사례다. 재구성 기준은 자료집 제목처럼 인권, 민주주의, 평화라는 세 기둥이다. 왜 이런 기둥을 세웠는지 구체적인 이유는 후술하겠지만 핵심 목표를 간략하게 언급하면, 세계사 수업이 나열적이고 파편화된 지식의 전달이 아니라 민주시민과 세계시민으로서의 세계관과 상상력을 키울 수 있도록 구성돼야 한다는 것이었다. 이는 지나간 과거와 현재를 살아가는 아이들 간의 유의미한 만남을 주선하는 시도이기도 하다.

출발은 세계사 공부라는 소박한 것이었으나 어찌어찌하다 보니 결론은 세계사 교육과정 재구성이라고 할 만한 좀 거창한 작업이 돼버렸다. 이것을 우스갯소리로 '사두용미(蛇頭龍尾)'라 불러야 할지는 모르겠으나 아직도 세계사 교육의 백가쟁명이 필요하다는 측면에서 보면 전혀 의미가 없지는 않을 듯하다. 그렇기 때문에 이 글이 드러내고자 하는 것은 결과가 아니라 과정이다. 학문적, 교육적으로 작업의 성과와 한계가 지적될 수 있겠으나, 그보다는 독자들에게 세계사 교육에 대한 '고민'으로 읽혔으면 좋겠다.

2. 인권, 민주주의, 평화의 프리즘으로 본 세계사

1) 내용 재구성이 필요한 까닭

먼저 세계사 공부라는 소박한 출발이 주제 중심의 교육과정 재구성이라는 거시적 차원으로까지 확대된 이유를 설명할 필요가 있겠다. 왜 군이 '교육과정 재구성'이어야 했을까. 지금의 세계사 교과서 내용만으로도 충분히 어렵고 가르치기에 벅찬 것이 사실이다. 또 주제 중심의 재구성은 자칫 지금의 어려움에 새로움 부담을 더하는 것일 수 있으며, 그 때문에 심정적으로는 동의하나 현실적으로는 외면당할 여지도 높다.

그러나 우리는 교과서 속의 세계사가 '각국사의 총합'인 한 근본적인 문제 해결은 어렵다고 판단했다. 교사와 학생 모두 어려운 인명과 지명, 수많은 사건과 개념 이해에 빠져 허우적대면서 목적지 없이 표류하는 세계사 수업은 "이제 그만~"이라고 말하고 싶었다. 콜럼버스의 달걀이 필요한 시점이며, 세계사 공부로 단순히 과거 사실을 습득하는 데 그치지 않고 우리가 살고 있는 세계를 객관적으로 이해하고 보다 나은 세계를 만드는 데 도움이 돼야 한다고 생각했다.

이런 고민을 나누면서 우리가 주목했던 글이 있다. 바로 김육훈 선생님이 역사교육연구소 민주주의 분과에서 발표한 「민주주의, 인권 그리고 세계사 교육」이다. 이 글에서 선생님은 전국역사교사모임이 발간한 대안교과서인 『살아있는 세계사 교과서』가 '평화와 민주주의, 인간다운 세계사를 위한 세계사 인식'을 목표로 했음을 언급하면서 그 한계를 아래와 같이 지적한다.

그러나 야심찬 기획에도 불구하고 이 기획은 상당한 한계를 드러낸 것도 사실이었다. '평화와 민주주의, 인간다운 세계사를 위한 세계사 인식'을 적극적으로 내세웠으나, 이 문제의식을 일관되게 관철하지 못한 것이 가장 큰 아쉬움이다. 역사교육에서 평화 교육의 문제의식을 어떻게 실천할지, 역사교육에서 민주주의 교육을 어떻게 실천할지 만만치 않은 문제에 대한 답이 분명치 않았기 때문이다. 특히 '인간다운 세계를 위한 세계사 인식'이란 설정에 문제가 있었다. 사람들은 그것을 저마다 다른 방식으로 정의하고 그것은 저자로 참가한 사람들도 마찬가지일 터인데, 인간다운 것으로 거론될 만한 것들을 망라하려는 생각을 가졌던 것이다.

돌이켜보면 주제의식을 보다 분명히 해 선명한 이야기를 구성하고, 그래서 갖는 제한적 의의를 미리 전제하는 것이– 평화를 위한 세계사 교육이든, 민주주의를 위한 세계사 교육이든, 인권이란 관점에서 보는 역사교육이든… 다양한 대안 가운데 일부라는 점을 분명히 하는 것이– 옳았을 것이다. 그러나 대안을 주장하면서도 우리는 교과서를 너무 의식했다. 기존의 세계사 교육에 대한 안티테제를 세우고픈 열망, 우리의 기획을 통해 세계사 교육과정의 대안–제도화가 가능한 실천적 대안–을 만들고 싶다는 생각이 컸기 때문이라 생각한다.[3]

우리는 김육훈 선생님을 모셔 세계사 교육 전반에 대한 초빙 강의를 듣기도 했다. 세계사 교육에서 유의미한 '헤쳐 모여'가 필요하다는 생각에 공감했다. 그러나 우리의 작업은 김육훈 선생님의 회고처럼, '대안'을 세운다기보다는 '세계사를 왜 배워야 할까?'에 대한 나름의 대답을 찾아가는 과정이어야 한다고 생각했다. 그렇다면 무엇을 주제로 세계사의 재구성을 시도할 것인가?

2) 어떤 가치를 지향한 것인가

우리는 공부 과정에서 인권, 민주주의, 평화를 위한 역사교육에 주목했다. 꼭 그것이어야만 한다는 생각은 아니었으나 요즘 역사교육에서 강조되는 담론이자 구미가 당기는 매력적인 주제였다. 최근 강조되는 민주시민 교육과 세계시민 교육이라는 양대 요소를 만족시킬 수 있는 보편적 코드였으며, 연대기적 통사 체제에서 벗어나 주제 중심의 내러티브를 만드는 데 있어서도 유리했다. 우리 모두 잘할 자신은 없지만 시도해볼 만한 가치는 충분하다고 판단했다.

우리는 몇 차례 논의를 통해 3가지 요소에 대해 다음과 같이 합의했다. '민주주의'는 정치적 자유주의를 바탕으로 인권이 제도화되는 과정이자 그 자체가 역사적 구성물이라는 관점에서 접근하기로 했다. '인권'은 인간의 '존엄성'과 '권리의 주체로서의 개인'이라는 측면에서 각 시대마다 의미를 획득해온 것으로 각 분야와 대상이 확장되고 있는 역사적 과정이라는 측면에서 보기로 했다. '평화'는 국가주의적 관점에서 벗어나 전쟁의 반인권, 반민주성을 비판적으로 성찰하면서, 평화의 정착 조건과 극단적 갈등 상태의 해소 방안을 고민하는 것이라고 입을 모았다.

우리들은 이처럼 인류의 보편 과제인 인권, 민주주의, 평화라는 프리즘에 투영된 세계사를 새롭게 상상해보고자 했다. 이와 관련한 연구나 수업 사례가 없었던 것은 아니다. 그러나 개별적인 수준에 머물렀을 뿐, 큰 틀에서 재구성으로까지 이어진 경우를 찾기 어려웠다. 많은 역사교사가 주목했지만, 아직까지는 누구도 이렇다 할 결과물을 내놓지 못한 작업이었다. 우리는 겁 없이 가지 않은 길을 우리가 기꺼이 간다는 호기로 도전했다. 물론 구안 과정에서 난관을 겪으며 우리 스스로가 얼마나 무모했는지 여러 차례 깨달았다.

3) 주제 선정 과정에서 겪었던 난관과 고민들

인권, 민주주의, 평화라는 대주제가 정해진 이후, 그다음으로 각자가 연구할 소주제를 정하는 게 문제였다. 시대별, 지역별, 주제별로 각자가 다루고 싶은 주제나 꼭 다룰 필요가 있다고 생각한 주제들을 뽑아서 나열한 후, 최종 검토를 통해 개별 연구 주제를 최종 확정지었다.

주제가 설정되기까지 몇 가지 어려움이 있었다. 우리들은 제일 먼저 다음과 같은 의문에 부딪쳤다. 과연 모든 세계사를 인권, 민주주의, 평화로 재구성할 수 있는가? 인권, 민주주의, 평화라는 역사적 문법은 근대라는 시간 속에서 발전된 것이므로 전근대사 영역까지 이런 문법을 적용해 재구성하기에는 부담이 따른다.

영역	재구성 소재 및 수업 주제	
인권	종교개혁과 종교전쟁	**이단과 신앙의 자유 그리고 인권**
	산업혁명기 아동노동	**산업혁명의 그림자, 영국 아동노동 잔혹사**
	19세기 제국주의와 인종주의	**제국주의와 인종주의**
	미국 흑백 인종차별	**미국에서 흑인은 어떻게 시민이 됐나?**
	세계인권선언	**역사적 맥락에서 세계인권선언 다시 보기**
평화	십자군 전쟁	**십자군 전쟁과 평화의 길**
	제1차세계대전 전후 평화 모색	**평화를 위한 노력**
	제2차세계대전 속 국가폭력	**전쟁과 제노사이드**
	국제 난민 문제의 역사	**난민 문제의 해결과 평화의 길**
민주주의	고대 아테네 민주정	**고대 그리스 아테네 민주정치 다시 읽기**
	유럽 중세도시의 형성	**유럽의 중세도시와 자치권**
	프랑스혁명	**프랑스혁명과 근대 인권**
	19세기 서유럽 참정권운동	**그(그녀)의 꿈이 투표 종이에 담기기까지**

자칫 근대적 가치를 통해 역사 해석을 협소하게 만들 우려가 있으며, 모임 내 토론에서 나온 표현을 빌리자면 탈역사화(脫歷史化)한 역사수업이 될 위험이 있다.

실제로 우리의 수업 주제 중 '유럽의 중세도시와 자치권(영역: 민주주의)'의 경우가 그랬다. 애초에 이 주제는 유럽의 중세도시가 자치권을 얻어나가는 과정 속에서 배태된 서구 근대 민주주의의 원형질을 탐색해보고, 중세 말 도시를 둘러싼 농민 봉기 및 도시민의 저항 사례를 민주주의 관점에서 적극적으로 재해석해보자는 문제의식에서 비롯됐다. 그러나 기대와 달리 중세 유럽 도시의 자치권을 근대 민주주의의 맹아적 요소로 해석하기에는 학문적 성과가 너무 부족했다. 오히려 중세 유럽 도시가 근대의 기원이라는 학설이 과장된 것이라는 주장이 훨씬 설득력 있었다. 중세 말기에 일어난 농노의 봉기나 도시민들의 저항도 마찬가지였다. 자칫하면 수업 구성을 위해 자의적으로 역사를 왜곡할 여지가 있었다. 원대한 '포부'는 결국 구상에서 그쳤다.

우리가 정한 대주제가 우리의 공부와 고민의 폭을 '서양사'로 좁혀버림으로써 또 다른 서구 중심주의에 빠지는 건 아닌가 하는 우려도 큰 부담이었다. 앞서 지적한 것처럼 인권, 민주주의, 평화라는 가치는 근대의 산물이며, 서양의 근대적 발전 과정에서 보편성을 얻게 된 것이다. 처음에는, 좀 더 시야를 넓히고 적극적으로 해석하면 '비서양'의 영역에서도 좋은 사례를 발굴해낼 수 있을 것으로 기대했다. 그러나 공부가 부족하다 보니 적절한 주제를 찾기가 쉽지 않았으며, 민족 문제와 민주주의 문제를 종합적으로 아우르는 근현대 세계사에 대한 조망이 없는 한 서양사 편중에서 벗어나기 힘들다는 사실을 토론을 거듭하며 깨닫게 됐다.

두 번째로 근본적인 차원에서 숙고할 부분도 있었다. 인권, 민주주의, 평화라는 개념을 우리가 어떻게 합의하고 있는가 하는 문제였다. 이는 시대적 과제나 현재적 가치를 토대로 세계사 수업을 재구성할 때 필연적으로 부딪히는 문제였다. '인권, 민주주의, 평화는 지고지선하고 당위적인 도덕적 가치다'라고 선언한다면 고민은 필요 없다. 하지만 수업을 구상하고 토론을 이어가면서 그렇게 단순하게 볼 문제가 아님을 알게 됐다. 예컨대 '평화'만 해도 마냥 쉽게 합의할 수 있는 것이 아니다. '평화는 단지 전쟁이 없는 상태를 의미하는가?'라는 의문에서부터 그 평화를 성취하기 위한 방법에 대해서도 많은 이견이 존재한다.

'민주주의' 문제도 단순치 않다. 역사에서 민주주의(democracy)는 정치학이나 사회학과 달리 단순한 이데올로기나 좁은 의미의 정치체제로 규정될 수 없다. 민주주의는 역사적 구성물이어서 시대별, 지역별로 다양성과 다원성을 띤다. 그렇다면 세계사의 전개과정 속에서 어떻게 민주주의를 정의(규정)하고 관련 사건들을 추출해 재구성할 것인지 그리고 그것이 사회과 차원의 민주주의 교육과 어떤 차별성이 있어야 하는지 설득력 있는 해명이 필요했다. '인권'도 만만치 않기는 마찬가지였다. 평화, 민주주의 등 다양한 근대적 가치들이 인권의 문제로 수렴되는 측면도 있고, 역사 속에서 보면 특정 사건(사실) 속에 인권, 평화, 민주주의가 복합적이고 융합된 형태로 존재하기 때문에 우리의 방식처럼 각각을 구분해서 다루는 것에도 문제가 있었다.

그러나 이러한 고민은 역설적으로 우리가 역사교육을 통해 추구하고자 하는 가치가 통시대적으로 동일한 모습을 띤 도덕률이나 법칙이 아니라는 점을 직시하게 해준다. 역사학에서는 인권, 민주주의, 평화조차도 그 자체가 '역사적 구성물'이다. 우리의 과제는 이러한 가치들이 인간 세계에서 힘을 얻고 보편성을 획득하는 역사 과정을 적절히 형상화함으로써 현실을 직시하고 미래를 상상하게 하는 것이다.

그래서 우리는 새로운 수업에 대한 고민이 어려움을 겪을지라도, 또 완성도가 떨어져 쓸모가 부족할지라도 시도와 가능성에 의의를 두면서 우리 앞에 놓여 있는 장애를 그대로 마주하기로 했다. '부족한 모습 그대로 친구가 되자'라는 말처럼 작은 성과라도 세계사 수업에 대한 희망적 메시지를 남겨보고자 했다. 그리하여 수차례의 토론과 고민 끝에 다음의 기준으로 주제를 선정하고 확정지었던 것이다.

- 선정한 인권, 평화, 민주주의라는 가치가 주로 서양, 그것도 근대 이후에 본격적으로 논의됐다는 점을 인정하고, 지역적, 시기적으로 온전히 세계사를 다루지 못하더라도 서양사를 중심으로 선정된 주제들로 세계사 수업을 재구성해보자.

- 평화, 민주주의, 인권을 중심으로 재구성하되 역사가 단지 이러한 주제를 말하기 위한 소재로서 한정되지 않도록 역사교육의 본질을 고민하며 활동을 구성하자.
- 일정한 체계를 갖춘 내러티브를 구성하지는 못하더라도 해당 가치들을 구체적으로 드러낼 수 있는 역사적 사례와 주제에 대해 입체적으로 접근해 수업 사례를 만들어보자.

장고(長考) 끝에 악수(惡手) 둔다는 말도 있지만, 수업에 대한 고민의 산고(産 苦)는 그 과정 자체로 유의미한 것이라 믿는다.

3. 수업안 구성의 실제 그리고 남는 고민들

우리는 주제가 선정된 후 실제적인 작업에 착수했다. 우리의 활동은 크게 두 단계로 진행됐다. 먼저 발제와 세미나를 통해 기본적인 역사적 사실과 쟁점에 대해 공부했다. 선정된 주제를 구성원이 1~2개씩 나누어 맡고 격주로 세미나를 실시

했다. 해당 주제를 맡은 사람은 관련 논문과 단행본을 살펴보고 발제문을 작성했다. 발제는 자료집 개발을 위한 사전 작업으로 주제와 관련된 기본 사실을 정리하고, 발제자의 고민을 바탕으로 토론을 진행하며, 아이들과 무엇을 나눌 것인가에 대한 쟁점들을 구체화하고 명확하게 다듬는 과정이었다.

1) 어떻게 수업을 구성할까

각 주제별로 기본적인 역사적 사실과 쟁점을 정리한 후 각자 주제를 나눠 맡고 본격적으로 수업안 개발에 착수했다. 수업안을 어떤 방식으로 구현할 것인가에 대해서도 꽤 고민을 했다. 일단 각 주제마다 1~2쪽 내외로 주제 설정 배경, 수업 목표와 방침, 간략한 수업 운영 계획, 참고문헌을 정리해 각 주제의 맥락과 활용 가능성을 안내하기로 했다. 다음으로 학생용 학습 자료 구성 방법을 고민했다. 기존의 학습지와 배움책은 우리와 유사한 선행 작업이 없었기에 참고할 만한 새로운 모델이 필요했는데, 그 과정에서 발견한 책이 『프랑스 경제사회 통합 교과서』[4]다.

이 책은 차시별 활동주제 밑에 몇 개의 활동과제가 '자료글＋탐구과제' 형식으로 이어지도록 구성돼 있다. 자료글로는 책, 논문, 신문, 잡지를 가리지 않고 소재가 되는 글을 인용했으며, 각각의 자료글 밑에는 3~4개의 탐구 과제가 질문 형식으로 달려 있다. 우리도 이런 형식을 빌리기로 했다. 전체 활동주제와 관련해 일정한 내러티브를 유지하면서도 각각의 자료가 독립성을 띤 '열린 자료집' 형태를 취하고 있어 우리가 지향하는 워크북 형태에 가까웠기 때문이다. 하지만 역사수업에서는 각각의 자료들이 전체의 주제 의식과 분리되면 곤란하다. 따라서 해당 책의 틀을 빌려 오되, 워크북 전체에 일관된 문제의식이 관철될 수 있도록 앞부분에 '생각열기'와 '개관하기'를 두고, 맨 뒤에 종합적인 '활동과제'를 두었다.

이러한 구성 방식은 2가지 이점을 염두에 둔 것이다. 첫째는 글쓰기와 학습 자료 제작에 대한 부담을 줄이는 것이다. 수업안을 만드는 데 교과서나 단행본 등의 완성도 높은 통글 쓰기를 해야 한다면 심적 부담이 엄청나 중도 포기를 할 수 있다. 그러나 자료와 탐구과제가 결합된 몇 개의 꼭지가 병렬된 형태의 자료집 제작이라면 작업 부담을 훨씬 줄일 수 있고, 책이나 신문의 내용, 이미지나 동영상 등을 자유롭게 자료글로 끌어올 수 있어 다양한 형식으로 구성하는 것도 가능하다. 둘째는 각각의 자료글에 대해 일정한 독립성을 부여함으로써 자료를 제작하는 입장에서는 분량에 상관없이 쓸 만하다고 판단되는 모든 자료를 모아 정리해둘 수 있고, 자료를 사용하는 입장에서는 원하는 자료만 취사선택해서 사용할 수 있는 점이다.

2) 수업안 구성과 실천 사례

다음은 실제 수업안 구성 사례다. '전쟁과 제노사이드'(영역: 평화)를 각 단계별로 구분해 부분적으로 인용했다. 이 수업안을 제작한 K 교사는 제2차 세계대전 시기 공중 폭격과 민간인 학살을 인권과 평화의 관점에서 비판적으로 재구성했다. '제2차 세계대전 시기 제노사이드(genocide) 사례를 통해 현대전의 참혹함을 되새기고, 평화 체제 구축이 선택이 아니라 당위임을 인식한다'는 주제 의식을 담은 것이다. 해당 교사는 자신이 담당한 중학교 3학년 역사수업 시간에 실제 이 자료로 수업을 했으며, 수업안 말미에 있는 활동과제인 '역사패널 만들기'도 수행평가 과제로 제시해 활동하도록 했다.

주제 **전쟁과 제노사이드**

생각 열기 "이제 전 유럽의 유대인이 이곳 수용소로 들어왔다. 아돌프 아이히만은
수송을 맡았다. … 수용소에 도착하면 사람들은 '선별되었다'. 노인, 병자,
허약자와 아이들은 대개 즉시 살해되었다. 나머지 사람들은 '노동으로 절멸'되었다. 이들은
군수업체, 예를 들어 이게 파르벤처럼 아우슈비츠 집단수용소에 자체공장을 세웠던 산업체
에 투입되었다. 노동조건은 매우 잔인했고, 의복과 음식은 너무 보잘 것 없어서 많은 사람
들이 몇 주도 안 되어 죽어버렸다." — 독일 디스터벡 출판사 중학교용 역사교과서

한 정치학자는 20세기를 "제노사이드$^{집단 학살}$의 시대"라고 표
현하였고, 제노사이드 방지기구인 <Genocide Watch>는 지난
100년간 집단 학살된 희생자 수를 모두 1억 7,500만 명으로 추
산하고 있다. 문제는 지금도 지구촌 곳곳에서 벌어지는 분쟁 속
에서 민간인에 대한 대량 학살이 반복되고 있다는 점이다.

20세기 이후의 전쟁들은 많은 경우 제노사이드를 동반하였으
며, 제노사이드의 대부분은 국가가 무장하지 않은 민간인에 대
해 무차별 폭력과 학살을 자행함으로써 일어났다. 2차 대전 시기의 후방 공습과 히로
시마와 나가사키의 원폭 투하 현장, 나치의 유대인 학살과 일본군의 난징대학살 현장
은 인간이 얼마나 잔인하고 끔찍할 수 있는가를 잘 보여주는 사례이다.

왜 인권과 민주주의를 강조하는 현대 국가에서 이런 일이 벌어졌을까? 도대체 어떤
상황에서 무엇 때문에 대량 학살이 발생하는가? 우리는 어떻게 참혹한 인권 유린의 현
장을 '더 이상 존재하지 않는 한때 불행했던 과거의 한 장면'으로 밀어낼 수 있을까?
이것이 우리가 오늘 공부하면서 던져야할 질문이다.

개관 하기 제노사이드(genocide)의 사전적 정의는 "(민족·국가 따위에 대한) 계
획적 대량 학살, 민족(종족) 근절"로 국가나 그에 준하는 권력체들이
특정 집단을 절멸하기 위한 의도에서 그 전체 또는 일부를 계획적이고 조직적으로 파
괴하는 행위라고 정의할 수 있다.

제노사이드는 대체로 전시에 발생하는데, 전쟁 과정에서 국가 권력이 적극이나 특정
집단에 속한 무장하지 않은 민간인을 상대로 대대적인 폭력과 학살을 가한다는 특징을
가지고 있다. 특히 흔히 2차 대전을 '제노사이드 전쟁'이라 부르는데, 1차 대전 때 민

간인 희생자가 전체 희생자의 5%였던 반면, 2차 대전 때에는 60%를 넘어섰다. 이를 두고 어떤 학자는 "타락한 전쟁"이라는 이름을 붙였다.

제노사이는 '현대적인' 현상이다. 물론 근대 이전에도 승전 국가가 점령지의 주민을 대량 학살하는 경우가 있었지만 규모나 차원에서 비교가 안 된다. 현대전에서 민간인 대량 학살이 발생하는 배경은 세 가지이다. 첫째 현대전이 전후방을 구분하지 않는 총력전으로 전개된다는 점이다. 승전을 위해 군인만이 아니라 후방의 민간인까지도 남녀노소를 가리지 않고 공격 대상으로 삼으면서 희생자 수가 기하급수적으로 늘어난다. 독일의 영국 폭격, 연합군의 독일 폭격, 미국의 도쿄대공습 등이 그런 사례이다.

자료, 탐구과제

각 수업안의 본문 역할을 하는 코너로 해당 수업안의 주제에 관련된 다양한 자료나 읽기

자료가 4~7개 제시되고, 이에 대한 질문이나 간단한 과제가 '탐구과제'로 제시된다.

자료 4

┃원폭 투하, 그리고...┃ 과학자가 부지런히 노력하고 있는 일의 성과가 로켓이 되고 대형 폭탄이 되고 세균탄이 되고 마침내는 원자폭탄이 되어 한순간에 수많은 어린이, 남편, 아버지를 살상하고 만다. 그것이 인민들의 마음속에 무서운 사실로 비칠 수 있다는 것은 의심할 여지가 없다.

— 「시평 - 원자폭탄을 생각한다」, 중국 「신화일보」, 1945. 8. 9일자

미국은 1945년 8월 6일과 9일에 히로시마와 나가사키에 원자폭탄을 투하했다. 히로시마에 투하된 원폭은 상공 565m에서 폭발했다. 그 순간 9천도가 넘는 열기가 수천명의 사람들이 한순간에 증발시켰으며, 3km 이내 사람들은 처참한 화상을 입고 사망했다. 폭발과 함께 시속 800km급 폭풍에 맞먹는 거대한 충격파가 반경 3km 이내의 모든 것을 순식간에 날려버렸으며, 지상 15km 높이까지 버섯구름이 치솟았다

히로시마 원폭 투하로 순식간에 7만 8천 명의 목숨이 사라졌으며, 나가사키에 투하된 원폭은 4만 명을 죽음으로 내몰았다. 그러나 부상과 방사능 등으로 나중에 죽은 숫자를 합치면 두 도시의 희생자는 23만 명이 넘으며, 그 안에는 강제로 끌려와 있던 조선인 4만여 명도 포함되어 있다. 또한 살아남은 사람들과 그 후손들은 방사능의 후유증으로 오랜 고통을 겪어야 했다.

원폭 투하는 불가피한 일이었을까? 당시 미국 대통령이었던 트루먼은 원폭 사용에 항의하는 전미교회연합에 보내는 편지에서 "원폭 사용을 둘러싸고 누구보다도 괴로운 것은 나 자신입니다. 그러나 그 이상으로 나를 괴롭게 한 것은 용서할 수 없는 일본의 진주만 공격과 전쟁 포로 살해입니다. 그들이 이해하는 유일한 말은 우리가 폭격하는 수단을 통해 그들에게 사용했던 말뿐입니다. 야수를 상대해야 할 때는 야수를 야수로서 취급해야 합니다."라고 말했다. 또한 트루먼은 훗날 원폭 사용 이유를 이렇게 밝히기도 했다.

히로시마 원폭의 버섯구름과 피해자들
폭탄 10분 후 한 사진사가 페허로 변한 가옥 옆에 모여선 생존자들의 얼빠진 모습을 촬영했다. 무엇 때문에 피해를 입었는지 일지 못했던 시민들은 단지 '벼락'을 맞았다고 말할 수 있었을 뿐이다.

나는 (투하) 결정에 대해서 아무런 의문도 갖고 있지 않았다. 그것은 단순한 이유 때문인데, 원폭을 2발 정도 떨어뜨리면 전쟁이 종결될 것이라고 믿었기 때문이다. 일본인의 전쟁 방식은 대단히 잔인하고 야만적이었기 때문에, 나는 약 24만 명의 미국 젊은이들의 생명을 구할 수 있다면 원폭을 투하해야만 한다는 결론에 도달했고 사실도 그랬다.

지금도 많은 사람들은 원폭의 사용이 일본의 항복을 앞당겼고, 그 결과 많은 미국 젊은이의 목숨도 아낄 수 있었다고 생각한다. 사실 태평양 전쟁 말기에 일본은 이미 전세가 돌이킬 수 없게 기울고, 일본의 주요 도시에 대한 미공군의 융단폭격으로 수많은 자국 국민들이 무의미하게 희생되고 있음에도 불구하고 '결사항전'과 '옥쇄'를 외치면서 항복을 거부하고 있었다. 그런데 원폭을 사용하자마자 일본이 백기를 들고 나섰으니 트루먼의 이야기가 당연한 것처럼 들린다.

그러나 미국이 원폭을 투하한 목적이 다른데 있다는 주장도 있다. 소련은 1945년 7월 17일에 열린 수뇌회담에서 미국에게 8월 15일에 대일 전쟁을 개시하기로 약속한 바 있다(실제 소련의 대일전 개시는 8월 8일). 소련이 일본을 공격한다면 당연히 미국의 전쟁 부담과 미군의 희생이 줄어든다. 미국의 입장에서는 느긋하게 기다릴 수도 있는 일이다. 그럼에도 미국이 급하게 원폭을 사용한 것은 미래의 경쟁자인 소련에게 미국의 압도적인 힘을 과시하고 일본을 단독 점령하는데 목적에 있었다는 것이다.

또 하나 일본이 8월 15일에 항복한 이유가 원폭의 충격 때문이 아니라 사회주의 국가인 소련의 점령을 피하려는데 목적이 있었다는 주장도 있다. 일본 정부가 패전보다 더 두려워 한 것은 '패전으로 인해 발생하는 공산혁명'이었다는 것이다. 방사능 후유증을 배제하면 당장의 피해는 원폭보다 도쿄대공습이 더 컸음에도 항복을 선언하지 않고 있던 일본이 소련이 대일 전쟁을 개시한지 얼마 되지 않아 항복한 것을 생각해보면 전혀 근거 없는 주장은 아니다.

제2차 세계대전이 끝나고 국제평화를 이루겠다며 1946년에 발족한 국제연합의 첫 총회 결의는 「원자력 발견에 따른 제 문제에 관한 위원회의 설립」이었다. 결의에는 "개별 국가 방위를 위한 원자무기 및 모든 기타 대량살상무기의 폐기"가 삽입되었다. 그러나 미국과 영국 영국은 원폭을 독점해 전후 세계 질서를 관리하고자 원자력의 국제 관리에 응하지 않았다. 오히려 국제연합의 노력과는 달리 핵무기는 미·소 대립을 정점으로 하는 냉전 대립의 핵심 수단이 되었다. 미국은 원폭을 통해 세계를 손아귀에 휘어잡으려 했고, 소련은 원폭을 통해 미국의 패권에 대항하려 했다.

1950년대에 핵무기 개발 경쟁은 수소폭탄을 중심으로 전략 폭격기와 핵미사일 등 운반수단의 개발로까지 확산됐다. 때문에 인류는 한동안 온 인류를 절멸시킬지도 모르는 핵전쟁의 공포에 떨어야 했다.

⊏탐구 과제⊐

1. 미국이 일본에서 원폭을 사용한 목적은 무엇이었을까?

2. 미국이 일본에서 원폭을 사용하는데 죄의식을 덜 느꼈다는 주장도 있다. 그것이 사실이라면 일본의 어떤 행동이 그런 결과를 가져왔을까? 본문 글과 아래 사례를 등을 참고하여 추론해보자.

> **【사례1】** 1939년 5월 충칭에 있던 『타임』 통신원 시어도어 화이트는 일본 공군의 무차별 소이탄 폭격으로 몸에 불이 붙은 시민들이 땅바닥을 구르는 등 아비규환이 된 도시의 끔찍한 상황을 목격했다. 그는 훗날 미군의 일본 폭격에 대해 "우리가 일본인을 폭격하게 되었을 때 나는 결코 아무런 죄의식을 느끼지 않았다."고 고백했다.

【사례2】 일본은 태평양 전쟁 말기 연료가 부족해지자 가미카제 특공대라고 불리는 자살 특공대를 조직하여 미군의 전함을 공격하였다. 가미카제 특공대는 비행기에 공격지로 이동할 만큼만 연료를 넣고 가서 싸우다가 연료가 떨어지면 비행기를 폭탄 삼아 적의 전함을 향해 돌진하여 "천황폐하 만세"를 외치며 자살 공격을 감행했다.

【사례3】 태평양의 사이판 섬에는 만세절벽과 자살절벽이 있다. 태평양 전쟁 말기인 1944년 6~7월에 사이판에서는 미군과 일본군 사이에 치열한 전투가 벌어졌다. 그런데 전투에서 일본 측의 패색이 짙어지자, 많은 일본 군인과 민간인들은 미군의 투항 권고에도 불구하고 두 절벽에서 투신자살을 했다. 만세 절벽에서는 일본의 노인과 부녀자 1,000여 명이 "덴노헤이카 반자이(천황폐하 만세)"를 외치며 투신했다고 한다.

3. "야수를 상대해야 할 때는 야수를 야수로서 취급해야 합니다."라는 트루먼의 주장 처럼 미국의 원폭 투하는 정당했나?

4. 히로시마 원폭 투하로 조선인이 입은 피해는 누가 책임을 져야 할까?

5. 만화 《맨발의 겐》(나카자와 케이지)을 읽고 독후감을 써보자.

6. 《1945 히로시마》(존 허시)를 읽고 독후감을 써보자.

활동과제

각 수업안에 대한 학습을 마치고, 전체 주제를 정리하는 활동이나 과제를 제시하는 코너. 토론이나 모둠 활동과 같이 배움 중심 수업에 해당하는 활동이나 해당 주제와 관련한 프로젝트 학습 등 학습을 심화하는 다양한 층위의 과제가 제시된다.

활동 과제

1. 오늘 학습한 내용을 토대로 아래 빈칸을 채우세요.

유대인 학살, 난징대학살, 후방 공습과 원폭 투하 등은 다음과 같은 공통점을 가지고 있다. 첫째, _____ 속에서 나타난 폭력이다. 둘째, 개인이 아닌 _____(공권력)의 이름으로 자행된 폭력이다. 셋째, 권력이나 무기를 가진 _____가 힘없고 자신을 보호할 방법이 없는 _____에게 가한 폭력이다. 이러한 폭력은 국가주의와 _____의 편견이 전쟁 과정에서 증폭되었거나, 인간을 단지 전쟁의 승패를 위한 _____로 인식함으로써 나타난 현상이었다. 그리고 그 결과 인권이 유린되고 인간의 _____이 파괴되는 결과를 낳았다.

2. ⊏탐구 과제⊐의 질문 중에 하나를 골라 조별 토론을 하고, 그 결과를 발표해보자.

3. 아래 제시된 세 가지 중에 하나를 골라 과제를 수행하세요. (수행 과제)

1) '제노사이드를 고발한다'를 주제로 역사 패널(전시 패널) 만들기(구체적인 제작 방법은 별도 안내물 참고)

2) 논술 과제 : 학습지에 제시되지 않은 제노사이드 사례를 3개 이상 조사해서 정리하고, 학습지 내용과 조사 내용을 토대로 더 이상의 제노사이드를 막고 인권과 평화가 보장되는 세상을 만들기 위해 인류가 무엇을 해야 할지 논술하시오. (제노사이드 사례는 아래 표를 참고할 것)

20세기 제노사이드 사례

시기	장소	가해자	희생자	전쟁
1915~16	터키	오스만제국	아르메니아인	1차대전
1932~33	소련	소련	우크라이나인	×(농업집단화)
1933~45	유럽	독일	유대인	2차대전
1939~45	유럽	독일	집시	2차대전
1941~44	소련	소련	독일계/체첸계 등	2차대전
1950-현재	티베트	중국	티베트인	×(침략, 강압통치)
1965-66	인니	인도네시아	공산주의자 등	×(정정불안정)
1967-70	비아프라	나이제리아	이보 부족 등	내전
1971	방글라데시	파키스탄	방글라데시인	독립전쟁
1972	부룬디	투치족	후투족	×(정정불안정)
1975-79	캄보디아	크메르루주	캄보디아인, 화교, 베트남인 등	×(내전, 국제전)
1975-99	동티모르	인도네시아	동티모르인/화교	×(침략/저항)
1983-현재	수단	수단	딩카족	내전
1992-95	보스니아	세르비아	이슬람교도	내전
1994	르완다	후투족	투치족	내전

3) 학습지 ⊏탐구 과제⊐에서 독서 활동과 관련된 것을 하나 골라서 책을 읽고 독후감을 쓰세요.

수행평가 과제

역 사 패 널 만 들 기

1. 대주제 : 20세기 '전쟁의 폭력'을 고발한다!

2. 과 제 : 다음 주제 중에 하나를 선택하여 **전시용 패널**을 만든다

① 홀로코스트 : 제2차 세계대전 시기 인종주의를 앞세운 나치의 유대인 학살
② 난징대학살 : 1937년 난징에서 벌어진 일본군의 중국 민간인 학살
③ 원폭 투하 : 나가사키와 히로시마에 투하된 원자폭탄의 참상과 교훈
④ 공중 폭격 : 2차 대전을 전후한 시기에 이루어진 도시와 민간인에 대한 무차별 폭격

3. 제작 방법

1) **2인 1조** 또는 **개인별**로 제작(**팀 구성은 자유**)

2) **역사패널 구성**은 아래와 같이 한다.

　① **4절지 도화지 한쪽 면만 사용**한다.

　② 역사패널 위쪽에 주제 **명칭** 및 **작성자의 학번**과 **이름**을 적는다.

　③ 역사패널에는 주제와 관련된 **설명, 사진, 그림, 도표, 그래프** 등을 고루 배치하고 사진·그림·도표·그래프에는 반드시 해설을 달아준다. 사건을 처음 접하는 사람들도 관련 사실을 쉽고 명료하게 파악할 수 있도록 내용을 구성한다.

　④ 전쟁 과정에서 자행된 폭력을 사실적으로 고발하면서도 인권과 평화, 그리고 공존의 소중함을 느낄 수 있도록 내용을 구성한다.

　⑤ 패널 하단부에 **제작 소감**을 적는다.

　⑥ 관련 서적이나 인터넷 검색을 통해 정보를 얻되, 인터넷 검색의 경우 정확한 사실인지 반드시 확인한다.

4. 평가 점수 : 2학기말 수행평가 **10점** 반영

5. 제출 일자 : ＿＿＿월 ＿＿＿일(＿＿＿요일)

앞서 언급한 것처럼, 제시된 사례에는 전체 주제와 관련된 각각의 '자료' 꼭지가 독립적으로 배치되는데, 자료의 형태는 학생들이 읽기 쉽게 가공한 텍스트나 인용 글, 도표나 사진, 사료 등 다양할 수 있다. 또한 각각의 자료 꼭지마다 '탐구 과제'가 배치되는데, 간단한 발문부터 논쟁적인 글쓰기 주제에 이르기까지 다양한 형태의 과제가 자료글과 연계돼 제시된다.

'자료 4: 원폭 투하 그리고…'에서는 민간인 대상의 공중 폭격이나 미국 원폭 투하의 정당성 여부에 대해 질문을 던지고 그 근거를 학생 스스로 제시하도록 하고 있다. 본 수업을 구안한 K 교사는 해당 주제의 실제 수업을 통해서 얻은, "야수를 상대해야 할 때는 야수를 야수로서 취급해야 합니다"라는 트루먼의 주장처럼 '미국의 원폭 투하는 정당했나?'라는 질문에 대한 학생들의 흥미로운 답변을 소개했다. 아마 대부분의 교사들이 기대하는 모범 답안이 있다면 아래와 같은 것이리라.

민간인 대상의 공중 폭격이나 미국의 원폭 투하는 부당하다. 일본인의 전쟁 방식이 잔인하다고 해서 아무런 잘못 없는 민간인이 희생당하는 것은 잘못이다. 진주만 공격 등과 같은 일도 결국에는 민간인이 아닌 국가가 조장한 일이고, 그 대가를 아무것도 모르는 무고한 민간인이 치르기에는 부당한 면이 없지 않다고 본다.

– 중학교 3학년 박○○

그러나 세상에 '모범 답변'만 있는 건 아니다. 이런 답도 나왔다.

민간인 대상의 공중 폭격이나 미국의 원폭 투하는 정당하다. 그저 일본군 고위급 간부 몇 명만 죽인다 해도 일본은 학살을 멈추지 않을 테고 줄어든 인력을 보충하기 위

해 시민들에게 더욱 주입식 교육으로 살인의 죄책감을 무디게 만들어 또 다른 학살
을 반복할 테니 차라리 그 씨앗을 없애버리는 게 낫다고 판단한 것이다.

― 중학교 3학년 서○○

두 답은 공중 폭격이나 원폭 투하를 둘러싼 논쟁의 양편을 보여준다. 분명 이
답들이 수업의 종착역은 아닐 것이다. 그것은 출발점이어야 하며, 역사토론이나
논쟁도 여기서부터 본격적으로 시작될 수 있다. 이제 진짜 역사공부가 시작되는
것이며, 우리가 머리 아프게 역사수업을 고민하는 것도 과거를 '성찰'하고 '논쟁'
하는 수업을 상상하기 위한 것이다. 그러나 K 교사의 고백에 따르면 현실은 그렇
지 못했다. 여기서 멈춘 것이다. K 교사 역시 진도에 짓눌려 있었다. 그러나 미래
에는 두 답을 놓고 교실에서 치열한 논쟁이 벌어지는 모습을 상상해본다.

3) 더 깊게 들어가고 새롭게 발굴하기

일련의 공부와 연구를 통해 만들어진 사초 모임의 수업안은 크게 2가지 층위로
구분된다. 첫 번째는 기존 교과서에서 다룬 소재에 한걸음 더 깊이 들어가는 방식
이다. 이는 단순한 사실의 나열이 아니라 인권, 민주주의, 평화의 가치를 심도 있
게 탐구할 수 있는 구성을 지향한다. 이를테면 '프랑스혁명과 근대 인권'(영역: 민
주주의)은 혁명의 전개과정을 나열하는 데 치중하고 있는 교과서 내러티브를 넘
어서려는 시도다. 이 수업안에서 프랑스혁명은 근대 인권의 가치들을 제도화한
민주주의적 실천 과정으로 해석된다. 이에 따라 로베스피에르가 주도한 공포정
치의 폭력성을 혁명의 핵심 이념인 인권에 비춰 비판적으로 성찰하려고 노력했으
며, '민주공화국 프랑스'의 식민지에서 일어난 아이티 혁명의 사례를 함께 탐구해
보편적 인권의 실현을 둘러싸고 벌어진 프랑스혁명의 갈등과 지향을 더욱 또렷이

드러내고자 했다.

또 다른 주제인 '산업혁명의 그림자, 영국 아동노동 잔혹사'(영역: 인권)에서는 산업혁명기 아동노동의 문제를 심층적으로 고찰해 산업혁명이 남긴 '문제'에 성찰적으로 접근하고, 아동노동 문제를 단편적 현상이 아니라 '자본주의의 그늘'이라는 구조적 차원에서 접근하고자 했다. 또한 당시 영국 내에서 노동 인권과 공장법 제정을 둘러싸고 벌어진 논쟁을 탐구해 산업화와 노동 인권의 일반적인 상관관계—대체로 반비례인 관계—를 확인하고 지금도 기계화의 진전에 따라 형태를 달리해 반복되는 노동문제의 해결책을 생각해보는 계기로 삼고자 했다.

이렇듯 '한걸음 더 깊이 들어가는' 구성 방식은 가치 탐구 중심의 대안적 내러티브를 지향한다. '십자군 전쟁과 평화의 길'(영역: 평화)의 경우가 대표적인 예다. 십자군 전쟁은 중학교 2학년 역사의 서양 중세 단원에 등장하는 내용 요소로 교과서에서 꽤 비중 있게 취급된다. 그러나 교과서의 십자군 전쟁 서술은 시대적 맥락이 없는 무미건조한 사건의 전개과정에 그친다. 해당 수업안은 십자군 전쟁을 기존과 다른 문법으로 접근한다.

먼저 십자군 전쟁을 유럽인의 눈으로만이 아니라 이슬람인의 눈으로도 균형 있게 살펴보고자 한다. 그러나 더 중요한 것은 갈등의 원인과 과정 묘사에 치중했던 기존의 서사와 다르게 갈등의 평화적 해결 노력, 즉 프리드리히 2세(기독교 측)와 알 카밀(이슬람 측)이 대화와 타협을 통해 예루살렘 문제를 평화적으로 해결하려고 노력한 사실에 주목한 것이다. 해당 사실은 재구성 방안을 고민하면서 교사가 직접 발굴해 선정한 내용 요소다. 비록 대화와 타협으로 만들어진 평화가 오래가진 못했지만, 대립과 갈등으로만 묘사되는 십자군 전쟁사에서 공존과 화합의 지혜를 발휘하려 했던 사례를 발굴해 아이들과 이야기 나누며 평화의 가능성을 상상해볼 수 있는 기회를 제공했다는 점에서 큰 의미가 있다.

두 번째 층위는 기존 교과서에서는 다루지 않거나 재조명할 만한 새로운 수업 주제를 다루는 것이다(다음 표 참조). 그 점에서 '미국에서 흑인은 어떻게 시민이 됐나?'(영역: 인권)는 단연 돋보인다. 지금까지 세계사 교과서 속에서 '흑인'은 역사의 주체가 되지 못했다. 인종차별에 따른 고통과 피해를 이야기하더라도 흑인들은 항상 '수동적' 존재이거나 '동정의 대상'으로만 취급됐다. 해당 수업안은 이를 극복하기 위해 먼저 흑백 차별과 관련된 미국 역사를 정리한 후, 인종차별에

구분 \ 수업주제	영역: 인권 미국에서 흑인은 어떻게 시민이 됐나?	영역: 평화 난민 문제의 해결과 평화의 길
'생각열기' 및 '개관하기'	미국사 내 흑백 차별과 갈등의 문제를 역사적 맥락으로 살펴볼 것을 제안	꼬마 '쿠르디'의 비극을 도입으로 다뤄 난민 문제에 대한 관심을 환기
'자료'의 구성	자료 1: 노예제의 시작과 삼각무역 자료 2: 독립전쟁과 노예제 자료 3: 남북전쟁과 노예해방 　　　 그리고 재건기 자료 4: 짐 크로 시기, 　　　 다시 찾아온 암흑기 자료 5: 종전 후 사회 변화와 　　　 브라운 판결 자료 6: 로자 파크스와 　　　 버스 보이콧 운동 자료 7: 마틴 루서 킹과 맬컴 엑스 자료 8: '위대한' 흑인들 자료 9: 오늘날 현존하는 　　　 흑백 차별 문제 　　　 (흑인 대량 투옥 문제)	자료 1~2: 난민의 정의와 현황 자료 3~6: 대량 난민 발생 사례 　　　 (시리아, 아프가니스탄, 　　　 소말리아 내전, 콜롬비아 　　　 내전 등) 자료 7~9: 난민의 생애사 사례 　　　 (캐나다 트뤼도 내각의 　　　 난민 출신 장관, 　　　 영국의 육상 스타 모 파라, 　　　 어린이와 여성 난민 등) 자료 10: 유럽에 부는 반(反)난민 정서 자료 11~12: 역사 속 난민, 　　　 우리 안의 난민 　　　 (난민 출신 국제적 인물, 　　　 한국 거주 난민) 자료 13: 국제 문제로서 　　　 오늘날 난민 문제
'활동과제'	미국 흑백 차별 역사에 대한 종합적 탐구(역사적 평가 및 문제 해결 방안 제시 등)	모둠 활동 및 제작 학습: 난민 문제 알리기 팸플릿 만들기

맞서 싸웠던 흑인들의 주체적 실천과 행위에 초점을 맞춰 인종차별의 폐지와 흑인 인권의 확대 과정을 다뤘다. 이런 주제는 선행 연구 사례가 전혀 없고 기초적인 자료 정리와 내러티브 구성조차 미비해 실제 수업에 대한 구체적 고민보다는 기본적인 내용 정리와 적절한 학습 요소의 추출이 선결 과제이자 핵심 과제가 될 수밖에 없었다.

'난민 문제의 해결과 평화의 길'(영역: 평화)은 기존 교과서에서 다루지 않은 국제 난민 문제의 역사를 평화사라는 관점에서 재구성한 사례다. 난민 문제에 대한 다양한 국제적 이슈를 다루는 것은 물론, 그 역사성을 시계열성에 맞게 따라 올라가면서 평화 구축의 가능성을 다루고자 했다.

이외에도 수업 주제 '역사적 맥락에서 세계인권선언 다시 보기'(영역: 인권)는 1948년 국제연합총회에서 채택된 세계인권선언을 입체적으로 들여다봤다는 점에서 의미가 있었다. 세계인권선언이 나오게 된 배경과 그 역사적 가치를 다루는 것은 물론, 학생과 교사가 세계인권선언 텍스트 속에 활자화된 역사적 맥락을 탐구할 수 있는 기회를 제공했다. 말 그대로 '인권의 세계사'로, '인권'을 키워드로 세계사를 새롭게 정리했다는 점에서 의미가 있다.

4. 맺음말: 희망의 세계사를 꿈꾸며

지면 관계상 소개하지 못한 연구 과제가 있다. 미처 소개하지 못한 것들도 새로운 방향에서 인권, 민주주의, 평화라는 프리즘으로 세계사를 다채롭고 깊이 있게 접근해야 한다는 문제의식은 동일했다. 어찌 보면 '새로운 것에 대한 시도와 도전은 결과물의 완성도와 별개로 그 자체가 일정한 결과이자 완성'이라는 호기를 부리면서 '겁 없이' 도전했다고도 볼 수 있다.

세계사 수업은 각국사의 총합이기 쉽고, 그러다 보니 구조적으로 나열식 수업에 머무를 가능성이 높으며, 이는 곧 아이들과 교사를 수많은 사실(史實) 속에서 길을 잃게 만든다. 그렇다면 인권, 민주주의, 평화를 중심으로 하는 재구성은 새로운 세계사 수업의 가능성을 얼마나 보여준 것일까? 이런 자문에 대해 우리 스스로도 명확한 자답을 내릴 자신이 없다. 새로운 시도에 급급하고 공부량이 부족해서 우리의 작업 자체를 객관적으로 조망할 여유는 없었기 때문이다. 다만 이번 프로젝트를 통해 '아이들이 세계사에 의미 있게 접근할 수 있는 가능성'을 확인하게 됐다. 또 이런 시도가 어느 단위에서도 이뤄진 적 없는 최초의 것이었다는 점에서 자부심을 갖고 싶다. 프로젝트를 마치고 소감을 나누는 자리에서 다음과 같은 이야기가 오갔다.

> "세계사 수업에 대해 넓은 '범위'에서 관심을 가져야 하고 깊이 있는 '수준'에서 고민해야 한다는 것은 진작 생각했지만, 이번 경험을 통해서 느낀 게 있어요. 그 범위와 수준이 향해야 할 방향이라고 할까요? 세계사라는 큰 바다 위를 항해해야 하는 역사수업이라는 배를 움직이는 방향타로 '인권, 민주주의, 평화'를 알게 된 것 같아서 좋았어요."

> "방대하고 나열되기 쉬운 세계사 수업이 뚜렷한 문제의식을 토대로 새로워지면서 교사도 학생도 큰 도움을 받은 것 같아요. 교사는 '각국사의 총합'을 유의미한 세계사 수업으로 바꿀 수 있게 됐고, 학생들도 세계사를 배울 이유를 뚜렷하게 알 수 있게 된 것 같아요."

"전공자들이 좀 더 수업 속에서 활용할 수 있는 내용 요소를 더 많이 발굴해 주었으면 좋겠어요. 교과서 속에 담긴 내용과 관점 이외에 활용할 만한 새로운 연구 성과가 너무 부족해요."

"우리 수업안을 실제로 활용하고 도입하려면 세계사 수업과 관련한 시수가 더 늘어날 필요가 있다고 생각해요. 중학교의 경우 세계사 수업은 뒷전으로 밀리기 쉬운 게 현실이잖아요. 토론하고 자료를 탐구할 시간이 너무 부족해요."

"재구성안을 만들면서 역사교사들 스스로도 세계사에 대한 공부가 많이 부족하다는 생각을 했어요. 역사적 사실에 대한 이해는 물론이고 세계사를 보는 관점도 생각보다 한정적이라는 생각이 들었어요."

"연구는 학자들의 몫이지만 결국 세계사 수업과 관련한 새로운 수업 내러티브를 만드는 건 우리 역사교사의 몫이라는 생각이에요. 그러기 위해 역사과 교육과정도 이러한 재구성 사례의 탄생을 촉진하기 위해 교사들에게 믿음과 자유를 좀 더 주었으면 좋겠어요."

이러한 고민들은 그동안 많은 역사교사들이 한 번쯤은 생각해봤음직한 것들이다. 반드시 학계와 교육 당국이 검토해야 할 것들이지만, 그 '조건' 속에 마냥 갇힐 수는 없는 것이 실천가들의 운명이다. 역사수업의 변화에 관한 학교 현장 속 실천가, 즉 역사교사들이 직면하고 해결해야 하는 문제인 것이다. 많은 제약 속에서 역사교사들은 부단히 고민하고 노력할 것이다. 아이들이 이유도 모른 채 세계사를 무조건 암기해야 할 지식 덩어리로 여기게 하고 싶지 않기 때문이리라.

아이들이 세계사 수업을 통해 우리가 추구했던 문제의식을 공유하고, 인권, 민주주의, 평화에 대해 나름의 질문과 답변을 거듭하면서 민주시민과 세계시민으로 성장할 수 있다면 우리의 상상도 현실이 될 것이다. 그러기 위해선 역사교사들의 수업이 현재에 머물지 않고 부단히 미래를 향해 나아가야 한다.

마지막으로 한 학생의 답변을 통해 역사 속에서 인권, 민주주의, 평화와 같은 가치들이 도덕적 당위가 아니라 논쟁적이고 실천적 과제이며, 그것이 역사수업을 통해 중요하게 탐구돼야 할 주제임을 다시 한번 강조한다. K 교사는 '전쟁과 제노사이드' 수업에서 "제노사이드를 막을 방법은 무엇일까?"라는 질문을 던졌는데, 한 학생이 다음과 같이 답변했다.

제노사이드는 전쟁에서 파생된 또 다른 형태의 전쟁이라고 본다. 어떤 한 국가가 항복이나 몰살 위기에 처할 때쯤이야 끝나는 이 전쟁을 빠른 시간에 끝내기 위해 제노사이드가 생기는 것이고, 이 제노사이드를 막을 방법은 사실상 없다고 본다. 전쟁을 하면 기본 옵션으로 따라오니 말이다. 막을 방법이라고는 전쟁을 하지 않는 것인데 이게 가능하기나 한가?

– 중학교 3학년 서○○

우리의 역사수업은 이처럼 현실에 대한 예리한 통찰을 담고 있으나 냉소적이고 비관적 전망에 대해 어떤 답변을 준비해야 할까? 세상은 꿈꾸는 만큼 변한다고 한다. 역사수업을 통해 '인권이 보장되고 민주주의가 실현되는 평화로운 미래'를 상상할 수 있도록 사초 모임만이 아니라 모든 역사교사들이 함께 머리를 맞대며 끙끙대는 그날을 그려본다.

1 　'사초'는 2015년 9월에 서울과 경기 일대 중학교에 근무하는 교사들이 결성한 수업연구모임이다. 경력도 다양하고 삶에 대한 방식과 의지도 다채로운 역사교사들이 여기서 수업을 고민한다. 거창한 '연구'보다는 편안한 넋두리가 허용되고 수용되는 공동체라고 할 수 있다. 사초라는 이름에는 다양한 의미가 담겨 있다. 역사를 처음 가르치고[史初], 아이들을 역사의 세계로 초대하고[史招], 그러나 그게 쉽지 않아 역사 때문에 애태우고[史焦], 그래도 역사적 사실에 기초해 진실을 가르치며[史草] 역사수업의 정신이 더 높은 경지에 이르러[史超], 우리 역사의 초석이 될 것이라 믿는다[史礎]는 뜻이다.

2 　유럽, 동아시아, 서아시아 등 문명권 단위의 지역 세계를 말한다.

3 　김육훈, 「민주주의, 인권 그리고 세계사 교육」, 『역사와 교육』 6, 2012.

4 　모니크 아벨라르, 『한국의 학생, 교사, 시민이 함께 읽는 프랑스 경제사회 통합 교과서』, 휴머니스트, 2010.

김민정 ┃ 서울 금호고등학교 교사. 전국역사교사모임 내 토론 수업 모임(논쟁적 역사수업 연구모임)과 서울 새내기 역사교사 모임 '사연'에서 활동하고 있다. '성찰'하는 역사수업을 고민하고 있으며 국가 폭력과 베트남 전쟁 시기 민간인 학살 문제에 관심이 많다. seoulhistory2015@gmail.com

윤종배 ┃ 서울 중평중학교 교사. 전국역사교사모임 회장을 지냈으며, 역사교육연구소 부소장을 맡고 있다. 역사를 역사답게 가르치는 데 관심이 많고 배움 중심 수업에도 공을 들이고 있다.『살아있는 역사교과서』시리즈 개발에 참여하였고, 역사수업에 대한 교사들의 고민을 나누기 위해『나의 역사수업』,『신나는 국사시간』,『역사수업의 길을 묻다』를 지었다. sunpine@hanmail.net

김종훈 ┃ 서울 구암고등학교 교사. 오랫동안 중학교 교사로 살다가 2018년 고등학교로 자리를 옮겼다. 책에 실린 글은 중학교 역사 선생을 마감하면서 쓴 일종의 반성문이다. 현재는 국가와 민족의 틀을 넘어서서 동아시아 차원에서 조망하는 역사수업의 재구성을 고민하고 있다. 지은 책으로『역사, 무엇을, 어떻게 가르칠까』,『아이들에게 역사를 어떻게 가르칠까』,『읽는 역사, 쓰는 역사』(전국역사교사모임 수업자료집)가 있다. hun309@hanmail.net

Ⅲ. 역사교사의 수업 성장과 수업 성찰

초보교사와 경력교사의 대담을 통해 참신함과 열정, 꾸준함과 경험이 어우러져

함께 더 나은 수업을 도모하는 모습을 볼 수 있으며, 객관적 기록을 토대로 학생

의 배움을 의식하면서 수업을 진단해야 섣부른 오해와 이해 사이에 갇히지 않고

제대로 성찰할 수 있음을 환기한다.

+ 두 교사의 '사연' 있는 수업 성장기
+ 역사수업에서 이해와 오해 사이

두 교사의 '사연' 있는 수업 성장기

서울 금호고등학교 **김민정**　서울 중평중학교 **윤종배**

1. 머리말: 3년 대 30년

　여기 두 교사가 있다. 그들은 '사연이 있는' 관계이며, '사연에 있는 처지'다. 우리는 두 역사교사의 3년과 30년의 수업 생애를 들여다보면서 교직 초반의 열정과 생동감을 되새기고, 경력 교사의 꾸준함과 고민의 궤적을 살펴보게 될 것이다.

　3년 차 교사와 30년 차 교사 간 수업 능력치는 실제 10배 정도 차이가 날까? 새내기 교사는 아무리 애를 써도 학교에 나와 보지 않으면 알 수 없거나 부딪치며 깨우치는 부분이 있기에 쉽사리 세월의 강을 건너지 못한다. 30년 정도 되는 경력 교사는 모든 것이 익숙하다 못해 지루하고, 학생들과의 소통도, 그에 따른 설렘도 예전만 못하다. 몸도 마음도 힘겹고, 명퇴를 떠올리는 지경이 되면 교사로서 자존감도 지키기가 어렵다.

　그럼에도 교사의 수업 능력치는 시간의 흐름 속에 꾸준히 열정을 불 지피고 수업에 대한 고민을 더해 빚은 것이므로 짧은 기간에도 눈부시게 성장할 수 있고,

긴 세월 동안 제자리걸음을 할 수도 있는 것이다. 따라서 3년 차, 30년 차의 구분은 크게 의미가 없다.

앞서 말한 이들의 사연은 대체 뭘까? 2015년 1월, 한 사람은 신규교사 임용 시험의 응시자로, 또 한 사람은 면접관으로 조우했다. 까다롭고 힘든 질문에 훌륭한 대답을 내놓은 응시자는 합격했고, 이후 두 사람은 전국역사교사모임에서 다시 만나게 됐다. 수시로 수업컨설팅이나 수업실천대회 등에서 만나 긴밀하게 협의할 일이 많았다. 서로 가르치고 배우는 사이가 된 것이다.

그들이 사연에 있다는 건 또 무슨 말인가? 같은 연구모임에 있다는 뜻이다. 전국역사교사모임 안에 서울 지역 교사들을 중심으로 2016년에 역사수업 연구모임이 꾸려졌다. 전국역사교사모임 창립 이래 같은 명칭을 쓴 팀이 여럿 있다 보니 새로운 이름을 만들까 하다가 전통을 따르되 약칭으로 '사연'이라 부르기로 했다. 이 글은 두 역사교사의 치열함이 만나 역사수업을 더 넓게 더 깊이 펼쳐내는 사례로 보면 좋을 것이다.

2. 초보 교사와 경력 교사의 대화

"오늘도 제기동 가?"

학교만큼 자주 출근 도장을 찍으러 가는 곳이 전국역사교사모임 서울 제기동 사무실이다. 각종 역사연수나 수업 모임이 진행되는, 역사교사에게 아주 의미 있는 공간이자 전국역사교사모임 교사들의 피, 땀, 눈물로 만들어진 소중한 공간임에 반해 가족과 친한 지인에게는 미움과 질투의 대상이 되기도 한다.

대담하러 만난 날, 사무실 건물 옥상에 불이 나 하마터면 우리의 소중한 공간이 큰 화를 입을 뻔했다. 그동안 때때로 피곤하다고 느끼며 제기동에 갔던 것을 반성

하게 됐고, 다른 한편으로는 지금 독자들이 읽고 있는 이 책이 대박 날 조짐이라고 생각했다. 평일 저녁, 불과 몇 시간 전까지만 해도 사무실 건물에 불이 나 소방차가 출동한 '사연' 있는 날에 제기동으로 제2의 출근을 한 선후배 교사가 서로의 '수업 생애'를 이야기하기 위해 마주 앉았다.

1) 탄생기: 저마다 시작은 다르지만

윤종배 선생님은 여러 차례 도전해서 힘들게 교직에 입문했습니다. 좌절감도 컸을 것이고, 포기하고 싶은 마음도 있었을 텐데 그래도 끝끝내 선생님을 교직으로 이끈 꿈이나 소신, 열정 같은 것들이 있었나요?

김민정 네. 저는 7전 8기 끝에 교사가 됐습니다. 그중 최종 관문까지는 4번을 갔고요. 사실 거창한 신념은 없었어요. 그냥 고등학교 다닐 때부터 대학교에 진학한 후까지 제가 가장 잘 할 수 있는 일은 역사교사라고 생각했습니다. 역사 내용을 많이 알아서도 아니고, 잘 가르치는 방법을 많이 알아서도 아니지만, 아이들을 좋아하는 마음을 가지고 최선을 다할 수 있을 것 같았어요. 그 꿈을 이루기 위해서 매 순간 노력했는데 그 노력이 조금 부족했거나 운이 안 따라주었을 때가 있었습니다. 그때마다 저 자신을 다독이고 주위 분들의 응원을 받으며 계속 이 꿈을 이루기 위해 노력했습니다.

윤종배 그래도 교직을 떠올릴 때 생각나는 선생님이나 역사에 대한 남다른 호기심과 관심이 있지 않았나요?

김민정 어렸을 때부터 사회문제에 관심이 많았고, 역사책 보는 걸 좋아했어요. 중·고등학교 때 담임선생님들 담당 과목이 거의 사회과라서 은연중에 영향을 많이 받았습니다. 특히 고등학교 2학년 때 담임선생님이 역사선생님이셨는데요. 사실을 암기하게 하지 않고, 이야기식으로 이해하기 쉽게 설명해주셨어요. 사료학습을 많이 했는데 제가 중요한 키워드를 잘 찾아내면 선생님께서 저를 막 칭찬해주셨지요. '나는 역사 천재인가'라는 착각에 빠질 정도였어요. 사회는 제도가 많아 가르치기 어려울 것 같은데 역사는 인간의 이야기로 다가가며 재미있게 잘 가르칠 수 있을 것 같아서 역사교육과에 진학했습니다. 대학에 가서도 역사공부는 쉽지 않았지만 알면 알수록 재미있었고, 역사를 가르치는 방법을 다양하게 모색하면서 역사교사라는 꿈을 더 크게 키웠습니다.

윤종배 선생님의 진지한 대답을 듣고 나니 저는 좀 민망한 이유로 교직을 택한 게 아닌가 싶네요. 중학교 2학년 때 교생 선생님이 수업에 들어오셨는데 그분이 너무 못 가르쳐서 내가 해도 저 정도는 하겠다는 시건방진 생각을 품었어요. 요즘 말로는 '근자감(근거 없는 자신감)'이죠. 중학교 졸업 무렵에 읽은 신문 기사도 제게 영향을 주었어요. 어떤 초등학교 여자 선생님이 육교 건너기가 귀찮아서 자기 아이를 데리고 무단횡단을 하다 사고가 날 뻔했다는 거예요. 그때 저는 '교육이 제대로 돼야 이 나라가 바로 선다'며 꽤 진지한 고민을 했더랬습니다.

저는 국민학교(현 초등학교) 4학년 때부터 한자투성이의 신문을 더듬더듬 읽으며 시사와 역사에 관심을 가졌는데, 중학교와 고등학교 때 역사선생님이 담임인 적이 많다 보니 역사를 더욱 좋아하게 되고 대학 가서도 공부하고 싶어졌어요. 우리 아버지는 초등학교만 졸업하시고 소싯적부터 운전을 하신 분이라 자식이 공무원이 되는 게 소원이셨는데 제가 교사가 되겠다고 하니 무척 좋아하셨어요. 다행히 학력고사(현 수능) 점수가 잘 나와 원하던 대학의 역사교육과에 들어가게 된 것입니다.

그런데 대학에 들어가서는 1980년대라는 상황 때문에 책으로 역사를 공부한 게 아니라 시위 현장에서 몸으로 익혔습니다. 그러다 보니 창피한 이야기지만 역사교육과의 핵심 과목인 '역사교육론' 성적이 F였어요. 그 수업 때마다 시위가 있었거든요. 4학년 때 재수강을 했는데 그때도 계속 시위가 있어서 D⁻를 받고 겨우 졸업했지요. 그럼에도 당시에는 학령인구가 늘고 학교도 증설되던 때라 제가 수월하게 발령을 받고 이렇게 교사 노릇을 하게 됐습니다.

민망함을 덜기 위해 한마디 덧붙일게요. 그때 사회과학과 역사철학을 공부하고, 거친 세상과 몸으로 부딪혔던 게 우리 사회를 넓고 깊게, 진지하게 보는 데 도움이 됐던 것 같아요. 소위 지식인의 역할을 고민하면서 역사를 공부하고 더 나은 내일을 여는 데 미력이나마 보태려는 삶의 방식을 제가 자연스럽게 선택하게 된 것 같습니다.

김민정 그때 그 세대가 부럽기도 해요. 맑스의 『자본론』 같은 기본적인 고전 도서를 풍부하게 읽으신 다음에 역사를 가르치시는 것이니까요. 웬만한 선배 교사들은 다 읽으셨더라고요. 저는 반대로 고전을 거의 읽지 않고, 임용 시험에 출제되는 필독서만 찾아 공부했거든요. 대학교 때 했던 공부의 깊이가 얕아 아쉬운 마음이 듭니다.

2) 아동기: 교사로서 첫걸음마

김민정 처음 발령받은 학교에서 다행히 3대가 덕을 쌓아야 할 수 있다는 비담임을 했어요. 대신 중학교 3학년 사회와 역사를 다 가르쳐야 했고, 특히 역사 같은 경우는 담당 선배 교사도 없이 한 학년을 끌어가야 해서 되게 부담이 컸습니다. 그래도 그때는 수업 연구를 나름 많이 했어요. 그런데 2년 차 교사가 되고 처음으로 담임을 맡으니까 담임 업무에 몰두한 나머지 수업은 작년 자료를 그대로 쓰고 활동도 그대로 하게 되더라고요. 비록 강의식 위주로 수업을 진행하지만, 학생들이 참여하는 것은 수행평가도 있으니 이것으로 만족하자는 자기 위안을 하면서 슬슬 타성에 젖어갔습니다. '처음 발령받고 3년 동안의 수업이 자기 수업 스타일을 결정짓는다'는 말도 들었는데 선생님의 초창기 수업은 어떤 모습이었나요?

문제의식은 있으나 내용 속에 잘 녹여내지 못했던

윤종배 초창기 저의 수업은 매우 부실했어요. 수업을 차분하게 풀어가야 하는데 의식만 굉장히 고양돼 있었죠. 교과서가 잘못됐다고 구절구절 비판만 했지 대안적인 내러티브가 없었어요. 또 근현대사를 가르칠 때는 거의 독립투사에 빙의해 열을 올렸습니다. 학생들은 제 얘기에 공감하기도 했지만, 그러지 못한 학생들도 있었을 텐데 제가 젊고 경험이 적다 보니 잘 감지하지 못했어요.

그 와중에 우스꽝스러운 해프닝이 있었어요. 경찰이 저를 찾아왔다는 거예요.

그때가 전두환 정권 막바지였는데 「독도는 우리 땅」이라는 노래가 왜 사실상 금지곡이 됐는가를 다룬 신문 칼럼을 보고 제가 강하게 비판했지요. 이 이야기를 어느 학생이 부모한테 옮기고 부모가 신고를 해서 경찰이 교장실에 찾아온 것이었어요. 지금 생각해보면 수업 내용과 연계되는 맥락에서 학생들이 잘 이해하게끔 설명했어야 하는데, 뜬금없이 그 신문 칼럼을 봤는데 열받았다는 식으로 혼자 흥분한 탓이죠. 제가 수업을 진지하게 고민하고 밀도 있게 풀어내지 못한 시절의 한 장면이 아니었나 싶습니다.

3) 성장기: 수업에 울고 웃고

윤종배 수업을 하다 보면 잘될 때도 있고 뒤통수가 몹시 따갑거나 마음이 헛헛할 때도 있습니다. 이건 교직 경력과 상관없이 매일매일 다르고 학급마다 다를 거라고 생각해요. 내가 수업을 이렇게 못하나 가슴 쳐야만 했던 망가진 수업이 있고, 또 거꾸로 내가 준비한 이야기를 충분히 잘 풀어내서 아이들하고 소통된다는 기쁨을 준 잘된 수업이 있을 것 같은데요. 지난 3년 동안 수업 중 일종의 워스트(Worst)와 베스트(Best) 수업을 꼽아본다면 어떤 것이 있을까요?

적어도 남의 죽음을 조롱하지 않고 진심이 통하는

김민정 '잘된' 수업은 사실 몇 개만 드문드문 기억나고요. '망했다'라는 것도 자기가 반성을 해야 알 수 있는 건데 수업을 반추하지 못하고 그냥 지나친 경우가 많았습니다.

수업하고 나서 제일 자괴감을 느낀 때는 시험을 앞두고 진도를 촉박하게 나간 때예요. 짧은 시간에 가르칠 내용이 너무 많으니까 저는 목이 아프고 아이들은 귀가 아픈 상황일 때가 가장 수업을 잘 못하고 있다는 생각이 들었어요. 또 내용 지식을 잘 몰랐던 신규교사 때였는데요. 우리나라의 광복을 극적으로 설명하려다 보니 미국이 원자폭탄을 터뜨려 일본이 패망하게 된 것을 마치 우리의 원수를 대신 갚아준 것처럼 설명했어요. 그 원자폭탄에 우리나라 사람들도 큰 피해를 입었고 국가와 상관없이 수많은 사람의 목숨을 앗아간 것 자체가 비극인데 그 행위를 너무 당연하게 가르친 것에 대해 뒤늦게 후회와 반성을 했습니다.

초임효과 덕분인지 학생들과의 관계가 원만한 편이어서 학생들은 제가 하고자 하는 수업에 최선을 다해주었습니다. 잘됐을 때라기보다 제일 기억에 남는 수업은 2015년 신규 첫해 컨설팅 장학 수업이에요. 학교 전체에서 관심을 많이 가져주셨는데 제가 '5·18 민주화운동'을 주제로 수업을 하겠다고 했어요. 그때가 한창 일간베스트('일베') 저장소 같은 사이트가 유행할 때였는데요. 5·18 희생자의 관 사진을 차마 입에 담지 못할 용어로 비하하는 글을 써서 게시판에 올렸다는 뉴스 기사를 보고 너무 충격을 받았거든요. 분명히 제가 가르치는 학생들 중에서도 그 사이트를 보는 학생들이 있을 텐데 이런 주장에 동조한다면 되게 끔찍하겠다는 생각을 했어요. 적어도 남의 죽음을 저렇게 조롱하는 일은 없었으면 좋겠다는 생각으로 5·18 민주화운동 수업을 준비했습니다. 주변에서 여러 이유로 우려하셨지만 밀고 나갔어요. 5·18기념재단에 자료를 요청하기도 했고 여러 도서관을 다니며 여행용 캐리어가 가득 차도록 책을 빌려 보았습니다. 광주 5·18민주묘지에도 직접 가보았어요. 엄청 많은 묘비가 있어서 죽음에 대해 무감각해질 것 같았는데 묘비에 새겨진 한 명 한 명의 이름과 열대여섯의 어린 청소년 희생자들을 보니 마음이 더 무너지더라고요. 그게 많이 마음에 와닿아서 아이들도 이걸 같이 느낄 수 있게끔 수업을 짜자고 마음먹었습니다. 학생들의 접근이 쉬운 『오늘은 5월 18일』이라는 그림 동화책을 찾았는데 그 이야기가 마침 가족의 이야기였고 등장인물 중 학생 신분의 누나가 있었어요. 5·18 민주화운동 당시 살았던 가족의 이야기가 담긴 책을 읽고 질문을 나눈 다음에 10대 희생자들을 주인공으로 하는 가족 이야기를 만들게 했고요. 실제로 학생들이 진짜 자기 가족의 이야기처럼 결과물을 만들어냈습니다. 첫해에는 만든 이야기만 발표했는데 두 번째 해에는 그 이야기를 만들면서 자기가 느꼈던 감정을 충분히 학생들끼리 나누게 했어요. 학생들이 제가 수업하는 의도를 잘 파악해주고 진심이 함께 통한다는 느낌을 받아서 그 수업이 가장 기억에 남습니다. 그리고 이 수업은 제가 앞으로 어떤 가치에 중점을 두고 수업을 구성해야 하는지 진지하게 고민하는 계기를 마련해준 것 같아요.

제일 좋아하고 잘하는 것을 열정적으로

윤종배 그 수업은 저도 컨설팅 장학 때 보고, 나중에 수업실천대회 때도 봤는데 '나라면 저렇게 할 수 있을까' 싶은 대단한 수업이었어요. 선생님이 차츰 진화하는 모습을 보고 선배로서 부끄럽고 미안하면서도 한편으로는 제가 선생님의 수업 구상에 한 가닥 거들었다는 면에서 약간의 뿌듯한 마음도 가졌습니다.

제 수업에서 잘된 것과 못된 것을 꼽아볼게요. 못된 걸로는 단연 저의 첫 연구수업입니다. 초창기라 수업에 몹시 서툴던 터에 '4월에 제일 먼저 연구수업을 하고 1년 내내 마음 편히 놀자'라는 마음으로 자원했죠. 문제는 그때가 교생들이 오는 시즌이었다는 거죠. 그나마도 학생들한테 아무런 사전 예고도 안 하고 곧장 연구수업을 진행했습니다. 교실 뒤편에 우리 학교 선생님에다가 교생까지 20명이 넘는 사람이 들어와 있으니까 저도 모르게 긴장해서 말이 빨라졌고, 학생들도 너무 조용했어요. 평소에는 젊은 선생님이라고 서로 농담도 주고받으면서 수업을 했는데, 학생들이 떠들지도, 질문하지도 않으니까 수업이 너무 빠르게 진행된 거죠. 제 딴에는 수업과 관련된 모든 걸 다 쏟아내서 이야기했는데 종칠 때까지 고

스란히 5분이 남았어요. 학생들에게 오늘 배운 내용을 다시 살펴보라고 지시를 하거나 순회 지도라도 해야 했는데 저는 아무것도 하지 않았어요. 아니 못 했어요. 심지어 가만히 서 있다가 뒤에 계신 참관 선생님들과 눈이 마주치니까 멋쩍어서 그냥 창밖을 물끄러미 봤어요. 거의 방송 사고에 가까운 일이었죠. 당시에는 멍한 상태로 그냥 시간이 흘러갔는데, 두고두고 너무너무 부끄럽더라고요.

　반면 가장 좋았던 수업을 꼽으라면 1992년에 했던 '통일신라 모의재판' 수업이 있어요. 제가 대학 때는 연극반 활동을 했기 때문에 역사와 접목해서 극화학습을 하고 싶다는 소망이 있었는데 실제로 해본 거죠. 당시 학생들의 반응이 매우 좋고 저도 준비하면서 재미있었어요. 그 대본은 여러 군데 소개가 됐고요. 전국역사교사모임에도 소개가 되는 바람에 극화학습에 대해 젊은 나이에 사례발표도 하게 됐죠. 그 뒤로도 극화학습을 파고들어서 역사뉴스도 하고, 퀴즈쇼 수업도 하고, 모의국회도 하고, 학예발표회도 했죠. 통일신라 모의재판은 저를 전국역사교사모임에 데뷔시킨 계기이기도 하고 교사로서 기존의 수업 방식을 극복하기 위해서 애쓴 첫걸음이기도 했습니다. 그런 의미에서 베스트라기보다는 임폴턴트(Important)라는 의미로 극화학습을 꼽을 수 있겠네요.

　김민정　선생님께서 가장 관심 있고 잘할 수 있는 분야를 수업과 접목해서 더 열정적일 수 있었던 것 같아요. 저도 제가 흥미 있고 잘하는 걸 찾아서 수업에 반영해야겠어요.

4) 사춘기: 나는 어떤 교사가 되고 싶은가

　김민정　제가 1년 만에 금방 나태해졌다고 이야기했는데요. 처음에는 주먹구구식으로 교과 내용에 맞는 방법만 생각해서 수업했어요. 그 작업을 한 번 해놓으니까 변화를 잘 안 하게 되더라고요. 1년 동안 제가 할 수업에 대한 철학을 정립하지 않았기 때문에 이렇게 매너리즘에 빠진 거라는 생각이 들었어요. 30년 동안 자기만의 방식으로 수업을 하시는 선배 선생님들의 수업 사례를 보고 되게 많은 감화를 받았습니다. 어떻게 저렇게 늘 열정적으로 학습지를 만들고 자기만의 교육철학을 가지며 아이들과 함께하실 수 있는지 놀라웠어요. 교사가 된 첫해에는 수업 '방법'에 대해서만 고민했다면 2년 차에 접어들 때부터는 저만의 수업 '철학'을 갖고 싶었던 것 같습니다. 실제로 저와 비슷한 또래 선생님들이 거의 같은 고민에 부딪히셨더라고요. 처음에는 수업 방법을 배우기 위해 여러 연수를 많이 쫓아다니다가 어느 순간부터는 방법만으로 해결할 수 없는 수업의 본질에 관해 생각하게 됐습니다. 그래서 선생님만의 교육철학이라든지 신념이 언제쯤 형성됐는지, 교사가 될 때부터 변함이 없었는지 아니면 계속 변화했기 때문에 수업 방법을 여러 가지로 시도하시는 건지 궁금했어요. 누구를 모방하는 수업이 아니라 나만의 수업 방식이 정착될 때까지는 얼마 정도의 시간이 필요한지가 궁금합니다.

윤종배 철학이라고 말하니까 조금 거창하게 느껴지는데 삶의 태도, 살아가는 방식, 학생들을 만나는 마음가짐, 동료들하고 협력하려는 마음씨라고 생각해요. 저의 수업 철학은 많은 과정을 겪으면서 성숙해졌는데, 특정한 계기가 있다기보다는 시대적 상황에 맞게 꾸준히 고민해온 결과라고 봅니다.

언젠가 '수업은 교사의 정신적 지문이다'라는 말을 들었을 때 전율이 왔어요. 철학과 성찰이 담긴 표현이라는 생각이 들었죠. 수업은 저마다의 삶이 묻어나고 교사의 소신이 담겨 있고 저마다의 해석이 있고, 교감이 있는 역동적이고 풍성한 과정이죠. 심지어는 같은 반이라도 과목마다 다르게 반응하듯이 또 같은 선생님이라도 반마다 다르잖아요. 그럼 학생한테는 수업이 무얼까 스스로 질문해보니 역사수업은 '성찰적인 질문'이라는 결론에 이르렀어요. 깨알지식이나 재미있는 이야기, 관심 가는 이야기 정도에 그치지 않고 자신과 역사와 사회를 돌아보게 만들고, 내다보는 것을 감당해야 한다는 거죠. 학생들에게 넘치지도 모자라지도 않게 내용을 잘 정돈해주고 학생들이 받아들일 수 있는 방식으로 운을 떼고 차근차근 풀어내고 예도 들어줘야 하죠. 이를 토대로 학생들이 직접적으로 활동도 하게끔 하고 그걸 마무리하면서 문제의식을 키우는 다양한 작업을 찬찬히 해내야 해요. 그러자면 어떤 때는 방법을 더 세련되게 하고 어떤 때는 철학을 바탕으로 한 생각을 꾸준히 견지해야 하지요. 그 과정을 고상하게 표현한다면 교사는 구도자 같은 사람이 아닌가 합니다. 자신을 완성시켜 가면서 학생들도 함께 성장시키는 작업에는 인내도 필요하고 사람에 대한 이해도 많이 필요하죠. 지금 눈앞에 보이는 나이 차이 많이 나는 학생들도 이해해야 하고 우리와 전혀 다른 세상을 살았던 과거의 인물도 이해해야 하는 부단한 공부의 과정이 아닌가 하는 생각도 한번 해 봤습니다.

김민정 그 '성찰'이 저도 요즘 생각하는 수업의 방향과 지향인데요. 요즘 학생들이 자기가 당한 억울한 일은 찾아와서 잘 말하고, 남의 잘못은 잘 지적하는데 정작 자신의 행동을 돌아보는 걸 잘 하지 못하더라고요. 우리 학교 선생님께서 친구 문제로 힘들어하는 학생에게 '오늘 집에 가서 쉬면서 네 마음을 잘 다독이고 너의 행동도 다시 한번 되돌아보렴' 하고 말씀하시는 걸 보고 학생들이 스스로 '성찰'할 수 있는 능력을 키우는 수업이 필요하다고 생각했어요. 자기 자신을 돌아볼 줄 아는 사람이 타인과 과거 사람도 이해할 수 있고 선생님이 말씀해주신 것처럼 바라볼 수 있고 내다볼 수도 있다고 생각합니다. 그런데 교사가 '성찰적인 질문'을 고민하며 만들고 그것을 학생과 주고받으며 수업하기란 진짜 어려운 것 같아요. 수업의 단계마다 세세하게 아이들에게 제시할 질문을 계속 설계해야 하고, 대답하는 아이들은 매번 달라지니까요.

윤종배 그래서 지금 직무연수를 듣고 있는데 제목이 뭐냐 하면 '철학이 있는 수업 기술'이에요. 교사의 수업 기술은 잔재주나 단순한 팁들이 아니라 수업의 물꼬를 트기도 하고 분위기를 바꿔주기도 하죠. 모둠 활동이 활발하게 진행되도록 안내하는 교사의 멘트나 학생을 지명하는 방법에도 다 철학이 깃들어 있어야 하는 거잖아요.

김민정 요즘에 교사연수도 모둠 활동식으로 많이 하잖아요. 저희는 이렇게 교육받지 않고 자랐는데 자꾸 활동을 시키고 저를 표현하라니까 되게 어색하고 머뭇거리게 되더라고요. 그리고 선생님의 '다 했나요?'라는 물음이 엄청 공포감을 준다는 것을 느꼈어요. 난 아직 준비가 안 돼있고 조금 더 고민할 시간이 필요한데 선생님께서 바로 발표를 시키시니 심장이 철렁거리기까지 하더라고요. 제가 평소에 자주 정해진 수업 시간에 쫓겨 '다 했니? 빨리 마무리하자'라고 말한 것을 반성했습니다. 수업을 듣는 학생의 관점에서 역지사지해보는 게 중요한 것 같아요. 학생뿐만 아니라 교사도 '성찰'이 필요한 것 같습니다.

5) 청년기: 혁신을 위한 노력

윤종배 선생님은 그 짧은 시간에 참 눈부신 성장을 했다고 생각해요. 누구보다도 열심히 배우러 다니고 모임에 참여하고 수업을 돌아보는 노력을 했다고 봅니다. 선생님은 이러한 자기 연찬 과정에 어떻게 의미를 부여하고 또 그것이 어떤 도움이 된다고 생각하는지 한번 이야기해볼까요.

혼자 가면 빨리 가지만 같이 가면 멀리 간다

김민정 주위 분들이 이제 공부가 지겹지 않냐고 많이 물어보시는데 공부는 하면 할수록 제가 부족하다는 걸 느끼게 해주는 것 같아요.

처음에는 최대한 교과 관련 연수를 많이 들으며 배우려고 했습니다. 특히 전국역사교사모임의 혜택을 많이 받았는데요. '새내기 연수'에서 유명하신 선생님들의 수업 팁을 많이 배웠고, 같은 처지의 새내기 선생님들과 이야기 나누는 서클 활동을 하면서 심적으로 많은 위안을 얻었습니다. '배움이 있는 역사수업 디자인하기 연수'에서도 역사선생님들과 모둠을 구성하고 협력해서 수업 자료를 만들고 공유하면서 수업을 함께 고민하는 즐거움과 보람을 느낄 수 있었어요. 혼자 하면 생각하지 못했을 것들을 많이 생각하게 되더라고요. 2016년 여름, 모임에서 '토론수업 워크숍'이 열렸는데 많은 선생님이 토론수업에 관심도 많고 해보고 싶은데 잘하는 방법을 몰라 고민하는 상태더라고요. 전국모임 집행부 선생님들의 노력으로 후속 모임이 만들어지고 그게 지금은 한 달에 한 번 정기적으로 모이는 '토론수업 모임'이 됐습니다. 서울 외에도 전라도 익산, 광주, 경기도에 계시는 선생님들이 소소하게 모여 편안하게 자기 수업 이야기를 나누고 조금씩 공부를 해나가는 모임이에요. 거창하게 무슨 작업을 하지 않아도 모여서 얼굴 보는 그 자체만으로 정말 힐링이 됩니다. 각종 연수에서 만난 인연이 모임으로 이어지는 경우가 많으니 새내기 선생님은 최대한 연수를 많이 듣고 여러 선생님과 교류하면 좋을 것 같아요.

그리고 교사가 된 이후 계절제 대학원에 입학했는데요. 가르치면 가르칠수록 '내가 잘 알고 가르치는 건가'라는 의문이 들고 교사 임용 전에 배운 지식만으로 안주하면 안 될 것 같아 대학원 공부를 시작했습니다. 저랑 비슷하게 경력이 3~5년 된 선생님들이 많이 다니는데 거의 같은 고민을 하고 오셨더라고요. 전국의 초·중·고등학교에 재직하고 있는 선생님들과 만나 공부하고 의견을 나누면서 저의 시야가 많이 넓어지고 있어요.

이런저런 모임을 많이 하다 보니 조금 지칠 때도 있는데 그걸 이겨내는 힘도 모임을 통해 많이 얻어 가요. 같이 공감해주고 위로해주는 것은 물론 제 머릿속에 떠돌기만 하던 수업 구상에 많은 분의 진심 어린 조언이 합쳐져서 만족스러운 수업을 할 때 정말 모임을 하는 보람을 느낀답니다.

선생님께서는 '밑 빠진 독'처럼 시간이 지나도 아는 것보다 모르는 게 훨씬 더 많다고 느껴지는 '역사'라는 전공을 선택한 것을 후회하지 않으시나요? 평생 공부해야 하잖아요. 선생님은 어떤 노력을 하며 발전하고 힘을 얻으셨는지 궁금합니다.

윤종배 후회는 하지 않는데 반성은 많이 합니다. 제가 잘 모르다 보니 단정적으로 특정한 사실을 진실인 양 이야기했는데 알고 보니 잘못 가르쳤을 때, 당시 제자들한테 너무 미안하죠. 그런 것들을 좀 메우려고 대학원에 간 건데 별반 도움이 되지는 않았어요. 오히려 같은 시기에 전국역사교사모임의 연구모임에 가입하면서 공부를 제대로 했어요. 당시 사료연구모임이라는 팀이 있었는데, 『사료로 보는 우리 역사 1, 2』를 내고 『한국사 새로 보기 1, 2』를 내는 등 꽤 많은 작업을 했어요. 우연한 기회에 그 팀에 들어가 공부를 하다 보니 부족한 한자 실력이지만 더듬더듬 원문 해석도 직접 하고 사료학습을 실천하면서 실질적인 도움을 많이 받았죠. 그걸 계기로 전국역사교사모임 집행부에 참여해 다양한 경험을 하게 됐고요. 특히 전국에서 역사교사가 모이는 자주연수는 큰 감명을 줬어요. 자주연수를 가보면 역사교사라면 공감할 수밖에 없는 애환도 있고, 지역마다 다 독특한 문화재와 그를 바탕으로 한 여러 가지 실천 사례도 보면서 시야가 넓어지죠. 그때는 3박 4일 동안 자주연수를 했는데 거의 잠을 안 잤어요. 낮에는 돌아다니고 밤에는 술 마시면서 서로 부대끼는 것이 너무 충만감을 주어서 방학 때마다 자주연수를 손꼽아 기다렸죠.

선생님은 새로 생긴 혁신고등학교로 옮겨서 1년을 보냈는데, 수업 면에서 이전 학교에 있을 때랑 달라진 점이 있나요? 변화가 있다면 어떤 점들인지 구체적으로 말해주었으면 좋겠네요.

김민정 2년 동안 정들었던 첫 발령 학교를 떠나서 신설 혁신고등학교의 개설 요원을 지원할 때 되게 많이 고민했어요. 그런 곳은 엄청 대단하신 분들만 가는 것 같았거든요. 저같이 경험 없는 교사가 잘할 수 있을까 망설여졌는데 와서 보니 제 또래 선생님도 많고 교육적 논의를 할 수 있는 시스템이 잘 갖춰져 있습니다. 학생들에 대한 정보를 수업 시간에만 얻는 게 아니라 매주 정기적인 학년부 교사 회의와 학기 말에는 비담임 선생님도 함께하는 확대협의회를 통해 다른 과목 수업 시간과 일상생활에서 보이는 학생들의 다양한 모습을 파악할 수 있었습니다. 업무 전달 회의가 아닌 학생 한 명 한 명의 현재 상태에 대해서 논의하고 같이 고민하는 과정을 통해서 학생들에 대한 이해가 가능해졌고, 그 이해를 바탕으로 학생들과 원활한 관계를 맺게 되면서 수업을 좀 더 잘 진행할 수 있었습니다. 또 모든 수업 시간에 디귿 자형으로 앉아 배움의 공동체 수업을 하는 게 기본이니까 학생들이 활동식 협력 수업에 대한 거부감을 별로 느끼지 않아 자연스럽게 진행할 수 있었어요. 과학과랑 국어과에서 토론수업을 많이 하다 보니 아이들이 역사토론 수행평가도 쉽게 잘하더라고요. 다른 과목의 수혜를 많이 입었습니다. 수업 외에도 사회과 선생님들과 의기투합해 모의 대통령선거, 5·18 기념행사, 사회참여 발표대회, 평화여행, 경제독서캠프 등을 진행했어요. 주말에도 출근하고 참 쉴 틈 없이 달려왔지만, 그 덕에 많이 성장할 수 있었습니다. 혼자였다면 감히 엄두도

못 냈을 거예요. 학교 선생님들께서 내 과목에서 진행하는 행사가 아니어도 자발적으로 함께 늦게까지 남아주고 같이 도와주고 응원해주는 분위기여서 참 감사한 마음으로 1년을 보냈습니다. 선생님께서도 혁신학교에서 근무하셨잖아요. 그 경험이 선생님의 교사 인생에 어떤 의미를 주는 시간이었는지 궁금합니다.

윤종배 제가 혁신학교에 관심을 갖게 된 건 배움의 공동체 수업 덕분입니다. 2011년도에 일반학교에서 그 수업을 하려다 보니 제도적인 한계에 많이 부딪히며 힘들었어요. 다른 과목에서는 강의를 하는데 역사만 모둠 활동을 하니 날마다 수다 판이 벌어졌죠. 그래서 상심하고 좌절을 겪다가 배움의 공동체로 끝장을 보려면 혁신학교로 가야겠다고 마음먹었어요. 무엇보다 혁신학교는 수업이 학교의 핵심이니까 더 집중해서 해보고 싶었고 4년간 불꽃같은 시간을 보냈어요.

특히 집단지성을 몸소 느껴봤죠. 내 수업만 잘하면 되고 우리 반만 별문제 없고, 내 업무나 탈 없이 하면 되는 식의 삶을 살다가, 내 과목이 정말로 잘되려면 여러 과목 선생님들이 서로 협력해야 하며, 우리 학년이 함께 해결할 문제를 고민하는 등 우리가 품었던 수업에 대한 생각, 학생 생활 교육에 대한 의지 등을 일관되고 체계적인 방식으로 실천해나가는 감동이 있었어요. 통합수업을 함께 하면서 시야가 넓어지고 집단지성을 서로 충분히 느끼지 않았나 싶습니다. 통합 수업을 하려면 수업 내용을 고민해야 되고 평가도 의논해야 되니까 내 수업의 문제의식이 더 확산되고 학생들 속에서 배움이 심화, 확장되는 느낌을 받을 수 있었어요. 몸은 힘들지만 정신적으로 매우 충일해지는 시간이었어요.

6) 장년기: 후배들에게 들려주고 싶은 이야기

김민정 마지막으로 서로에게 부러운 점을 이야기해볼까요.

윤종배 선생님의 젊음이 부럽죠.

김민정 저는 선생님께서 공부해온 과정과 '경험'이 너무 부러운데요. 젊음이 부러우시다니 이 시간을 소중히 생각하고 열심히 해야겠어요.

윤종배 제가 교직 초반부터 수업에 대한 고민을 많이 했더라면 또 어땠을까 싶어요. 선생님이 연수도 많이 받고 공부도 많이 하고 또 모임도 갖고 대학원도 가고 개인적으로 독서하는 걸 보면, 제가 일찍부터 그렇게 살았으면 좀 더 나은 선배 교사가 되지 않았을까 싶어서 젊음이 부럽다는 거예요.

김민정 사실 요즘 교사로서 저의 자아를 실현하고 있는 건지 아니면 오히려 자아를 잃어가고 있는 건지 살짝 고민이 됐거든요. 학교 일도 많은 데다 여러 공부 모임들이 많아지니 인지적 과부하가 오더라고요. 학원은 많이 다니는데 복습을 하나도 안 하는 학생 같은 기분이 들었어요. 슬슬 체력이 저하되는 것도 느껴지고요. 일과 휴식의 균형을 맞추고 싶은데 지금은 그게 잘 안 돼요. 선생님께서는 어떻게 30년 동안 지치지 않고 꾸준히 체력과 지력을 유지하시나요? 너무 부럽습니다.

윤종배 지치지 않을 만큼 공부하고, 여러 선생님과 함께 하면 조금씩 진전이 되더라구요. 사료연구모임, 세계사 수업 연구모임, 중학교 역사수업 연구모임, 사초(역사초보), 사연(사초의 시즌 2) 등등을 거치면서 혼자 하면 못 할 일을 해내고 공부를 함께하며 제가 성장했던 것 같습니다. 혼자서 10권의 책을 읽는 것보다 10명이 한 권을 읽고 생각을 나누는 것이 더 낫다는 말이 있는데, 그 의미를 모임

할 때마다 느낄 수 있었어요.

그 과정에서 기록을 꼭 남기라고 선생님께 권하고 싶어요. 워낙에 역사는 기록이 기본이잖아요. 기억이 아니라 기록이라야 하고 기록이 공유되고 감동적일 때 기념을 하는 거죠. 기록을 남겨야 자기를 성찰할 수 있어요. 기억만으로는 성찰이 안 되죠. 주관적인 감정이 개입되거나 시간이 흘러서 망각도 일어나고 팩트를 떠나버리면 그건 성찰이 아니죠. 그래서 기록을 꼼꼼히 했으면 좋겠어요. 제가 오늘 많은 것을 기억해낸 건 기록 덕분이에요. 계속 적어서 움직일 수 없는 사실들을 갖고 왜 그랬을까, 앞으로 어떻게 해야 할까를 생각해왔던 것 같아요.

역사교사는 특히나 기록을 보고 공부하는 사람이니까 자기 자신도, 수업에 대한 생각, 학생들에 대한 기억, 교사의 역할 등등에 대해 기록을 쌓아갈 때 철학도 점점 더 깊어진다고 생각해요. 저는 교사 자신에 대한 성찰이 먼저 있은 후에 역사에 대한 통찰도 가능하다는 점을 후배 선생님들에게 말해주고 싶습니다.

김민정 '사연' 모임 시작할 때 선생님께서 학교 일이 바쁠수록 더 수업 모임에 참가해 수업의 끈을 놓지 않는 게 중요하다고 하셨잖아요. 그 말씀을 많은 동료 선생님도 기억해서 이렇게 계속 함께 가는 기쁨과 보람을 느낄 수 있는 것 같아요. 제가 경력 30년이 돼 있을 때 선생님처럼 후배 교사들과 함께할 수 있을까 상상하면 엄두가 나지 않아요. 그렇지만 많은 선배 선생님께 받은 은혜 잊지 않고 그와 비슷한 길을 가도록 노력하겠습니다. 이 말이 또 책에 '기록'돼 영원히 남겠죠. 전국역사교사모임 60주년에 다시 이 책을 꺼내보았을 때 제 모습이 부끄럽지 않았으면 좋겠어요.

3. 맺음말: 함께 걷는 길

교사의 수업 성장에는 여러 영역이 있다. 교사로서의 소신도 필요하고, 깊이 있는 수업 철학을 갖춰야 하며, 수업 재구성을 통해 자신의 수업 의도를 뒷받침하는 능력은 필수다. 여기에 주제와 내용에 따라 다양한 학생 활동을 전개하는 수업 방식에 대한 이해가 있어야 하며, 아주 사소하지만 수업의 물길을 바꾸거나 원활하게 만들 수 있는 소소한 기법, 팁 들도 적잖이 익혀놓고 있어야 한다. 자신의 수업을 돌아보며 스스로 피드백하고, 남의 수업을 보며 하나라도 더 배우려는 마음가짐 또한 필요하다. 마지막으로 학생에 대한 이해, 즉 눈높이를 가늠하는 능력이 필수적이다.

위에 열거한 영역들은 나무판자로 만든 포도주통 같은 원리로 수업 능력치에 영향을 미친다. 포도주통이 충분히 채워지고 숙성되려면 통의 둘레를 구성하는 나무판자들이 견고해야 하며, 또 높이가 골라야 한다. 철학은 높으나 방법은 서툴다거나 기법은 뛰어나지만 재구성 능력이 달린다면, 수업에 엇박자가 생긴다. 그만큼 수업 능력치는 부족한 영역에 따라 좌우된다. 가장 낮은 판자까지만 포도주가 담기는 것과 같은 이치다. 물론 교사 개인에게 모든 수업 영역이 고르게 성장할 수는 없다. 어떨 때는 학생에 대한 고민에 휩싸이기도 하고, 어느 시기에는 수업 방법 연수를 신나게 듣기도 하지만, 수시로 수업 철학의 부실함을 느끼며, 번민하고, 머리를 맞대게 된다.

3년 차 교사와 30년 차 교사의 수업 능력치는 역사수업 연구모임을 통해 서로 기대며 동반성장하고 있다. 선배 교사는 후배 교사들이 그의 전철을 밟지 않고 수업을 잘하도록, 역사교사로서 건강하게 성장할 수 있도록 돕고 있다. 나아가 역사를 역사답게 가르칠 수 있도록 길 안내를 잘해주고 싶어 한다. 후배 교사는 선배 교사와의 교류를 통해 하루가 다르게 성장하고 있다. 발랄한 수업 기법의 배경이

되는 수업 철학을 탄탄하게 다지는 한편, 수업 재구성의 골조를 이루는 자신만의 내러티브를 구축해나간다. 차츰 짜임새 있는 연간계획을 세워 일관성 있고 현실적으로 실천 가능한 수업 운영의 기틀을 마련하고 있다.

　이제 독자들에게 한마디 권하고자 한다. '교사는 성장한다. 오늘 내가 보는 책, 내가 만나는 사람, 오늘 나의 생각과 결심이 내일의 나를 만든다.' 특히 역사교사는 더욱 그렇다. 엄마도 초보 엄마와 자식 여럿 키운 엄마가 다르듯 교사도 새내기와 경력 교사는 차이가 있다. 하지만 공부하고 고민하기에 따라 그 간극은 줄어들기 마련이며, 가능하면 혼자 끙끙대기보다 수업 친구를 두어 서로 벗하기를 바란다. 나아가 가까운 지역에 있는 역사교사모임에 참여하면서 집단지성의 세계를 몸소 느껴보기를 고대한다.

역사수업에서 이해와 오해 사이

서울 구암고등학교 **김종훈**[1]

1. 머리말: 역사수업, 이해와 오해의 어렵고도 쉬운

오해야 오해야 그것은 오해야 / 이해가 필요한 우리들의 사이 / 이해하고 있다는
착각의 오해는 아닐까 / 어쩌면 내가 한 이해도 / 착각의 오해는 아닐까 아닐까
이해와 오해의 어렵고도 쉬운 / 그 사이 지금 난 어디쯤 있을까 / 이해하고 있다는
착각의 오해는 아닐까 / 사랑해 사랑해 사랑해 / 사랑해 사랑해 사랑해 널 사랑해
나와 또 우리 사이 / 이해와 오해의 사이

– 강산에, 「이해와 오해 사이」 중

진지해야 할 역사수업 이야기를 왜 대중가요 가사로 시작하느냐고 타박을 받을
지도 모르겠다. 그러나 이 글은 제목부터가 강산에의 노래에서 영감을 얻은 것이
다. 그러니 혹시 불편하더라도 이해를 부탁드린다. 아마 2013년 8월 무렵이었을

것이다. 이 노래를 듣다가 갑자기 '우리네 삶이 이해와 오해 그 사이의 어디에 존재하는 것은 아닐까?'라는 생각을 했다. 법정 스님은 『무소유』에서 이해와 오해의 본질을 탁월하게 논파했다.

남이 나를, 내가 남을 어떻게 온전히 이해할 수 있다는 말인가. … 사람들은 저마다 자기중심적인 고정관념을 지니고 살기 마련이다. … 하나의 현상을 가지고 이러쿵저러쿵 말이 많은 걸 봐도 저마다 자기 나름의 이해를 하고 있기 때문이다. '자기 나름의 이해'란 곧 오해의 발판이다. 우리는 하나의 색맹에 불과한 존재다. … 문제는 지금 내가 어떻게 살고 있느냐에 달린 것이다. 실상은 말 밖에 있는 것이고 진리는 누가 뭐라 하건 흔들리지 않는다. 온전한 이해는 어떤 관념에서가 아니라 지혜의 눈을 통해서 가능할 것이다. 그 이전에는 모두 오해일 뿐이다.

– 법정, 『무소유』 중

법정 스님의 이야기는 자기중심적 고정관념으로 인해 이해와 오해 사이에서 갈팡질팡하는 인간 군상에 대한 성찰을 담고 있다. 인간이 그렇다면 인간의 '역사'도 크게 다르지 않으리라. 최근 벌어진 유사역사학 논쟁에서도 한국 고대사를 둘러싼 이해와 오해의 문제가 논쟁의 구심이다. 이해와 오해의 관점에서 이런 식의 질문도 가능하다. 고구려가 삼국을 통일했더라면 지금 우리나라는 만주를 포함한 넓은 땅을 가진 강대국이 되어 있을 것이라는 주장은 역사에 대한 이해일까, 오해일까?

역사 자체도 이해와 오해의 반복이다. 한때 '역사는 일정한 발전 법칙에 따라 진보하는 것'이라는 견해가 주류를 이루기도 했으나 이제 그런 믿음은 오해로 취급된다. 박태균은 『베트남전쟁』에서 미국의 오해가 베트남전쟁의 성격을 규정지었다고 말한다. 베트남과 중국이 사회주의 국가로서 동일한 목표와 이해관계를 가지고 있다는 미국의 착각이 도미노 이론을 앞세운 베트남전의 개입으로 이어졌으며, 그 결과 무고한 희생을 낳았다는 것이다. 이와 관련해 또 이런 질문도 가능하다. 베트남전에 참전한 한국군의 민간인 학살은 베트콩이 게릴라전 형태의 전술을 취한 탓에 민간인과 구별하기 쉽지 않아서 불가피하게 발생한 것이라는 주장은 베트남전에 대한 이해일까, 오해일까? 어쩌면 이해와 오해의 문제는 역사학뿐만 아니라 불완전한 인간이 만든 역사 그 자체의 핵심 요소인지도 모른다.

이해와 오해는 수업에서도 핵심 코드로 작동한다. 꽤 오래전에 교생이 시범수업을 하는 자리에서 나는 학생들 옆에 함께 앉아 있었는데, 한 학생이 수업을 듣다가 나에게 "선생님, 실무가 뭐예요?"라고 질문했다. 교생은 아이들이 '실무'라는 단어를 알고 있다 전제하고 사용했을 터. 그러나 그런 전제가 그 학생 입장에서는 오해였기 때문에 소통에 장애가 생긴 것이다. 여기서 오해의 개념을 '잘못된 이해'라는 사전적 의미뿐만 아니라 '이해 이전의 상태'라는 의미로까지 확장할 수 있다면, 그리고 오해가 대체로 몰이해나 무지에서 비롯된다는 점을 고려한다면, '공부란 이해를 높이고 오해를 줄이는 일'이라고 정의해도 크게 무리가 없을 것이다. 그래서 한동안 나는 아이들에게 '공부란 오답(오해)을 줄이고 정답(이해)을 늘리는 것'이라고 강변했다.

강산에 노래를 들으면서 이런저런 잡다한 생각을 하다가 갑자기 궁금해졌다. 나의 역사수업은 이해와 오해 그 사이의 어디쯤 존재하고 있을까? 이런 종류의 호기심은 쓸데없는 만용일 수 있다. 다들 공감하는 바, 오해가 깨진 자리에 남는 것은 제 살을 후벼 파는 쓰라린 상처뿐이다. 자기 수업을 동영상으로 찍어 돌려본 선생님들은 알 것이다. 나를 돌아보는 것이 얼마나 심난한 일인지. 이해가 필요하다며 오해의 옷을 벗는 순간 닥쳐오는 마음의 추위가 얼마나 고통스러운지. 굳이 그럴 필요가 없는데, 굳이 그럴 필요가 없는데…. 이상하게 그래도 궁금했다. 20년 가까이 역사교사를 했으니 수업에 대한 회고와 전망이 필요한 시점이라고 생각했을까, 아니면 역사를 가르치면 가르칠수록 위축되는 자존감에 어떤 위안거리를 찾으려 했던 것일까. 지금 이 글을 작성하고 있는 나의 관념조차 당시 내면세계에 대한 이해와 오해 사이를 오락가락한다.

2013년, 연구모임을 하는 선생님들과 얘기를 나누고자 당시 신관중학교에서 근무하며 진행했던 3학년 역사수업을 소재로 '역사수업에서 이해와 오해 사이'라는 제목의 길지 않은 발제문 하나를 준비했다. 앞으로 쓸 이야기는 그 발제문에 기초한 것이다. 굳이 사족을 붙이자면, 이 글은 '이해와 오해를 키워드로 한 역사수업의 성찰'이라는 메시지를 담고 있다. 그러나 개인의 경험치를 벗어난 그 무엇은 아니며, 이론적인 분석틀로 수업을 치밀하게 검토하는 것을 목적으로 하지도 않는다. 그럴 깜냥도 안 되고, 굳이 그럴 필요성도 느끼지 못한다.

이 글은 발제문을 썼던 2013년이든 그것에 기초해 원고를 쓰고 있는 지금 2018년이든 이해와 오해의 두 받침대에 걸린 줄 위에서 위태롭게 곡예를 벌이는 나와 정제된 이론 공간이 아닌 생생한 현실을 무대로 어지럽게 전개되는 일상의 수업을 통찰해보려는 것이다. 그 목적은 '역사수업에 대한 이해를 높이고 오해를 줄여보자'는 것이다. 물론 이해를 높이자는 것이 또 다른 오해를 만드는 일일지도 모르겠으나 그 책임은 독자들의 몫으로 돌린다. 본론은 2018년의 내가 2013년의 발제문을 회고하면서 이야기를 풀어나가는 방식으로 전개될 것이다. 지혜의 눈으로 나를 돌아보고, 흔들림 없는 진리의 길로 나아가길 꿈꾸면서 말이다.

2. 역사수업에서 이해와 오해의 차원

2013년의 발제문은 다음과 같은 문제 제기로 시작된다.

1. 문제 제기

1) 역사수업에서 피학습자의 선행 지식(또는 상식)은 역사 이해에 어떻게 작용하는가?

2) 역사수업에서 교사가 제공하는 역사지식이 학생들에게 적절하게 전달되고 있는가?

3) 학생들은 교사가 제시한 질문의 의도를 충분히 이해하고 그에 맞게 답변하고 있는가?

이런 질문은 특별하지 않은, 지극히 단순하고 일반적인 것일지도 모른다. 그러나 발제문 작성 당시에는 개인적으로 상당히 중요한 질문이었다. 나는 전국역사교사모임 활동을 하면서 꽤 오랫동안 역사수업 자료들을 개발하는 데 많은 에너지를 쏟았다. 모임에서 개발된 이미지, PPT, 동영상 등 많은 멀티미디어 자료가 내 손을 거쳐 갔다. 그리고 그 뒤에는 몇 년간 교과서를 전혀 사용하지 않고도 수업이 가능한 학습지 형태의 대안 텍스트 제작에 몰두했다. 그것은 한편으로 역사지식의 재구성까지 포함해, 역사를 보다 쉽게 '이해'하는 데 도움이 되는 자료를 아이들에게 제공하기 위한 나름의 몸부림이었다.

그러나 연륜이 쌓여가면서 불행하게도 나의 열정이 곧바로 아이들을 역사 '이해'의 신천지로 인도해주지 않는다는 냉혹한 현실을 깨달았다. 아무리 좋은 재료라도 능력 있는 요리사를 만나야 훌륭한 음식으로 재탄생하지 않는가. 마찬가지로 수업도 제공된 '자료의 집합'이 아니라 자료를 매개로 교사-학생 사이에 이뤄지는 '행위의 총합'이다. 어느 순간 너무나도 당연한 진실을 깨달으면서 허무함과 좌절감을 느꼈다. 그동안 나는 무엇을 해왔단 말인가. 그래서 그랬을까? 내가 내 수업을 향해 지극히 당연하면서도 너무나도 뒤늦은 질문을 던지게 됐으니 말이다.

이런 반성과 함께 수업에서 자료가 아닌 '행위'에 초점을 두고 2가지 차원의 점검이 필요하다고 생각했다. 하나는 선행 지식을 통해서든 수업을 통해서든 아이들이 갖게 된 역사상(像)에 대한 이해와 오해의 문제이고, 또 하나는 역사지식을 매개로 이뤄지는 수업 과정에서 교사와 학생 사이에 나타나는 이해와 오해의 문제다. 보통 교사는 학습 내용에 대해 학생들의 이해와 오해(또는 몰이해)를 어느 정도 예상하고 수업을 준비한다. 과연 모든 학생들이 하나도 빠짐없이 수업 내용을 100퍼센트 '이해'하는 수업이 가능할까? 그렇지 못하기에 예상치를 정하고 수업의 수준과 방향을 결정지을 수밖에 없다. 그러나 교사의 그 '예상치'조차도 오해가 아닌 이해임을 어떻게 증명할 수 있을까? 예상치가 오해라면 수업 자체도 오해의 연속, 즉 실패일 것이다. 이런 점들을 종합적으로 고려한 수업 점검이 필요하다고 생각했다.

이와 관련해 하나 더 언급할 것이 있다. 그것은 역사수업의 목적 또는 목표에 대한 것이다. 나는 아직까지도 수업에서 '아이들이 역사를 어떤 방법으로 공부할 것인가'보다는 '아이들이 어떤 역사를 배워야 하는가'를 중시한다. 그것은 달리 말해 역사수업에서 재미나 흥미보다는 의미와 가치를 강조한다는 뜻이다. 나의 신념은 이런 것이다. 역사수업은 "부자되세요"와 같은 개인적, 자본주의적 욕구에 봉사하기 위한 게 아니다. 우리 모두가—가족이든 사회든 국가든 세계든—공동체 구성원의 일부이며, 역사공부는 공동체의 일원으로 '함께' 살아가는 데 필요한 지식과 지혜 그리고 책임감을 갖추기 위한 것이다.

그러나 개인의 욕구는 즉자적이고 본능적인 반면, 공동체에 대한 책무의식에는 공자의 논법을 빌리면 '극기복례(克己復禮)'의 수준 높은 도덕성이 필요하다. 그렇다 보니 내 수업 자체도 재미있고 역동적인 활동보다는 어렵고 복잡하고 머리 아픈 사고 과정의 연속일 수밖에 없다. 그렇다면 내가 가르치는, 아직까지는 세상에 대한 이해가 부족하고 이성보다는 본능의 리듬에 충만한 중학교 아이들에게 나의 신념은 이해(또는 수용) 가능한 것일까? 그렇지 않다면 나의 역사수업은 20년 넘게 오해의 늪 속에서 허우적댄 것이리라. 또 나의 신념이 학생들에게 필요하고 이해 가능한 것이라 할지라도 과연 실제 수업에서 유의미한 소통이 이뤄지고 있는 것일까? 의심스럽지 않을 수 없다.

이렇듯 역사수업의 목적 또는 목표에 대해 중언부언하는 이유는 그것이 역사수업에서 이해와 오해의 문제와 별개의 것이 아니기 때문이다. 이를테면 아이들이 수업을 통해 얻은 불국사에 대한 풍부한 지식이나 우리 문화에 대한 강한 자부심이 곧바로 불국사 수업의 가치를 증명하지는 않는다. 오히려 '불국사가 우리 문화의 우수성을 입증한다고 말할 수 있을까? 그렇게 주장한다면 그 근거는 무엇인가?'라는 질문이 역사교육의 이론적이고 본질적인 목표를 구현한 것일 수 있다. 그러나 이상과 현실의 측면을 고려할 때 과연 그런 접근법이 아이들의 호응과 수업의 성공을 보장하는가 하는 건 또 다른 문제다.

수업에서 자료를 중시하든 행위를 중시하든 그것은 수업의 목표와 별개의 것일 수 없다. 따라서 수업을 분석함에 있어 수업의 과정만이 아니라, 역사수업의 목표와 방향에 대한 교사와 학생의 이해와 오해의 문제를 수업이 처한 현실과 관련지어 종합적으로 검토하는 것이 당연하겠으나, 그건 꽤 체계적이고 정밀한 분석을 요하는 것이어서 나의 능력을 벗어난다는 고백으로 책임을 면할까 한다.

3. 의적과 도적 사이, 상식과 실제 사이의 거리

분석 기준을 마련한 후, 검토에 적합한 수업을 찾았다. 마침 학습지를 검사하다가 느낀 바가 있어 '백성이라는 이름'과 같은 제목의, 조선 전기 민중의 처지와 저항운동을 다룬 수업[2]을 뽑았다. 해당 수업에서 학생들에게 제공된 학습지의 일부를 소개하면 다음과 같다. 단, 소개한 학습지에는 아이들이 '역사 속으로'를 읽으면서 수행하는 핵심 내용 정리 과정인 '개념잡기' 꼭지가 빠져 있음을 밝혀둔다.

역사 속으로

▮ 홍길동의 난 ▮ 16세기는 반란의 시대였다. 조정에서 훈구 대신들의 이권 챙기기와 연산군의 폭정, 훈구와 사림의 격렬한 대립으로 인한 사화가 계속되는 가운데 나라 안 곳곳에서는 백성들의 저항이 꼬리에 꼬리를 물고 일어났다.

연산군 때는 홍길동이라는 도적이 나타나 뭇사람들의 입에 오르내렸다. 『조선왕조실록』에는 이런 기록이 나온다.

> 영의정 한치형, 좌의정 성준, 우의정 이극균이 임금에게 아뢰기를 "강도 홍길동을 체포했으니 기쁨을 이길 수가 없사옵니다. 백성을 위해 해를 제거하기로 이보다 큰 일이 없사옵니다. 청하옵건대 그 도당을 끝까지 잡도록 하옵소서" 하니 그대로 따랐다. —『조선왕조실록』 연산군 6년(1500년) 10월 22일 자

홍길동은 처음에 충청도 충주 일대에서 무리를 모아 도둑 행각을 벌였으나 점차 활동 범위를 넓혀 경상도, 경기도, 서울에까지 세력을 뻗쳤다. 나라 안 사람들이 그를 모르는 이가 없을 정도였고, 그의 휘하에 연산군의 폭정으로 집과 땅을 잃은 유랑민들이 대거 몰려들어 만만치 않은 세력을 이루었다. 홍길동이 체포됐을 때 정승들조차 크게 기뻐할 정도였으니 그의 위세가 어느 정도였는지 짐작이 간다.

그런데 홍길동은 여느 도둑 무리와 모습이 달랐다. 홍길동은 버젓이 관리의 복장

을 갖추고 대낮에 관가에 드나들었으며, 그가 관아로 쳐들어오면 수령들도 두려워하며 깍듯이 대접했다. 또 고급 관리에게 뇌물을 바친 뒤 내놓고 돌아다니기도 했다.

강도 홍길동은 옥관자(옥으로 만든 망건 관자)를 붙이고 홍대(붉은 혁대)를 띠고 스스로를 첨지(무관의 벼슬자리)라 부르면서, 대낮에 떼를 지어 무기를 지닌 채 관청에 출입해 거리낌 없이 멋대로 행동했습니다. 권농(농사를 장려하는 관리), 이정(고을의 책임자), 유향소 품관이 그러한 상황을 어찌 모르겠습니까? 그럼에도 체포, 고발을 하지 않았으니 벌을 주지 않을 수 없습니다. – 홍길동의 재판을 맡았던 한치형이 국왕에게 올린 건의 내용

홍길동의 공공연한 활동은 연산군 때 정치 기강이 완전히 무너져 있었음을 보여준다. 또한 왕의 폭정과 정치 타락이 어떻게 백성들을 도적의 무리로 내모는지 잘 보여주는 사례다. 정부는 체포된 홍길동을 '도적의 괴수'로 처형했지만 그의 이름은 후대 사람들에게 '의적'으로 남았다.

(후략)

한 걸음 더…

1. 아래 글을 읽고 질문에 답해보자.

❙ 홍길동과 임꺽정은 정말 의적이었을까? ❙ 홍길동의 경우 "충청도는 홍길동이 도적질을 한 이래 백성들이 뿔뿔이 흩어져 세금을 거둘 수 없다"라는 실록의 기록이나, 당시 거리에서 서로 욕질을 할 때 "야, 강도 홍길동 같은 놈아!"라는 말이 유행했던 사실로 봐서 의적이라고 믿기에 어려운 점이 많다.

홍길동이 우리에게 의적으로 남게 된 것은 허균이 지은 『홍길동전』 덕분이라고 할 수 있다. 선조 때의 인물인 허균은 부정한 벼슬아치들이 판치고, 양반과 상놈

을 차별하며, 백성들이 일방적으로 고통을 당하는 부조리한 현실을 개탄하면서 홍길동을 '불평등한 사회에 저항하고 백성을 구하는 신출귀몰한 영웅'으로 재창조했다. 이 소설이 사람들 사이에 널리 퍼져 지금의 홍길동이 생겨난 것이다.

임꺽정도 의적 활동을 했다고 할 만한 구체적인 근거를 찾기 힘들다. 임꺽정이 '민중의 영웅'으로 재탄생된 것은 식민지시대 사회주의자이자 소설가였던 홍명희에 의해서다. 홍명희는 1928년에서 1939년까지 장장 10여 년에 걸쳐 「조선일보」에 『임꺽정』을 연재하며 천민 임꺽정의 파란만장한 생애를 통해 식민지시대를 살아가는 민중의 저항정신과 민족 해방의 의지를 불러일으키려 했다.

1) 소설이 아닌 역사 속의 실제 홍길동과 임꺽정은 정말 의적이었나? 그들이 의적으로 이름을 날리게 된 이유는 무엇인가?
2) 누군가가 홍길동이나 임꺽정의 무리를 '남의 재물이나 빼앗았던 한심한 도적 집단에 불과했다'고 주장한다면 뭐라 답변하겠는가?

2. 내가 임꺽정의 난이 일어났던 명종 때의 대간이라 가정하고 농민들이 도적의 무리가 되는 이유를 밝히고, 이를 해결할 대책을 담은 상소문을 써보자.

본 주제의 애초 목표는 조선 전기 농민의 처지와 민중항쟁을, 신분제를 기반으로 한 국가 운영의 문제와 연결시켜 종합적으로 이해하는 것이었다. 그러나 실제 수업에서는 홍길동과 임꺽정에 대해 일반적으로 알려진 상식과 역사적 실제의 거리를 확인하고, 그러한 거리가 평등 사회를 향한 사람들의 열망과 어떻게 연관돼 있는지를 탐구하는 데 초점을 두었다. 특히 '한 걸음 더'에 있는 다음 질문은 본 수업의 핵심 문제의식을 복합적으로 담고 있는 나름 의미심장한 것이다.

누군가가 홍길동이나 임꺽정의 무리를 '남의 재물이나 빼앗았던 한심한 도적 집단에 불과했다'고 주장한다면 뭐라 답변하겠는가?

홍길동과 임꺽정이 의적이라는 우리의 상식이 역사적 실제가 아니라 오해에 불과하다면 역사수업은 그걸 어떻게 다뤄야 할까? 역사수업에서 상식이 부정당할 때 아이들의 고정관념은 역사적 사실과 어떤 긴장 관계를 유지할까? 또 그들이 의적이 아님을 이해할지라도 오해의 탑으로 층층이 쌓은 문화의 상징들, 즉 수많은 소설, 만화, 영화에 그려진 홍길동의 모습은 어떻게 받아들여야 하나? 모두 잘못된 것이니 뜯어고쳐야 한다는 관점으로 접근해야 할까? 이는 참으로 역사수업에서 이해와 오해의 문제를 점검하는 적절한 소재가 아닐 수 없다. 그래서 이 질문에 대한 학생들의 답변을 구체적인 분석 대상으로 삼게 됐다.

이후 분석 결과를 말하기에 앞서 이해를 돕기 위해 수업 진행 과정을 잠간 안내한다. 45분 수업 중 15분 동안 아이들 스스로 '역사 속으로'를 읽고 '개념잡기'를 수행했고, 25분은 프레젠테이션 자료와 동영상을 활용해 학습 내용을 보충 설명하는 데 할애했다. 특히 설명을 하면서 홍길동과 임꺽정이 의적 활동을 했다는 역사적 근거가 미약하며, 소설『홍길동전』과『임꺽정』이 그들이 의적이라는 신화를 만든 주요 배경이었음을 강조했다. 그리고 남은 5분 동안에는 '한걸음 더' 질문에 대한 보충 설명에 이어 상소문 쓰기를 안내한 후 다음 시간까지 학습지를 완성해 제출하라는 요구로 수업을 끝맺었다.

4. 실제 수업에서의 이해와 오해의 층위 그리고…

운은 거창하게 뗐지만 분석 방식은 아주 단순하다. 분석 대상으로 삼은 질문에 대해 아이들이 답변한 내용을 학급별로 모두 모아 정리하고, 답변 유형별로 통계를 낸 후 그런 답변이 나오게 된 배경을 분석 또는 추론하는 것이다. 이 수업을 했던 2013년 당시만 하더라도 시간이 허락되면 아이들의 답을 꼼꼼히 검토하고 필요할 경우 코멘트도 해주는 열정과 체력이 남아 있었다.

분석 작업은 아이들의 답변을 모두 타이핑하는 일에서부터 시작됐다. 학습지를 검사해 돌려주기도 바쁠 텐데 어떻게 타이핑까지 하느냐고 반문할지도 모르나 이런 때는 문명의 이기를 이용하면 된다. 아이들의 '한걸음 더' 답변을 모두 스캐너로 읽어들여 PDF 파일로 저장해두었다. 그것도 복사기처럼 자동 급지 장치가 있는 스캐너를 이용하면 한 장씩 수고롭게 스캐닝할 필요도 없다.

일단 내가 가르치는 모든 학급 학생들의 답변을 빠짐없이 타이핑해 표로 정리했는데, 그중 한 반 것을 소개하면 표1과 같다. 개인 정보 문제로 학생 이름은 뺐다.

번호	답변 내용	표3의 유형 구분						
		1	2	3	4	5	6	7
1	한심한 도적 집단이라고 하기에는 큰 세력을 가져 조정에 까지 위협적이었고, 백성들이 감싸준 것으로 보아 그 당시 백성들의 정부에 대한 반감이 표출된 세력일 것이다.			○				
2	아니다. 홍길동과 임꺽정이 벼슬아치들을 공격하고 약한 백성들을 도와주었다. 이를 봤을 때 지나친 신분 차이에 대항하는 무리였다.		○					
3	일반 백성의 재물만 빼앗는 도적이라면 한심했겠지만, 그 당시 불평등한 지배층 사회에 저항하고자 지배층에 대해서 도적질을 했으니 의적이라 불릴 만하다고 답할 것이다.		○					
4	아니다. 홍길동이나 임꺽정이나 농민들을 위해 농민들의 재물을 빼앗지 않고 지배층들의 재물만 빼앗았다.		○					
5	맞는 말도 있지만 틀린 말도 있다고 생각한다. 남의 재물은 빼앗았지만 한심해 보이지는 않기 때문이다. 내가 보기에는 그저 홍길동이나 임꺽정이 이유 없이 도적질을 했을 거라고는 생각하지 않기 때문에 도적 집단 이어도 한심하다고 말할 것은 아니라고 본다.				○			
6								
7	남의 재물이나 빼앗았던 한심한 도적 집단이란 것은 맞다. 하지만 그래도 탐관오리 집단들의 부정한 것들만 훔치지 않았는가?		○					

8	아니라고 말할 것이다. 그들은 그냥 자기의 욕심을 채우는 것이 아니라 백성들을 위한 도적질을 했기 때문에 남의 재물을 빼앗던 한심한 집단이 아니다.	○					
9							
10	나는 그 대답에 긍정이나 부정 둘 다 하지 않을 거 같다. 홍길동에 대해 역사적으로 보아 질문처럼 한심한 도적이라 말할 수도 있고 소설로서 영웅적으로 보는 사람도 많기에 그 말을 듣고서 그냥 "응, 그래" 같은 대답만 하지 나의 생각은 말하지 않을 것 같다.	○					○
11	나는 도적 집단이 아니라고 생각한다. 왜냐하면 홍길동과 임꺽정 모두 물건을 훔치긴 했으나 백성들의 물건을 빼앗은 게 아니라 부자들의 것을 빼앗았기 때문이다.	○					
12							
13	물론 그 말도 틀린 것만이 아니라 그렇게 볼 수 있다고 생각한다. 하지만 그 일의 목적과 당시 상황으로 그들이 할 수 있었던 일을 생각해보면 욕만 할 게 아닌 것 같다.	○		○			
14	홍길동이나 임꺽정은 모든 집을 다 터는 도적이 아닌 불평등한 사회 때문에 나쁜 부자들을 턴 것이므로 나는 의적이라고 말할 것이다.	○					
15	아니라고 말할 것이다. 그들은 자신들을 위해 도적질을 한 것이 아니라 굶주린 백성들을 위해 도적질을 한 것이기 때문이다.	○					
16							
17	물론 그렇게 생각할 수도 있지만 생각을 조금 달리하면 나라의 탐관오리 때문에 생긴 것이다. 도적질을 한 것은 홍길동이지만 이 일의 원인은 나라다.		○				
26	나는 그렇지 않다고 생각했다. 권력 다툼, 양반들의 토지 확대 등으로 백성들이 피폐해졌고, 농민들이 도적이 되기도 했다. 이처럼 배경이 안 좋았고, 아무 물건이나 훔치지 않고 부정으로 축재한 자들의 재물에 손을 댔다.	○	○				
27	홍길동과 임꺽정이 남의 재물이나 빼앗았던 한심한 도적 집단에 불과하다고 생각했지만 빼앗았던 물건들을 백성들에게 나눠줬으니 한심한 도적은 아니다.	○					

28	나도 그렇게 생각한다고 말할 것이다. 집과 땅을 잃고 생활이 어려워진 백성들과 세력을 이루었다는 이유뿐 홍길동에게는 '의적'다운 모습이 하나도 보이지 않는다. 고급 관리에게 뇌물을 바치면서 오로지 자신의 명예를 위해 도적 활동을 했다고 생각한다.	○			○		
29	나는 부정할 것이다. 만일 남의 재물이나 빼앗았던 한심한 도적 집단이었다면, 홍길동이나 임꺽정이 약한 백성들을 도왔을 리 없다.		○				
30	한심한 도적 집단이 아니라고 생각한다. 왜냐하면 재물을 훔치긴 하지만 다시 백성들에게 돌려주기 때문이다.		○				
31	아니라고 생각한다. 왜냐하면 홍길동과 임꺽정은 모두 물건을 훔치긴 했으나 백성들의 물건을 빼앗은 것이 아니라 부자들의 것을 빼앗았기 때문이다.		○				
32	그렇다고는 할 수 없다. 홍길동과 임꺽정 무리는 전국을 돌며 물건을 훔치는 도둑질을 했지만, 그 도둑질이 자신의 이익만을 위한 것이 아니라 남을 위한 것이었기 때문이다.		○				
33	홍길동과 임꺽정이 한심한 도적 집단에 불과했다면 그 시절의 관리들도 한심한 도적 집단에 불과하다고 생각한다. 홍길동과 임꺽정은 돈 많고 힘 있는 자의 것을 빼앗았지만 관리들은 힘없는 사람들의 것을 빼앗았다. 홍길동과 임꺽정이 한심한 도적이라고 해도 그 시절의 관리들보다 낫다.			○			
34	의적이 아니더라도 한심한 도적 집단은 아니다. 나라가 어지럽고 워낙 생활이 힘들어서 농민들이 반란을 일으킨 것과 같기 때문이다.	○		○			
35	남의 재물이나 빼앗았던 한심한 도적이 된 이유를 묻고 싶다. 나라가 어지럽고 왕은 불순 정치를 하고 백성은 신경 쓰지도 않고 세금은 점점 세지기만 하는데 과연 그쪽이었어도 백성으로 남을 수 있었을까?			○			
36							
37	꼭 그렇게 말할 수는 없다. 왜냐하면 맘씨 고약한 부자의 집을 털어서 자신들의 이익으로 쓴 게 아니고 가난한 백성들에게 나눠준 것이기 때문이다.		○				

표1 3학년 1반의 답변

답변 내용을 정리한 후에는 총 답변 수 대비 유효 답변 수를 따져봤다(표2). 유효 답변이란 무응답과 응답은 했으나 남의 답을 베꼈다고 판단되는 것을 제외한 것이다.

학급	총원	유효 답변	무답 및 무효 답변			비고
			무답	무효	합계	
1반	29	24	5	0	5	
2반	29	19	4	6	10	
3반	28	17	5	6	11	
4반	30	23	3	4	7	
5반	29	20	3	6	9	
6반	29	20	4	5	9	
합계	174	123(71%)	24	27	51(29%)	

표2 총 답변 수 대비 유효 답변 수 비교

일단 이 결과로만 놓고 보면 내가 100명당 30명꼴로 역사수업의 필요성을 설득하는 데 실패한 사실이 드러난다. 그러나 어디든 공부를 포기한 학생들이 일정하게 존재하는 법. 이 정도면 만족스러운 결과로 봐야 할까, 아니면 평균에 못 미치는 부끄러운 수준일까? 또 다른 각도에서 보면, 내가 무응답을 했거나 남의 답을 베낀 학생들의 눈높이에 맞춰 배려하면서 소통하는 데 실패해서 나타난 결과는 아닐까? 이성적인 판단을 위해서는 객관과 지혜의 눈이 필요하겠으나, 이 문제가 수업 분석의 중심 테마가 아니기 때문에 이 정도의 언급으로 그친다. 다만 어떻게 해석하든 계량화된 수치에만 의존할 것이 아니라 수치 이면에 존재하는 구체적인 현실, 즉 수업 현장이 객관과 주관, 상황과 의지, 기대와 좌절이 교차하는 공간이며 아이들이 늘 똑같은 존재가 아니라는 사실을 고려하면서 판단해야 한다는 점을 강조하고 싶다.

이제 본격적으로 답변 내용을 분석할 차례다. 먼저 답변 내용을 7가지 유형으로 나눠 통계를 낸 후 일목요연하게 표로 정리했다(표3). 답변 유형의 분류는 미리 정한 정교한 기준에 따른 것이 아니라 아이들의 답변을 비슷한 것끼리 묶는 과정에서 만들어진 엉성한 것이다. 그러나 역사적 사실의 이해와 오해에 대한 다양한 층위—수업 후에도 아이들이 홍길동과 임꺽정을 의적으로 판단하는가 아닌가, 의적이라고 보든 아니라고 보든 그런 판단을 내리게 된 배경은 무엇인가, 그들이 설령 도적에 불과할지라도 그것을 개인의 일탈로 보는가 사회구조적 차원의 문제로 해석하는가, 이들 행위에 대한 역사적 평가와 도덕적 평가는 어떻게 다를 수 있는가 등—을 보여준다.

표를 만들고 보니 가장 먼저 눈에 띄는 사실이 있었다. 1반에서 유형2의 답변 비율, 즉 홍길동과 임꺽정을 의적이라고 평가한 학생이 다른 반에 비해 압도적으로 많았던 것이다. 왜 이런 결과가 나왔을까? 1반은 3학년 전체에서 수업 분위기가 가장 좋고 집중도가 높은 반이었다. 곰곰이 돌이켜본 결과, 해당 학급의 수업 과정에서 관련 사실에 대한 안내가 부족했다는 결론에 이르렀다. 1반은 이 주제를 처음 수업하는 반이었고, 그러다 보니 수업 진행에서 매끄럽지 못한 부분이 있었다. 다른 반에 비해 홍길동과 임꺽정의 무리가 의적이었다는 역사적 근거가 부족함을 강조하는 부분이 약했으며, 특히 홍길동의 난을 다룬 역사다큐 영상을 볼 때, 다른 반에서는 홍길동에 대한 평가를 담은 사료를 제시한 장면에서 잠깐 멈춤을 하고 보충 설명을 한 반면 1반에서는 그런 과정이 없었다.

이는 수업 과정에서 교사의 역할과 관련해 이해와 오해가 갈라지는 지점을 잘 보여준다. 수업 이전에는 아이들에게 의적이라는 믿음이 굳건하다. 그러나 나는 그 믿음에 균열을 가하기 위해 그들을 의적으로 평가하기 곤란하다는 근거를 두 단계로 제시했다. 하나는 학습지의 자료글로, 또 하나는 수업 중의 설명으로. 굳

유형		학급(유효 답변 수: 123)							비고
		1반	2반	3반	4반	5반	6반	합계	
1	홍길동과 임꺽정을 의적으로 평가할 역사적 근거가 없다는 사실을 분명하게 인식하고 있는 학생의 수는?	4	7	6	7	7	7	38 (31%)	
2	직간접적으로 홍길동과 임꺽정이 의적 활동을 했다고 답한 학생의 수는?	15	5	4	5	8	3	40 (33%)	
3	농민이 도적의 무리가 되는 이유를 사회구조적 관점에서 이해하고, 그것을 개인적 차원이 아닌 국가 운영의 문제로 접근한 학생의 수는?	6	6	6	7	5	4	34 (28%)	
4	유형3의 맥락에서 답한 것으로 판단되나 내용의 구체성이 부족한 답변의 수는?	2	4	2	3	2	4	17 (14%)	
5	사회구조적 문제 때문이라 하더라도 도적은 도적이라고 대답한 학생 수는?	1						1	
6	의적이라 해도 도적은 도적이라고 답한 학생 수는?		4		1			5	
7	질문에 대해 자신의 의견을 보류했거나 답변의 맥락을 파악하기 힘든 학생의 수는?	1		1	2		3	7	
합계		29	26	19	25	22	21	142	

표3 답변 유형별 답변 수 비교

건한 상식을 회의하게 만들기 위해서는 믿음의 근거를 전복해야 한다. 그러니까 1반에는 학습지의 자료글과 관련 영상은 제공됐지만 쟁점을 짚어주는 교사의 설명이 부족했기에 보다 많은 아이에게서 상식의 전복을 이끌어내는 데 실패했던 것이다.

역사수업에서 교사는 어떻게 길잡이 역할을 해야 하는가. 사실 학습지에 제시된 내용만으로도 상식의 전복, 즉 오해의 불식과 이해의 확장이 가능하다. 그러나 그건 일정한 수준의 독해력과 이해력 그리고 수업 집중력을 갖춘 아이들에 한정된 이야기다. 어떤 아이들은 홍길동과 임꺽정의 난을 소설이 아닌 역사적 차원에서 이해하는 데 어려움을 겪으며, 설령 사실관계는 이해했다 하더라도 교사가 던진 질문의 맥락을 이해하고 그에 맞게 답하는 데 어려움을 겪는다. 그래서 논리적으로 말하면 역사수업은 텍스트 차원의 내러티브와 함께 수업 과정의 내러티브, 즉 학습자의 수준과 사고 작용까지 고려한 수업 진행의 정교하고 체계적인 서사적 구조라는 양 측면을 동시에 갖춰야 한다. 그러나 이런 희망이 현실에서 과연 실현 가능할지는 의심스럽다. 냉정하게 말하면, 교실에서 교사는 작가, 연출가, 배우, 내레이터, 스태프 등 일인다역의 역할을 동시에 소화해야 하는 부담을 안기 때문에 전문성의 한계를 느끼며 그 결과로 만들어진 수업의 질도 일정한 수준을 넘기가 어렵다.

두 번째로 지적할 것은 유형1과 유형2의 비율이다. 전체적으로 볼 때 홍길동과 임꺽정의 무리가 의적 활동을 했다고 답한 비율은 33퍼센트이고 그럴 근거가 부족하다고 답한 비율은 31퍼센트다. 만약 수업의 핵심 목표가 '기존의 상식을 전복하고 그들이 의적의 무리가 아니었음을 이해하는 것'이라면 적어도 3명 중 한 명은 목표 달성에 실패한 것이 된다. 물론 본 수업의 목표가 단순하게 그들이 의적인가 아닌가를 규정짓는 데 있지는 않다. 그러나 역사에서 최소한의 전제가 객관적인 사실에 근거한 이해(해석)라면 이런 수치는 심각한 결과가 아닐 수 없다.

당시 3가지 이유로 이런 결과가 발생했을 것이라고 추론했다. 첫째는 그들이 의적 집단이었다는 뿌리 깊은 선행 지식과 고정관념이다. 특히 이렇게 답변한 아이들의 상당수가 '홍길동과 임꺽정이 의적이라는 이름을 얻게 된 이유가 무엇인가'라는 질문에 소설 때문에 그렇다고 답한 사실이 이를 뒷받침한다. 둘째는 학습지를 숙독하지 않거나 교사의 설명에 딴청을 피운 경우이고, 셋째는 급하게 답을 쓰느라 질문의 맥락을 제대로 파악하지 못하고 생각나는 대로 답을 한 경우다. 세 경우 모두 관성과 고정관념이라는 단단한 방어막이 오해의 생명력을 유지시켜준 결과로 볼 수 있다.

또한 둘째와 셋째는 수업의 호응도를 보여주는 지표다. 둘째는 공부 자체가 싫거나, 역사수업이 싫거나, 의지는 있으나 수업을 따라가기 어려운 경우 중 하나일 것이다. 셋째는 역사수업이 들은 날 아침 자습 시간이나 쉬는 시간에 급하게 학습지 답변을 작성하면서 나타나는 문제로, 아이들이 마지못해 수업에 응하지만 적극적이거나 성실하지는 않은 경우다. 33퍼센트 중 둘째와 셋째의 비율은 어느 정도일까? 둘째와 셋째의 답변 비율을 계산할 수 있다면 그걸 무응답과 무효의 답변 비율과 합쳐서 내가 수업에서 얼마나 실패하고 있는지를 객관적인 수치로 확인할 수 있으리라. 그러나 거기까지 이르지는 못했다.

또한 이 문제는 수업의 성패를 따지는 과정에서 근본적인 성찰이 필요한 대목 중 하나다. 나는 지금까지 10여 차례 넘게 '역사수업과 글쓰기'를 주제로 강의 요청을 받고 일정연수나 직무연수 강사로 출강했다. 스스로 원해서 간 적은 없으니 어찌 보면 불려 나갔다고 할 수도 있다. 그런데 굳이 불려 나갔다고 표현하는 내 의식의 내면에는 수업에 대한 '회의'가 도사리고 있다. 연수 강사란 절망 속에서도 희망의 샘물을 길어 올려야 한다. 강의를 듣는 선생님들이 그걸 기대하실 테니까. 그럴 때 아이들의 훌륭한 답변 사례는 선생님들과 희망을 나눌 수 있는 좋은 소재였다.

그러나 그 희망의 노래 뒤편에 드리워진 '33퍼센트+α'의 그림자는 은폐되거나 외면됐다. 그 그림자 속 아이들에게 나는 어떤 역사교사일까, 나는 그 아이들에게 어떤 교사가 돼야 하는 걸까? 그래서 수업이야기는 성공담을 풀어내는 자리여야 할까, 실패담을 나누면서 반성하는 자리여야 할까. 분명 지금까지 나의 수업이야기는 대체로 성공담에 그쳤으며, 고의는 아니었을지라도 성과를 과장하거나 수업의 또 다른 현실을 외면했던 건 분명하다. 아이들에 대한 애정이 없는 교육은 기능주의 이상을 넘어설 수 없을 터, 나는 아직도 다른 사람들에게 수업을 내세우기에 한참 부족하다. 강의 때마다 그걸 고백하지 못한 것이 늘 부끄러워 이 글을 빌려서라도 선생님들께 죄송하다는 말씀을 남겨본다.

유형3과 유형4는 본 수업의 핵심 목표와 맞닿아 있으며, 질문을 던진 의도와 맥락을 간파한 답변이다. 수업에서 홍길동과 임꺽정의 난을 소재로 삼은 이유는 그들이 의적인가 아닌가를 따지는 것 그 자체가 중요해서가 아니었다. 나의 목표는 거기서 한걸음 더 나아가는 것, 즉 홍길동과 임꺽정의 무리가 도적 집단에 불과할지라도 문제의 원인을 사회구조적 관점에서 이해하고 현실과 이상의 거리를 재며 보다 나은 해결책을 상상하는 것이다. 예컨대 다음과 같은 답변을 기대하는 것이다.

맞다. 그들은 도적 집단이었다. 하지만 그들은 모두 탐관오리의 횡포와 양반들의 토지 확대, 잇따른 흉년과 기근에 지칠 대로 지친 사람들이다. 그들은 살기 위해 어쩔 수 없이 도적 무리에 가담한 것이지 아무 이유 없이 도적의 무리가 된 것이 아니다. 그들이 그렇게 될 때까지 아무 조치도 하지 않고 탐관오리들의 횡포를 벌하지 않은 나라의 탓이 아닐까?

– 3학년 2반 학생의 대답

역사적 기록에서나 실제로는 이 주장을 반대하거나 아니라고 말할 수 없지만, 그 당시 차별받고 왕의 폭정과 정치 타락 등으로 피폐해진 사람들에게만큼은 어쩔 수 없는 행동이었고 그렇기 때문에 지금 서민이라 할 수 있는 사람들에게는 의적으로 보이는 것이다.

– 3학년 3반 학생의 대답

남의 재물을 빼앗던 도적이긴 하지만 그 당시 탐관오리의 등쌀에 고단한 삶을 살던 백성들의 불만을 표출한 것이라고 생각한다. 따라서 홍길동이나 임꺽정의 무리를 '한심한 도적 집단'보단 '백성들의 불만을 대리 표출한 도적 집단'이라 불러야 마땅하다고 생각한다.

– 3학년 5반 학생의 대답

그러나 이런 기대를 충족시키는 답변, 즉 유형3과 유형4의 비율은 42퍼센트에 불과하다. 이는 안타깝게도 나의 수업 목표가 절반의 성공도 이루지 못했음을 보여준다. 그렇다면 대체로 성공한 수업이라고 보기는 어렵다. 그러나 절망스럽지는 않았다. 42퍼센트에 불과할지라도 그 답변은 내가 일방적으로 주입한 게 아니라 아이들이 스스로 건져 올린 소중한 성과물이기 때문이다. 질문의 난이도를 고려하면 더더욱 그렇다. 그리고 그건 국가가 무엇이어야 하는가, 그 속에서 사람들은 어떻게 행동하는가에 대한 성찰을 담고 있다.

최근에 우리가 평화적 '촛불집회'로 국민의 민주적 의지를 표현했다면 조선시대에는 도적질을 포함한 격렬한 '농민반란'으로 생존 의지를 표출했다. 양자가 국가의 부조리에 대한 저항이라는 동질성을 가지고 있음에도 불구하고 행위의 측면으로만 볼 때 합법과 불법, 정의와 불의로 나뉘게 된 이유는 행위 주체들의 도덕성에 차이가 있기 때문이 아니라 과거의 저항자들이 누릴 수 있는 권리가 지금보다는 훨씬 협소했기 때문이다. 역사의 본질은 '구조와 행위의 상호작용'이다. 아이들이 조선시대를 '당대의 사회구조와 그 구조가 가하는 제약 속에서도 새로운 세상을 꿈꾸는 인간 활동의 상호작용이 빚어낸 사건들의 연쇄'란 관점에서 파악하는 눈을 갖게 된다면 지금 우리 시대 구조와 행위의 상관관계 그리고 그것이 빚어내는 희망과 절망에 대해서도 지혜의 눈으로 성찰할 수 있지 않을까. 그리고 이것이 역사교육론에서 흔히 운위되는, 그것을 설명하기 위해 온갖 구구한 언설이 동원되는 '역사적 사고력'의 본질은 아닐까.

그러나 이렇게 물을 수도 있겠다. 42퍼센트의 성과가 소중하다 치자. 그렇다고 거기에 만족해도 되는 걸까? 답변에 앞서 학생 답변 분석 결과 중 흥미로운, 그러나 어찌 보면 너무나 당연한 사실 하나를 소개할 필요가 있겠다. 성적이 상위권인 학생들은 대체로 질문의 맥락을 정확히 파악하고 도적 떼의 발생을 사회구조적 문제와 관련시켜 설명한 반면, 성적이 하위권인 학생들은 단순하게 의적이라고 답한 경우가 많았다. 공부란 지식을 얻어 생각의 힘을 기르는 것이고, 생각의 힘은 지혜의 눈을 구성하는 신경세포들과 같다. 공부의 힘이 있어야 생각의 힘을 얻을 수 있고, 생각의 힘을 얻어야 지혜의 눈을 뜰 수 있다.

약간은 지나친, 그러나 본질적인 가정을 해보자. 유형3과 유형4의 42퍼센트와 그렇지 않은 58퍼센트는 어른이 됐을 때 선거에서 어떤 정치적 선택을 하게 될까? 2012년 2학년 사회 수업을 하면서 '태국 노동자들이 일당 4,000원을 받고 만든 나이키 모자를 타이거 우즈는 하루 써주는 대가로 5500만 원을 받는다. 그건 노력(능력)의 차이에 따른 정당한 결과인가, 아니면 지극히 부당하고 불공평한 차별인가?'라는 질문을 던진 적이 있다. 그런데 놀랍게도 부잣집 아이들보다는 형편이 어려운 아이들이 '정당하다'고 답변한 경우가 훨씬 많았다.

마르크스는 유물론을 주장하면서 '존재가 의식을 규정한다'는 명제를 남겼지만, 존재(환경) 그 자체가 한 개인의 의식과 관념을 결정하는 유일한 조건은 아니다. 또 다른 사례도 이를 증명한다. 2017년 '좌파와 우파'라는 주제로 1차시 수업을 하면서 '좌파는 평등을 중시하고 우파는 자유를 중시하는 경향이 강한데, 만약 자유와 평등이 충돌해 둘 중 어느 하나를 선택해야 한다면 나는 무엇을 선택하겠는가?'라는 질문에 한 학생이 '자유를 선택한다. 자유를 선택하면 내가 번 돈을 맘대로 쓸 수 있지만 평등을 선택하면 가난한 사람들에게 돈을 주게 되므로 세금이 더 올라서 내 맘대로 쓸 수 있는 돈이 적어지기 때문이다'라고 답했다. 아이러니하게도 이 학생은 가정 형편이 어려운 교육비 지원 대상자였다. 자기 현실에 대한 몰이해를 극명하게 보여주는 이 사례는 우리에게 어떤 시사점을 주는가?

매몰차게 말하면 유형3과 유형4의 답변을 한 아이들과 비교할 때, 그런 인식에 이르지 못한 58퍼센트의 아이들은 세상에 대한 오해와 편견으로 정치적 판단의 오류를 낳을 가능성이 높다. 사회적으로 소외되고 가난한 사람들이 부자의 이익을 옹호하는 기득권 집단에 표를 던지는 이유도 여기에 있을 것이다. 의적이라는 신화를 문제로 삼는 이유도 그런 신화를 동원하는 간교한 정치 선전과 사람들의 허황된 믿음이 결국 불행한 결과를 낳기 때문이다. 우리는 2016년 겨울 그 사실을 너무나도 분명하게 깨닫지 않았는가.

그래서 그 58퍼센트는 우리 미래의 시금석이다. 이제부터 수업에서 나의 시야가 훌륭한 42퍼센트가 아니라 그렇지 못한 58퍼센트를 향해야 하는 이유도 그것이리라. 오랜 시간에 걸쳐 형성된 의적 신화는 평등 세상에 대한 사람들의 열망을 담고 있다. 그래서 갖가지 증거를 들이대며 역사적 진실을 말한다 해도 불평등한 현실이 계속되는 한 신화는 생명력을 얻기 마련이다. 그러나 신화는 현실에 대한 이성적인 분석을 막으며, 박정희 신화처럼 보다 나은 세상에 대한 신화적 염원이 오히려 불평등을 온존시키는 기제로 작동할 수도 있다. 그래서 의적이라는 신화의 '역사화', 즉 신화를 신념 체계가 아닌 역사적 탐구 대상으로 파악함으로써 인식의 객관화에 이를 수 있게 해야 한다. 과연 그 책임을 내가 모두 감당할 수 있을지, 또 내 역사수업만으로 감당 가능한지 의문은 남지만 말이다.

이런 가정을 해보자. 교사와 한 무리의 아이들이 '의적의 신화, 그 역사적 이해와 오해'라는 이름이 붙은 길 위에 있다. 아이들 대부분은 오해 쪽에 서서 고개를 갸웃거리며 이해 쪽을 바라보고, 일부 아이들은 이해든 오해든 그딴 게 뭐 중요하냐며 심드렁하게 주저앉아 있다. 교사는 아이들을 이해의 정해진 목표 지점으로 안내해야 하는데, 문제는 짧은 제한 시간이 걸려 있어 정신없이 달려야 한다. 중간에 누군가 넘어지고 다쳐도 돌아보거나 챙겨줄 여유가 없다. 좀 과장된 비유지만 이게 우리의 현실이라면, 나는 그 속에서 절반 이하의 성공을 거둔 셈이다. 같은 주제로 한 시간을 더 수업할 수 있다면 성패의 비율은 어떻게 달라질까? 우리는 '하고 싶은 것'과 '할 수 있는 것'에 대한, 오해에서 비롯되는 수많은 주장과 요구 그리고 때로는 교사 자신의 욕심까지도 슬기롭게 바라봐야 한다.

마지막으로 유형5와 유형6의 답변을 간단히 언급하면서 분석을 마치고자 한다. 유형5에 해당하는 답변은 딱 하나인데, "집과 땅을 잃고 생활이 어려워진 백성들과 세력을 이루었다는 이유뿐 홍길동에게는 '의적'다운 모습이 하나도 보이지 않는다"라는 3학년 1반 학생의 대답이다. 유형6에 해당하는 대표적 답변은 "부정부패한 벼슬아치의 재산이든 뭐든 그냥 남의 재물을 빼앗는 건 말이 안 된다"는 것으로, 나머지도 맥락은 비슷하다. 이런 답변들은 도덕적 정의 관념과 역사적 정의 관념의 차이와 거리를 드러낸다. 역사와 도덕의 정의 관념은 같은 것인가 다른 것인가, 같거나 다르다면 왜 그래야 하는가. 이건 마치 내가 대학 때 군부독재 정권의 방패막이였던 전경들을 향해 돌을 던져야 할 것인가 말 것인가를 심각하게 고민했던 상황을 떠올린다. 흥미롭고 의미 있는 연구 주제가 될 법도 한데, 여기서는 구체적으로 논의할 처지도, 능력도 안 된다.

이처럼 일견 소박하게 보이는 아이들의 답 속에는 '문제', 즉 세상을 향한 근원적인 질문이 숨어 있다. 우리는 아이들이 어른에게서 무조건 배워야 하는 존재라고 믿지만, 아이들의 의식 속에는 기성세대의 이해와 오해가 굴절된 형태로 투영돼 있다. 진정한 역사공부란 그것을 상대화하고 객관화해 들여다보는 일에서부터 시작해야 할 테지만 아직 갈 길은 멀기만 하다.

5. 맺음말: 허나 내가 오른 곳은 그저 고갯마루였을 뿐…

너무 그렇게만 말하지 말게. 어디 그들의 잘못뿐인가? 그들은 이 썩은 세상에서 먹고 살 방법이 없어 옳진 않지만 그렇게 살 수밖에 없었던 것이네. 그들을 비판하기에 앞서 그들을 도적으로 만든 썩은 관리들을 먼저 비판하게.

　　　　　　　　　　　　　　　　　　- 2008년도 강남중 3학년 2반 학생의 답변

짧지만 깊은 울림을 가진 이 답변은 단언컨대 내가 지금까지 같은 질문을 던져서 받은 글 가운데 최고의 것이다. 돌이켜보건대 지금까지 내 역사수업은 박물관에 곱게 전시된 문화재 감상 능력이나 남들이 알아주는 유식과 교양의 향상과 같은 쉬운 접근법을 외면하고, 어깨에 잔뜩 힘을 주고 시대를 통찰하는 힘이니 뭐니 하면서 애써 어려운 길로 갔는지도 모른다. 중학교 아이들에게 그것이 적합하고 정당한 것이었는지는 모르겠으나, 그래도 위와 같은 답변이 갈증을 달래주는 샘물이 되어 중도에 포기하지 않고 힘든 길을 계속 걸을 수 있지 않았나 싶다.

그러나 여기에는 작은 반전이 숨어 있다. 저 답변을 한 아이는 늘 잠이 모자라 45분 수업 중 평균 25분 정도는 꾸벅꾸벅 졸던 아이였다. 이 학생의 통찰력이 나의 가르침을 매개로 발현된 것이라고 야단스럽게 자랑하고 싶지만 그건 사실이 아니다. 냉정을 결여한 자책이나 자랑은 수업에 대한 또 다른 오해의 탑을 쌓는 일이 된다. 그래서 다시 묻게 된다. 한쪽 끝에는 이해가, 반대편에는 오해가 수많은 갈래로 미로처럼 펼쳐진 길에서 나는 어디를 걷고 있는가. 이해했다는 맹신이야말로 오해의 양식일 터, 매의 눈으로 자신을 냉정하게 돌아볼 일이나 이타적 오해 또한 열정의 뿌리이니 무조건적인 회의는 삼갈 일이다.

역사수업에서 이해든 오해든 교사의 몫과 학생의 몫은 별개로 존재한다. 중요한 것은 수업 공간에 두 몫이 지혜롭게 만날 수 있는 지점을 찾는 것이다. 그리고 '오해를 절대적 이해로 바꾸는 것'과 같은 도그마를 수업의 목표로 세울 것이 아니라, 우리가 이해하고 있다는 믿음이 오해일지도 모른다는 회의에 기반을 두고 역사가 발하는 빛을 따라가면서 시대를 읽는 힘을 길러야 한다. 진리는 이해와 오해의 논리적 편 가르기에 있지 않다. 2차원에서 봐야 1차원이 온전히 보인다. 진리란 '오해가 사라진 이해'가 아니라, '분리될 수 없는 연속선상에 존재하는 이해와 오해 들을 제3의 차원으로 통찰하는 지혜의 눈'이다. 우리의 몸은 이해와 오해 속에 묶여 있더라도 우리의 사고는 그 차원을 넘어서야 한다. 그런 점에서 아래 두 학생의 수업 소감은 희망의 메시지다.

선생님의 역사수업은 우리의 생각을 유도한다. 그 생각은 개인마다 다르다. 생각이라는 것이 계속 나올수록, 생각은 모습을 바꾸기도 하고 계속 다른 모습을 보인다. 역사수업은 학생이 다양한 생각을 해보고, 자신의 생각을 글로 표현하게 한다. 그 결과, 어느 순간에 가면 나의 사고가 더 넓어지고 있다는 것을 알 수 있게 된다. 그래서 역사수업이 까다롭기는 해도, 아주 유익한 수업이다.

— 2017년도 신림중 3학년 1반 학생의 소감

3학년에서 배운 역사는 유독 인권을 향한 사람들의 투쟁 이야기가 많았던 것 같다. … 수많은 용감한 사람의 사례를 배우고 그들을 괴롭히는 정치 세력과 독재자를 서로 비교하며 '진정한 시민들을 위한 나라는 무엇일까?' 궁금해졌다. '역사를 잊은 민족에게 미래는 없다.' 역사를 배우면서 항상 지니고 기억했던 말이다. 몇백 년, 몇천 년간의 역사를 배웠다. 알게 된 나라와 왕의 이름이 엄청나게 많다. 그들의 모든 역사는 정확히 기억하지 못하겠지만 그들이 행했던 일이 무엇을 위한 것이었는지, 어떤 일이 다시는 없어야 할 일인지는 기억해야겠다.

— 2017년도 신림중 3학년 5반 학생의 소감

짧게 정리하려던 글이 예상보다 길어졌다. 말이 많으면 핵심을 놓치는 법, 아마 이게 지금 나의 수준일 것이다. 그렇다면 지금까지의 분석은 나 스스로에게 어떤 진실을 말해주는가? 대개 관성의 힘은 반성의 그것보다 더 세다. 그리고 반성은 새로운 '대안'을 창조해야 하는 부담을 갖는 반면, 관성은 익숙한 '현실'이라는 강력한 무기를 갖는다. 그렇다면 나의 반성은 과연 현실에 안주하지 않는, 습관에 뿌리박은 관성을 극복하는 강한 동력으로 작용할 수 있을까? 물론 교사는 '바담 풍' 하면서 아이들에게만 '바람 풍' 하라고 할 수 없기에, 게다가 요즘 아이들은 교사의 '바담 풍'을 전혀 봐주지도 않기에, 주관적인 의지만이 아니라 객관적인 현실을 봐서도 관성이 아닌 반성의 길이 절실하다는 사실은 분명해 보인다.

지금도 내 교실 뒤편에는 "생각하는 대로 살지 않으면 사는 대로 생각하게 된다"라는 문구가 걸려 있다. 그러나 나는 과연 50대 중반의 나이, 갈수록 떨어지는 집중력과 체력, 자꾸만 커지는 아이들과의 거리감, 얼마 남지 않은 교직 생활 등 여러 난관을 이겨내고 다시 힘찬 걸음을 내딛을 수 있을까? 그러자고 힘겹게 이 글을 쓰고 있는 것이겠지만, 글쎄…. 처음 시작처럼 노래 한 곡을 소개하는 것으로 답변을 대신하면서 이야기를 마친다.

사람들은 손을 들어 가리키지 / 높고 뾰족한 봉우리만을 골라서

...

혼자였지 / 난 내가 아는 제일 높은 봉우리를 향해 / 오르고 있었던 거야 / 너무 높이 올라온 것일까 / 너무 멀리 떠나온 것일까 / 얼마 남진 않았는데 / 잊어버려 일단 무조건 올라보는 거야 / 봉우리에 올라서서 손을 흔드는 거야 / 고함도 치면서 / 지금 힘든 것은 아무것도 아냐 / 저 위 제일 높은 봉우리에서 / 늘어지게 한숨 잘 텐데 뭐

허나 내가 오른 곳은 / 그저 고갯마루였을 뿐 / 길은 다시 다른 봉우리로 / 거기 부러진 나무등걸에 / 걸터앉아서 나는 봤지 / 낮은 데로만 흘러 고인 바다 / 작은 배들이 연기 뿜으며 가고

...

하여 친구여 우리가 오를 봉우리는 / 바로 지금 여긴지도 몰라 / 우리 땀 흘리며 가는 / 여기 숲속의 좁게 난 길 / 높은 곳엔 봉우리는 없는지도 몰라 / 그래 친구여 바로 여긴지도 몰라 / 우리가 오를 봉우리는

— 김민기, 「봉우리」

1   김종훈은 2018년 현재 구암고등학교에 근무하고 있으나 2017년까지는 중학교 역사교사였으며, 이 글 역시 중학교 학생들을 대상으로 한 역사수업을 성찰한 것임을 밝힌다.

2   해당 수업은 '백성이라는 이름'을 제목으로 조선의 농본정책, 농민의 처지와 부담, 농민의 저항운동(홍길동의 난, 임꺽정의 난) 등을 1차시 수업으로 다룬 것이다. 당연히 문제의식부터 내용 요소에 이르기까지 교과서와 구성 방식이 다른데, 좀 거창하게 말하면 지배층 중심의 정치제도사를 넘어 민의 관점에서 한국사를 재조명하고 그것을 통해 조선시대를 통찰해보자는 의도를 담은 것이다.

황은희 ┃ 서울 창림초등학교 교사. 역사교육연구소 어린이분과, 민주주의 역사교육 분과 등에서 활동하며 '어린이와 역사교육'에 대해 고민을 하고 있다. 함께 지은 책으로『어린이들의 한국사』,『나의 첫 세계사 여행』, 혼자 지은 책으로『그림으로 보는 한국사』(2,4,5) 등이 있다. ths-ehd@hanmail.net

김선옥 ┃ 15년간 중학교에서 역사를 가르쳤다. '역사를 통해 민주시민 기르기'에 관심이 많고, 최근에는 평화교육 관점에서 역사과 교육과정 재구성을 고민하고 있다. 전국역사교사모임에 빚진 게 많은 장학사로, 2015년부터 서울시교육청 민주시민교육과에서 일하고 있다. 지은 책으로『행복한 한국사 초등학교』가 있다. heiiaan@hanmail.net

정희연 ┃ 경기 송림중학교 교사. 아이들과 소통하며 수업하기를 좋아하고 역사를 통한 민주시민 교육에 관심이 있다.『인권, 민주주의, 평화의 관점에서 본 역사수업의 재구성』(수업자료집)을 함께 펴냈다. shaye@naver.com

우현주 ┃ 경기북과학고등학교 교사. 평생학습사회 속 학교의 교사는, 느리지만 오래가는 공부, 공부의 기본기를 배우는 공부를 돕는 역할을 해야 한다고 생각한다. 의정부역사교사모임 선생님들과 행복한 미래를 상상하는 역사교육을 실천하고 있다.『함께 읽기는 힘이 세다』라는 책에「이 땅의 모든 고딩들에게 역사적 감수성을」이라는 글로 참여했다. woohyjoo@korea.kr

Ⅳ. 역사수업, 더 넓고 깊게 키우기

초등 역사를 제대로 자리매김하기 위한 노력을 제시하였으며, '위안부' 수업은
피해자 할머니가 아니라 용감한 인권운동가 할머니로의 인식 전환이 필요하다
고 제안한다. 학생들이 주도하는 역사 동아리 활동 사례와 역사책 읽기로 역사
수업의 무게를 더하는 노력을 소개한다.

+ 초등 역사수업의 고민과 꿈
+ 용감한 내 이웃 할머니의 이야기
+ 역사동아리로 다양하게 역사하기
+ 책 읽기로 배우고 나누는 역사수업

초등 역사수업의 고민과 꿈

서울 창림초등학교 **황은희**

1. 머리말

예나 지금이나 역사수업을 하면서 학생들에게 늘 듣고 싶은 말이 있다. '역사수업 또 언제 해요? 와! 역사시간이다!' 하지만 이런 바람을 이루는 건 쉽지 않다. 지난해 가르쳤던 학생들은 "선생님, 너무 재밌어요. 우리 선생님, 역시 역사 박사님이야!" 하더니, 올해 학생들은 "역사 말고 다른 교과 수업하면 안 돼요?"라며 교사의 사기를 꺾어놓는다. 매번 하는 수업이지만 할 때마다, 누구와 수업을 하느냐에 따라 수업 장면은 달라진다.

그러니 모든 교사는 항상 새로운 고민을 할 수밖에 없다. 궁리하고 또 궁리하며, 수업을 준비해야 한다. 그 과정이 탐구와 성찰을 통해 학생들의 역사적 사고력을 길러주고 학생들과 학생들, 교사와 학생들이 서로 생각과 마음을 나누는 수업을 만들기 위해 꼭 필요하기 때문에 교사는 부단히 노력해야 한다.

돌아보면 지난 10여 년간 초등 역사교육 및 수업에는 많은 변화가 있었다. 아니 변화시키려는 노력이 있었다. 그동안 무엇을 고민했고 어떤 변화를 위해 노력 해왔는지, 지금부터 그 이야기를 시작해보려 한다.

2. 초등 역사수업은 어떻게 이루어지나?

먼저, 초등 역사교육에 대한 이해를 위해 역사수업을 담당하고 있는 초등 교사 들의 특성과 초등 역사수업의 특징을 파악해야 한다.

초등학교는 담임교사가 전 교과를 가르치는 체계다. 몇몇 교과는 교과 전담 교 사가 담당하나, 역사는 대부분 담임교사가 가르친다(교과 전담 교사가 담당하는 경우도 간혹 찾아볼 수 있다). 10여 개가 넘는 교과를 가르쳐야 하는(교과 전담 교 사가 담당하는 교과를 제외하면 실질적으로는 6개 정도의 교과를 담당한다) 초등 교 사들이 수업하기 어려운 교과로 꼽는 것 중 하나가 역사. 대학원 과정에서 심화 전공을 하거나 개인적으로 역사교육에 대한 관심이 남달라 오랫동안 연구해온 교 사가 아니면 역사수업에 대한 고민이 깊지 못하기 때문이다.

중등과 달리 초등은 한 교과를 지속적으로 연구할 수 있는 환경이 아니다. 하루 에도 4과목 이상 교과 수업을 하는 경우가 대부분이다. 현재 초등에서 역사를 가 르치는 학년은 5, 6학년(5학년 2학기, 6학년 1학기)이다. 통계적으로 따지자면 대 한민국 초등 교사의 3분의 1가량이 역사수업을 하고 있다. 하지만 연이어 5, 6학 년을 맡지 않으면 역사수업을 할 기회가 없다. 10여 년 만에 역사수업을 하게 됐 다며 걱정하는 교사들을 만나는 경우가 종종 있다. 7차 교육과정 교과서로 가르 쳤던 것이 마지막 역사수업이었다는 분도 있다.

이러한 상황이니 역사수업이 자신 없고 부담스러운 건 어쩌면 당연한 일이다. 수업에 대한 성찰을 바탕으로 다음 수업을 설계하는 일은 쉽지 않다. 역사수업을 어떻게 해야 하는지 동료 교사들과 생각을 나눌 기회 역시 드물다. 수시로 개정되는 교육과정과 교과서는 그 버거움을 가중시킨다.

초등에서 역사교육에 깊은 관심을 갖고 연구하는 교사들이 있다는 것 자체가 어쩌면 매우 특별한 일인지도 모른다. 진행되는 초등 역사 연수 때마다 많은 교사가 자리를 꽉 채우는 걸 보면 그만큼 수업하기 힘들고, 역사수업의 길을 찾고 싶어 하는 교사들이 많음을 알 수 있다. 초등 역사교육을 위해 해야 할 일이 많음을 깨닫게 되고, 앞으로 초등 역사교육이 끊임없이 발전해갈 것이라는 희망도 엿보인다.

초등 역사수업의 특징은 무엇일까? 초등에서 역사수업은 굉장히 중요하다. 학생들이 학교교육에서 처음으로 역사를 접하게 되며, 초등학교에서 형성된 역사인식이 이후 중등학교 단계의 역사인식 구성 과정에서 준거가 되기 때문이다.[2] 초등 역사수업의 가장 큰 특징은 통합적인 수업이 가능하다는 것이다. 역사를 처음 접하는 학생들이 역사에 대한 흥미와 관심을 유지할 수 있도록 다양한 교과와 통합수업을 진행할 수 있다. 탐구 및 체험 등 다양한 활동을 통해 역사적 흥미를 느낄 수 있는 수업이 이뤄진다.

하지만 이러한 수업을 할 때도 늘 고민하는 게 있다. 역사수업다운 수업을 하고 싶다. 역사적 맥락에 대한 이해를 바탕으로 재구성해야 하는데 흥미 위주로 흐르는 경우가 많다. 흥미와 재미가 지나치게 강조되면서 게임 위주의 학습이 이루어지는 모습도 종종 만나게 된다. '무엇'보다는 '어떻게'가 강조되고 있는 경우 말이다. 자칫 미술 수업이나 도덕 수업으로 흘러 어떻게 해야 할지 모르겠다 등의 고민이다.

이러한 고민을 해결하기 위해 초등 교사에게 필요한 것은 무엇일까? 무엇보다 중요한 건 관점과 내용지식, 즉 역사학 내용지식이다. 사실 중등 교사들도 다르지 않지만, 비전공자가 대부분인 초등 교사들에게는 더욱 고민스러운 부분이다. '역사학에 대한 전문적인 식견이 깊지 못하니 재구성할 때도 무엇을 버리고 무엇을 선택해야 할지 잘 모르겠다', '재구성해 수업을 하면서도 내가 가르치고 있는 것이 맞는지 확신할 수 없어 자신감이 떨어질 때가 많다', '우리가 참고할 만한 교수학습지도안과 활동지, 자료 등을 일목요연하게 정리해주면 좋겠다'는 이야기가 초등 교사들의 상황을 짐작할 수 있게 해준다.

비전공자가 대부분인 초등 교사들이 역사수업에서 힘들어하는 것 중 하나가 관점의 문제다. 교사의 관점에 따라 역사수업은 달라진다. 어떤 주제를 선택할지, 학습목표를 무엇으로 할지, 학습목표에 도달하기 위해 어떤 자료를 선택할지, 모두 관점의 문제다. 학생들에게 과거를 어떻게 만나게 하는지, 과거를 자신의 현재 그리고 미래와 어떻게 연결하게 하는지도. 역사수업다운 수업을 디자인하기 위해서도 교사의 관점이 중요하다.

초등 교사들은 초등 교사 양성 기관인 교육대학에서도 역사공부를 제대로 하지 못하고 임용되는 경우가 많다. 그저 고등학교 때 한국사 공부를 한 게 다라는 이야기를 하기도 한다. 이는 어쩔 수 없는 구조적 문제다. 전국에 있는 교대 커리큘럼을 살펴보면 역사강의를 1~2강좌 정도 수강하고 졸업하게 되어 있다. 그러니 제대로 된 관점을 세우고 마음껏 재구성할 수 있을 만큼 내용지식을 갖추기 위해서는 끊임없이 역사 내용을 공부하고 사료를 접할 기회를 늘리고, 사료 해석 연습을 해보도록 해야 한다. 그 학문이 갖는 특별한 구조적 내용 이해 과정과 관점을 세우기 위한 연구와 성찰이 필요하다.

3. 초등 역사교과서

현재 역사교육의 내용과 방향에 가장 큰 영향을 미치는 것은 무엇일까? 바로 교육과정과 교과서다. 더구나 국정교과서 체제인 초등 역사교육에 있어 교육과정과 교과서는 그 영향이 절대적이라 해도 과언이 아니다. 초등 역사교육의 현황 파악 및 개선 방향 모색을 위해서는 교육과정과 교과서에 대한 면밀한 검토 및 심도 깊은 논의가 필요하다.

초등 역사교육에서 교과서가 차지하는 위치는 중등에 비해 훨씬 크고 중하다. 전공자인 중등 교사들은 교과서를 하나의 자료로 생각하고 재구성해 수업하는 걸 그리 어려워하지 않는다. 초등 교사들은 그렇지 못하다. 초등에서 교과서는 교육과정 그 자체이며 해당 교과일 가능성이 크다.[3] 교과서의 내용을 잘 가르치는 것이 수업을 잘하는 것이라고 생각하는 교사들도 많다. 많은 교사가 교과서를 무척 중요시하고, 교과서 내용을 다 가르쳐야 한다고도 생각한다. 초등 교사들의 좋은 역사수업을 가로막는 건 다름 아닌 교과서다. 교과서로 수업을 해야 하는데, 교과서에서 자유롭지 않으면 수업을 제대로 할 수 없다며 답답함을 토로한다.

교과서가 어떻기에 이런 이야기를 하는 걸까? 사실 초등에는 역사교과서가 따로 없다. 지리, 일반사회와 함께 사회과 내에 하나의 영역으로 편재돼 있다. 교과서 이름도 사회다. 학생들의 학습 측면을 고려한 학습자 중심적 통합이라고 이야기하지만, 역사교육이 사회과 안에서 이뤄지면 학생들이 제대로 된 역사학습을 하지 못하고, 역사과 내용에 대한 학습자들의 학습 기회를 줄이고 범위를 협소하게 만들며[4], 역사학습의 방향이 모호해지는 등 여러 가지 문제가 발생할 수 있다. 역사교과의 의미와 가치는 지리나 일반사회와는 분명 다르다. 또한 학습 내용 선정의 원칙과 논리에도 차이가 있다. 역사학은 지리나 일반사회와는 다른 고유한 구조적 특성을 지닌다. 진정한 학습자 중심의 교육이 무엇인지 논의가 필요한 부분이다.

그동안 초등 역사교과서도 많은 변화를 거쳤다. 사회 안에 몇 개 단원으로만 편재된 적도 있고, 1년 동안 독자적으로 역사만 가르치도록 구성된 적도 있다. 지난

2007 개정교육과정 때부터 역사는 1년 동안 집중적으로 가르치도록 구성됐다. 현재 5학년 2학기와 6학년 1학기 사회 교과서는 역사만으로 구성돼 있다.

내용적인 변화는 6차 교육과정 때 주제사였던 구성이 7차 교육과정 이후 통사 체제로 바뀐 것이다. 이는 한국사의 시계열성에 대한 이해를 용이하게 하겠다는 의도였다. 2007 개정교육과정 이후에는 편재도 크게 달라졌다. 학습 내용의 중복을 피하고, 학습 분량을 적정하게 조절한다는 취지에서 3~5학년에서 다루던 '고장 생활의 변천과 문화적 전통', '옛 도읍지와 여러 나라', '문화재와 박물관', '우리 겨레의 생활문화' 내용을 5학년에서 1년 동안 배우도록 편성했다. 2009 개정교육과정에서는 학년의 변화가 있었지만 여전히 1년 동안 역사를 가르친다.

역사를 1년 동안 독립적인 교과서로 구성하게 된 건 큰 변화였다. 교과서 이름이 역사는 아니었지만 역사 교과라는 인상을 주게 됐다. 초등 역사 영역이 독자적인 모습으로 비치고, 초등 역사교육에 대한 관심도 더욱 높아졌다. 그 영향은 공교육뿐만 아니라 어린이용 역사도서 출판 시장 등에도 영향을 미쳤다. 다양한 어린이용 역사책이 나오고, 현장체험학습 프로그램도 풍부하게 만들어졌다.

2015 개정교육과정에서는 또 다른 변화가 생겼다. 3학년과 4학년에 역사 입문적인 내용[5]—우리가 알아보는 고장 이야기(고장과 관련된 옛이야기, 고장의 문화유산, 고장의 지명), 시대마다 다른 생활 모습(옛사람들의 생활 도구와 주거 형태), 세시 풍속의 변화상—을 편재하고, 본격적인 내용은 5학년 2학기 한 학기 동안 학습하도록 구성했다. 6·25전쟁 이후의 과정은 6학년 1학기에서 다룬다. 2007, 2009 개정교육과정에서는 정치사적 맥락을 바탕으로 인물사, 생활사, 문화사 중심 구성을 이야기했는데, 정치사가 강조되고 초등학생들에게 어려운 수준의 내용들이 들어가 학습 분량이 과하다는 지적이 있었다. 7차 교육과정에서 다루던 박물관, 문화재 등 역사 입문적 내용에 대한 학습 없이 바로 통사를 배우게 되면서 학생들

의 역사학습에 부담이 된다는 문제 제기였다.

초등 역사교과서에 대해서도 여러 가지 비판이 있다. 무엇보다 내용 구성 문제가 가장 크다. 사실 교과서의 문제라기보다는 교육과정의 문제로 아주 오래전부터 지적돼온 부분이다. 통사 구조 자체가 문제가 아니라 통사 구조에서 다루는 내용 구성과 수위가 문제라는 의견이 있다. 통사 구조 자체가 문제가 아니라 통사 구조에서 다루는 내용 구성과 수위가 문제다. 통사 구조여도 어떤 통사 구조를 지향하는가에 따라 교과서 내용은 달라질 수 있다. 통사로 구성하더라도 어린이의 시각과 이해를 위한 구성에 대한 고민이 있다면 이야기는 달라진다. 현 초등 교과서는 '중·고등 교과서를 압축해놓은 것'이라고 정의하면 딱 맞을 듯싶다. 중등 내용을 압축해놓으니 인과관계가 제대로 드러나지 않아 읽히지 않는다는 평가가 대부분이다.

초등 역사교육의 목표에 대한 논의를 바탕으로 역사하기를 적극 실현할 수 있는 방안을 마련해야 한다. 정치사 위주의 통사를 탈피해 주제사 중심 구성을 시도해야 한다. 학생들이 역사에 대한 관심과 흥미를 느낄 수 있는 다양한 역사탐구활동이 가능한 내용 구성을 모색해야 한다.

중·고등과의 계열성 문제도 반드시 해결해야 할 과제다. "초등에서 이런 것도 배워요? 심지어 중등보다 더 자세히 다루는 것도 있네요." 중·고등학교 교사들 또는 역사학·역사교육 연구자들이 초등 교과서를 보면서 나타낸 반응이다. 왜 이런 교과서가 만들어져야만 했는지 그리고 왜 여전히 만들어지고 있는지, 그 누구도 명쾌한 답을 내놓지 못하고 있다.

교과서 내용 구성도 문제이지만 교과서의 내용 수준도 심각하다. 전란, 복구, 정책, 재정, 안정, 황폐, 보, 모내기법, 장시, 작물, 경작, 부유, 경직도, 모판, 수확량, 토지조사, 농토, 보부상 등은 2009 개정 역사교과서(6학년 1학기) 한 페이지

(11쪽)에 나오는 용어들이다. 학생들의 수준을 고려하지 않은 용어들은 학생들이 역사는 어렵고 재미없는 과목이라는 인상을 갖게 하는 요인 중 하나다. 역사수업 시간에 용어 풀이를 하느라 많은 시간을 보내야 하는 경우도 종종 있다. 교사들에게는 가르치기 어려운 교과서요, 학생들에게는 역사에 대한 흥미를 떨어뜨리는 배우기 어려운 교과서인 것이다.

맨 처음 역사를 접하는 학생들이 '역사라는 교과가 참 재미있구나!', '앞으로 계속 공부하고 싶은 교과구나!' 하고 느끼기에는 교과서 내용 구성에 심각한 문제가 있다. 초등 역사교육에 대한 깊은 고민이 담긴 좋은 교과서를 만들어야 하는 게 초등 역사교육이 해결해야 할 가장 중요한 과제다. 다양한 해석이 인정되고, 학생들이 술술 재미있게 읽고, 비판적으로 사고하고 토론하며, 감정이입을 통해 당시 사람들의 삶을 공감하고 탐구할 수 있는 내용과 활동이 담긴 교과서 구성을 고민해야 한다.

초등에서 다뤄야 한다고 당위적으로 이야기되는 인물사, 문화사, 생활사에 대한 논의도 구체화돼야 한다. 논리적 근거와 구체적 구성 방향, 즉 어떤 인물사, 어떤 문화사, 어떤 생활사인지 명확하게 밝히며, 그 유효성도 재검토해야 한다.

초·중·고 계열성에 대한 논의를 바탕으로 초등 역사의 내용 구성 및 교과서 서술 방향에 대한 합의가 이뤄져야 한다. 역사교육 계열화의 논의가 제대로 이뤄지기 위해서는 초·중·고 역사 교과목 편성을 통해 학습 내용의 연계성과 차별화 방안이 모색돼야 한다. 학교 급별 역사교육 목표나 특성에 대한 연구[6]와 학습 내용 선정을 위해 학교 급별 학생들의 역사 이해 양상에 대한 조사가 선행돼야 한다. 그래야 좋은 초등 역사교과서를 만들기 위해 곳곳에서 이뤄지고 있는 다양한 노력이 모아져 의미 있는 결과물을 내놓을 수 있을 것이다.

최근 방지원이 제시한 초등 교과서 구성 방안은 그간의 논의를 일보 진전시킨 결과로 보인다. 방지원은 초등에서 '역사공부란, 옛사람들이 남긴 자료를 탐구하면서 그 사람들의 생활 모습이나 생각을 엿보는 재미있는 활동'이라는 개념을 중심으로 구성해야 한다고 주장했다.[7] 그동안 관습적으로 지속돼오던 왕조사 중심의 국가사나 제도사에서 벗어나, 다양한 시대에 살았던 다양한 계층 사람들의 이야기를 엿볼 수 있는 다양한 소재와 주제 및 자료를 통해 서로 생각과 의견을 나누며 역사를 경험하도록 해야 하지 않을까?

4. 초등 역사교육을 위한 노력들

10여 년 사이 초등 역사교육에 대한 관심이 높아졌고, 그 논의도 활발하게 이뤄지고 있다. 사범대학 교수들과 중등 역사교사들을 중심으로 이뤄졌던 역사교육에 대한 논의가 초등 역사교육 영역으로 확대됐다. 교대의 역사 및 역사교육 전공 교수, 초등 교사 등 초등 역사교육을 이끌어나가는 주체도 많아지고 다양해졌다. 학술대회, 초등 역사 연수, 출판, 연구보고서 등 초등 역사교육 발전을 위한 다양한 활동들이 이뤄졌다.

2016년에는 '초등 역사교육의 현황과 대안 찾기'라는 주제의 제22회 한국역사교육학회 전국학술대회(한국역사교육학회, 전국역사교사모임, 역사교육연구소 주최)가 열렸다. 사회과 통합을 추구하는 초등 역사교육-2015 개정교육과정을 중심으로(김정인), 초등학교 역사과 내용 구성-인물사, 생활사, 문화사 구성의 가능성 탐색(임기환), 애국심 교육의 관점에서 본 초등 역사교육과 국정교과서(방지원), 초등 역사교재의 대안적 구성 논리와 방안(문재경), 교실에서 찾은 새로운 미래, 초등 역사수업 어떻게 할까(황은희), 평화와 인권의 자리에서 위안부 할머니를 공부하다(최종순) 등 현재 초등 역사교육에서 논의되는 문제들을 전면에 내세위 토론하는 장이 마련됐다. 역사학자, 역사교육 연구자, 초등 교사, 출판계 종사자 등 다양한 사람들이 모여 머리를 맞대고 초등 역사교육의 현황과 과제를 확인하는 자리였다.

역사학 단체에서도 초등 역사교육에 관심을 기울이기 시작했다. 시대사학회에서 초등 교과서를 분석해 문제점을 짚어내고 그 대안을 제안하면서 초등 역사교과서 및 초등 역사교육에 대한 관심을 높였다. 역사교과서 국정화 소동과 맞물려 이뤄진 일이긴 하지만, 역사교육연대회의에서 초등 국정 사회(역사) 교과서를 분석해 여러 가지 문제점을 지적한 것도 큰 의미가 있다. 초등 역사교과서라는 말이 무색할 정도로 어려운 내용과 용어가 담겨 있어 2014년 실험본보다 더 후퇴됐다. 학습 동기를 유발하는 탐구 활동도 매우 적을뿐더러, 초등학생들의 사고를 촉진시킬 수 있는 질문이라고 보기엔 너무 부실한 내용이 담겨 있다는 내용이었다 (2016년 2월 역사교육연대회의 발표 내용의 일부). 역사학 단체가 초등 역사교육에 갖게 된 관심은 이후 초등 교과서 내용 구성 및 역사교육 방향을 모색하는 데 큰 도움이 됐고, 역사학계도 초등 역사교육의 또 하나의 주체임을 확인하는 계기가 됐다.

이렇듯 다양한 분야에서 초등 역사교육에 대한 관심이 높아지게 된 데는 여러 가지 요인이 있다. 우선 초등 역사교육 주체의 역량이 강화되고 확대됐다. 10여 년 전에는 초등 역사교육이 독자적인 영역을 구축할 정도로 주체들이 많지 않았다. 그저 중등 역사교육의 부차적인 영역으로 인식됐다. 다양한 분야에서 초등 역사교육을 고민하는 주체들이 성장하고, 어린이의 시선으로 보는 역사교육에 대해 고민하면서 초등 역사교육의 독자성에 대한 필요성이 자리 잡게 됐다. 초등 역사교육 연구자들뿐만 아니라 중등 역사교육 연구자들도 초등 역사교육에 관한 연구를 진행하며 그 지평을 넓혀왔다. 무엇보다 현장 초등 교사들이 역사수업에 대해 적극적으로 고민한 것이 이러한 발전을 가져왔다.

초등 교사들의 실질적인 고민을 가장 앞장서 해결해보려고 노력한 것이 바로 초등 역사 연수였다. 2009년 역사교육연구소에서 '교과서 속 역사, 어떻게 읽고 어떻게 가르칠까?'라는 주제로 처음 연수를 진행했다. 이후 다양한 직무 및 자율 연수가 기획, 운영됐다. 2007 개정교육과정 교과서로 1년 동안 역사수업을 해야 하는 상황이 되면서 역사 연수에 대한 요구는 더욱 많아졌다. 처음에는 '교과서 살펴보기'가 연수의 주된 내용이었는데, 이제는 초등 역사교육의 방향 및 역사 내용에 대한 이해와 역사수업 사례 발표, 역사수업 디자인해보기, 체험학습 방법 및 현장 답사 등 그 내용도 풍부해졌다. 강사진도 역사 및 역사교육 전공 교수, 초등 교사, 중등 교사, 박물관 학예사, 어린이용 역사책 작가 등으로 다양해졌다.

2009 개정 초등 국정교과서 오류와 편향 문제가 제기되면서 연수는 폭발적으로 늘어났다. 서울시교육청에서 가장 먼저 연수를 기획해 진행했고, 이후 각 시도 교육청에서 초등 역사 연수를 추진했다. 국사편찬위원회와 동북아역사재단, 교육부(교원대)에서도 초등 역사 연수를 시행하고 있다. 다양한 기관과 주체가 초등 교사들의 요구를 반영해 역사수업에 실질적인 도움을 줄 수 있는 연수를 기획, 운영하려 노력하고 있다. 이러한 열기를 어떻게 유지, 발전시켜나갈 수 있을지가 현재의 고민거리이자 과제다.

초등 역사교육의 새로운 지평을 모색하기 위한 고민들이 다양하게 이뤄지면서 역사교육 및 역사수업에 관한 책들이 출판됐다. 초등 교사, 역사교육 연구자 들이 주축이 되어 『초등 역사교육의 이해』(김덕진, 선인), 『살아있는 역사수업』(최용규 외, 교육과학사), 『다문화 시대의 어린이 역사교육』(최용규 외, 대교), 『초등 역사수업 디자인하기』(구난희 외, 교육과학사), 『초등 역사수업 길잡이』(문재경 외, 책과함께) 등에 초등 교실에서 역사수업을 하며 고민했던 부분, 역사수업 디자인 방법에 대한 의견을 비롯해 초등 역사교육과 역사수업에 대한 이야기 및 다양한 연구 성과를 담아냈다. '초등 역사'라는 독자적인 영역을 다룬 책들의 출판은 초등 역사교육의 현재와 미래를 볼 수 있게 해주는 의미 있는 자료다. 하지만 여전히 '초등 역사교육의 방향 및 수업의 길'을 찾는 사람이 많은 것을 보니 그 답을 내놓지는 못한 것 같다.

다양한 초등 역사에 관한 책 중 특별한 의미가 있는 책도 나왔다. 역사교육연구소의 어린이와 역사교육 분과에서 발간한 『어린이들의 한국사』다. 역사수업을 받고 있는 학생들이 또래 이야기를 통해 당시 아이들의 삶을 들여다보는 것의 유의미성에 대한 고민이 바탕이 되어 어린이들이 주인공인 책이 출판된 것이다. 이 책의 연구 성과를 기반으로 2015 개정교육과정 논의에서 어린이들의 이야기가 다뤄져야 한다는 의견이 제시되기도 했다. 학교 현장에서도 어린이들이 주인공인 『어린이들의 한국사』로 수업하기가 실행되고 있다. 『어린이들의 한국사』로 수업할 때 확실히 학생들의 반응은 다르다. 눈을 반짝거리며 마치 내가 겪은 일처럼 받아들인다. 어린이들은 자기 또래의 역사 속 어린이들 이야기를 통해 자신도 역사의 주인공이라는 생각을 할 수 있게 된다. 자신의 삶을 조금 더 책임감 있게 살고 싶다는 이야기도 한다.

한편, 초등에서 세계사 교육에 대한 논의가 이뤄지고 있는 점도 주목해볼 일이다. 강선주는 초등학교에서 학생들에게 다른 문화와 역사에 노출시킬 수 있으면서도 학생들의 흥미를 자극할 수 있는 방향에서, 그러나 암기로 정의되는 학습이 아닌 탐구와 이야기로 정의되는 역사교육이라는 관점에서 초등학교 세계사 교육을 구상해야 함을 주장한다.[8]

역사교육연구소에서 진행한 '어린이들의 역사 이해 양상', '역사인물에 대한 이해' 조사는 초등 역사 교육과정과 교과서 구성을 위해 밑받침돼야 하는 연구들이다. 무척 중요하며 의미가 크다.

지금도 많은 연구자가 초등 역사교육과정 및 교과서, 초등 역사교육에 대한 교사의 인식, 초등 역사교육 방향 등을 고민한다. 초등 역사교육의 현황을 면밀하게 분석해 초등 역사교육을 위해 어떤 논의와 연구 및 실천이 필요한지 제시해야 한다.

5. 초등 역사수업 이야기

이제는 우리들의 역사수업에 관한 이야기를 펼쳐보려 한다. 그동안 초등 역사수업에 애정을 갖고 고민해온 몇 분의 선생님과 나눈 이야기로 시작해보자.

이분들은 20여 년 가까이 초등 역사수업에 관심을 갖고 수업을 하면서 나름대로 많은 궁리를 해왔고, 초등 역사교육 발전을 위해 다양한 연구도 진행했다. 이분들의 생각이 초등 교사들의 고민을 모두 담고 있다고 이야기할 수는 없지만, 적어도 고민의 지점이 비슷하다고는 할 수 있을 것이다.

교과서에서 자유로워지는 게 가장 어려웠어요. 초등 역사교과서가 초등 역사교육을 가장 어렵게 하는 문제 중 하나였거든요. 교과서에서 자유롭게, 그러면서 새롭게 재구성을 할 때 여러 가지 고민을 했는데, 무엇을 중점으로 가르쳐야 할 것인가 하는 고민을 가장 깊게 했어요. 즉, 내가 중요하게 생각하는 주제나 내용, 관점 등을 깊게 고민하려 했지요. 무엇보다 지식보다는 관점을 가르치려 노력하고, 내용보다는 다양한 체험이나 현장 학습, 교육용 유물을 통한 수업을 해나가려 했어요. 재구성을 할 때 무엇을 버릴 것인지 판단하는 건 그래도 여전히 어렵습니다. 그리고 유물 교구들이 많이 마련되면 좋겠고요.

— 김현애 선생님(역사교육연구소 어린이와 역사교육 분과)

시대사를 가르치다 보니 토막 지식을 전달하는 데서 오는 지루함을 어떻게 극복할지 고민이 됐어요. 또 학생들의 생활 속에서 현실과 멀게 느껴지는 역사적 사실과의 접점을 찾아가야 하는데, 초등 수준에 맞추는 것이 쉽지 않았지요. 가르쳐야 할 내용이 많다 보니 교사 중심의 지식 전달 수업이 되는 경향이 많았어요. 선택과 집중으로 재구성하려고 노력해왔습니다. 하지만 가르쳐야 할 교과가 많다 보니 초등 교사 입장에서 어려움이 컸지요. 어린이 수준에 맞는 내용 선택과 관점 등에 대한 고민이 꾸준히 이어지고, 연구 결과물들의 축적이 필요한 것이 초등 역사교육의 현주소입니다.

– 유재광 선생님(역사와 사회를 연구하는 초등 교사 모임)

10여 년간 초등 교과서가 3번 바뀌었지요. 그런데 초등 교사들은 큰 변화로 받아들이지 않았어요. 지속적으로 가르치지 않는 것이 첫 번째 이유예요. 통사 구조는 변함이 없고, 내용의 가감만 있었어요. 다만 사회과 탐구의 형식이 활동지로 바뀌었을 때 변화를 크게 느끼긴 했어요. 그러면서 교과서가 바람직하게 변화되려면 아직은 멀었다는 생각이 들어 수업이라도 먼저 변해야겠다는 생각을 했어요.

수업의 변화를 통해 교육과정과 교과서의 변화를 이끌어야겠다는 생각도 했고요. 사실 초, 중, 고 중 초등 교과서가 가장 잘 만들어져야 한다고 생각해요. 중·고등학교 교사들은 재구성을 할 수 있는 능력들이 충분하고 한 과목을 가르치기 때문에 여유도 있잖아요. 그 분야의 오랜 전문가들이라 자신감도 있고요. 초등 교사들은 그렇지 못해요. 재구성을 하고 싶지만 방향을 잡는 것도 어렵고, 방향을 잡고 자료를 선택한 후에도 스스로 이게 맞는지 무척 자신 없어 하거든요.

최근 황은희 선생님이 연수 때마다 초등 교사들에게 역사 내용에 대한 공부를 해야 한다고 자꾸 그러시는데, 맞는 얘기라고 생각해요. 그래야 스스로 관점을 세우고 재구성할 수 있으니까요. 어쨌건 10여 년간 가장 큰 고민의 방향은 지식적인 내용과 생각거리를 어떻게 가르쳐야 균형감 있게 잘 가르칠까 하는 것이었어요. 그런데 지식은 짧게, 생각은 길게. 그게 제 고민이에요. 하나의 주제를 선택해 생각하고 깊게 토론하는 것이 맞는 방법이라는 생각이 들어요.

— 황은희, 김은아 선생님(역사와 사회를 연구하는 초등 교사 모임)의 대화 내용

이야기의 내용은 조금씩 다르지만, 이분들의 고민은 다음 몇 가지로 정리해볼 수 있다.

첫째, 현재 초등 역사수업은 교과서에서 자유롭지 않으면 제대로 하기 힘들다. 초등 교과서는 정말 잘 만들어져야 한다.

둘째, 교과서 내용을 다 다루기보다 현재와 연결해 생각할 수 있는 주제를 선택해 깊이 생각하고 토론해볼 수 있는 방향으로 수업을 구안해야 한다.

셋째, 지식 전달 위주의 수업이 아닌, 공감과 이해 중심의 수업을 지향해야 한다. 다양한 역사 이야기를 통해 학생들 스스로 탐구하며 자신의 생각을 만들어 나가는 수업, 옛날 사람들이 남긴 문화유산과 다양한 자료를 통해 그들의 생각을 엿볼 수 있는 수업, 즉 탐구와 체험이 활발하게 이루어지는 수업을 해야 한다.

그동안 초등 교사들은 교과서에 실린 역사적 사실과 사건을 모두 가르쳐야 한다는 생각에서 자유롭지 못했다. 교과서 내용을 효과적으로 잘 전달해야 한다는 생각이 중심이었다. 특히 경력이 짧은 교사들이 교과서에서 자유롭기가 쉽지 않음을 토로한다. 평가에서도 자유롭지 못해 "재구성을 통한 수업을 한 다음 평가는 어떻게 해요?"라는 질문을 많이 한다. 평가도 수업한 내용으로 하면 된다고 이야기해보지만 여전히 외부 시선에 자신이 없다는 이야기를 한다.

아무리 교육과정에 충실하고, 교과서가 아닌 교육과정을 가르쳐야 한다고 이야기해보지만, 주어진 교과서와 교사용 지도서에서 자유롭기는 쉽지 않다. 그래서

더더욱 초등 교과서는 정말 잘 만들어져야 한다. 초등 교사들에게 교과서는 가장 중요한 자료이기 때문이다. 물론 잘 만들어진다고 교과서대로 수업하라는 이야기는 아니다. 그렇지만 여러 과목을 가르치며 재구성을 준비할 현실적인 시간이 부족한 초등의 현실을 생각한다면, 초등 교과서는 중·고등 교과서보다 훨씬 더 깊은 고민을 담아 체계적으로 만들어져야 한다. 교사용 지도서에 지금보다 훨씬 풍부한 자료를 담아야 한다는 의견도 있다.

6. 초등 역사교육과 수업의 방향

그동안 초등 역사수업에 많은 변화가 있었다. 초등 역사수업의 변화에 영향을 미친 것들은 무엇이었을까? 사회적인 분위기, 학문 연구 성과, 초등 역사교육 주체들의 성장 등이었다. 무엇보다 수업에 사용할 수 있는 자료가 풍부해지니 다양한 수업 방법이 시도된다.

사회의 변화와 학문적 성과는 역사수업에 어떤 영향을 미쳤을까?

6월 민주화운동을 다룬 영화 「1987」(2017)을 생각해볼 수 있다. 학생들도 부모님과 함께 영화를 보고 와 교실에서 박종철, 이한열 이야기를 자연스럽게 한다. 6월 민주 항쟁에 대한 사실적인 이야기를 세세하게 해야 하는 부담감이 줄고, 접근 또한 수월해졌다. 교사들은 현대사에 대한 연구 결과가 다양한 형태의 결과물로 나오면서 학교에서도 조금 더 편하고 자유롭게 수업할 수 있게 됐다고 이야기한다. 지금으로부터 멀지 않은 시대의 역사적 사건들을 어떻게 평가해야 하는지 합의점이 도출되지 않았을 때 선생님들은 수업하기 힘들어했다. 이제 어느 정도 학문적, 사회적 합의점을 찾게 되면서 수업은 수월해지고 방향은 뚜렷해졌다.

자료가 다양해지면서 역사수업은 어떻게 변화했을까?

한 선생님은 10여 년 전에는 동영상을 하나 보여주려 해도 내용이 너무 어려워 망설였던 적이 많다고 했다. 이제는 다양한 수준의 동영상 자료들이 제작되면서 학생들이 이해하기 쉬운 자료를 손쉽게 제공할 수 있게 됐다. 이러한 변화들은 수업을 더욱 풍부하게 해주는 요인이다. 자료마저 부족했던 시대에는 다양한 활동을 통해 역사수업을 하더라도 대부분이 사실 조사나 숙지에 치우치는 경향이 있었다.

이제 그 방향이 달라지고 있다. 내용과 지식 전달이 아닌 가치 중심의 수업, 공감할 수 있는 수업을 지향한다. 서로의 생각과 느낌을 나누는 수업 말이다. 기초적인 사실을 이해할 수 있는 정도의 짧은 내러티브나 간단한 자료, 설명을 통해 역사적 내용을 이해시키고, 그 사건이 갖는 가치, 당시 사람들의 마음 이해 등 사고하고 비판하며 감성으로 다가가는 역사수업이 이뤄지고 있다. 학생들은 스스로 해석하고 질문하고 논쟁하고 상상하며 주체적인 역사인식을 갖춰나가고 있다.

옛날 사람들의 삶을 들여다볼 수 있는 주제를 선택해 질문하고 토론하고 내 생각을 이야기하고, 다른 사람의 생각을 알아보고, 공감적 이해를 통해 당시 사람이 되어보기도 하고, 손과 몸을 이용해 표현해보는 수업을 하고 있다. '지식은 짧게 생각은 길게' 하는 수업. 나는 이를 '점'을 찍어주는 역사수업이라고 이야기한다. 아직 선을 그리지 못하더라도 괜찮다고 믿자. 어떤 크기, 어떤 색깔의 점을 찍어줄지 고민하면서 말이다.

'동학농민운동'을 수업할 때, 당시 농민군이라면 나는 과연 어떤 주장을 했을지 공감적으로 이해하며 자신의 주장을 만들어보고, 당시 사람들의 주장을 살펴보며 그 마음을 알아가는 수업을 했다. 한 학생은 '종교적 자유를 달라! 토지를 달라! 쌀을 내놓아라! 우리는 평등하다!' 등 실제 동학 농민군이 요구했을 내용을 적었고, 또 한 학생은 '세금 줄이기, 조병갑 내쫓기, 사람들의 입장 듣기, 세금 타당하게 걷기, 신분제 폐지' 등을 이야기했다.

'제국에서 민국으로'라는 수업에서는 제국에서 민국으로 변화할 수 있었던 근본적인 힘이 거리로 쏟아져 나온 3·1운동 당시의 국민들이었음을 알고, 제국과 민국의 차이점을 대한국 국제와 대한민국 임시헌장의 비교를 통해 알아보았다. 학생들은 대한국 국제를 이해하지는 못하더라도 '대한국 황제는'이라고 표현된 주어부만 보고도 대한제국은 황제의 나라임을 자연스레 알게 된다. 이때 직접 대한민국임시정부 헌장을 만든다면 어떤 내용을 넣을 것인지 생각해보게 했다. 신기하게도 대부분의 학생들이 만든 제1조는 '대한민국의 주인은 국민이다' 혹은 '대한민국은 민주공화국이다'와 같은 내용이었다. 모든 국민들은 평등한 대우를 받아야 한다는 내용도 등장한다. 학생들이 당시 사람이 되어 공감적 이해를 하는 활동이 된 것이다. 학생들이 직접 헌장을 만들면서 대한민국의 국명이 바뀐 의미를 스스로 이해하게 됐고, 자신이 살고 있는 대한민국이 어떤 나라인지, 그 연원을 자연스럽게 파악하게 됐다.

'미국이 독립을 기념해 자유의 여신상을 세웠고, 프랑스가 프랑스혁명 100주년을 기념해 에펠탑을 세웠다는데, 2019년 우리는 대한민국임시정부 수립 100주년을 기념해 어떤 일을 할 것인가?'라는 질문에도 다양한 답을 내놓는다. 광화문에 민족의 지도자였던 김구 선생님의 동상을 세우겠다는 이야기가 많았다. 독립운동가들의 활동 내용이 전시된 기념관을 세우고 싶다는 학생도 있었다.

역사수업에서 무엇을 가르치고, 무엇을 이야기할 것인가를 가장 잘 보여주는 사례는 5·18기념재단에서 만든 「5~6학년용 5·18 민주화운동 초등용 교재」(이은진, 황은희 외 집필)에 소개된 수업이다.

'손잡고 함께 가요'라는 주제의 생각 넓히기에 슈퍼히어로에 대한 이야기가 나온다. 영화 속에 등장하는 슈퍼히어로는 뭐든지 혼자 척척 해내고 박수를 받는 존재다. 하지만 현실 속에는 그런 존재가 없다. 따라서 우리 서로가 함께 '연대'를 통해 문제를 해결해야 한다. 5·18 민주화운동도 슈퍼히어로로 혼자 해낸 일이 아니다. 많은 사람이 마음을 모으고 연대해서 이뤄낸 결과다. 학생들이 5·18 민주화운동에서 볼 수 있는 연대 장면을 찾고, 우리의 현실 속, 교실과 학교, 마을, 우리나라, 지구촌에서 연대가 가장 필요한 순간을 찾아 사진으로 찍은 후 사진전을 열어보는 활동을 제안한다.

이 수업은 학생들에게 5·18 민주화운동을 어떻게 가르칠 것인가도 중요하지만, 무엇을 가르쳐야 하는가가 중요함을 잘 보여준다. 5·18 민주화운동에 대한 사실적 이해도 중요하지만, 5·18 민주화운동이 희망적일 수 있었던 게 무엇 덕분인지를 알게 하는 것, 그런 희망을 지금 어떻게 만들어나갈 수 있는지 생각해보게 하는 수업이 꼭 필요한 수업일 것이다. 많은 교사가 고민하는, 과거의 이야기들이 현재를 살아가는 우리와 어떤 연관이 있는지 잘 보여주는 수업 사례로서 역사수업 방향도 잘 보여준다.

역사수업을 하는 모든 교사들은 이제는 학생들이 스스로 생각하고, 함께 이야기를 나누고, 비판하며 역사적 사고력을 기를 수 있는 역사수업을 해야 한다고 이야기한다. 그런데 이제는 그걸 넘어 무엇을 위해 생각하고, 무엇에 관해 이야기를 나눠야 하는지를 고민해야 한다. 역사의 주체로서 자기 인식을 형성할 수 있도록 하기 위해서다.[9] 공감하지 못하면 아무리 생각하고 비판해도, 나와 상관없는 것이 되고 만다. 비판하고 사고하는 모든 활동은 가치를 느끼고 공감하기 위함이다. 그리고 이를 통해 역사 속 주인공이 될 수 있는 각각의 개인이 될 것이다.

앞으로의 초등 역사수업은 사실만을 기억하는 것이 아니라 당시 사람들의 삶과 마음을 다양한 기록을 통해 엿보고, 그들의 마음을 느끼고 행동의 가치를 기억하고 기념하는 수업이어야 한다.

7. 맺음말: 역사랑 노는 아이들

지금까지 지난 10여 년간 초등 역사교육에 어떤 변화가 있었는지 간략하게 살펴보았다. 초등 역사교육 발전을 위해 다양한 분야에서 이뤄진 노력들을 살펴보며, 초등 역사교육의 현황과 전망까지도 그려볼 수 있었다.

이제는 초등 역사교육이 독자적인 영역으로 자리매김하고, 초등 역사교육의 현황 및 방향에 대한 논의가 이뤄지고 있으며 담당할 주체들도 많이 늘어났다. 그간의 논의와 연구 성과를 바탕으로 초등 역사교육이 나아갈 길에 대한 합의점을 찾기 위해 구체적으로 노력하고 있다. 무엇보다 교과서 발행 체제 및 편찬 체제에 대한 문제 제기를 토대로 질 높은 교과서를 만들기 위한 다양한 노력이 이뤄지고 있다. 이를 위해 역사교육 계열화에 대한 논의를 바탕으로 역사교과서의 내용 구성에 대한 합의가 필요함을 인식해야 한다. 초등 역사교육의 발전을 위한 다양한 노력이 필요하지만, 지금은 무엇보다 교사가 가르치기 좋고, 학생도 읽고 배우기 좋은 교과서를 만들어내기 위한 논의에 집중해야 한다. 그리고 학생들이 역사와 놀 수 있는 수업에 대한 고민이 필요하다.

학생들의 삶과는 동떨어진 정치사, 제도사, 전쟁사로 가득 찬 사건과 사실 들을 복잡하게 나열해놓은 암기 수업이 아닌, 다양한 시대에 살았던 다양한 사람들의 이야기를 담은 자료를 놓고 서로 다른 생각과 의견을 나누며 역사를 이해하고, 느끼며 경험하는 수업이어야 한다.

그러자면 무엇보다 모든 역사적 사건과 사실을 가르치려고 하지 말아야 한다. 교과서에 담긴 모든 역사적 내용을 전부 전달해서 가르치려고 하는 순간, 학생들은 역사에 흥미를 잃는다. 적게 가르치고 생각은 깊이 할 수 있게 하자!

또한 이야기를 통해 접근하도록 해야 한다. 최근에는 '역사동화' 등 스토리텔링으로 접근할 수 있는 자료들이 풍부해졌다. 정치사, 전쟁사, 제도사가 아닌 옛날 사람들의 삶에 집중해야 한다. 옛날 사람들의 이야기를 놓고 궁금한 것을 질문하고 토론하며, 때론 역사가처럼 읽고 사고하면서 당시 사람들의 삶을 추론해보고, 옛날 사람들은 이렇게 살았구나 느끼고 공감할 수 있게 해야 한다.

마지막으로, 다양한 자료 등을 이용해 질문하고 토론하면서 역사적 사고력과 통찰력을 키울 수 있도록 해야 한다. 시각 자료가 여기저기 붙어 있는 교실은 작은 박물관이 되어 학생들에게 또 다른 놀이터가 된다. 우리 문화유산을 요리 보고 조리 보며 빗살무늬토기에 무늬를 그려 넣은 이유는 무엇인지, 구멍은 왜 뚫려 있는지, 밑이 뾰족한 이유는 무엇인지 역사적 상상력을 마음껏 펼칠 수 있게 해줘야 한다. 반구대 바위그림을 보며, 혹 옛날에는 이 유적이 있던 곳이 학교가 아니었을까 질문하는 학생의 이야기를 들어보아야 한다. 교과서에 나온 내용과 다른 이야기를 하는 게 무슨 큰 문제겠는가? 박물관 안에 갇혀 있는 북한산 순수비가 아닌, 비봉에 세워진 북한산비의 사진을 보며, 무거운 돌덩이를 비봉 꼭대기까지 지고 올라가게 한 진흥왕의 마음을 느껴보게 해야 한다.

매킨지 기자가 찍은 의병 사진을 보고 그들의 심정을 느끼며 의병이 되어보기도 하고, 경복궁 근정전 앞에 세워진 조선총독부와 파괴된 경복궁의 모습을 보며 자연스럽게 일제의 의도를 파악하고, 서민들의 마음을 담아 민화를 그리고, 문화유산을 만들어 전시해보며 오감으로 느끼고 온몸으로 표현하는 역사수업!

역사수업을 하며 우리 아이들은 놀고 있을 것이다. 역사와 함께, 역사 속에서.

1 초등에서 '역사'는 독립적인 교과가 아니라 사회과에 통합된 한 영역으로 존재한다. 하지만 초등 역사 교육이라는 독자적인 영역이 있으니, 여기서는 역사라고 지칭하겠다.

2 김육훈, 「초등 역사교과서로 본 국정교과서 제도의 문제점」(국회토론회 '초등 사회(역사) 실험본 교과서로 본 국정교과서 제도의 문제점'에서 발표한 글), 2014, p.10.

3 황현정 외, 「초등 역사교육 현황 및 교사 인식 분석」, 경기도교육연구원, 2016, p.4.

4 송상헌, 「역사교육의 내용을 둘러싼 역사교육 담론의 검토」, 『역사교육연구』 창간호, 2005.

5 이러한 내용이 본격적인 역사학습을 위한 적절한 역사 입문적인 내용인지에 대해서는 깊은 논의가 필요하다.

6 방지원, 「역사교육 계열화의 개념과 원리」, 『역사교육연구』 3, 2006, 국문 초록.

7 방지원, 「역사교육과정의 구성 방안」, 『민주적 가치 실현을 위한 역사교육과정 구성 방안 연구』, 경기도교육연구원, 2017, pp.104~105.

8 강선주, 「초·중학교 세계사 교육의 현황과 쟁점: 2015 개정 역사교육과정을 중심으로」, 『서양사론』 131, 2016, p.38.

9 양정현, 「역사교육에서 사실, 해석, 그리고 주체와 관점: 2013년판 교학사 교과서를 중심으로」, 『역사와 교육』 9, 2014, p.21.

용감한 내 이웃 할머니의 이야기

서울시교육청 **김선옥**

1. 머리말

이 세상은 악마와 같은 사람들 때문에 살기 위험한 곳이 아니라, 그것에 맞서 아무것
도 하지 않는 사람들 때문에 위험한 곳이다.

– A. 아인슈타인

'위안부'는 여성이며 역사교사였고, 지금까지도 교육자라는 범위 속에서 살아
가는 내게 숙제 같은 주제다. 이 글을 쓰기 시작했을 때, 나는 스베틀라나 알렉시
예비치의 『전쟁은 여자의 얼굴을 하지 않았다』를 읽고 있었다. 바로 직전에는 김
서령의 『여자전』을 읽었다. 두 책을 읽으면서, 전쟁이란 극한 상황에서도 폐허 속
색깔 고운 커튼을 발견하면 원피스를 만들어 입고 싶었던, 헐렁한 군복의 허리를
줄여 라인을 만들고 싶었던, 고통의 한가운데서도 봄이 되면 풀꽃을 머리에 꽂고

싶었던, 온몸이 찢긴 동무를 위해 엄마에게 배운 자장가를 가만히 읊조려주던 이들이 나와 같은 여성임을 생각했다. 그래서 더욱 슬퍼졌다.

그러나 동시에 그런 여성성이 한데 포개지면 누구도 막을 수 없는 원더우먼이 탄생한다는 사실도 잘 안다. 그 대표적 그룹이 바로 '위안부' 할머니들이다.

이 글은 나 혼자만의 노력으로 이뤄진 것이 아니다. 이 글에 함께하며 기꺼이 자료와 조언, 지지까지 얹어준 분들의 열기에 감사드린다. '위안부'를 가르치고자 하는 이가 자신의 몸속으로 스며드는 역사적 고통 속에서 길을 잃었을 때, 이 글이 쓸 만한 길잡이의 역할을 해주기를 기대하며 글을 시작해본다.

2. 아이들은 어떤 '위안부'를 배우고 있는가

초등학교 6학년 1학기 사회 교과서는 박근혜 정부에서 만들어진 최초의 국정 교과서라는 특징을 감안하더라도, 너무하다. "강제로 전쟁터에 끌려간 젊은 여성들은 일본군에게 많은 고통을 당하였다"라니.

'위안부'라는 용어는 아예 사용되지 않았고, '많은 고통'이라는 뜬금없는('추상적인'이란 용어조차 아깝다) 단어로 무얼 표현하고 싶었던 것일까. 문장 어디에서도 '위안부'라는 역사적 사건에 대한 구체성을 찾아볼 수 없다. 이러한 비판은 이미 여러 차례 제기됐으나, 그때마다 교육부나 국사편찬위원회의 대응은 '어린이에게 너무 충격적인 서술을 할 수 없다', '발달단계에 맞지 않는다'라는 논리였다.

중학교 교과서의 서술도 그리 다르지 않다. '위안부'라는 용어가 명시되고 강제성이 표현되었으며 '성노예'라는 표현을 사용함으로써 '위안부' 문제가 갖는 특징을 나타냈지만 "온갖 비인간적 수모와 고통"(금성), "반인륜적 범죄"(지학사), "고통스러운 삶"(비상)이라는 뭉뚱그려진 표현에 담기엔 역사적 사실이 너무 크다. 이로써 '위안부'의 고통은 맥락 없이 이미지화되고 할머니들은 '익명화'되어 버린다. 보충 자료로 수요집회를 다루고 있지만, 소녀로 끌려가 '더러운 존재'로 낙인찍히고 돌아와서는 수모의 세월을 살다가 이제는 세계의 고통받는 여성을 위로하는 인권운동가로서의 할머니는 어디에도 나타나지 않는다. 이런 교과서의 서술만으로는 그저 뭔가 굉장히 잔인한 일을 겪은, 역사에 희생당한 가련한 여성들이 일본의 사죄도 받지 못하고 고통스러운 삶을 살았다, 나도 사죄를 요구하는 행동에 동참해야겠다는 정도에서 끝나버린다. 여전히 교과서에 담기엔 부담스러운, 그렇다고 피할 수도 없는 주제를 놓고 고심한 집필자를 떠올리게 하는 서술이다. 물론 이 애매모호함의 출발은 역사교과서에만 있는 '집필 기준'이다. 이로써 할머니들은 타자화되고 대상화된다.

　고등학교 교과서에서는 문장 수가 늘어났지만 역시 "갖은 수모와 고통을 겪은"(천재), "끔찍한 삶을 강요당"(비상)해 살아남아서도 "정신적, 육체적 고통 속에 살아"(두산동아)가며 우는 할머니(천재 사진 자료)로 이미지화된다.

　성노예라는 단어에만 나타나는 'sexual slavery'의 실체는 아직도 교과서에 담기는 부담스러운 느낌이다. 이는 학생들이 가질 적개심에 대한 우려일 수도 있고, 여성 인권이 존중받지 못했던 기억을 구체적으로 담아내기에 아직 우리 사회 수준이 성숙되지 못한 탓이기도 하다.

　고등학교 교과서의 경우 '동북아시아의 협력과 미래를 위한 노력'이라는 단원에 동북아 관계의 핵심이라 할 수 있는 '위안부' 문제가 들어가 있다. 고노담화나 미국 하원 결의문 등을 싣고, 아직 해결되지 못한 과거사 문제를 제기한다. 그러나 그러한 국제사회의 인식을 도출해내기 위한 할머니들과, 정대협(한국정신대문제대책협의회) 등 시민단체의 구체적이고 장기적인 노력은 전혀 언급되지 않았다. 결국 역사를 이뤄낸 사람들의 이야기로도 부족하고, 삶으로서 이야기, 인간으로서 역사는 생략돼버렸으며 현재 할머니들의 치열한 삶은 고민하지 않은 채 관성적으로 기술되고 말았다. 여기서 과거의 고통을 돌이켜 미래를 준비해야 하는 역사교육의 핵심 과제는 사라져버린다. 이 구체적인 역사적 사안에 대해 어떠한 구체적 행동, 노력이 필요한지 제안하는 것이 필요하다. 또한 가장 중요하게 다뤄져야 할 문제인 '전쟁 중 또는 전후에 우리가 행했던 가해자, 방관자의 태도'에 대한 논의는 아예 없다. 역사수업을 통해 아이들 스스로가 현재의 자신을 성찰하고 민주시민으로 성장할 수 있는 기회를 제공해야 한다.

그럼 잠깐 눈을 돌려 미국 맥그로힐 교과서를 살펴보자[1]. 일본 정부가 내용 수정을 요구했다는 이 교과서 서술은 매우 유려한 것이 특징이다. 고급스러운 영어 문장, 구체적인 수치를 사용하며 '위안부' 제도의 시작부터 전쟁 후의 상황까지 짧지만 정확하게 서술했다. 그리고 피해자들에 대한 공감까지 의도하고 있다. 물론 양은 많다. 그러나 이것만 읽고도 대략의 역사적 사실과 양상을 파악할 수 있고, 구체적인 사안을 스스로 찾아갈 수 있을 것이다. 특히 '국가적 매춘 서비스(imperial prostitution service)'라는 용어를 분명히 사용하고 있다. 개인적으로 우리나라 교과서에서 이런 식의 표현이 전혀 없는 것이 매우 의아하다. 물론 '위안부' 피해자 문제는 국가적, 계급적, 젠더적으로 다양한 문제가 중첩되어 복잡한 측면이 있지만, 적확한 표현에 접근하려는 노력이 필요하다고 생각된다.

2017년 8월 기준, 정부에 등록된 '위안부' 생존자는 36명이다. 우리에게 남겨진 시간은 많지 않다.

3. '위안부'를 가르치는 이들이 부딪히는 문제들

1) 내 몸에 스미는 고통

내가 '위안부'를 주제로 특별수업을 하기 시작한 건 결혼 생활을 시작하면서부터다. 피상적으로, 역사적 사건만으로 생각하던 할머니들의 삶이 갑자기 확! 내게 다가왔다. 여성의 삶, 행복이 무엇인가, 여성의 (성적) 자기결정권이란 무엇인가, 여성으로서의 삶과 인간으로서의 삶이 서로 부딪치며 덜그럭대기 시작한 그때, 우연히 접한 정대협의 문건과 할머니들의 삶이 같은 여성의 일로 내 앞에 등장한 것이다.

누구나 '위안부'를 접하면 그렇듯이, 당시 처음 느낀 감정은 일본 제국주의에 대한 분노였다. 대책 없는 감정이입으로 끓어올랐다. 내 수업을 통해 한 명이라도 더 진실을 알게 하는 것이 매우 중요했다. 그리고 아이들이 서명이라도 하도록, 수요시위에 나가도록 채근했다.

그러다가 둘째 아이를 임신한 채 '위안부'를 주제로 초등학생용 역사책을 쓰게 됐다. 당시 할머니들의 증언록을 거의 다 읽었다. 낮에는 학교에서 수업을 하고, 밤에는 자료를 읽으면서 목 놓아 울었다. 눈이 빨개진 채로 유령처럼 학교와 집을 왔다 갔다 했다. 지금도 그때를 생각하면 눈물이 맺힌다. 너무 힘들었다. 그건 분노가 아니었다. 한 사람 한 사람의 삶에 대한 애도였고, 손잡아주지 못한 우리들의 실체를 확인한 뒤에 온 자괴감이었다. 할머니들이 그토록 갈망했던 새로운 생명을 내 속에 품고 있는 여성으로서 느꼈던 이런 감정은 2014년 세월호 사건 때 다시 솟구쳤다. 고통이 내 몸속으로 스며 번졌다. 매우 고통스러운 경험이었다.

2) 말을 하는 것만으로도 아프다

'위안부' 피해자에 대해 공부하는 과정만큼, 그것을 아이들에게 전달하는 것도 고통스러운 과정이다. 내 입으로 그것을 말하는 것조차 너무나 아프다. 이 아픔을 그대로 아이들에게 전달하는 게 과연 잘하는 일 일까. 내가 내 아이들에게 아픔을 얼마나 주어야 할까. 무엇은 말하고 무엇은 말하지 말아야 할 까. 늘 힘든 문제다. 거기다 우리가 쉽게 저지르 는 폭력, '소녀'와 같은 나이, 같은 여자, 같은 한 국인인 아이들에게 "네가 그 아이였다면 어땠을 것 같아?"라고 묻는 건 너무나 끔찍한 일이다.

진접고 2학년 학생이 그린 그림

한 여고생의 그림을 보고 많은 생각을 했다. 그중 가장 크게 든 생각은 이 그림을 그린 아이 가 겪었을 고통이었다. 저 발을 적신 피, 이런 정도까지 고통을 느끼게 하는 것이 과연 잘하는 일일까?

3) 똑같이 해줘야 돼요!

왜 우리나라 여인들이 이렇게 고통을 받고 힘들게 살아야 되는지 모르겠다. 가슴속에 울컥하는 마음이 든다. … 한편으로는 나라가 힘이 있다면 여자들도 안 끌려갔을 것 이고, 지금이라도 나라가 있다면, 힘이 있다면 일본에게 진심 어린 사과를 받을 수 있 을 것이다. 일본놈들 때문에 분통이 터진다.

– 고등학교 2학년 학생

'똑같이 해야 한다, 우리가 힘을 키워서 일본을 지배하고 일본 여자들을 똑같이 대해주어야 한다.' '위안부'의 실체를 알려주었을 때, 가장 쉽게 접할 수 있는 반응이다. 할머니들의 고통에 공감하라고 어렵게 준비한 수업이 범죄를 조장하는 결과를 불러온 것이다. 최악의 수업이다. 아이들의 반응에 놀란 교사는 허둥지둥하며 다시는 '위안부' 수업을 감당하지 않는다. 사실, 이런 정도의 수업이라면 하지 않는 편이 낫긴 하다. '위안부' 수업은 그 방향과 과정을 끊임없이 점검해야 한다. 내가 왜 이 수업을 하는 것인가. 미래의 평화를 위한 것인가, 민족적 승리를 위한 것인가?

4) 둘 다 좋으면 되는 거잖아요?

위안소 제도를 운영한 것 자체는 문제 삼을 것이 없다. 그 과정이 잘못됐다고 생각한다. 위안소는… 여성을 선별할 때 자신이 그 일을 희망하는 여성을 뽑았어야 했다. 하지만 일본은, 여성들을 납치하듯 데려가고… 대부분 나이가 어리고 성인도 되지 않은 처녀들이었다. 여성이 처녀냐 아니냐는 굉장히 중요한 것이다.

– 고등학교 2학년 학생

범죄 조장과는 조금 다르지만 그 본질에서는 다르지 않다. 우리나라의 소녀들을 강제로 끌고 간 건 문제이지만, 정당하게 매매춘을 하고자 했던 여성들을 적법한 절차로 동원했다면 문제가 없다는 생각이다. 직업여성이 정당한 대가를 받았다면 오히려 강간 같은 문제를 방지할 수 있으므로 양쪽에 다 좋다는 것이다.

이러한 반응은 우리가 '위안부'를 이야기하며 계급적 맥락과 젠더의 관점을 견지하지 못했을 때 쉽게 발현된다. '소녀'를 '납치'해 데려간 것만이 문제일까? 강제동원 과정에서 나타나는 다양한 형태의 보이지 않는 폭력에 대해서는 눈감아도 될까? 현대에도 성매매는 빈곤의 문제인 동시에 여성에 대한 차별적 시선의 문제임을 잊지 말아야 한다.

5) 아픔과 분노, 그 이후가 진짜다

'위안부' 수업을 하고 나서 표현하는 작업을 하다 보면, 여학생들은 주로 공감적 아픔을 표현하고 남학생들은 분노를 표현한다. 단언컨대 거기서 그친다면 둘 다 의미가 없다. 그래서 너는 무얼 할 것인가, 그래서 너는 어떻게 변할 것인가, 옳지 않은 일이 벌어지면 너는 어떻게 할 것인가, 너는 약자 옆에 서서 진실을 말할 용기를 가질 것인가, 그렇게 살기 위해 연대할 것인가 이걸 물어야 한다. 그렇게 물을 수 있는 배움의 과정을 또다시 디자인하고 실행해야 한다.

우리들 일본 역교협 회원 교사들은 오랫동안 근대 일본의 아시아 침략의 역사, 특히 그 출발점이고 또 태평양전쟁 확대의 발판이기도 했던 한반도 식민지 지배의 역사를 상세하게 가르치는 수업을 실천해왔습니다. 그 결과 학생들은 어떻게 되었을까요? 성실하게 학습을 하면 할수록 일본이 조선에게 심한 짓을 했다는 것에 놀라고, 한국인들의 고통과 분노가 상상되어 부끄럽다는 생각을 하게 됩니다. 한편 한국에서는 좀 더 상세하게 일본의 포악한 모습을 가르치기 때문에 일본과 일본인에 대한 증오는 높아질 뿐이지요. 이 같은 교육을 받은 양국의 성실한 학생이 만난다면, 어떻게 될까요? 한국 학생은 분노에 타는 눈으로 쏘아보고, 일본 학생은 미안해하는 얼굴을 들지 못하겠지요. 두 사람이 마음을 터놓고 손을 잡는 이웃의 모습은 상상할 수 없습니다.

– 일본 역사교사협의회 소속 교사

역사교사로서 우리는 '역사적 소명의식'을 자주 느낀다. 그리고 그 소명은 분노로 쉽게 표출된다. 나의 분노는 아이들에게 그대로 전달되어버린다. 위험하다. 분노는 행동을 부르지만 그 행동은 지속되지 못하고 구체적인 삶의 변화로 이어지지 않는다. 삶의 변화로 다가가지 못하는 구호로서의 행동은 미래를 열지 못한다. 내 수업은 아이들에게 무엇을 남기고 있는가? 늘 자문해보기를 권한다.

6) 어떻게 가르치고 있는가: 4명의 역사교사들의 수업이 주는 시사점

① 정희연, 동아리활동, 중학교(2014)

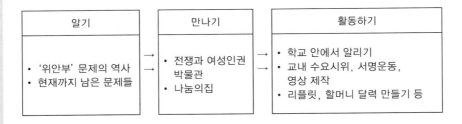

알기		만나기		활동하기
• '위안부' 문제의 역사 • 현재까지 남은 문제들	→ →	• 전쟁과 여성인권 박물관 • 나눔의집	→	• 학교 안에서 알리기 • 교내 수요시위, 서명운동, 영상 제작 • 리플릿, 할머니 달력 만들기 등

경기도 역사교사인 정희연은 일제강점기 강제동원 피해자에게 지속적으로 관심을 보이며 다양한 활동을 펼치고 있는데 위의 동아리 활동은 우리가 '위안부'를 가르칠 때 사용하는 전형적인 루트를 밟았다. 열성적으로 활동하는 역사동아리 아이들은 모든 면에서 놀라운 능력을 발휘했는데 특히 한국어와 일본어 2가지 종류로 만든 리플릿은 어디에 내놓아도 손색이 없다. 실제 아이들은 이 리플릿을 다양한 경로로 한국과 일본에 배포하였고 양국 교사들은 이를 좋은 교육 자료로 사용하고 있다.

② 김선옥, 학급 특별주제 수업, 중학교(2012)

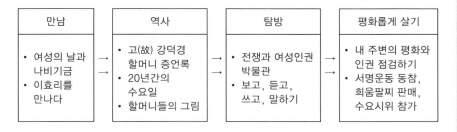

만남	역사	탐방	평화롭게 살기
• 여성의 날과 나비기금 • 이효리를 만나다	• 고(故) 강덕경 할머니 증언록 • 20년간의 수요일 • 할머니들의 그림	• 전쟁과 여성인권 박물관 • 보고, 듣고, 쓰고, 말하기	• 내 주변의 평화와 인권 점검하기 • 서명운동 동참, 희움팔찌 판매, 수요시위 참가

　중학교에서 15년 동안 다양한 '위안부'교육을 실시했던 김선옥은 주로 방학 전 자투리 시간에 특별주제 수업을 진행했고, 위의 예는 조회 시간과 학급자치 시간, 체험활동 시간을 이용해 운영했다. 정희연의 수업과 별로 다르지 않은 루트지만, 제일 첫머리에 '위안부' 할머니들의 현재 활동을 알려주는 '나비기금'을 배치하고 마지막에 현재 내 주변을 돌아보게 하는 장치를 마련한 점이 특징이다. '위안부' 문제를 단지 역사적 사건으로만 보지 않고 '내 자신의 문제'로 느끼게 하려고 노력했다.

③ 김애경, 고등학교(2016, 2017)

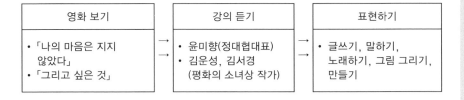

영화 보기	강의 듣기	표현하기
• 「나의 마음은 지지 않았다」 • 「그리고 싶은 것」	• 윤미향(정대협대표) • 김운성, 김서경 (평화의 소녀상 작가)	• 글쓰기, 말하기, 노래하기, 그림 그리기, 만들기

　고등학교 학생들이 자발적으로 참여하는 '역사대회'를 개최하여 다양한 활동으로 역사학습의 효과를 극대화하고 있는 김애경은 최근 2년간 역사대회의 한 꼭지를 '위안부' 주제로 진행했다. 영화와 강의로 지식을 습득하고, 그것을 자신만의 방식으로 표현하는 과정으로 진행되는데, 같은 것을 보고 듣고도 학생들이 만들

어내는 작품에 드러나는 주제 수용의 방식이 매우 다양하다. 민족주의부터 젠더적 관점까지 아이들의 발전을 살펴보는 재미가 쏠쏠하다.

④ 최종순, 초등학교(2001)

사회	• '위안부' 문제의 역사, 현재까지 남은 문제들 배우기 • 수요시위 참여하기, 나눔의집 방문하기(1박2일), 봉사활동하기
국어	• 읽기, 기록하기, 질문과 관찰, 보고서 쓰기 • 다큐멘터리 만들기, 공동 창작 시 쓰기 • 일본 학생들과 편지 나누기
음악	• 할머니를 위한 음악 공연 열기
미술	• 교실 뒤에 벽화 그리기(할머니의 과거, 현재, 미래) • 할머니 초상화 그리기, 만화 그리기

조금 오래된 자료지만, 최근 급격히 관심받고 있는 '프로젝트 수업'에 매우 적합한 형태의 수업이다. 초등학교에서 오랫동안 한일 관계 관련 수업을 진행하고 있는 최종순은 초등학교라는 이점을 십분 활용해 교과에 접목한 형태로 수업을 진행했다. 특히 아이들이 긴 시간을 할머니들과 함께 보내게 배치하고, 할머니들의 생활을 관찰하게 했다. 이는 '위안부'라는 역사적 피해자가 아니라 '할머니'의 삶에 주목하게 하는 효과를 얻었고, 나아가 '인간'에 대한 관심에까지 이르게 했다.

4. 한발 더 나아가기 위하여: 아는 것만으로는 충분하지 않다

2017년 6월 민주항쟁 30주년 기념일이었다. 여러 행사를 기획하고 진행하느라 하루 종일 바깥에서 시간을 보내고 집에 왔는데, 열한 살짜리 아들이 물었다.

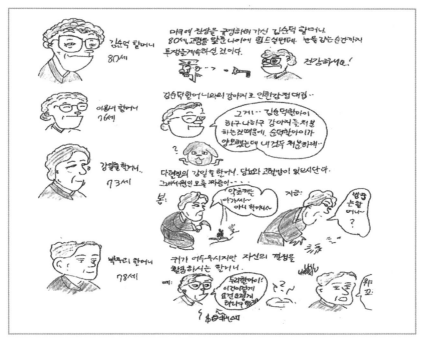

최종순 교사의 학생이 그린 할머니들을 주제로 한 만화.
역사적 피해에 대한 분노보다는 할머니들에 대한 애정이 형성되었음을 알 수 있다.

"엄마, 이한열이 왜 죽었어?"

- 어? 이한열을 어떻게 알았어?

"「그것이 알고 싶다」에서 봤지. 박종철도 알아. 서울대 다녔대."

- 이한열은 전두환 독재에 항의하는 시위에 갔다가 최루탄에 맞았어.

"6월 10일에 죽었어?"

- 아니. 6월 9일에 시위하러 나왔다가 맞아서 뇌출혈로 쓰러졌고 병원에 실려 갔어.

7월 5일에 돌아가셨어. 사람들이 그 사실을 알고 화가 나서 10일부터 더 많이 시위

에 참여했어.

"엄마, 그런 일은 또 일어날 수도 있지? 엄마 이제 시위 가지 마."

아이에게는 평면적 역사 서술도 곧바로 삶으로 연결된다. 자기가 생각해보지 않은 이상한 세계의 이야기, 자신이 가진 상식으로는 이해할 수 없는 삶의 이면들을 너무나 궁금해한다.

다행히 엄마가 그리 확고한 신념은 없는 편이라 열린 사고로 질문과 답을 이어가다 보니 "역시나 정답은 없구나. 내가 생각해볼게" 하고 토론이 끝나는 경우가 많다.

그런데 녀석이 던지는 질문에는 일정한 패턴이 있다. 죽음, 학살, 전쟁, 독재 등 충격적인 사건 혹은 두려움과 결합된 역사적 사실, 그게 현실에서 다시 일어날 수 있는지, 그렇지 않다면 이유가 뭔지, 다시 일어나지 않게 하려면 누가 어떻게 해야 하는지를 묻는 것이다. "엄마, 또 일어날 수도 있지?"가 늘 빠지지 않는 질문이다.

이 아이처럼, 학교에서 배우지 않는다고 아이들이 모르는 건 아니다. 이미 수많은 경로로 정보를 접하고 있다. 요즘 폭발적으로 아이들에게 친숙한 매체가 된 유튜브를 통해서 그 자유로운 정체성만큼이나 정제되지 않은 자료들도 손쉽게 접하게 된다. 예전에는 학교 수업이 중심이고 그것을 보조하는 자료가 다양한 매체에서 생산되어 제공됐다면, 최근에는 오히려 넘쳐나는 핫한 정보들을 학교교육이 수용해 가르치게 되는 경우가 많다. 그러므로 학교교육에서 핫한 주제를 다룰 때는 언제나 교육적 관점을 견지하는 것이 중요하다. 이 수업을 통해 무엇을 이야기해야 하는가? 이것이 교사의 가장 큰 고민이어야 한다. 어디서 어떤 정보를 물어다가 아이들에게 제공할까 하는 건 그다음 문제다.

그렇다면, '위안부' 피해자 문제에서는 무얼 이야기해야 하는가? 몇 가지 측면에서 그 내용을 제시해본다.

1) 가해자, 피해자 그리고 방관자

학교폭력 사안에서 주로 사용되는 용어다. 그리고 가해자와 피해자만큼 중요하고 결정적인 요인을 제공하는 사람이 방관자다. '위안부' 문제를 이 관점으로 바라보자.

피해자는 명확히 '위안부' 할머니들이다. 그들의 고통스러운 과거에 대해서는 이론의 여지가 없다. 그럼 가해자는? 당연히 '일본 정부(일본군)'다. 조직적인 성노예제를 기획부터 운영, 전후 증거인멸까지 용의주도하게 실행에 옮긴 주체다.

그런데 여기서 질문을 하나 더 던져보자. 가해자는 일본 정부뿐인가? 숨겨진 가해자는 없는가? 해방 후에도 피해자에게 침묵을 강요했던 2차 가해자 또는 그것을 방조했던 사람들은 없는가?

해방은 도둑처럼 찾아왔다. 누구는 해방을 위해 싸웠지만 누구는 해방은 올 수 없다 생각했다. 그러나 과거를 묻지 않는 미군 정부 덕에 모든 이에게 해방은 축복이었고 축제였다. 더 나은 삶을 위한 전제조건이었기 때문이다. 자신의 의지와 상관없이 타지에 끌려가 성노예 생활을 해야 했던 할머니들에게 해방은 관념으로만이 아니라 억압받는 육체의 해방까지를 의미했다. 진짜 해방이었다. 노예해방.

그러나 아직 스물도 채 넘기지 않고 고향에 돌아온 할머니들에게는 또 다른 노예 생활이 기다리고 있었다. 그들은 그녀들에게 과거를 물었다. 떠났다가 돌아온 여성에 대해 혐오와 차별이 가해졌고, 이들은 또다시 민족의 수치로 낙인찍혔다. 해방을 즐기는 민족에게 난데없이 나타난 그녀들은 축제의 방해물이었고, 그녀들은 난자당한 과거와 육체를 스스로 숨겨야 했다. 그들의 축제를 방해할 수는 없었다. 누구도 그녀들에게 '당신 잘못이 아니야' 하고 말해주지 않았다.

우리가 가해자에 덧붙여 조명해야 할 '교육적 존재'는 바로 이들이다. 피해자가 자신의 피해를 스스로 부끄럽게 여기도록 만든 사람들, 국가와 민족의 영광을 앞세워 그들의 침묵을 '말없이' 강요한 사람들. 할머니들이 예순이 넘은 나이에 자신들의 과거를 증언하기 시작했을 때도 당시 방관자들이 비난받지 않아서였을까? 2011년 시민들이 전쟁과 여성인권 박물관 건립을 추진하고 서대문 독립공원이 부지로 거론되었을 때 그들은 단순한 방관자의 위치를 넘어 적극적인 2차 가해자가 되었다. 서울시장을 찾아가 반대를 주장한 이 '어르신'들은 '서대문형무소는 독립운동의 성지이므로 그곳에 '위안부' 박물관을 짓는 건 순국선열에 대한 명예훼손'이라는 주장을 펼쳤다.

할머니들이 자신들의 고통스러운 과거를 드러내며 수요시위를 이어나가는 시점임에도 위대한 순국선열을 앞세운 혐오 발언은 끊이지 않았고, 결국 부지 제공 약속은 철회되었다.

이처럼 '위안부' 문제를 둘러싸고도 다양한 군상들이 존재한다. 일본군이 자행한 폭력이었지만 그 제도가 실행되고 지금까지 해결되지 않고 있는 과정에는 수많은 방관자가 존재했다. 그 안에는 우리나라 정부도 포함돼 있다.

아시아 여러 피해국 중 가장 활발하게 일본의 사과와 배상을 요구하고 있는 것이 우리나라다. 25년간 수요일마다 일본 대사관 앞을 찾아가 시위를 벌인다. 그러나 또 하나의 방관자인 우리 정부는 그 해결에 적극적으로 나서지 않았다. 지금도 수요일이면 할머니들은 거리에 선다.

이제 이 부분을 끄집어내어 이야기해야 한다. 누군가 큰 상처를 입고 돌아왔을 때, 차별과 혐오에 시달려 인생이 찢기고 있을 때, 그들이 당신에게 도움의 손길을 요청했을 때, 당신은 어떻게 할 것인가, 어떤 모습의 삶을 결심할 것인가? 가해자가 될 것인가 방관자가 될 것인가, 또 하나의 선택, 행동하는 동행자(upstander)가 될 것인가? 침묵하는 우리 정부에게 무엇을 요구할 것인가? 이것이 바로 아픈 역사를 기억함으로써 새로운 미래를 열 수 있는 길이다. 이 지점에서 역사교육은 과거의 잘못을 되풀이하지 않는 시민을 길러낼 수 있다.

2) 익명의 피해자가 아닌 용감한 내 이웃 할머니로

역사는 구체성을 바탕으로 하는 교과다. 어떤 이야기를 하든 그동안의 성과와 팩트가 바탕에 깔려야 한다. 그 위에서 주장을 펼쳐야 하는 것이다.

'위안부'를 주제로 이야기할 때 가장 좋은 자료는 뭐니 뭐니 해도 할머니의 증언이다. 할머니의 구술을 글로 풀어놓은 자료들이 많다. 정대협의 크나큰 업적이다. 구술 자료 한 편 정도만 읽어도 할머니들의 가슴 절절한 고통이 느껴지는데, 그 자체가 전쟁이라는 잔인한 시기를 살아낸 한 여성의 삶을 추체험할 수 있는 문학 작품이다. 이를 통해 익명화된 고통이 아니라 한 여성의 삶에 대한 애도가 가능해진다. 여기에 하나 더한다면 할머니들이 미술치료 과정에서 그린 그림도 반드시 필요한 자료다. '할머니'가 된 여성의 과거 기억을 엿보는 과정이기도 하고 누군가 예술로 할머니들의 '치유'를 도우려 노력한 사실에 감사와 안도까지 느껴진다.

보통 위의 두 자료가 교육 현장에서 메인텍스트로 이용된다. 여기에 더해 할머니들을 인터뷰한 기사나 짧은 다큐멘터리도 이용된다. 그러나 지금까지 매우 훌륭한 역할을 해왔던 이 자료들을 수업의 두 번째 자리로 내려두자고 감히 이야기하고 싶다. 그럼 그 위의 자리를 차지해야 할 것은 무엇인가?

그것은 할머니들의 현재 모습이다. 고통받고 희생당한, 힘없고 불쌍한 여성의 이미지를 벗어던지고 자신의 피해를 용기 있게 내보이고, 2개의 정부에 맞서 오랜 시간 거리에서 싸워왔으며, 전 세계 여성의 연대를 이끌어내고, 이제는 피부색과 언어가 다른 여성의 고통까지 어루만져주려고 하는 인권운동가로서의 할머니를 우리 수업의 중심에 두어야 한다.

'위안부' 수업 후에 '할머니가 불쌍해요'가 아니라 '할머니, 정말 멋있어요'라는 말이 나올 수 있도록 자료를 재배치해야 한다. 할머니처럼 용감하게 살아가고 싶다는 생각을 가질 수 있도록 해야 한다. 그것이 세종대왕이나 이순신의 일생에서는 배울 수 없는, 할머니의 삶에서만 배울 수 있는 최상의 것이기 때문이다.

영화 「어폴로지(The Apology)」 첫머리에 나오는 티파니 슝 감독의 말을 기억한다. "세상은 그들에게 '위안부'('Comfort Woman')라는 말을 붙이지만, 나에겐 그저 할머니(Grandmother)일 뿐이다."

할머니는 고통스러운 기억을 딛고 서서 가족을 지키고, 친구들과 함께 살아가려 노력했던 멋진 여성이다.

'위안부' 서사의 플롯을 이렇게 바꾸는 것에는 또 하나의 중요한 의미가 있다. "엄마, 그런 일은 또 일어나? 엄마 이제 시위 나가지 마"라고 말하는, 극한상황의 두려움을 느끼게 될까 봐 움츠러드는 아이들에게 미래에 대한 희망을 주는 일이기도 하다. 이건 바로 우리 아들에게 '나쁜 일은 일어나기 마련이야. 하지만 우리가 어떻게 행동하느냐에 따라 달라질 수 있어'라고 말해주는 일이다.

3) 어디까지 이야기할 것인가

영화 「그리고 싶은 것」은 평화그림책 『꽃할머니』 저자 권윤덕 씨가 어린이들 대상의 그림책에 할머니들의 고통을 표현하기 위해 어떤 그림을 그려야 하는지 고민하며 자신과 싸워가는 이야기를 다룬다. 특히 초등학교에서 '위안부'를 가르칠 때 교사들이 가장 먼저 부딪히는 문제가 바로 이것일 터다. 아이들에게, 어디까지 이야기해야 할까.

고통은 직면하지 않으면 가늠하기 어렵다. 그래서 될 수 있으면 적확하게 그 고통의 구체성을 드러내는 것이 좋다. 그러나 초등학생 정도의 아이들에게는 조심스럽게 접근해야만 한다. 얼마 전 동료의 초등학교 3학년짜리 아이가 「해리포터」

소녀상(왼쪽), 전쟁과 여성인권 박물관의 김복동, 길원옥 할머니 동상

를 보고 밤에 무서워 잠을 이루지 못한다는 이야기를 들었다. 아이들은 두려움과 고통을 여과 없이 자신의 것으로 받아들이기 때문에 너무 직접적인 자료를 제공하는 건 위험하다.

물론 일본 정부가 주장하는 것과 같은 맥락이기 때문에 말하기 어려운 측면이기도 하지만, 곱고 예쁜 것만 보여주고 싶은 아이들에게 고통을 줄 수도 있는 일이기에 신중을 기해야 한다.

『독일의 역사교육』을 보면 독일과 미국, 캐나다 등에서는 홀로코스트를 아이들에게도 가르친다. 특히 독일에서는 이민자에 대한 차별과 혐오 문제를 해결하고, 과거의 끔찍한 사건이 다시는 일어나지 않도록 해야 한다는 시민교육의 일환으로 이를 매우 중요하게 다룬다. 과거의 잘못을 반복하지 않으려면 정치적 프로파간다에 휘둘리지 않는 시민의 양성이 매우 중요하기 때문이다. 그 시작은 유치원이다. 기본 3단계 정도로 나누어 매우 세심하게 접근한다.

이 책에는 우리나라 근현대사 교육에 참고할 만한 다양한 이야기들이 담겨 있는데, '아우슈비츠 없는 아우슈비츠 교육', '부드러운 홀로코스트 교육'이란 말이 특히 마음에 남는다. 매우 다양한 교육 프로그램이 소개되어 있는데, 그중 한 가지를 소개한다. 미국 마이애미시에서 활용되고 있는 유치원 홀로코스트 교육 프로그램인 동화『미운 오리 새끼』와 관련된 질문들이다.

- 아홉 번째 태어난 오리는 다른 오리들과 어떻게 다를까요?
- 8마리의 다른 오리들이 이 막내 오리를 어떻게 대했나요?
- 놀림을 당한 뒤에 아기 오리는 어떤 느낌이 들었나요?
- 야생 오리들은 아기 오리를 어떻게 대했나요?
- 야생 오리들의 태도가 아기 오리에게 어떤 느낌을 주었나요?
- 하늘을 날던 백조들이 아기 오리에게 어떻게 하라고 이야기했나요?
- 왜 아기 오리는 백조들과 함께 날아갈 수 없었나요?
- 날아가지 못한 뒤에 아기 오리는 어떤 느낌이 들었나요?
- 미운 아기 오리가 다 자란 뒤에 무슨 일이 일어났나요?
- 미운 아기 오리가 태어났을 때 다른 오리들이 어떻게 해야 했다고 생각하나요?
- 우리와 다르게 보이는 사람을 어떻게 대해야 할까요?

'앞으로 너도 잘할 수 있을 거야, 힘내! 파이팅'의 서사를 전하는 우리의『미운 오리 새끼』와는 어떤 차이가 있는가? 같은 텍스트를 두고 어떤 질문을 던지는가가 이렇게나 중요하다.

4) 평화를 원한다면 평화를 준비하라

인권유린의 가장 처참한 예인 '위안부' 문제를 통해 평화를 가르칠 수 있을까? 참 어려운 문제다. 그러나 방법은 있다. 평화를 준비하는 건 생각보다 어렵지만, 불가능한 것도 아니다.

① 모두의 인권을 말하기

사실 우리가 20여 년 전 교실에서 '위안부' 문제를 다룬 것은 사실을 알리는 일이 시급했기 때문이다. 알리고, 분노하고, 해결에 동참하는 게 우리의 목표였다. 이 수업은 전쟁의 극한상황에서 여성의 인권이 얼마나 쉽게 유린되는지를 보여주는 방식의 내러티브로 구성됐다. (고통을 추체험한) 여학생은 끔찍해하고 (그녀들을 지켜주지 못한) 남학생들은 분노했다. 사과하지 않는 일본에 대한 응징의 욕구가 일어났다. 결국 같은 방식으로.

그러나 이제 우리가 목표로 삼아야 할 건 '할머니'의 인권뿐만이 아니다. '위안부' 문제의 가장 큰 핵심은 인간이 무력을 통해 인간을 짓밟았다는 사실이다. 그것이 잘못된 것임을 아이들이 생각해낼 수 있게 해야 한다.

지난겨울 일본 삿포로에서 만난 히라이 선생님(삿포로 마코마나이중학교)의 수업에는 그런 문제의식이 잘 드러나 있었다.

'위안부' 문제는 여성의 상품화 문제일 뿐 아니라 남성의 인권도 침해하는 문제다. 남자라는 존재는 국가가 보낸 빨간 봉투(입영통지서)를 받으면 무조건 전쟁터로 가야 하고, 전쟁터에서 여성과 동침시켜주면 나라를 위해 죽을 수도 있다고, 그렇게 취급됐다. 그것 자체가 남성이란 존재에 대한 비하이며 인권침해다.

그 자리에는 우리나라 초·중·고 교사 30명이 있었지만, '위안부' 문제에 대해 이런 시각을 접하는 건 모두 처음이었다. 그동안 '위안부' 문제를 여성인권에 관련된 것으로만 사고해왔던 것이다. 여성뿐 아니라 남성도 그 제도의 피해자였음을 처음으로 느꼈다. 바로 이 지점은 '위안부' 문제를 남학생들에게 가르칠 때도 매우 효과적일 것이다.

② 일본과 일본 정부를 구분하기

우리가 쉽게 저지르는 실수 중 하나가 바로 가해자를 '일본'이라고 부르는 것이다. 학생들은 일본 전체를 적으로 돌린다. 사실 국내에서 일본군 '위안부' 문제에 대해 침묵하고 있을 때 문제의 공론화를 시작한 것도 일본 시민들이었고, 손해배상 소송을 적극적으로 도운 것도 양심적인 일본인들이었다. 지금도 일본인 교사들은 교과서에서 삭제된 '위안부'를 주제로 수업을 진행하다 교장과 교육위원회의 주의를 받기도 한다.

'위안부' 주제 수업 후 일본을 욕하는 아이들에게 항상 그런 이야기를 해준다. 진실을 알리고 피해자를 돕기 위해 위험을 무릅쓰거나 자신의 주머니를 터는 '일본 사람'들이 매우 많다는 것을 들은 아이들은 다시 생각하기 시작한다. '분노'는 '연대'로 전환된다.

③ 실천과 연대가 세상을 구하리라

학교 수업에서 궁극적으로 주장하는 건 '실천'이다. 아는 것으로 그친다면 현실은 달라지지 않고, 다양한 사람들과의 연대가 없다면 변화는 요원하다. 5·18 엄마가 세월호 엄마에게, 이효리가 할머니들의 아픔에, '위안부' 할머니가 베트남전쟁 피해 여성들에게…. 공감하는 사람들의 확장된 연대는 변화의 가장 큰 힘이 된다.

여기에 학생들을 동참시키는 일 또한 교사가 미래를 위해 할 일이다. 1억인 서명운동, 희움팔찌 판매, 희망 저금통, 수요시위, 소녀상 세우기 등 손쉽게 마음을 모을 수 있는 길이 있다. 아이들이 민주주의 국가의 시민으로서 경험할 수 있는 다양한 시민활동이 있는데, 어찌 보면 이 또한 할머니들이 이 시대 아이들에게 준 선물이기도 하다. '교복 입은 시민'의 실천 경험을 다양한 경로로 얻을 수 있으니 말이다.

실천에는 연대가 필수불가결하다. 할머니는 그 자체로 연대의 화신이다. 남북의 연대, 세계 여성의 연대, 아시아의 연대, 피해자의 연대, 한 발짝 더 나아가 가해국 시민들과의 연대. 많은 사람이 자신의 삶에서 할머니들과의 연결고리를 찾아내고 연대할 때 과거사 문제의 해결이 가능해진다. 그리고 이는 세계의 아픔이 '나의 문제'임을 자각하는 첫걸음이 될 것이다.

5. 맺음말: 여전히, 무엇을 가르칠 것인가

문재인 정부 출범 이후 대통령의 기념사가 매번 주목을 끌었다. 그동안 아픔과 갈등으로만 기억됐던 역사들을 위로와 치유, 화해의 언어로 풀어내는 기념사는 나오는 족족 학교에서 수업 자료의 위치를 차지해나가고 있다.

2017년 현충일에 발표된 추념사 또한 '애국'이란 말에 청계천 노동자와 여공, 파독 광부와 간호사까지 언급하여 또 한 번 위로와 안도를 선사했다. 그러나 다음 날 한베평화재단에서 성명을 발표해 추념사의 잘못을 지적했다. 추념사 중 "베트남 참전 용사의 헌신과 희생을 바탕으로 조국 경제가 살아났다", "이국의 전쟁터에서 싸우다가 생긴 병과 후유 장애는 국가가 책임져야 할 부채"라는 부분이 문제가 됐다.

나도 당시 이 부분을 들으면서, 통합을 전면에 내세운 정부에 걸맞은 말이기는 하지만 한국 대통령의 입에서 나온 이 한 문장을 접한 베트남의 여러 사람들이 떠올랐다. 조국 경제를 위한 용사의 헌신과 희생이라니. 겨우 한국 경제를 위해 베트남인들이 강간당하고 학살당하고 불에 태워져 죽어갔단 말인가. 베트남 정부가 어떻게 나올지 걱정이 됐지만, 의외로 담담한 성명이 발표됐다.

"한국 정부가 베트남 국민의 감정을 상하게 하고 양국 우호와 협력 관계에 부정적 영향을 줄 수 있는 언행을 하지 않을 것을 요청한다."

한국과의 경제 협력, 한국인의 베트남 여행, 베트남의 경제 발전 등 많은 것을 위해 자신들이 자존심을 누르고 삼킨 말들을 떠올린다면, 나의 의식 과잉일까? 우리는 그들에게 1965년의 한일협정을 강요하는 건 아닌가?

우리가 평화와 인권이 가득한 새로운 미래를 열어가는 길에서 '일본이 우리에게 저질렀던 전쟁범죄'만을 해결해서는 안 된다. 우리가 다른 나라 사람들에게 저질렀던 전쟁범죄의 해결에 나설 때만 진짜 평화가 올 수 있다. 베트남전쟁 강간 피해자 문제는 놀라울 정도로 '위안부' 문제와 닮았다. 잇달아 등장하는 피해자의 증언, 침묵 또는 부정하는 한국 정부, 경제 발전을 위해 말을 아끼는 베트남 정부. 애국을 위해 전쟁의 고통을 건너온 사람들뿐만 아니라 그들을 고통의 심연으로 몰아넣은 사람들도 책임지는 나라가 진짜 '나라다운 나라'다(이서영, '나라도, 베트남 정부를 지지한다', 「허프포스트코리아」 2017년 6월 14일 자 참조).

베트남전쟁에서의 범죄는 교육자들이 반드시 기억해야 할 사건이다. 가해국 독일에서 그들이 저지른 홀로코스트를 교육함으로써 관용과 우애를 지닌 시민을 길러내듯이, 우리도 그 첫 발짝을 떼어야 할 때.

'위안부' 문제와 관련해 기억할 것이 또 하나 있다. 아직도 침묵 속에 머물 것을 강요받는 한국전쟁 당시의 한국군 '위안부', 미군을 위한 기지촌, 경제적 이익을 위한 기생관광은 언제쯤 우리 국민의 눈앞에 등장할 수 있을 것인가. 일본이 아닌 우리 정부가 1차 가해자이며, 우리 자신이 그들에게 은연중 침묵을 강요하는 2차 가해자 혹은 방관자로 자리매김할 수밖에 없는 주제들이다.

진실이 드러나면 매우 불편할 것이다. 그러나 침묵하는 것은 상처를 더욱 곪게 만드는 일이다. 불편함을 견디는 용기를 할머니들에게 배울 때다.

"내가 저 영감하고 30년을 같이 살았어요. 거래는 딱 2번밖에 안 했어. 남자라 카믄 근처에 만 가도 군지럽고 숭실시러운데 같이 살 수가 있어야제. 쉰이 넘어서 서로 거래는 안 한다 는 조건을 놓고서 저 영감을 만났어. 그 조건이 안 맞으면 남자하고 같이 살 수가 없제."

그렇다. 한 여자로서 이후 다시는 '남자와 거래할 수 없다는 것', 그 정신적, 육체적 상처 가 일본군 '위안부' 할머니들의 삶을 결정적으로 망쳐놓는다.

그런데 김수해 할머니는 그 부분에서 다른 할머니들과 전혀 달랐다. 온몸이 빼꼼한 데 없이 흉터투성인 데다 자궁까지 적출되고 없는 가엾은 여자를 부여안고 한없이 울어주 는 드문 남자를 그는 남편으로 만났던 것이다.

"우리는 한 번도 싸우지를 않았소. 손뼉이 척척 맞았어요. 영감은 중국 공산당원이었어. 공산당원이란 건 인간 생활에 적당한 거라요. 양심 나쁜 짓은 절대로 안 하고 사람의 인 격을 존중하고 첩이란 것도 몰라요. 아들을 낳아야 한다고, 날 버리고 새장가를 들라고 암만 애원을 하고 토론을 해도 절대 그럴 수 없다고 했소."

남편에게 비로소 그는 자신의 이름자를 배운다. 어머니가 가르쳐준 건 받침 없는 글자 밖에 없었으므로. 구구단도 배웠다.

"당신같이 아까운 사람이 글을 몰라서야 쓰겠나"는 말이 좋아 더 열심히 외고 익혔다.

…

"한번 산소에 가려면 아들 며느리가 고생해요. 저들 고생하지 말라고 아예 산소를 없애 고 나왔소. 아들 며느리가 어찌나 내게 다 잘하는지, 내가 무슨 복을 이렇게나 잘 타고났 는지 알 수가 없소. 내사 이제 겁날 게 뭐가 있겠소. 아들이 아직 나를 친어무이로 알고 있는 거게 오직 맘에 걸려서…"

– 김서령, 「내 자궁은 뺏겼지만 천하를 얻었소」, 『여자전: 한 여자가 한 세상이다』 중

다시, 우리는 무엇을 가르쳐야 하는가.

1   일본군은 30만 명이 넘는, 14세부터 20세 정도의 여성들을 강제로 징집하여 '위안소'라고 부르던 성매매소로 보냈다. 일본군은 한국, 타이완, 만주국 또는 동남아시아의 점령지역들(필리핀 등)에서 데려온 여성들을 천황의 선물로 군대에 하사했는데, 80% 이상은 한국인이었다. 이렇게 국가적 매매춘에 강제로 동원된 '위안부'들은 하루에 20~30명 정도의 군인들을 받아야 했다. '위안부'들은 전투지역에 배치되어 군인과 똑같은 위험에 노출되었고, 전쟁의 희생자가 되기도 했다. 탈출을 시도하거나 성병에 걸린 경우에는 일본군에 의해 살해되었다. 전쟁 말기에 군인들은 증거를 없애기 위해 수많은 '위안부'들을 학살했다.

참고자료(정리: 서울대학교사범대학부설중학교 역사교사 이건학)

도서 제목	저자	출판사	내용
『25년간의 수요일』	윤미향	사이행성	정대협 상임 대표인 윤미향 씨가 수요집회를 중심으로 일본군 위안부 문제와 정대협 등 관련 시민단체의 활동을 소개한다.
『Q&A '위안부' 문제와 식민지 지배 책임』	이타가키 류타, 김부자 엮음	삶창	젠더와 민족, 계급 등으로 얽힌 일본군 위안부 문제를 문답 형식으로 얘기한다.
『그들은 왜 일본군 '위안부'를 공격하는가』	전쟁과 여성 대상 폭력에 반대하는 연구행동센터 엮음	휴머니스트	역사적, 사회적 분석을 통해 진정한 사죄와 배상, 정의의 실현이란 무엇인지 생각하게 만든다.
『누구를 위한 '화해'인가』	정영환	푸른역사	박유하의 『제국의 위안부』를 비판하면서 진정한 '화해'란 무엇인지 묻는다.
『내셔널리즘의 틈새에서』	야마시타 영애	한울	한국인과 일본인 사이에서 태어나 민족 정체성에 대해 고뇌해온 저자가 한국에 유학 와서 일본군 위안부 문제 해결운동을 통해 고민했던 일들의 기록이다.
『성노예와 병사 만들기』	안연선	삼인	위안부 제도가 단순히 일제 침략의 부산물이 아닌, 일본 제국주의 군대를 유지하는 필수적 구성물이었음을 논증한다.
『강제로 끌려간 조선인 군위안부들 1~3』	정대협, 한국정신대 연구소 편	한울	1993년부터 시작된 일본군 위안부 피해자들의 구술 증언록. 일본군의 만행뿐만 아니라 당시 식민지 사회에서 여성들의 처지와 해방 후 돌아온 피해 여성들의 삶까지, 다양한 모습을 보여준다.
『한 명』	김숨	현대문학	마지막으로 살아있다고 가정된 피해자 '한 명'의 입을 통해 일제의 만행과 살아남은 자의 트라우마를 사실적으로 그려냈다.
『꽃할머니』	권윤덕	사계절	일본군 위안부 피해자인 '꽃할머니' 심달연 씨의 이야기를 그린 그림동화책.

『동맹 속의 섹스』	캐서린 문	삼인	한국전쟁 이후 한미 양국의 비공식적 외교관 역할을 맡아야 했던 기지촌 여성들의 몸이, 자신의 일에 대한 사회적 천시와 국가 안보의 강화 속에서 어떻게 주변화되었으며 비가시화됐는지를 보여준다.
『미군 위안부 기지촌의 숨겨진 진실』	김정자 증언, 김현선 엮음	한울	미군 위안부로 일했던 한 여성과 기지촌운동가가 기지촌 여성들의 삶을 알리기 위해, 실제 여러 기지촌을 돌면서 과거를 증언한 대화록.

영상 제목	내용
「나의 마음은 지지 않았다」	지금은 재일 조선인으로 살고 있는 송신도 할머니가 위안부 문제 배상을 위해 일본 시민단체와 손잡고 법정투쟁을 벌였던 시간을 다큐멘터리로 기록한 영화다.
「그리고 싶은 것」	한국의 그림책 작가 권윤덕 씨가 '꽃할머니'로 불리는 위안부 피해 여성 심달연 씨의 증언을 토대로 그림책을 만들어내는 과정을 담은 다큐멘터리. 한, 중, 일 3국에서 공동 출간되는 그림책 프로젝트에서 위안부 문제를 어떻게 다루고 어떤 방식으로 표현할지 고민한 흔적이 드러난다.
「전쟁과 여성: 끝나지 않은 전쟁, 전시 성폭력 1, 2」	위안부 문제와 관련해 한국과 중국 피해자들의 솔직한 증언과 현재 삶을 보여주며, 당시 위안부 문제 관련 일을 했던 일본인들의 흔치 않은 증언까지 담아냈다.
「어폴로지」	한국의 길원옥, 필리핀의 아델라, 중국의 차오 3명의 위안부 피해 여성들의 삶을 따라가면서 피해자에 머무르지 않고 인권운동가로 활동하는 할머니들의 삶을 재조명했다.

역사동아리로 다양하게 역사하기

경기 송림중학교 **정희연**

1. 머리말: 아이들이 '역사하기'

'역사를 한다'는 것은 무얼 의미할까? 역사의 의미를 떠올려보면, 이미 기록된 역사를 암기하고 의미를 탐구하는 것을 넘어 현재의 문제를 판단하고 사회적 참여를 실천하는 것이 진정한 '역사하기'가 아닐까 싶다[1]. 역사학자, 역사교사가 아닌, 아이들이 '역사'를 '하'게 할 수 있는 방법은 무엇일까.

아이들에게 역사를 이야기하고 싶었다. 활자보다는 휙휙 장면이 바뀌는 영상에 익숙한 아이들, 차분히 앉아서 이야기를 듣기보다 자극적이고 즉흥적인 재미를 좇는 아이들에게 역사를 말하고 싶었다. 그리고 역사를 이야기하게 하고 싶었다. 자신들이 생각하고 느낀 역사를 친구에게, 엄마에게, 모르는 사람들에게 이야기하게 하고 싶었다. 아이들이 역사를 말함으로써 사회가 변할 수 있으리라 기대했다. 아직도 제대로 된 사과와 보상이 이뤄지지 않는 문제들, 역사적 문제와 현재의 이해관계가 얽혀 풀리지 않는 영토문제, 뿌리를 두고 다투는 역사 전쟁 등 아이들이 참여해 현재의 과제로 남아 있는 역사적 문제들이 해결되고, 더 많은 사회 문제들로 관심을 확대시켜 민주시민으로서의 역할을 다하는 아이들로 성장하기를 바랐다.

교육이 본질적으로는 수업에서 이뤄져야 하지만 한 가지 주제를 2시간도 진행하기 어려운 현실적 한계를 무시할 수 없었다. 보다 깊게 학습하고 오랫동안 이야기해서 적어도 하나의 주제만큼은 섭렵하고 졸업할 수 있었으면 했다. 오랜 기간 하나에 집중해 다양한 활동을 진행하기에는 동아리가 적합하다고 생각했다. 사실 민주시민교육을 위한 활동이나 역사 동아리 활동은 여러 선생님들의 훌륭한 사례들이 많이 있다. 이 글도 여러 사례 중의 하나로서 부족한 부분과 독특한 점을 선생님들과 공유하고 싶다.

동아리의 시작이 그다지 쉽지는 않았다. 방과 후에 학원을 가지 않고 새로운 동아리에 참여하려는 아이들을 모으기가 어려웠다. 그것도 지루해 보이기 그지없는 역사동아리였다. 결국 교사의 친분을 무기로 한 명씩 포섭해 겨우 정원을 채웠다. 나중에 보니 이렇게 구성된 아이들이 각자의 개성과 다양한 재능을 뽐내며 최상의 조합을 만들어내고 있었다.

2. 함께 만드는 역사

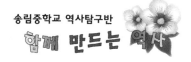

동아리의 이름은 '함께 만드는 역사'다. 역사를 만드는 이들은 특별한 사람들이 아니고, 우리의 활동으로 직접 역사를 만들어가겠다는 의지가 담겨 있다. 또한 동아리원뿐 아니라 우리를 만나는 청소년들, 시민들이 우리를 통해 역사를 만드는 데 '함께'했으면 하는 바람도 녹아 있다.

동아리는 매해, 하나의 주제를 선정해 활동하고 있다. 현재 진행되고 있는 역사적 분쟁을 주제로 선정하다 보니 첫해에는 일본군 '위안부' 문제, 2015년에는 국외소재문화재 환수 문제, 2016년 일제강점기의 강제동원 문제, 2017년에는 재외한국인(재일한국인과 사할린 한인을 중심으로) 문제가 활동 주제였다. 근대 이후 한일 문제에 치중해 있어 모 대학 교수님께 왜 국내의 문제나 근대 이전의 문제는 주제로 선정하지 않느냐는 질문을 받기도 했는데, 사회적 참여까지의 활동을 염두에 두다 보니 최근의 이슈에 집중하면서 생겨난 일인 듯하다. 해마다 주제를 바꾼 이유는 학생들이 중학교 3년 동안 3개의 주제를 접하고 졸업하기를 바랐기 때문이었다. 물론 한 가지 주제를 알기에 1년이란 시간이 충분치 않은 경우도 있었기에 연장해서 더 깊게 학습하는 방법도 시도해보려고 한다.

해마다 20~30명 정도의 아이들로 구성됐고 교내활동팀, 교외활동팀, 홍보팀 등으로 조직되었다. 해가 지나면서 활동 주제에 맞춰 팀을 재구성하며 탄력적으로 운영되고 있다. 교내활동팀은 교내 캠페인, 소식지 발행 등 교내 학생들을 대상으로 하는 활동들을, 교외활동팀은 교외 캠페인, 동영상 제작, 답사 준비 등의 외부 활동들을 주로 담당한다. 기본적으로 학습과 모든 활동은 함께하되, 해당 활동을 준비하는 일은 나눠 하고 있다.

동아리 활동은 주제에 대한 학습, 교내외 캠페인을 비롯해 청소년과 시민 들에 알리기, 문제 해결을 위해 청소년으로서 할 수 있는 일에 동참하는 사회참여활동 등을 목표로 했다. 역사학습과 역사실천이라는 단어를 쓰기도 하는데, 먼저 주제에 대해 다양한 방법으로 학습을 했다. 교사의 강의가 기본이 되었지만 관련 도서를 읽고 자료를 찾으면서 학생들이 보고서를 작성하고, 필요한 경우 전문가의 강연 자리를 마련해 공부의 깊이를 더했다. 정규 수업이 아닌 만큼 답사와 전시회 관람 등을 함께 진행해 현장감을 갖도록 했다.

역사실천은 우리가 알게 된 것에 그치지 않고 친구들에게도 알려주자는 것과 문제 해결을 위한 노력에 동참하는 것이었다. 어떤 활동을 할 것인지는 처음부터 끝까지 구성원들의 토론과 아이디어로 결정됐다. 교내외에서 캠페인과 사회참여 활동들을 하며 중점을 두고자 했던 점과 느낀 점 등을 부족하나마 공유해보고자 한다.

동아리 활동 내용

월	2014년	2015년	2016년
4	* 동아리 조직 * 일본군 '위안부'에 대한 스터디 * 대한민국 역사박물관 일본군 위안부 만화전 「그곳에 나는 없었다」 관람	* 동아리 조직 * 국외소재문화재에 대한 스터디, 보고서 작성	* 강제동원에 대한 학습 및 토론 * 송림중학교 학생들의 인식 실태 조사
5	* 교내외 학생들의 인식 실태 조사 * 교내 홍보 포스터 제작, 전시 * 제1회 교내 캠페인 및 소식지 1호 발간 * 분당판교청소년수련관 주최 2014 청소년 자유 시장 참가, 교외 캠페인	* 교내외 학생들의 인식 실태 조사 * 소식지 1호 발간 * 제1회 교내캠페인 * 외국인 대상 설문 조사 (서울 명동, 이태원 일대)	* 특강: 강제동원과 아시아태평양 전쟁 - 강사: 정혜경 박사님 * 영등포, 문래동 일대 강제동원지 답사
6	* 전교생 일본군 위안부 관련 동영상 시청 * 전교생 할머니께 편지 쓰기 대회 * 제2회 교내 캠페인 및 소식지 2호 발간	* 문화재 환수를 위한 방법 찾기: 지식시장 * 교내 홍보 포스터 제작, 전시	* 제1회 교내 캠페인 및 소식지 1호 발간 * 성남시 청소년 어울림 마당 참가 * 영등포 지역 홍보 동영상 제작

7	* 제3회 교내 캠페인 * 정대협 주최 수요집회 참가 * 홍보 부채 배부	* 제2회 교내 캠페인	* 강제동원 피해 유가족 초청 강연회 및 퀴즈대회 개최(제2회 캠페인) – 주제: 사할린 지역 강제 동원 피해에 관하여 – 강사: 신윤순 할머니 (현 사할린강제동원피해 유가족협의회 회장) * 교외 답사(전라남도 광주 강제동원 유적지 일대)
8	* 역사문화캠프 (철원, 연천 일대) * 제9회 역사체험 발표대회 참가(협력상 수상)	* 교외 답사(전북 군산, 부안, 전주 일대)	* 홍보 부채 제작 및 배부 * 광주 강제동원 유적지 리플릿 제작
9	* 제4회 교내 캠페인 및 소식지 배부 * 교외 캠페인 (돌마고, 송림고) * 전쟁과 여성인권 박물관 관람	* 제3회 교내 캠페인 * 문화재 환수 홍보 동영상 제작 * 분당판교청소년수련관 주최 2015 청소년 어울림 마당 참가	* 제3회 교내 캠페인 * 교외 캠페인 (인근 고등학교) * 영등포 지역 브로슈어 제작
10	* 제5회 교내 캠페인 * 나눔의집 및 일본군 위안부 역사관 방문	* 교내 국외소재문화재 환수를 위한 포스터 및 표어 대회 개최 * 제10회 역사체험 발표 대회 참가(우호상 수상) * 사후 인식 변화 설문 조사 * 교외 답사 (국립중앙박물관 소장 환수문화재 관람)	* 국외 강제동원지에 대한 학습 * 제11회 역사체험 발표 대회 참가(화해상 수상) * 교내 학생 대상 인식 변화 조사
11	* 2014 대한민국 창의·인성 한마당 참가 (전시체험 분야 동상 수상) * 희망달력 제작 및 판매	* 제4회 교내 캠페인	* 국외 강제동원지 리플릿 제작(사할린, 군함도)
12	* 교내 동아리 발표회 참가 (부스 운영 및 연극 공연)	* 교내 동아리 발표회 참가	* 소셜펀딩 같이가치 진행 * 교내 동아리 발표회 참가
1	* 희망달력 및 판매대금 기부(정대협, 나눔의집) * 연간 활동 자료집 제작	* 동아리연합 역사문화 캠프(강화도 일대) * 연간 활동 자료집 제작	* 연간 활동 자료집 제작

3. 아이들이 직접 역사를 이야기하게 하자: 교내 캠페인 활동

동아리 아이들이 흥미도 없던 역사공부에 열성을 보인 건 책임감 때문이었으리라. 한일 관계에 대한 분노와 피해자에 대한 안타까움도 있었겠지만, 어렵고 복잡한 이야기에 끝까지 집중할 수 있었던 건 이 사실들을 친구들에게 알리는 '전도사'의 역할을 감당하기 위해서였다. 이 책임감과 효능감은 아이들에게 큰 동기부여의 기제가 되어주었다. 함께 모여 공부하고 답사하는 활동으로 동아리를 운영할 수도 있었지만 실천을 염두에 둔 의도가 적중한 것이었다.

'배워서 남 주기'는 교사에게만 해당되는 것이 아니었다. 캠페인에서 친구들에게 주제를 설명하고 친구들을 프로그램에 참여시키기 위해서는 자신이 전문가가 돼야 했기에 아이들은 주제에 깊이 빠져들었다. 캠페인에서 사용할 패널과 소식지, 주제 홍보 동영상 등을 제작하기 위해 많은 정보를 추리고 종합하면서, 아이들은 다시 한번 내용을 스스로 정리하고 학습해갔다. 캠페인을 하는 날만이 아니라 지속적으로 관심을 유도하기 위해 부채와 배지, 포스터 등의 홍보물을 만들고 배포했는데, 디자인을 직접 하면서 핵심을 짚어내는 능력도 높아졌다. 아이들에게는 이보다 좋은 공부가 없을 듯했다.

동아리 아이들뿐 아니라 다른 학생들도 마찬가지 경험을 갖게 하고 싶어 공을 들인 부분이 교내 캠페인의 프로그램이었다. 죽 서 있는 패널들을 힐끗 쳐다보고 지나가는 캠페인이 되지 않아야 했다. 기본적인 내용을 전달할 수 있는 패널들을 세워두되, 학생들이 참여할 수 있는 프로그램들을 준비했다. 패널과 소식지를 읽히려 마련한 룰렛 퀴즈 게임을 시작으로 삼행시 쓰기, 응원 메시지 쓰기, 나만의 문화재 배지 만들기, 역사지킴이 선서식, 강제동원 체험하기, 문화재 퍼즐 맞추기, 문화재 모자이크 완성하기 등 주제를 알고, 기억하도록 하는 활동과 공감을 끌어내는 활동 들이 다양하게 진행되었다. 친구들에게 보다 쉽게, 보다 효과적으

교내 캠페인(2016년)▶

◀홍보용 부채 제작 및
배포(2016년)

교내 캠페인(2015년)▶

로 다가가기 위한 아이들의 고민이 빛나는 순간이었다. 동아리의 연차가 더해지면서 프로그램도 고도화되어, 런닝맨 타입의 게임, 부루마블 형식의 게임 등 박진감까지 갖춘 기획들이 아이들의 머릿속에서 튀어나왔다. 그 속에서 학생들은 놀며 역사를 공부했다.

캠페인 외에 교내 전체 행사로 학생들이 참여하도록 진행했던 행사들도 있었다. 일본군 위안부 피해 할머니께 편지 쓰기 대회, 국외소재문화재 환수를 위한 교내 표어·포스터 대회, 교내 수요시위, 강제동원 희생자 유가족 초청 강연회 등이었다. 대회 출품 작품 중 우수작은 시상, 전시하기도 했는데, 생기부에 기록되는 것이 아니었음에도 참여도가 높아 학생들이 한 번 더 역사적 문제를 고민하고 자신의 생각을 정리할 수 있는 기회가 되었다.

4. 창의적 체험활동도 효과 있게

"바르게 앉자", "옆에 자는 아이 깨워".

수업 시간에만 하는 이야기가 아니다. 성폭력예방교육, 학교폭력예방교육 등 의무적으로 해야만 하는 각종 교육을 위해 강당에 모여 앉은 아이들에게 반은 협박성으로 잔소리를 하게 된다. 하지만 교사도 졸린데 아이들이 집중해 들어주길 바라는 것도 사실 미안하다. 어차피 해야 하는 창체 시간을 보다 알차게 채울 수는 없을까? 같은 고민에 창체 담당교사는 공연 형태의 교육이나 재미있다고 소문난 강사를 섭외하는 일에 힘을 쓴다. 하지만 매번 그럴 수도 없고, 재미를 좇다 보면 아이들이 무엇을 얻었는지 의아한 경우도 더러 있다. 아이들과 진행했던 행사의 경험은 다른 각도에서 해답을 찾게 해주었다.

동아리 활동 중 전교생을 대상으로 강당에서 행사를 진행한 경우가 2번 있었다. 한 번은 2014년 교내 수요집회였고 또 하나는 2016년 신윤순 회장님의 강연이었다. 나만의 생각일지 모르지만 두 경우 모두 아이들의 반응이 여느 단체 교육에 비해 좋았다고 기억된다. 특히 강제동원 피해자 유가족이신 신윤순 할머니의 강연이 그랬다. 이 강연은 애초에 동아리 학생들을 대상으로 기획했다가 전교생을 상대로 하게 됐다.

할머니는 사할린 강제동원 억류희생자 한국잔류유족회 회장님이시다. 어릴 적 아버지가 사할린으로 갑자기 강제동원된 후 돌아오지 못하셨는데 생사 확인도 안 되고, 유해라도 찾기 위해 기록을 쫓고 계신다. 어렵게 모시는 분이고 상처가 많으신 데다 연세가 있어서 내심 걱정이 많이 됐다. 학생회와 교사들이 학생들 사이에 서서 감시하고 잔소리하는 강제적인 시간이 되면 어쩌나 싶었다. 어쩌면 아이들이 살면서 다시 만나기 힘든 기회일 수도 있겠다는 생각에, 학생들이 바른 자세로 강연을 듣고 많은 것을 얻어가기를 바랐다.

어떻게 하면 서로에게 유익한 시간이 될까 고민하다 행사의 전후를 촘촘하게 기획했다. 학생들이 강연에 앞서 마음의 준비를 하고 호기심을 갖도록 하고, 강연 내용에도 집중할 수 있는 계기를 만들어야겠다고 생각했다. 먼저 강연 일주일 전 신윤순 할머니의 개인적인 이야기를 동영상으로 제작해 학생들에게 보여주고 사연의 주인공이 직접 우리를 만나러 오신다는 점을 알렸다. 포스터를 만들어 홍보하고 학교 정문에서 할머니께 하고 싶은 질문을 받으며 호기심과 기대감을 자극했다. 아이들은 이런 마음 아픈 사연이 있다는 것에 놀람과 동시에, 주인공이 직접 학교를 방문한다는 사실에 다소 흥분했다. 학생들이 사할린 지역을 잘 알지 못하기에 강연 전날과 당일에 걸쳐 사할린유족회에서 제공해주신 사진전시회를 통해 사할린과 사할린에서 일어난 강제동원에 대한 정보를 간략히 제공했다.

강연 당일에는 할머니를 모시기에 앞서 삼각산고 학생들이 제작한 강제동원에

사할린 강제동원 관련 사진전 개최

신윤순 할머니께 질문하기

대한 영상을 상영하면서 마음의 문을 열었다. 이렇게 준비된 학생들은 할머니의 강연을 집중해서 들어주었다. 예상을 뛰어넘는 할머니의 말솜씨 덕도 있었지만, 학생들은 학교에서 의무로 이뤄지는 여타의 교육에서와는 사뭇 다른 진지한 태도를 보여주어 할머니와 선생님들 모두를 놀라게 만들었다. 아이들의 열린 마음에 할머니의 진심이 통한 결과가 아니었을까 한다.

강연이 끝난 후에는 미리 받아두었던 학생들의 질문을 선별해 답을 들어보면서 보다 소통하는 시간을 가질 수 있었다. 그리고 미리 공지한 대로 강연 직후 강연의 내용과 사진전의 내용을 토대로 학급 대항 퀴즈대회를 진행해 학년별 한 개 학급에 간식을 제공했다. 감성적으로만이 아니라 지적인 측면에서도 얻어가는 게 있기를 바라는 마음에서 기획한 부분이었는데, 아무래도 간식이 큰 영향을 미쳤겠지만 학생들의 호응은 대단했다. 마지막으로 사전 동영상을 보고 만들었던 종이비행기를 전교생이 날리는 것으로 행사를 마무리했다. 할머니를 비롯한 강제동원 피해자들이 진정으로 바라는 것, 우리가 이런 활동들을 통해 이뤄가야 할 것이 적대적인 한일 관계가 아니라 동북아와 전 세계의 평화라는 점에서 학생들이 평화를 기원하는 메시지를 직접 적어 만든 평화의 비행기였다. 이 비행기들은 모두 모아 할머님께 선물로 드렸다.

사실 강사나 강의 주제가 아이들의 구미를 확 당길 만한 조건은 아니었을 것이

강제동원 피해 유가족 초청 강연회 개최

직접 만든 평화의 비행기 날리기

다. 형식 역시 PPT나 동영상 자료 없이 강연으로 이뤄졌기 때문에 평소 같으면 많은 아이가 나가떨어졌을 가능성이 컸다. 그럼에도 할머니께 죄송하지 않을 정도로 아이들이 강연에 집중하고 호응할 수 있었던 건 한 시간짜리 강연을 위해 투자된 앞뒤의 시간과 노력 덕분이라고 생각한다. 강연 일정을 알리고 사전 정보로 관심을 갖게 해 호기심을 자극하는 한편, 강연 직전에는 감성을 자극하는 장치를 마련했다. 자기가 쓴 질문이 뽑히고 퀴즈를 맞히는 등 학생들이 직접 참여하고 소통하는 만큼 집중도가 높아졌다. 무얼 하는지도 모른 채 끌려와 수동적으로 듣고 가는 것이 아니라, 학생들이 해당 시간을 준비할 기회를 주고, 참여할 공간을 마련해주는 것이다. 모든 행사를 동아리 학생들이 진행한 것도 유효했을 것이다. 다소 진행이 미흡할 수는 있지만 사회부터 게임 스태프까지 친구들이 진행하는 행사였기에 어른들이 준비한 행사에 손님으로 격리되는 입장이 아니라 자신들이 주인공인 느낌을 얻었으리라.

모든 창체 활동에 이런 에너지를 쏟는 것은 물론 쉽지 않다. 하지만 조금만 관심을 기울인다면 일회성, 전시성 행사로 끝나지 않고 교육 효과를 높일 수 있지 않을까 생각한다. 성폭력예방교육을 진행하고 관련 캠페인을 진행하거나 학교폭력예방교육을 강연이 아닌 학생들이 준비한 연극으로 진행하는 방법 등 학생 자치와 학사 운영을 분리하지 않고 아이들이 참여할 수 있는 길, 행사 내에서도 소통하며 함께 만들어갈 수 있는 방법을 찾아보면 어떨까.

5. 아이들도 실천할 수 있어요: 사회참여활동

요즘에는 민주화운동기념사업회에서 주최하는 청소년사회참여대회를 비롯해 학생들의 사회참여활동이 장려된다. 배성호 선생님이 지도하신 국립중앙박물관 식당 설치 사례[2] 나 성남의 모 학교에서 낸 버스 광고 등 사례도 다양해지고 있다. 우리 동아리의 최종 목표 역시 역사적 분쟁 해결에 동참하는 것이었다. 해마다 주제와 관련해 우리가 할 수 있는 일이 무엇일까 고민했다. 서명운동, 수요시위 참여, 기억팔찌 공동구매 등의 활동들을 기본적으로 진행했고, 우리만의 활동 중 일본군 위안부 피해자들을 돕기 위한 희망달력 제작과 강제동원 유적지에 대한 리플릿 제작 활동이 특히 기억에 남는다.

희망달력은 기부활동의 일환으로 진행됐다. 희움팔찌를 공동구매하고 포춘쿠키를 제작, 판매해 기부하기도 했지만 아이들은 보다 의미를 담은 물건을 만들어 사람들이 위안부 문제를 기억하도록 하고 기부도 하면 좋겠다고 했다. 회의를 시작하자 아이들은 인터넷을 뒤지며 볼펜, 책받침, 머그컵, 포스트잇 등 수많은 아

희망달력 제작(2014년)

강제동원 유적지 리플릿 제작(2016년)

이디어를 내놓았다. 그중에서 달력을 선택한 건 적어도 1년 동안은 책상 위에 두고 보며 기억할 수 있고, 여분의 페이지에 메시지를 담을 수 있기 때문이었다. 달력의 이름은 '희망달력'이라 정했다.

아이들은 직접 디자인에 들어갔다. 13~14페이지에 할머니들의 그림을 싣기로 하고 그림을 선택했다. 나눔의집, 정대협과 그림 저작권을 협의하고, 지면 구성 방식을 결정하고 각 페이지마다 들어갈 정보를 적었다. 일본군 위안부 문제에 대한 설명, 현재의 상황, 도울 수 있는 방법, 관련해서 가볼 만한 곳 등을 소개했다. 달력 면에는 다른 달력에는 기록되지 않은 8월 14일 위안부 기림일을 적고, 매주 열리는 수요시위의 회차를 적었다. 달력이 끝나기 전 문제가 해결돼 회차가 무의미해지기를 기원하면서.

달력이 제작되었을 때 아이들은 신기하면서도 자랑스러워했다. 홍보 부채를 만들었을 때도 그랬지만 자신들이 참여한 물건이 실제 만들어졌고 달력으로 할머니들을 도울 수 있다는 생각에 매우 기뻐했다. 달력을 온·오프라인에서 판매해 판매금과 남은 달력을 함께 기부할 수 있었다.

2016년에는 강제동원을 주제로 활동하면서 답사에 포커스가 맞춰졌다. 피해자들을 돕기 위한 서명운동과 기부활동도 물론 진행했지만 국내의 강제동원 유적지를 답사하면서 '기억'이라는 지점에 대해 고민하는 계기가 됐다. 당시 군함도가 세계문화유산에 등재되면서 일어난 논쟁의 역할이 컸다. 강제동원의 피해 지역으로 우리에게는 아픈 기억을 품은 곳을 일본이 산업 발전의 현장으로 홍보한다는 점에 아이들은 분노했다. 한편으로는 국내의 곳곳을 답사하면서 화려한 건물과 네온사인에 묻혀 불과 100여 년도 되지 않은 강제동원의 역사가 잊혔다는 걸 알게 됐다. 현재 건물 주인들의 이해관계에 따라 역사가 가려지고 현장이 온전히 보존되지 못하는 현실도 목격했다. 아이들은 이런 지역들의 역사를 우리가 기억하고 더 알려야 한다고 생각했으며 해당 지역들에 대한 리플릿을 만들어 홍보하기로 결정했다.

국내에서는 영등포구 일대와 광주광역시 일대를 선정했고, 해외에서는 우리와 인연을 맺은 사할린과 국민적 관심이 뜨거웠던 군함도를 선정했다. 지역별로 팀을 나눠 자료를 찾고 각 페이지에 어떤 내용을 실을지 논의했다. 그 결과 해당 지역에 대한 설명부터 답사 코스, 강제동원의 상황, 현지의 사진 등이 포함됐다. 내용도 어렵고 세상에 내놓을 작품이라는 점 때문에 아이들은 원고를 쓰고 사진을 고르는 작업에 굉장히 신중히 임했다. 그중에서도 가장 신경을 쓴 부분은 효용성이었다. 청소년의 특성상 이런 자료가 청소년들에게 꼼꼼히 활용되지 않는다는 점을 아이들 스스로 알았다. 사람들, 특히 청소년들이 자료를 꼼꼼히 읽고 활용할 수 있도록 곳곳에 장치를 마련하려 애썼고, 퀴즈, 감상문 쓰기, 적절한 발문 등을 개발해 리플릿에 담았다. 해당 지역 전문가의 감수를 받고, 소셜펀딩 같이가치를 통해 기금을 마련했다. 리플릿들은 해당 지역에서 활동하는 시민단체들에 기증돼 활용되고 있다. 특히 광주광역시편은 일본 학생들과의 교류 사업에 사용할 수 있도록 일본어로도 제작했다.

아이들은 자신들이 만든 물품이 세상으로 나가는 것에 큰 의미를 두었다. 청소년들은 자신을 미성숙한 존재나 어른으로 성장 중인 과도기적 존재로 인식하는 기성세대의 시각을 거부한다. 그러면서도 정작 자신들이 사회적으로 유의미한 행동을 할 수 있다는 생각은 잘 하지 못한다. 그래본 경험이 없기 때문이다. 동아리 아이들은 달력이나 부채, 리플릿 등의 아이디어들을 내놓으면서도 그것들이 실현되는 상황에 놀라워했다. 자신들이 제작한 달력을 사람들이 구매하고 대금을 기부하는 활동, 리플릿을 제작해 사회에 기증하는 활동은 청소년도 사회에 도움이 되는 행동을 할 수 있다는 경험이 되어주었다. 특히 리플릿을 제작하면서 진행했던 소셜펀딩이 단 하루 만에 모금액의 2배를 넘겨 마감되는 걸 보고 자신의 활동이 시민들에게 영향을 미칠 수 있다는 것에 자부심을 가졌다. 사회적 존재로서의 자기효능감이 크게 향상되고 사회적 관심을 실천으로 옮기려는 의지들이 강해진 것을 관찰할 수 있었다.

사실, 우리 동아리의 활동이 가능했던 것은 시민단체들의 도움 덕분이었다. 일본군 위안부 관련 활동을 하면서는 달력 제작 등에서 정대협과 나눔의집의 도움을 받았다. 2016년에는 더욱 그랬다. 영등포 답사는 일제강점기 강제동원&평화연구회에서, 광주광역시 답사는 근로정신대할머니와함께하는시민모임에서 도와주셨다. 강제동원 유가족의 강연과 사진전은 사할린 강제동원 억류피해자 한국잔류유족회에서, 소셜펀딩은 시민단체 '시민'에서 도움을 주셨다. 교사도 각 지역에 대한 전문적 지식을 갖지 못한 경우가 많으므로 해당 문제를 지속적으로 연구하고 활동하는 연구자와 활동가의 도움이 필수적이었다. 이분들이 도와주지 않았다면 우리 활동에는 큰 제약이 있었을 것이다.

반대로 우리가 도움을 드린 경우도 있었다. 단체들에서 진행하는 서명운동이나 기억물품 공동구매, 자체로 진행한 기부 등이 그렇다. 포춘쿠키와 희망달력 판매대금을 나눔의집에 기부했고 남은 달력을 정대협과 나눔의집에 나누어 기증했다. 앞서 말했듯 영등포 편과 군함도 편 리플릿은 일제강점기 강제동원&평화연구회에, 광주 편 한국어판과 일본어판은 근로정신대할머니와함께하는시민모임에, 사할린 편은 사할린 강제동원 억류피해자 한국잔류유족회 측에 기증했다. 또 교내 바자회를 통해 사단법인 평화디딤돌에 강제동원 희생자를 기리는 디딤돌 제작 비용을 기부했다.

이런 시민단체와의 교류는 서로에게 윈윈이었다고 생각한다. 처음 시민단체 측에 도움을 요청할 때는 바쁘신 와중에 부담을 드리는 것 같아 조심스러웠다. 하지만 단체들은 하나같이 친절하고 적극적인 태도로 도움을 주고자 했다. 학생들이 해당 문제들에 관심을 갖고 배우고자 한다는 사실에 반가워했고, 단체를 찾아준 일에도 고마움을 표했다. 일례로 학교에서 강연을 해주신 정혜경 박사님이나 신윤순 회장님의 경우도 중학교에서 이런 강연을 한 것은 처음이라며 어린 학생들에게 강연하게 된 것을 기뻐하셨고 더 많은 기회로 학생들과 만나고 싶다고 하셨다.

정치적 민주주의 체제를 가지고 있지만 생활 속의 민주주의는 지속적으로 노력해야 할 부분이다. 시민단체가 많이 늘어나고 시민들의 참여도 늘었다고 하지만 우리 사회의 시민단체 중에는 경영난을 겪는 곳이 여전히 많다. 늘 더 많은 시민의 참여와 관심을 기다리고 있다. 그런 점에서 학생들이 청소년기부터 시민단체의 존재를 알고 교류하며 참여하는 경험을 가진다면 우리 사회의 직접민주주의가 더욱 선명하게 실현되지 않을까 기대한다. 시민단체와의 콜라보를 강력히 추천한다.

6. 궁극의 목표: 기억, 역사적 해결, 평화

동아리 활동을 진행하면서 맞닥뜨린 몇 가지 문제가 있다. 일본과의 문제를 다루면서 겪게 되는 일본에 대한 적대감이 대표적이다. 일제강점기 수업을 하면서 우리가 당한 피해, 일본의 대응, 앞으로의 전망 등을 이야기하며 분노하지 않는 학생들은 거의 없다. 1~2시간의 수업도 그러한데 1년, 길게는 3년간 이런 활동을 한 학생들은 더욱 쉽게 함정에 빠진다. 물론 교사가 의도한 바가 아닐뿐더러 발전적인 한일 관계를 위해 역사교육이 지향하는 바 역시 아닌 것은 자명하다. 그렇다면 이런 활동으로 아이들에게 무엇을 가르쳐야 하는가 고민해야 했다. 고민 끝에 내린 결론은 기억, 역사적 해결, 평화 이 3가지다.

과거 피해자들의 가장 기본적인 요구는 그러한 과거가 있었다는 것, 자신과 같은 피해자들이 있었다는 것을 기억해달라는 점이다. 우리 역시 사실들을 기억해야 한다고 수없이 외쳤고 더 많은 이에게 기억시키기 위해 노력했다. 피해자들을 동정하자는 의미는 아니다. 과거의 사실을 기억하는 것, 잊지 않는다는 건 해당 행위에서 얻은 교훈을 바탕으로 보다 나은 삶을 영위한다는 의미다. 피해자들이 있었고 그들의 아픔에 공감하며, 또 다른 피해가 생기지 않는 사회를 만들어야 한다는 교훈을 잊지 말아달라는 것이다.

우리가 노력했던 또 하나의 목표는 문제의 역사적 해결이었다. 역사적 해결이란 다층적인 의미를 지닌다. 사안별로 다르지만 과거 사실에 대한 인정이 일차적이고 그다음이 피해자들의 바람대로 그들의 삶과 인권을 파괴한 데 대한 사과와 배상이다. 이를 바탕으로 미래지향적인 관계를 다시 모색할 수 있다. 우리는 역사적 해결을 위한 활동에 동참하고자 했고, 앞으로도 우리가 할 수 있는 최선의 노력을 다할 것이다.

그러나 공부할수록 이건 하나의 국가나 민족에 한정된 일이 아니었다. 일본 정부의 책임은 분명하지만 현재 남겨진 일본인 개개인에게 어느 정도의 책임과 반성을 요구할 것인가. 한국보다 앞서 한일 문제를 연구하며 발 벗고 나서 돕고자한 일본인들의 사례도 다수 있다. 일본 제국주의뿐 아니라 세계의 사례에 또 다른 가해자들이 있고 게다가 인권에 대한 감수성을 키운 아이들이 베트남전에서 한국군의 행위, 한국전쟁에서의 민간인 학살과 전쟁범죄, 미군을 대상으로 한 양공주 등의 문제를 마주하면 큰 혼란에 빠지기도 한다. 피해자로서 입장만 대변하다 가해자 입장에 서면 인권친화적 가치관과 민족적 감정이 뒤섞여버린다. 따라서 가해자와 피해자의 구도에서 벗어나 새로운 시각을 가질 필요가 있다.

한국인과 일본인을 떠나 전 세계 누구든 인간으로서 권리를 침해당하지 않는 세상을 꿈꾸는 우리가 과거를 기억하려 애쓰는 이유를 완성할 수 있는 건 결국 평화다. 평화가 위협받는 세상이 되면 과거의 끔찍한 상황이 언제, 어디서든, 누구에게나 반복될 수 있음을 인지시켜야 한다. 단순히 전쟁이 없는 상태가 아니라 여성, 어린이, 사회적 약자의 인권을 보장받을 수 있는 평화의 상태를 실현하는 것, 아이들이 평화의 가치를 내면화하고 스스로 신념을 실천하도록 하는 것이 교육의 최종 목표가 되어야 한다. 부족하나마 동아리 활동에서도 일본에 책임을 묻되 비난하는 데 그치지 않고 평화의 필요성을 강조하는 데 초점을 맞추기 위해 노력했다. 평화의 비행기 날리기 같은 활동이 여기에 해당한다.

7. 맺음말: 역사로 하는 민주시민교육

동아리 활동에서 아이들은 굉장히 많은 것을 경험할 수 있었다. 신문 제작, 글쓰기, 디자인, 그림, 동영상 촬영 및 편집, 게임 기획, 연기, 큐레이터 등의 활동이 하나의 동아리 안에서 이뤄졌다. 이를 위해 한글 프로그램, 포토샵, PPT, 동영상 편집 기술 등의 교육도 함께 진행됐다. 모든 아이가 모든 작업을 한 건 아니지만 역사동아리가 아니라 직업체험동아리와도 같았다. 이제 와서 하는 말이지만, 아이들이 참 고생이 많았다.

얼마나 다양한 활동을 하느냐에 집중한 것처럼 보일 수도 있지만, 각각의 주제를 창의적이고 효과적으로 다루고 제공하기 위한 노력이었다. 때때로 중학교 아이들의 수준에서 다루기 어려운 부분도 있었고, 자칫 오개념이 형성될까 우려되는 부분도 있었다. 하지만 이런 작업들을 통해 동아리 아이들과 학교 학생들이 역사적 사실을 말하고 행동하는 기회를 가질 수 있었다는 점에 의미가 있다고 생각한다. 알게 된 지식을 삶 속에서 어떻게 실천해나갈 것인지 고민하는 계기도 됐다.

사회참여활동 역시 학생들의 잠재력을 확인하고 성장시키는 활동이 됐다. 아이들은 자신들의 가능성을 믿어줄 때 기꺼이 능력들을 발휘했다. 교실에서 잠만 자거나 수업에는 관심 없던 아이들도 자신이 할 수 있는 일을 찾아 힘을 보탰다. 사회적으로 유의미한 존재임을 자각하면서 우리 사회의 일원이 되어주었다.

물론 의도했던 바가 모두 이루어졌느냐고 묻는다면 그렇지는 않다. 교내 모든 학생이 3개 주제에 관심을 두지는 않았고, 역사학의 특성상 탐구 없이 체험만으로 내용을 파악하기는 어렵다. 우리가 뛰어들었던 역사적 분쟁들은 여전히 갈등 상황 속에 있으며, 사회의 평화 역시 하루아침에 이루어질 일이 아니다. 아이들이 만든 결과물의 수준이 아쉬운 때도 있었다. 그러나 학생들이 이러한 문제들에 관심을 갖고 지켜보기 시작한 경험, 문제 해결에 동참할 수 있다는 의식의 전환, 평화로운 사회와 새로운 역사를 함께 만들어가야 한다는 역사적 사명감을 가진 것만으로도 큰 성과라 자평하고 싶다.

우리는 앞으로도 부족한 점은 보완하면서 지속적인 활동으로 역사를 공부하고, 알리고, 실천해나갈 것이다. 개인적으로는 지역사를 접목해 국내외 각 지역들에 숨겨진 역사를 기록하고 알리는 활동을 고려 중이다. 리플릿은 각 지역에 집중할 수 있다는 점은 좋았지만 실물을 배포하는 데 한계가 있었다. 따라서 리플릿의 한계를 보완해 휴대폰 애플리케이션을 제작하려는 계획도 갖고 있다. 여행을 하면서, 우리 지역사회에 살면서 크게 알려진 관광명소나 유적지 외에 해당 지역의 숨겨진 역사들을 찾아볼 수 있다면 정말 좋겠다. 이후에는 일본군 위안부 합의 문제를 재조명하거나, 영토 분쟁, 역사 전쟁 등도 다룰 계획이다.

우리의 활동을 통해 더 많은 아이가 역사를 사랑하고 민주주의와 평화를 실천하는 시민으로 성장하기를 기대해본다. 더불어 우리의 경험이 선생님들과 다른 학생들에게도 새로운 역사를 상상하고 움직이게 하는 모티브가 된다면 매우 큰 영광이겠다.

특히 사회참여활동은 다른 학생들에게도 확대됐으면 한다. 꼭 동아리 활동이 아니어도 괜찮다. 최근에는 학생들이 참여하는 활동중심형 수업이 많이 이뤄지고 있어 수업 중 학생들이 다양한 결과물을 만들어낸다. 이들 중 수업 활동으로 그치기에 아까운 것도 상당수 있다. 수업의 기획 단계부터 아이들의 수업 결과물을 보다 사회참여적인 형태로 활용할 기회를 고려한다면 아이들은 더욱 큰 잠재력을 발휘할 것이다.

예를 들어 자유학기제의 선택 프로그램이나 창의적 체험활동의 동아리처럼 일정 기간 하나의 주제로 수업할 수 있다면 프로젝트를 기획하기에 적합하겠다. 최근에는 현장체험학습도 소규모로 진행하는 경향이 있으니 기회를 빌려 주제를 탐구하고, 나름의 결과물을 만들어 사회와 소통하는 기회를 만들 수 있다. 아이들의 잠재력을 실현시킬 장을 만들어주는 건 교사의 몫이다.

민주시민 양성은 역사교육의 중요한 목표 중 하나다. 그럼 어디까지 교육을 받아야 민주시민이 완성될까. 민주시민교육은 인풋(input)만이 아니다. 아웃풋(output)의 경험은 더할 나위 없는 민주시민교육이며, 그 순간 아이들은 조금씩 민주시민이 되어간다. 민주시민을 유예시키지 말자. 역사적 사실을 기억하고, 분쟁의 과정에 참여하며, 그 경험을 통해 적극적으로 평화로운 사회를 만들어나가는 멋진 아이들의 모습을 상상해본다[3].

1 정선영, 김한종은 이를 역사의식이라 표현하고 있다. 즉, 시간의 흐름과 사회 속에서 자신의 위치와 존재가치를 발견하고 역사와 자신의 삶이 하나임을 지각하며, 역사의 변화에 중요한 역할을 할 수 있는 필요불가결한 존재임을 인식하는 역사의식의 함양을 역사 학습의 중요 목표로 설명한다. 정선영 외, 『역사교육의 이해』, 2001, pp.39~40.

2 배성호, 『우리가 박물관을 바꿨어요!』, 초록개구리, 2016.

3 동아리 활동에 대한 보다 자세한 사항은 해마다 제작한 동아리의 자체 활동자료집에 수록되어 있다.

책 읽기로 배우고 나누는 역사수업

경기북과학고등학교 **우현주**

1. 머리말: 교실에서, 역사에서 무엇을 배우나

역사에서 무엇을 배우나 하는 문제는 교사 입장에서는 교실에서 역사공부를 어떻게 조력할 것인가 하는 문제와 연관된다. 과거의 역사적 상황과 인물에 대한 공감적 상상, 현재적 관점에서의 비판적 해석과 성찰이 역사공부의 방법일 텐데, 그것을 격려하고 돕는 건 교사의 몫이다. 교사가 '지치지 않으면서', 역사적 감수성을 키우는 공부를 할 수 있도록 돕는 수업을 해야 한다는 생각이다.

나는 역사수업 시간의 책 읽기를 통해 역사적 감수성을 키워주는 공부, 더 좋은 사회를 상상하는 공부를 돕고자 한다. 책 읽기는 가장 고전적인 공부 방법이기도 하거니와 아이들과의 세대 차로 인한 고단함을 내 방식으로 극복해가는 방법이기도 하다. 돌이켜보면 교사 또한 책 읽기로 세상 읽기를 공부하지 않았나? 중·고교 시절에는 『데미안』이나 『지와 사랑』, 『생의 한가운데』 같은 문학작품을 읽으면서 세상 모든 고민에 우울해하기도 하고, 세상 다 아는 양 자만감에 우쭐대기도 했다. 권위주의 독재정치 시절에 다닌 대학에서는 사회과학 서적, 현대사 서적을 읽으면서 대학 입학을 위해 중·고교 시절에 외운 지식에 대한 배반감을 치유하고 인류가 오랜 투쟁으로 이룬 평화와 민주주의 가치를 몸으로 배우지 않았나?

최근 교과 수업에서 독서를 활용해보자는 실천이 꾸준히 확산되고 있다. 국어과의 2015 개정교육과정은 '한 학기 한 권 읽기'를 교육과정 안에 포함시켰다. 전국의 고교 3학년생이 대학 진학을 위해 준비하는 표준화된 시험으로서 수능이 존재하는 한 교육과정을 재구성하거나 교사별 평가로 교실 수업을 혁신하는 것은 여전히 한계가 있기에 국어과에서 '한 학기 한 권 읽기'라는 교육과정을 만들고 실행하는 과정이 녹록하지는 않아 보인다. 교과 수업 시간에 교과의 본질을 따라가면서 긴 호흡으로 단행본 한 권을 제대로 읽는 것은 가장 고전적인 공부 방법인데도 말이다.

교사인 우리들이 중·고교 시절에 경험했던 전통적인 교육 방식은 교과서를 주 텍스트로 교사가 강의를 하는 방식이었고, 우리는 빨간 펜으로 밑줄을 긋고 동그라미를 매기며 암기하는 방식에 익숙했다. 그런데 교사가 된 우리들이 만난 아이들은 디지털 방식의 스마트한 세상을 살고 있고 이 변화의 속도는 아날로그 감성 세대인 우리들이 따라가기가 벅찰 지경이다. 전혀 다른 세상에 사는 아이들을 교실에서 만나며 미래 사회에 학교는, 교사는 과연 존재할 것인가를 묻지 않을 수 없다. 이 예측 불가능한 사회를 살아갈 아이들이 세상 살아가는 지혜를 배우고, 좀 더 좋은 사회를 만들어갈 수 있다는 희망을 배우기 바라면서 우리 교사들도 무던히 애쓰며 다양한 수업 방식을 시도해보고 있다. 시행착오도 겪는다. 혼자 애쓰기보다는 함께 고민하고, 한번에 잘하려들기보다는 교사도 배우는 존재임을 인정하면서 꾸준히 지치지 않고 지속하는 방법도 찾게 됐다. 교실의 배움에서 도주하는 아이들을 더 많이 이해하고 사랑하기 위해 교사들도 외로움을 이겨내며 가르칠 수 있는 용기를 얻고자 애쓴다는 생각이 든다. 그중 내가 찾은 방법은 책 읽기 방식의 공부로 교실 수업을 기획하는 것이다.

2. 느리더라도 오래가는 공부

책 읽기는 스스로 배우는 공부 방법이다. 여전히 아이들의 자기주도성을 확신하지 못하는 교사는 아이들이 스스로 배우고 있는지 확인하고 싶어 한다. 교사가 만들어주는 장치를 통해 아이가 스스로 배운 것을 동료들에게 가르쳐줌으로써 더 깊이 더 오래 배워갈 수 있게 격려해주고 싶다.

의미 있는 독서 자료를 제공해주고, 책을 읽으면서 저자와, 역사와, 현재의 삶과 대화할 수 있도록 돕는 활동지를 작성할 수 있도록 안내해준다. 교사는 아이들이 책에 집중하여 독서에 몰입할 수 있도록 돕는다. 활동지를 기재하는 아이에게 다가가 관심을 보이고, 생각을 나누기도 한다. 모둠원끼리 토의를 하는 경우에도 토론 과정에 일시적으로 개입하면서 맥락을 이어가는 데 도움을 주기도 하지만 주로는 경청하고 수용하기만 해도 된다. 수업일기나 수업후기를 통해 아이들은 내가 강의하지 않았음에도 '~을 배웠다'고 표현했다.

최근 2년간 내가 시도해본 '역사수업 시간에 역사책 읽기' 수업 사례와 관련 도서를 소개하고자 한다. 학교 급별로도 분명히 차이가 있을 것이고, 교사 자신의 관심에 따라서도 선정한 도서 목록이나 수업 활용의 방식은 다양할 수 있을 것이다. 지금 내가 근무하는 학교는 과학고등학교다. 과학 엘리트로서의 지향을 가진 과학고 아이들과 인문학적 질문과 토론이 있는 수업, 민주시민으로서의 교양을 나누는 수업이 나의 관심이고 지향이다. 도서 목록을 찾기가 어려운 작업이기도 하지만, 한편으로는 교사에게 재미있게 읽혔고, 교사모임에서 함께 읽었던 책을 권하는 게 가장 좋은 것 같다. 교사인 내가 읽어보지 않았거나 토론이나 고민 과정이 없었던 책을 권하면 영 찜찜하고 불편하다.

'역사수업 시간에 역사책 읽기' 수업 사례

수업 사례	도서	활용
1) 감정이입하며 읽기	『벌레들』	동학농민운동, 의열단, 4·3사건, 보도연맹사건, 부마항쟁, 삼청교육대, 2002 광화문 촛불시위 등
	『광장에 서다』	광복 이후 이념 대립, 한국전쟁, 4·19, 산업화시대 노동자의 삶, 6·10 민주항쟁, 외환경제 위기, 2017 촛불집회
2) 실천하며 읽기	『도라지꽃』, 『시선』, 『나비의 노래』	국제만화축제에서 일본군 '위안부' 역사 문제를 알리는 만화가들의 연대 활동
	『25년간의 수요일』	일본군 위안부 역사 바로 세우기 시민운동의 연혁 → 베트남에서의 한국군 가해, 　　국제 연대 활동 등의 실천
	『일본군 '위안부'가 된 소녀들』	일본군 위안부와 동시대를 산 일본인 여성의 글 → 보편 인류애를 실천하는 지식인의 삶
3) 스스로 배우고 함께 나누는 공부	『역사 ⓔ』	① 역사 콘텐츠 읽기 「역사 채널 e」에서 다룬 내용에 대해 역사적 맥락과 메시지를 간략하게 쓴 글 → 다양한 소재, 영상과의 연계
	『조선의 딸, 총을 들다』	② 역사 인물 읽기 대갓집 마님부터 신여성까지 여성 독립운동가 24인의 이야기 → 잘 알려지지 않은 여성 독립운동가의 다양한 사례
	『답사여행의 길잡이』, 『나의 문화유산 답사기』 등	③ 역사 속으로 떠나기 위한 읽기 각종 여행 정보 도서 또는 여행기 → 역사여행 계획 수립, 팸플릿 제작, 유적지 설명문 쉽게 쓰기, 개별 과제로 가상 여행기 쓰기

4) **역사수업 주제의** **꼭지로 삼아** **읽기**	『역사란 무엇인가』	영화 「변호인」의 관련 장면 시청, '1장 역사가와 사실', '2장 사회와 개인' 발췌 및 윤독 → 역사철학 주제 토의
	『오래된 미래』	개발과 산업화의 효과와 한계는 무엇일까, 과학적 진보가 추구하는 미래에서 경계해야 하는 문제는 무엇일까 등 라다크 사례 우리 역사에 적용해보기
5) **단행본** **통으로 읽기** **6)** **소통하며 읽기**	『시인 동주』	윤동주가 살던 시대, 청년 윤동주의 고민과 성찰, 알려지지 않은 독립운동가 송몽규, 문익환 목사와의 인연, 비슷한 나이에 민주화운동에서 희생된 대학생 이한열과의 연계
	『식민지 청년 이봉창의 고백』	이봉창과 김구의 인연, 인생의 중요한 결단을 내리고 대의와 공동체를 위해 헌신하는 삶을 살게 된 계기, 이주 노동자의 삶과 차별 등에 대한 고찰
	『소년이 온다』	1980년 5월 광주 그 현장에 있던 사람들, 자국의 군대가 투입된 전쟁 같은 곳에서 죽음을 피할 수 있었지만 죽음을 목격했던 사람들의 이야기
	『1945, 철원』, 『그 여름의 서울』	1945년 해방 정국의 철원과 1950년 서울의 여름을 살던 청소년들 이야기를 다룬 성장소설 → 다양한 인물 군상을 통한 이념 갈등의 복잡한 시대상의 이해

1) 감정이입하며 읽기: 역사를 소재로 한 단편소설 읽기

역사적 감수성을 통해 느리더라도 오래가는 공부 방법으로 역사책 읽기를 시도해보고자 한다면 가장 쉽게 접근할 수 있는 방법이 역사 단편소설 읽기 수업이다. 역사 단편소설은 1차시를 할애하면 충분히 읽을 수 있는 분량이다. 관련 주제에 대한 수업을 정리하면서 소설을 읽으면 구체적으로 해당 시대에 감정이입해서 공감할 수 있다. 『벌레들』과 『광장에 서다』 같은 좋은 책들이 있어 도움이 된다. 한국 근현대사의 주요 사건과 연계되어 청소년이 주인공으로 등장하는 소설을 읽으며 소설에서 다루는 역사 내용을 정리해보고, 저자의 메시지를 상상해보며, 현재의 상황 및 나 자신의 삶과 연관시켜보거나 토의해보고 싶은 질문을 뽑아보는 활동을 할 수 있다. 읽고 쓰기는 생각하기의 과정을 동반한다. 역사적 사실, 작가 그리고 자신과의 대화가 이루어지는 것이다.

우리 현대사에서는 이념의 갈등과 참혹한 전쟁의 상처를 보듬지 못하고 각자의 방식만이 옳은 것이어야 했기에 역사와 교육에 대해 권위와 강압을 동원해야 했던 시절이 너무나 길었다. 따라서 이와 같은 불편한 진실을 마주하는 역사수업이 쉽지만은 않다. 이럴 때 적절하게 활용할 수 있는 것이 역사적 사실과 연계하는 문학작품이다. 역사 속 인물들의 감정을 따라가면서 사건을 마주하는 읽기, 함께 읽은 내용을 가지고 역사적 사실을 구조화하고 궁금한 질문들을 가지고 동료들과 이야기해보기, 그리고 학급 전체와 공유하며 냉철하게 현재적 관점에서 역사적 상황 판단해보기 활동 등을 해볼 수 있다. 1차시에는 읽으면서 활동지를 정리하고, 2차시에는 모둠별 토론, 3차시에는 토론 내용을 발표하고 공유하는 것으로까지 이어져도 좋다.

① 「손님」

제주도 현장체험학습을 앞두고 4·3사건의 전개, 진상 규명 과정, 관련 유적지를 알려주는 수업을 했다. 4·3 현장의 기억을 잊고 싶어 하는 엄마와 4·3 현장의 넋을 찾아가는 딸의 이야기를 통해 역사는 기억 투쟁이라는 점을 상기하게 된다.

② 「어느 물푸레나무의 기억」

4·3사건에서 많은 충격을 받은 아이들과 한국전쟁, 보도연맹사건에 대한 수업

「손님」을 읽고 작성한 활동지

과거와 공감하는 역사, 현재를 성찰하는 역사, 미래를 상상하는 역사

	소설을 읽고 나서 적어보세요. (1 반 이름 권효정)
가장 인상깊었던 부분과 그 이유를 적어보세요.	영화가 들판전에서 죽은 한 뒤, '6.25전쟁이 일어나기 전에 있었던 더 무서운 전쟁'에 대해 궤미에가 물어더뭇면서 한 말인 "죽은 사람들은 빨갱이라고 하셨는데, 그럼 죽어봄 우리 외할방이나 빨갱이여, 너희 어멍이나 빨갱이여?"라는 대사가 가장 인상깊었다. 죄인을 지켜야 하는 죄와 죄인을 함께 죽음 보았다. 언론은 그들이 빨갱이고 반역자이며, 국가 안녕에 해가 되는 존재라고 보도하였지만, 총에 맞고 피를 흘리며 죽어간 이들은 빨갱이도 반란분자도 아닌, 평범한 누군가의 가족이요, 이웃이었다. 위 대사는 억울한 사연과 함께, 사건이 벌어지고 수년의 시간이 지났음에도 여전히 제대로 된 진상규명은 이루어지지 않고 희생자들을 빨갱이로 둔갑 사건을 덮으려 했던 비극인 역사를 피해자의 기억, 그것도 순수한 아이의 시선으로 보여주어 인상깊게 남았다.
나 자신과 주변의 삶, 우리가 살고 있는 사회적 현상과 관련지어 내가 하고 싶은 말을 적어보세요.	책을 읽고 제주 4.3사건에 대해 알아가면서 떠오른 것은 2014년 04월 16일에 발생했던 세월호 사건이었다. 정부의 무능함으로 인해 300여명이 희생자를 내고, 언론은 조작하고 진상을 숨기려 정부에 맞서 진상 규명을 위해 싸운 시민들에 의해 점차 그 진상이 드러나게 되었던 세월호 사건은 어쩌면 제주 4.3사건과 닮아있었다. 그리고 세월호 사건 또한 그 피해자와 유족들에게 제대로 된 사과나 보상은 없었다. 70여년 지난 현재에도 아픈 역사는 반복되고, 비극은 새로운 피해자를 만든다. 이같은 비극이 되풀이되지 않도록 하기 위해 우리는 역사를 바로 알고, 부당한 권력에 맞서 의무가 있고 책임이 있다. 더 이상은 아픈 역사의 방관자로 남지 말아야겠다는 생각이 들었고 나 스스로의 역사관과 정의에 대한 의식을 보며 깨어 살았다. 4.3과 4.16을 연결시켜 보았구나
저자가 하고 싶은 말을 상상해서 적어보세요.	저자가 이 책을 읽는 독자에게 하고 싶은 말은 바로 '기억하라!'일 것이라 생각한다. 70여 년 전, 국가에 의해 무고한 시민들이 무참히 살해당했던 비극의 내막을, 죄라곤 이름하여 자행되었던 참혹한 제노사이드를, 무력히 죽음속에 있었던 희생자들과 그 근원을 꾸며낸 나라와 유족들을, 언론 조작으로 드러나지 않았던 진상들을, 이름다운 관광지라는 간판에 가려진 피로 물든 침묵의 바깥였던 비극의 삶 제주도를. 이 모든것을 잊지 않고 기억하며, 알리고, 알아가고, 다시는 이러한 사태가 발생하지 않도록 기원하는 마음으로 모든것을 기억해달라고 말하고 싶었을 것이다.
함께 토론하고 싶은 문제를 적어 보세요. (1~2개)	1. 무엇이 이 비극을 초래하였는가. 2. 국가권력의 남용이 우리 사회에 얼마나 큰 해악을 끼치는가. 3. 제2의 4.3사건이 발생하는 것을 막기 위해 우리는 무엇을 해야 하는가. 진지한 성찰이 감동적이다. 많이 아팠을텐데. 힘들었겠구나!

을 이어가기가 쉽지 않을 것 같았다. 소설을 읽고 토론하고 토론 내용을 공유하는 방식으로만 수업을 진행했다. 그리고 아이들이 제기한 문제의식을 가지고 스탠리 밀그램 실험 등 권위에의 복종 실험과 연계해 엘리트 군인들이 나치 정권의 부당한 명령을 거부하지 않고 유대인 학살이라는 전쟁범죄에 동조, 가담하게 되었던 사실을 상기시켰다.

「어느 물푸레나무의 기억」 수업 과정에서 토론, 발표한 내용

'우리 사회는 아프거나 인정하고 싶지 않은 과거는 숨기는 경우가 많다. 그런 사건들은 어떤 것이 있을까? 보도연맹사건을 알리기 위해 어떤 노력이 필요할까?'

물푸레나무는 영화관에서 영화를 보듯, 학살 장면을 보고도 분노하고 저항하지 못하는 오늘날 우리들의 '방관'과 무관심을 꼬집고 있는 듯 하다!

-당신이 처형 명령을 받은 군인이라면 농민들을 향해 총을 쏠 것인가?
-저자는 보도연맹사건의 진실을 알리고 정치적 집단학살이 다시 일어나지 말아야 할 것이라는 메시지를 전한다.
-유사한 다른 사건?

-적을 앞에 둔 군대가 자국의 민간인을 향해 총을 겨누는 것은 이해할 수 없다.
-구역질하며 도망간 군인들, 강제력에 의한 피해자다.
-사상의 힘이 생각이상으로 크다. 사상이 정상적이라면 세상 모든 전쟁은 일어나지 않았을 것이다.

2) 실천하며 읽기: 공감과 연대, 실천으로 이어지는 역사수업

역사수업에서 다루는 과거를 현재와 연결시킨다는 게 무엇일까? 일제강점기 역사를 소재로 하는 수업에서 일본의 침략과 식민 통치를 세계사적 관점에서 20세기 제국주의와 군국주의 역사와 연계해보고, 한국인 중에도 개인 안위를 위해

공동체가 이루어온 역사와 문화를 부정한 비겁한 인사들이 있는가 하면 일본인 중에도 평화와 민주주의의 보편 인류애를 위해 오로지 양심을 걸고 한국의 독립을 도운 인사들이 있었음을 기억하자고 했다. 그런데 수업 후에 아이들은 반일(反日) 애국주의로 결론을 내리고 있었다. 평화와 인권의 보편 인류애를 배우기 바랐던 교사의 공력이 무색했다.

공권력을 이용해 폭력과 차별을 정당화하고 거기에 기생했던 시대는 어떻게 극복되어왔나, 아직도 해결되지 않은 문제는 무엇일까, 여전히 우리가 살고 있는 시대에도 다름을 인정하지 않고 소통과 타협보다는 대결과 비난을 일삼는 행위는 어떻게 극복할 수 있나. 이런 이야기를 해보려면 역사적으로 해결되지 않은 문제를 정치권뿐만 아니라 시민사회, 교실 현장에서도 공론화해야 한다는 생각이다. 그 대표적인 사례가 일본군 '위안부' 문제 아닐까?

한국인 만화가들이 프랑스 앙굴렘 국제만화페스티벌에서 일본군 위안부 역사를 알리기 위해 만든 책 『나비의 노래』, 『시선』, 『도라지꽃』을 일본군 위안부 역사에 공감하고 실천적 방안을 찾는 수업에 활용했다. 만화는 한 시간이면 충분히 읽을 수 있다. 일본군 위안부 역사 정의를 실천해온 시민운동의 발자취를 담은 『25년간의 수요일』을 읽어도 좋다. 같은 또래 일본인 여성으로, 교육 현장의 교사로서 부끄러움과 아픔을 고백한 책 『일본군 '위안부'가 된 소녀들』도 좋다. 최근 전쟁범죄의 피해자에서 여성인권운동가, 평화운동가로 우뚝 서는 할머니들의 이야기를 담은 영화들이 많이 개봉됐다. 책 읽기에 연계해서 영화 읽기를 해봐도 좋겠다. 한국, 중국, 필리핀 피해자 할머니의 삶을 따라간 티파니 슝 감독의 다큐영화 「어폴로지」(2016)와 원로 배우 나문희를 대종상 여우주연상에 빛나게 해준 영화 「아이캔스피크」(2017)가 떠오른다.

3) 스스로 배우고 함께 나누는 공부

① 역사 콘텐츠 읽기: 『역사 ⓔ』를 활용한 발표 수업

바야흐로 콘텐츠의 시대다. 역사 콘텐츠를 만드는 방송사의 기획에 역사연구자들이나 교육자들도 관심을 가지고 상호 보완해야 하지 않을까? 『역사 ⓔ』는 현재 5권까지 발간됐다. 내가 이 수업을 했을 때는 4권까지의 목차와 관련 인물 또는 사건을 정리한 목록을 유인물로 만들어 나눠주었고, 컴퓨터가 구비된 교실에 책을 넉넉히 구비해놓고 읽고 싶은 내용을 마음대로 읽게 했다.

그리고 읽은 내용을 6개 단락으로 요약한 후 읽지 않은 동료들에게 관련 역사 사실과 현재에 적용해서 시사하는 문제의식 등을 설명해주는 글쓰기를 해보라고 했다. 1차시에 한 편을 충분히 정리할 수 있다. 4차시 4개 주제를 매 차시마다 그렇게 스스로 공부하게 했고 나는 아이들이 읽고 정리한 내용을 확인하고 피드백하는 방식으로 '편하게' 수업을 한다. 그리고 그중 한 편을 골라 관련 영상을 활용하면서 PPT 슬라이드로 요약해 프레젠테이션을 준비하도록 시간을 준다. 이후 진행하는 수업은 하루 4명 정도씩, 스스로 배우고 정리해서 전하고자 하는 메시지를 발표하게 하고, 학급의 아이들은 매일 각각 다른 주제와 관련해 공부한 내용의 발표를 들으면서 다양한 역사적 소재들과 접하고 발표자의 문제의식을 공유하며 배움을 확장시킬 수 있다.

교사는 발표 내용을 칭찬, 격려해주고 필요한 내용을 보완해준다. 자연스럽게 나오는 궁금증과 토의 주제를 가지고 이야기하다 보면 과거 역사적 사실에 접근하면서도 현재적 과제와 연관시키는 질문 그 자체만으로도 과거와 현재를 연계하고 더 좋은 사회를 상상하는 배움이 일어날 수 있다. 스스로 공부한 내용, 전하고자 하는 메시지를 제한된 시간 동안 간명한 텍스트와 이미지로 구조화한 슬라이드로 만들어 프레젠테이션하는 경험 그리고 동료가 공부하고 전하는 메시지를 또

『역사 ⓔ 1』 목차와 내용 예시

1부 어떻게 살 것인가	
어떤 젊음	노블레스 오블리주, 이회영 가문
이상한 밀지	광해군의 실리 외교, 폭군인가 성군인가
말의 길, 언로	조선 통치의 중심 추, 대간, 권력과 언론
만년 후를 기다리는 책	사관의 역할, 『조선왕조실록』
영웅과 역적 사이	일본 사무라이 사야가, 한국에 귀화한 김충선
최고의 교육	할아버지를 통해 깨치는 선비교육, 조선의 격대교육
한류, 믿음을 통하다	임진왜란 이후 조선과 일본의 관계, 조선통신사와 조선스타일
2부 나는 누구인가	
자화상	서민들 삶에 다가간 화가 윤두서
왕의 남자가 되는 법	조선시대 환관, 측근의 정치학
고향으로 돌아온 여인들	전쟁과 여인들의 수난, 사회문제가 된 환향녀
네 개의 단서	안중근 유해 매장 추정지? 안중근 재평가
조선의 이방인, 백정	고기는 좋은데 백정은 싫어! 천민 백정
조선의 시간	조선만의 달력을 만드는 일
보이지 않는 시선	실탄 없는 총, 카메라, 사진 읽기
3부 무엇을 기억할 것인가	
999번째 수요일	일본군 위안부 역사 문제와 수요시위
기억을 기억하라	안네의 일기, 1960년 4·19와 1980년 5월 광주를 기록한 일기
1894년 그날	동학농민혁명군의 승리와 위기
어떤 반란	임금이 한양을 떠나니 백성은 임금을 떠나다, 민심과 권력
승자 없는 전쟁	'전투에서 이겼으나 전쟁에서 졌다', 신미양요
100년 만의 귀환	야스쿠니 신사에서 발견한 북관대첩비, 문화재 환수 운동
폭파 위기의 덕수궁	근현대사 비운의 궁궐, 덕수궁

1

『역사 ⓔ 4』, 「조선의 갑」을 읽고 작성한 활동지

읽은 부분	조선의 갑		학번 이름	이○○
제목	신분제의 등장과 문란 그리고 폐지			

① 양반이 현실 정치에 출현한 것은 과거제가 실시되기 시작한 고려 때부터였다. 과거제로 많은 관료가 충원되자 문무 관료의 분화도 뚜렷해졌고, 관료가 될 수 있는 이들까지도 양반으로 불리게 되었다. 고려시대 양반은 중앙관리가 될 수 있는 이들을 통칭하는 말이었으나, 조선의 양반은 지배계층으로 존재했다.

② 건국 초기 조선에는 법전 등에 명문화된 지배층이 존재하지 않았으나 신분 세습에 따른 차별이 존재했다. 양천제를 근간으로 양인과 천인으로 백성을 나누었고, 양인 사이에는 의무와 권리에 있어서 차별이 없었으며 모두 군역의 의무를 지고 있었고, 누구나 과거를 볼 수 있었다. 하지만 같은 양인이라도 관직에 오른 양반과 일반 상민은 다른 계급으로 인식됐고, 지주제의 발달로 지주와 자작농, 노비 사이에 계급적 편차가 존재하게 되었다.

③ 이러한 상황에서 양반=지배층이라는 관념이 형성되었고, 1429년, 양반 자제와 상민 간의 옷감 사용에 차별을 두는 법규가 등장했다. 15세기 말, 왕실의 국가재정 낭비로 세금이 증가하면서 많은 상민의 몰락이 일어났다. 반면 상층 양인들은 하층 양인들의 경제력을 흡수해 지주로 성장했다. 이 과정에서 상층 양인들이 '사족층'으로서 나라의 인정을 받게 된다. 이후 사족층은 고위 관직을 독점하고, 군역도 면제받는 특권층으로 공인받는다.

④ 조선 후기에는 양반의 많은 특권 때문에 많은 양인들이 양반이 되고자 했다. 납속책과 공명첩 발행을 통해 관직을 얻기도 했으며, 족보 위조를 통해 자신을 양반집 자제로 만들기도 했다. 호적 대장의 직역 기재를 할 때 유학으로 속여서 기재하는 경우도 많았는데, 1850년에는 무려 63.1퍼센트가 유학호로 기재되었다. 조선 후기 신분제 변동은 중인과 서얼 사이에서도 일어났다. 하지만 중앙 정계를 잡고 권력을 독점하던 양반이나 지방 향촌 사회 양반들의 특권은 그대로였다.

⑤ 특권은 누리되 책임은 회피하는 지배 권력으로 군림한 양반은 조선 사회에 많은 문제를 일으켰고, 이에 실학자들은 양반 중심의 신분제를 비판하며 각종 개혁안을 제시했다. 유수원은 인재의 현명함을 중시해야 한다며 사민이 신분으로 세습되는 것이 아니라, 철저하게 자질과 능력을 우선시하여 선택하는 것이어야 한다고 주장했고, 정약용은 양반과 지주 또한 공업, 상업, 농업 등에 종사하며 일하고 살아야 한다고 주장했다. 그는 양반의 특권을 없애고 신분제를 근본적으로 개혁하고자 했다.

⑥ 결국 조선 후기 갑오개혁으로 신분제 철폐가 공식적으로 이뤄졌고, 모든 사람이 평등한 신분을 가지게 되었다. 그럼에도 옛 양반 가문과 옛 노비 가문, 평민 가문 간에 관습적 차별이 존재했다. 이러한 차별은 20세기 초까지도 이어진다. 오늘날에는 신분을 가지고 왈가왈부 하지 않는다. 하지만 지금도 경제력과 학력이 대물림되는 양상이 나타나고 있어 여전히 소수가 권력과 재력을 독점하며 특혜를 세습하고 있다. 조선의 양반이 특권은 누리되 의무는 면제받는 특혜를 누리다가 선 사회에 위기가 찾아왔다는 것은 우리에게도 말하는 바가 크다.

지금도 금수저와 흙수저 등으로 공공연하게 나누는 신분제, 계급사회의 역사를 알아볼 수 있었다. 처음에는 사람에게 차별을 두기 위해 생긴 게 아니지만, 사람의 욕심이란 것이 신분제를 점점 문란하게 만든 것 같다. 지금도 많은 고위직 관료들이 권력 독점을 위해, 정부 예산을 횡령하기 위해 불법적인 일을 저지른다. 마치 15세기 말의 조선과 같은 상황이다. 대다수 국민이 사는 것에 허덕이고 있을 때 몇 되지 않는 사람들이 국민들의 혈세를 낭비하고 있는 현실이 참 안타까웠다. 하루빨리 국민을 진심으로 위하는 사람들이 정부를 운영하는 날이 왔으면 좋겠다.

다른 질문과 토의로 이어지게 해서 배움을 업그레이드하는 공부는 학교에서 경험하는 공부에서 가장 정성을 들여야 하는 부분이라고 생각한다.

② 역사 인물 읽기: 유관순을 넘어선 여성독립운동사 수업

2016년 전국역사교사모임 여름 정기답사는 경북모임에서 주관한 여성독립운동가를 주제로 한 답사였다. 허은, 이효정, 남자현, 가네코 후미코 등을 만나는 매우 인상적인 공부였다. 이때 경북모임에서 얻은 자료를 여성독립운동가 수업에 활용했다. 스토리텔링이 있는 자료집, 만화로 요약한 인물사, 관련 영상 정보 등으로 수업을 진행할 수 있었다. 이것만으로도 나는 충분히 모임에 빚지고 산다 생각한다. 이때 받은 영감을 바탕으로 구상한 여성독립운동가 수업에 든든한 축이 되어줄 책이 없을까 고민했고 좋은 책을 찾았다.

정운현 작가의 『조선의 딸, 총을 들다』였다. 이 책을 통해 아이들은 24인의 여성독립운동가와 만나 대화할 수 있다. 경북의 여성독립운동가 4명에 대한 수업을 마치고, 이 책에서 각자 한 편씩을 읽은 후 『역사 ⓒ』 수업에서처럼 8개 문단으로 요약해보고, 해당 인물을 동료들에게 소개하는 글을 쓰고 발표하는 수업을 진행했다. 자신이 읽고 쓰고 생각해서 발표한 인물만큼은 확실하게 공부가 된다. 그리고 동료들의 발표 내용을 통해 20여 명의 또 다른 여성독립운동가를 접하게 된다.

돌이켜보면 독립운동사를 공부하는 아이들이 가장 어려워한 대목이 다양한 성향과 실적의 독립운동 단체와 관련 인물을 연결시키는 것이었다. 수능에서 물어보기 때문이다. 무미건조한 시험의 대상으로 여겨지지 않기를 바랐다. 가족을 두고 떠나 타향에서 목숨 걸고 적과 싸운 그들, 언제 끝날지 모를 암울한 상황에서도 '우리가 싸우지 않으면 그들은 우리를 두려워하지 않는다'고 생각하며 싸웠던

역사교실·역사에서 배우고 삶으로 가르치는

여성독립운동가 '박차정'에 대한 독서 활동지

읽은 글의 제목 (어떤 인물?)	학번이름
총들고 일본군과 싸우는 '부산의 딸' (박차정)	2230 서현중

어떤 활동을 했나? 어떤 삶을 살았나? (도서 내용 요약 정리 + 검색 자료 활용, 만화도 가능, 손글씨로 정리함)

< 민족의식의 싹튼 '박차정'가 > 박차정의 부친은 신문물에 눈을 뜬 선각자로 신학교 출신. 1910년 경술국치 이후 일제에 반항해 자결. 박차정의 모친은 약산 김원봉과 외사촌 며느리 김두전과 숙모. 항일투사 김두봉과 사촌관계	< 조선소년 동맹에 가입 > (항일의식 싹트다) 기독교계 학교에 다니며 조선어·역사·지리 중점으로 배움. 1919년 3·1운동 때 부산지역 만세 항쟁 전개에 큰 기여. 박차정은 일신여학교의 동맹휴학 주도.
< 근우회 참여 > 1927년 결성된 근우회 참여 → 전국규모 여성운동 민족운동에 나섬 → 민족주의 + 사회주의 단체 → 반제 반봉건운동을 기치로 함	< 박차정의 인문학 모임 > 1929년 7월부터 경남 조사행위동으로 활동 → 출판·선전·교양 담당 → 여기에도 근본사가 피어나 시 수편 많이 발표

< 근우회 사건 >
→ 광주학생 운동에 이어 (서울의 11개 여학교에서
  동조시위 벌인 일.
→ 시위 배후인물로 지목되 체포
→ 여러 취조 과정 중 모진 고문
	< 중국으로의 망명 >
	→ 여러 사건으로 인한 감시 심화 (국내 활동 한계)
	→ 김원봉의 의열단에서 활동하고 있는 오빠
	  박문호의 연락으로 1930년 2월 중국으로 망명
	→ 1931년 3월 의열단장 김원봉과 결혼

< 민족혁명당 이후의 활동 >
→ 이곳 조선혁명군정치 간부학교 교관으로 활동
→ 민족혁명당 남경조선부녀회 결성 (각처 단원으로)
→ 1937년 7월 중일전쟁 발발 후 11월
  조선민족전선연맹 참여 (박차정은 당시 임시정부의
  투사로 파견돼 일제침략루트 라디오 방송건 함)
→ 1938년 10월 조선의용대 결성
	< 총 메고 전투 돕다 >
	→ 조선의용대 부녀복무단 단장으로 활동
	→ 1939년 2월 강소성 곤륜산에서 일본군과의
	  전투에서 총상.
	→ 1944년 5월 27일 중경에서 34살의 나이로 순국

본인이 공부한 인물이 독립 운동사 또는 여성 운동사의 관점에서 어떤 의미가 있는 인물인지, 무엇을 배웠는지, 어떻게 알려지길 바라는지 등 이 분을 모르는 사람들을 위해 친절하게 설명해주세요.

부산 금정구 '만남의 광장'에는 동상이 서있다. 바로 총을 들고 있는 '박차정'의 동상이다.
우리가 많이 모르지만 항일무장독립의 나선 여성독립 운동가는 더러 있었다. 하지만 일본군과
직접 교전을 벌인 여성은 '박차정 뿐이다. 박차정은 민족의식이 강한 집안에서 태어나
어렸을 때 부터 3·1운동, 동맹휴학 운동 등에 참여한다. 또한, 민족주의와 사회주의 사상이
녹아든 근우회에 참여한다. 근우회에서 활동하면서 근우회 사건에 휘말려 고문·감시가 심화되자
오빠가 있는 중국으로 망명한다. 의열단에서 활동하는 오빠가 있어 의열단에서 활동을 시작하고
의열단장 김원봉과 결혼하며 서로 독립운동에 힘쓴다. 박차정은 여러 활동에서 일제 침략루트를
알리고 국민들의 각성과 단결을 호소한다. 더불어 조선의용대 활동에는 총을 들고 직접 싸운다.
하지만 일제하의 교전에서 총상을 입고 부귀증으로 해방을 보지 못하고 순국한다.
이처럼 박차정은 의열단의 부인으로 우리나라의 해방을 위해 일제침략의 부당함을 알리고
동시에 직접 총을 들고 일제와 맞서며 그 누구보다 우리나라를 위해 힘썼다. 이렇게 훌륭한
해방운동에도 불구하고 박차정과 김원봉은 잘 알려지지도 못했고 국가 차원의 유공자로도 추대받지
못했다. 이들의 사회주의 사상과 보는 때문이다. 박차정은 사후 반세기가 지난 후에야 건국훈장독립장이
추서 됐다. 하지만 의열단장 출신으로 '임시정부 군무부장 (오늘날 국방부장관)을 지낸 남편 김원봉은
아직도 서훈 대상에서 제외돼있다. 끈끈한힘으로 일제하의 항일 투쟁 끝까지 더한 국가 차원의 예우이지만
이면의 찬란한 수 없는 활동 끼치고 있다. 이제 대한민국 우리가 생각하고 해결해야할 문제이다.

사람들을 '가슴으로' 외우자고 했다. 양심을 배신한 친일 세력들은 해방 후 다시 부와 명예를 누리고 있기에 그 이름을 기억하게 되는데, 이름을 남기지 못하고 죽어간 수많은 독립운동가는 어쩔 수 없더라도 독립운동을 조직했던 지도자들의 이름 정도만이라도 알아주자고 호소했다.

수능에 나오지 않고 교과서에도 많이 언급되지 않는 이 20여 명 여성독립운동가에 대해서는 그 이름과 사연을 매치시키는 기억력이 중요한 것 같지 않다. '지금까지 이렇게 많은 여성독립운동가들을 모르고 있었다니!', '빼앗긴 조국의 독립을 위해 희생하고 헌신한 분들이 직업과 성별을 가리지 않고 수없이 많았겠구나', '책을 읽으면, 이렇게 공부하면 알게 되는구나!' 이런 것들을 느끼고 배우면 역사수업이 더 풍요로워지지 않을까?

③ 역사 속으로 떠나기 위한 읽기: 문화유적지 도서 읽고 팸플릿 만들기

어른들이 만들어놓은 진로 진학 로드맵에서 수업과 성적이 그다지 중요하게 여겨지지 않는 시기, 고3의 2학기 수업에서 활용했던 방식이다. 문화사, 미술사를 수업의 주제로 가져왔고, 불상이나 탑 같은 불교 조형물, 사찰이나 궁궐, 서원 등의 건축물 등에 대해 사진 슬라이드로 개관하는 수업을 진행하고 나서 유홍준의 『나의 문화유산답사기』, 지역 단위 『답사여행의 길잡이』, 각종 여행 에세이 등 다양한 책을 구비해놓았다. 그리고 모둠을 편성해 관련 도서를 함께 읽고 지자체 홍보 사이트 등을 활용해 더 많은 정보를 수집한 후 모둠별로 함께 여행하는 지역의 해당 유적지에 대해 여행객들이 이해하기 쉽고, 스토리텔링이 있고, 배움이 있는 설명문을 작성해보자고 했다. 여행지의 설명문이 눈에 들어오지 않는 이유에 대한 기억을 떠올려보도록 했다. 그러고 나서 해당 지역의 역사여행 팸플릿을 만들고 답사 계획을 발표해보고 최종적으로는 개인별 가상 여행기를 써보는 수

업이었다.

고3 겨울방학에 또는 대학에 입학하고 나서 어느 때라도 그 여정에 따른 여행을 기획하는 연습이라고 생각하자고 했다. 가장 훌륭한 안내자는 먼저 다녀온 이들의 경험이 담긴 책이었다. 여행기를 같이 읽고, 아이들의 여행 기획을 돕고 칭찬하고 격려해주면 되었기에 고3 2학기 수업에서도 외롭지 않았고, 지치지 않을 수 있었다. 역사수업 시간에 책을 읽고 정보를 검색해 역사여행 계획을 세워보고 관련 유적지에 대해 공부하고 '내가 하는 이야기', '내가 쓴 글'로 다른 이들에게 설명해주기 위해 간략한 설명문을 작성해본 경험 그리고 비록 가상 여행기이긴 하지만 여행 중에 사진만 찍는 게 아니라 글로 기록을 남기는 것에 대한 경험을 소중한 기억으로 가져간다면 아이들은 수많은 여행지에서 보다 품격 있는 여행을 즐길 수 있지 않을까?

가상 여행기(일부: 에필로그)

어두운 과거를 딛고, 미래로

이번 여행 이전까지는 제주도의 지질 구조, 아름다운 자연 만을 감상했을 뿐, '제주도의 역사'에 대해서는 생각하지 않았었다. 하지만 이번에 볼 수 있었던 제주도 각지의 역사 흔적들은 내가 지금까지 제주도 안에 들어 있는 '역사'를 놓친 채, 단지 수박 겉핥기식으로 제주도를 돌아다녔다는 것을 느낄 수 있었다. 이전에 읽었던 유홍준 교수의 책에서 나오듯 '아는 만큼 보인다.'라는 말이 내 처지와도 어울린다고 생각했다. 이전에 지나쳤던 것들을 다시 보니, 단순한 구덩이, 언덕 하나하나에도 제주도가 겪어왔던 역사의 현상을 품고 있었다. 고려 시대부터 현대 시대까지, 제주도는 한국사의 중요한 장면이 되어주었고, 그런 것들에 많은 감명을 받았다. 제주도에서 느낄 수 있던 3일간의 감동을 여행기에 남기고자 한다.

　　몽골과 고려 역사의 파노라마, 제주.(1일)
　　조선의 변방에서 문화를 피웠던 제주. (2일)
　　현대사의 격전지, 제주. (3일)

팸플릿 제작을 위해 작성한 역사유적지 설명문

삼별초 항몽 정신이 깃든 천혜의 요새, 항파두리성	토벌인가 학살인가, 새별오름
항파두리성은 진도를 빼앗긴 삼별초가 원종 17년(1271년)에 제주로 들어와 자리를 잡은 곳이자 2년 후 여몽 연합군에 의해 최후를 맞은 비극의 장소다. 본래 외성과 내성의 2중 구조인데 현재 흙으로 된 외성 일부만 복원돼 있다. 전해지는 말에 따르면 이곳 위에 올라서면 바다가 한눈에 들어왔다고 하며, 성벽 위에 재를 뿌리고 말을 달려 먼지를 일으킴으로써 삼별초 군사가 많은 것처럼 위장했다고도 한다. 외성 밖의 서쪽과 남쪽 계곡은 성의 해자(垓字) 역할을 하는데, '해자'란 성벽에 적이 접근하지 못하도록 만든 인공 연못을 말한다. 항파두리라는 이름의 의미는 아직 정확히 알려진 바가 없다. '항아리의 테두리처럼 둥근 성'이라는 설도 있고, '철옹성의 제주 말'이라는 이야기도 있다. '홍다구 장군이 진압한 성'이라는 해석도 있으나, 진짜 의미는 알려지지 않았다.	새별오름은 말굽형 분화구가 여러 겹쳐 있어봉우리가 5개나 되는 오름이다. 5개의 봉우리가 마치 별과 같아 새별(샛별의 옛말)이라고 불렸다. 그러나 이 일대는 '칼과 방패가 바다를 뒤덮고 간과 뇌가 땅을 가렸다'던 '목호의 난' 당시의 일대 격전장이었다. 원나라가 이미 망한 뒤인 공민왕 23년(1374)년에 있었던 일이다. 명나라는 탐라(당시의 제주)에 있는 원나라의 말 2,000필을 고려에 요구했고, 고려는 이를 집행할 수밖에 없었다. 원나라 목호들이 강하게 저항하자 공민왕은 정예병 2만 5,605명을 최영에게 주며 탐라 공략과 목호 토벌을 명령했고, 최영의 군사가 탐라 상륙에 성공하면서 처절한 전투가 전개됐다. 전투는 어름비, 밝은 오름, 금악오름, 새별오름 방면으로 확대되어 갔고, 이곳에서 밀린 목호 세력은 퇴각을 반복하다 결국 서귀포 앞 범섬에서 최후를 맞는다.

학생들이 만든 팸플릿

4) 역사수업 주제의 꼭지로 삼아 읽기: 책의 일정 부분을 발췌해서 읽기

책 한 권을 오롯이 읽는 것이 좋은 공부 방법인 건 잘 알지만 교과 수업에서 그렇게 하기는 쉽지 않다. 그래서 활용하는 방법이 일부 내용을 발췌해서 읽고 역사수업 주제와 연관시키는 것이다. 국어 교과의 고전 교과서에는 그런 필요에 따라 만들어진 발췌본이 있어 출판사 홈페이지에 들어가 파일을 다운받아 활용하기도 하고, 때로는 무식하게 타이핑을 하기도 한다. 무아지경의 단순 작업이지만 한번 만들어놓은 파일은 또 활용할 수 있을 것이라 확신한다. 타이핑 실수로 자연스럽게 발생하는 오탈자가 아이들에게 인간적인 매력으로 다가가길 바라는 마음도 갖는다.

① 『역사란 무엇인가』 1장, 2장

영화 「변호인」에서 국가보안법 법정에 선 진우가 불온서적으로 분류되었던 책 『역사란 무엇인가』와 저자 카(E. H. Carr)를 통쾌하게 변론해주는 장면을 보여주고 이 책을 읽어보자고 한다. 사학과 학생들이 대학에 입학해서 제일 처음 수강하는 과목이 역사학개론인데, 그 교재가 이 책이라고 말해준다. 기껏해야 30년 전, 군부독재 시절의 재판정에서 법의 심판의 대상이 되었던 책인데, 역사철학 고전 중의 고전이라니, 그중 일부만이라도 읽어보자고 한다. 아이들의 의욕이 충만해진다. 모진 고문을 당하고 법정에 선 진우와 이 책이 금서일 이유가 없다고 항변한 데 대한 격한 공감이 이미 만들어졌기 때문이다. '1장 역사가와 사실', '2장 사회와 개인'의 발췌본을 유인물로 인쇄해 나눠주고 한 사람이 한 단락씩 소리 내어 함께 읽어가면서 스스로에게 역사란 무엇인가를 질문하게 한다. 단락과 단락 사이에서 랑케와 크로체는 어떻게 역사를 정의했는지, 『삼국사기』와 『삼국유사』는 왜 다른 책이 됐는지, 일본과 독일의 역사교육은 어떻게 다른지, 해프닝이 되었지

만 2015~2016년의 국정교과서 파동이 우리 현대사의 아픈 역사가 된 이야기로 이어진다.

그리고 역사란 무엇인가, 역사를 왜 배우는가 하는 문제가 1년 동안 우리 역사수업의 길고 오랜 화두가 되었으면 좋겠다고 당부한다.

②『오래된 미래: 라다크로부터 배우다』 4장, 14장, 16장

'과학적 진보에 대한 맹목적 믿음'을 경계하고 공존과 균형, 자율과 책임의 가치가 실현되는 미래를 상상하고 실천해야 함을 시사하는 책이다. 특히 역사수업에 적용해보면서 과거와 전통은 극복해야 할 대상만이 아니라 대안적인 미래를 상상하는 대상이 될 수도 있다는 점을 착안하게 되었고 과학고에 근무하는 내 관심사와 연계해서는 과학연구자로 성장하는 아이들에게 과학윤리와 과학의 사회적 책임에 대해 성찰할 수 있는 토론거리, 질문거리 들을 많이 제시할 수 있는 책이기도 하다. '1부 전통에 관하여' 중 '4장 더불어 살아가는 사람들', '2부 변화에 관하여' 중 '14장 분열된 공동체', '3부 미래를 향하여' 중 '16장 개발계획의 함정'을 소리 내어 함께 읽고 질문과 토론으로 이어지는 수업을 해보았다. 그리고 저자가 전하는 메시지가 무엇인지에 대한 자신의 견해를 우리 역사의 사례를 들어 논술하라는 과제를 내주었다.

3학년 학생의 글

우리가 가야 할 미래, 조화로운 개발

… 과학기술을 개발함에 있어서, 윤리의식과 가치관의 결여는 더욱 치명적일 수 있다. 산업형 농경의 논리가 확산되면서 생명공학을 활용해 생명현상들을 조작한 결과 자연의 표준화와 획일화가 나타났고 취약성이 증대되었다. 이러한 과정들이 인류의 복지가 아닌 상업적 이익을 위해 이루어졌기 때문에 자연계에는 광범위하게 악영향이 퍼져나갔다. 생태계와의 연관성을 고려하지 않고 단기간의 이익을 위해 합성종을 개발한 결과 생명 다양성은 침식되었고 생물학적 상호보완성의 연결고리가 끊겨버렸다. 또한 이 문제들을 해결하기 위해 또다시 과학기술을 통한 근시안적 해결 방안을 제시하면서 상황은 점점 악화되며 한계치에 다다르고 있다.

이제는 경제개발 과정에서 잃어버린 윤리와 가치관을 되찾아야만 한다. 라다크의 사회에서 볼 수 있듯이 윤리의식이 뒷받침되지 않는, 그저 물질적인 이익만을 위한 개발은 절대로 성공적일 수 없다. 혹 성공한 것처럼 보일지라도 사회의 한구석은 이미 썩어 들어가고 있을 것이다.

아름다운 고유의 문화와 삶의 방식을 지니고 있던 라다크 사회가 현대화와 세계화의 물결 속에서 사라져버린 건 너무나도 안타까운 일이다. 그러나 이제는 라다크의 모습을 통해 우리 세계가 지향해야 할 경제개발의 모습을 찾아야 한다. 각 지역의 전통과 문화, 특색을 살리면서 현대적인 기술과 문물을 결합시켜 고유의 발달된 사회를 만들어야 한다. 또한 인류와 자연을 모두 생각하며 공존과 관용의 윤리의식을 바탕으로 적절한 개발을 해나가야 한다.

『오래된 미래』라는 제목은 우리가 나아가야 할 미래를 오래전의 삶 속에서 찾아야 함을 의미한다. 즉, 과거와 미래가 조화를 이뤄야 함을 말하고 있다. 결론적으로 저자가 우리에게 전하고자 하는 메시지는 모든 것들이 알맞게 조화를 이루는 개발이 필요하다는 것이다. 위에서 주장해오던 바와 같이 전통과 현대의 조화, 윤리와 개발의 조화가 이루어질 때 비로소 세상은 아름다운 방향으로 발전해나갈 수 있을 것이다.

5) 단행본 통으로 읽기: 학급 전체가 같은 책 읽기

단행본 역사책 읽기는 역사적 사건 또는 인물에 대한 저자의 역사적 성찰을 읽는 과정이고, 역사적 감수성을 배우는 가장 훌륭한 공부 방법이라고 할 수 있다. 한 학기에 한 권씩, 1년에 2권의 역사책을 '제대로' 읽는다는 데 의미를 부여했다.

●『시인 동주』

학년 전체가 같은 책을 읽는 경험을 공유했다. 한국인이 가장 사랑하는 시인 윤동주와 윤동주가 살던 시대, 친구들, 윤동주를 기억하는 사람들에 대한 이야기를 담은 책 『시인 동주』를 읽고 이 시대를 보다 온전히 이해할 수 있기를 기대했고, 비록 다른 시대를 살고 있지만 윤동주에 감정이입해보고 윤동주의 시를 한 편이라도 여러 번 곱씹어 읽어보며 그 시가 쓰인 상황과 윤동주의 심경을 가슴으로 이해하면서 '어떻게 살 것인가?'를 질문할 수 있는 기회가 되기를 바랐다.

책을 읽고 나서 각자 배우고 느낀 소감을 정리해보고 토론을 위한 발제문을 써보는 것이 좋은 공부가 된다. 발제문의 핵심은 같은 책을 읽은 동료들과 함께 이야기해보기 위해 나의 삶이나 현재의 세상과 연관 지어 토론 주제를 뽑는 것이다.

이 과정에서 학생들은 또 한 번 책을 뒤적이게 된다. 『시인 동주』의 경우에는 인상 깊은 장면에서 나오는 윤동주의 시 가운데 한 편을 적어보고 윤동주가 그 시를 쓴 시점의 역사적 상황, 윤동주의 처지와 심경 등을 정리한 후 함께 토의하고 싶은 주제를 기재하도록 했다.

과제로 완성해온 발제문을 공유하면서 모둠별로 토의하고 발표 준비하고 발표하는 과정으로 수업이 진행되는데, 삶의 경험과 독서 방식, 수준에 따라 같은 책을 각자 다르게 읽어내고, 책을 이해하고 해석하는 방식에 따라 이야기 나누고 싶은 주제들이 다양하게 나온다는 사실을 알게 된다. 그래서 본인이 미처 생각해보지 못한 주제를 접하기도 하고, 각자 내놓은 토의 주제 중 모둠의 공통 토의 주제를 정하는 과정에서는 특정 주제가 참신한 토의 주제로 선정되기도 하고 몇 개의 토의 주제가 통합되어 새로운 주제가 만들어지기도 한다. 그리고 모둠별 발표를 통해 더 많은 주제를 접하게 되면서 학생들은 독서 수준이 깊어지고 집단지성으로 배움을 확장해가는 과정을 몸으로 느낀다.

이 책으로는 수업에 그치지 않고 '몸으로 배우는 활동'으로 영역을 확장시켜 보기도 했다. 바로 지역의 역사교사모임 선생님들과 함께 기획하여 진행한 '2016 의정부역사모임 주관 사제합동 독서토론' 행사(2016. 07. 21.~07. 23.)였다. 의정부의 중고생들과 사제 합동으로 『시인 동주』에 대한 독서 토론회를 벌이고, 저자인 안소영 작가의 강의를 듣고, 책에 나온 윤동주의 사색의 산책길이었던 모교 연세대학교와 관련 사적지를 답사하는 활동으로 구성됐으니 '도서를 매개로 한 3일간의 사제동행'이라고 할 수 있을 것이다. 각 학교에 근무하는 역사교사들이 자신의 학교에서 『시인 동주』를 읽도록 지도한 후, 해당 학생들이 모여 지역 단위로 함께 윤동주를 고민하고 대화하는 여정이었다. 교사도 학생도 충만한 경험을 공유할 수 있는 시간이었다. 특히 3일 차 답사에서는 윤동주와 비슷한 나이에 민주화운동에서 희생된 대학생 이한열과 연계하여 연세대학교 안의 이한열 추모비와 신촌 이한열기념관에 다녀오기도 했다.

2016 의정부역사모임 주관 사제합동 독서토론 일정

일차	1일 차	2일 차	3일 차
활동 내용	사제 합동 독서토론: 모둠별 토론, 서로 소감 나누기, 작가 강연회 질문 정리	안소영 작가 강연: 『시인 동주』라는 책 그리고 역사인물 윤동주에 대한 강연, 작가와의 대화	답사: 연세대학교 윤동주 시비, 윤동주 기념관, 이한열 추모비, 이한열기념관 등

6) 소통하며 읽기: 모둠별로 같은 책을 읽고 친구들에게 읽은 책 소개하기

같은 책을 함께 읽는 경험을 해본 아이들에게 다양한 도서를 소개해주고 모둠별로 같은 책을 읽는 과정을 수업으로 기획했다. 아이들이 책을 읽고 발제문을 작성해 교과 홈페이지에 게시하면 교사가 모둠 인원수만큼 출력해가는 것으로 수업을 준비한다.

2016년 수업에서 우리 학교 아이들이 선택해서 읽은 책은 『1945, 철원』, 『그 여름의 서울』, 『그 많던 싱아는 누가 다 먹었을까』, 『1945 히로시마』, 『1923 경성을 뒤흔든 사람들』, 『경성 트로이카』, 『1968년 2월 12일』, 『소년이 온다』, 『갑신년의 세 친구』 등이다. 2017년 의정부역사교사모임에서 주관한 사제합동 독서토론회에서 읽은 『식민지 청년 이봉창의 고백』도 알맞은 도서다. 다양한 역사적 질문들을 만들어냈고 그 문제 제기의 과정 자체가 과거와 현재가 연대하게 하는 역사공부임을 경험했다. 내가 읽고, 또 우리가 읽은 책, 그 과정에서 생긴 질문과 고민들을 설명하는 일이 쉽지 않았고 내가 읽지 않은 책과 그 책에서 다루는 역사적 사실과 논의 들에 몰입해 경청하는 일도 쉽지 않았다. 그 책과 관련된 역사적 사실, 저자의 역사 해석, 모둠 독서 토론을 통해 과거를 현재와 연관시켜보는 문제

발제문 예시

책 제목	지은이	발제문 작성자
『1923 경성을 뒤흔든 사람들』	김동진	이○○

요약 및 감상	의열단, 경성의 심장을 쏘다! 한계 상황 속에서 자신이 진정으로 추구하는 바를 꿋꿋이 진행해가는 일은, 그것이 무엇이라도 굉장히 힘든 일임이 틀림없다. 일제강점기, 인권이 심각하게 탄압받고 모든 자유가 박탈당한 우리 민족을 위해 용감하게 저항한 단체가 있다. 그들은 철저하게 무장한 군대도 아니며, 극소수만이 활동했기에, 일제에 저항하기 위해 식민 통치의 핵심 기관에 타격을 입히는 방법을 택했다. 언젠가 영화 「암살」에서 보았던, 실존 인물 남자현 열사를 모델로 한 '안옥윤'의 대사가 책을 읽는 내내 귓가를 맴도는 듯했다. "바로 독립으로 이어지지 않는 일을 왜 굳이 하느냐고? 그들에게 보여줘야지, 우린 아직 포기하지 않았다고." 의열단 '김상옥'은 자신의 거사를 위해 가족과 친구들이 희생당하기도 하는 매우 안타까운 상황을 지켜보면서도, 절대 자신의 의지를 굽히지 않고 결국 단신으로 수많은 일제 식민 경찰들과 총격전을 벌이다 숨지고 만다. 요즈음 CG가 들어간 자극적인 액션 장르를 다루는 매체가 워낙 많지 않은가. 대중의 역사소설이라는 점에 발맞춰 쓰인 책이라 매우 즐겁게 읽었다. 하지만 돌이켜 봤을 때, 가장 인상적이었던 부분은 주인공 김상옥뿐만 아니라 주변 인물들의 인내심과 꺾이지 않은 의지였다. 궁금한 점이 없잖아 있지만 검색조차 꺼려지는 당시 일제 경찰들의 '모진 고문'을 견뎌내고, 동료의 비밀을 끝까지 지켜내고자 한 점이 가장 존경스럽고도 충격적으로 다가왔다. 초등학생 시절, 학교 선생님에게서 한국 근현대사는 배울수록 분노스러울 것이라는 말을 들은 적이 있다. 정말, 일제강점기에 대한 내용은 배우면 배울수록 당시 우리 민족의 고통과 치욕을 느끼는 듯해서 견딜 수가 없다. 동일한 방식으로 되돌려주는 일이 절대 있어서는 안 되겠지만, 적어도 앞으로 다시는 그런 일이 없도록 나라의 국력을 키우는 데 일몫하겠다는 마음을 가지게 되었다.
함께 생각 해볼 문제	일본은 지금까지도 의열단 활동을 테러 행위라고 주장하지만 그렇지 않은 근거를 들어보고 싶다. 더불어 민족의 독립을 위해 의열단과 비슷한 활동을 전개한 다른 식민지 국가의 사례를 알고 싶고, 실제 민족 독립에 어떤 영향을 끼칠 수 있을지 생각해보고자 한다.

제기가 모둠별로 다르다는 데서 매우 역동적인 수업이 될 수 있다.

프레젠테이션 자료를 만드는 슬라이드에 들어갈 내용은 ① 책 속에서 다루는 역사적 사실, 소설인 경우 줄거리 또는 인물 군상 요약, ② 모둠원들이 뽑은 인상 깊은 문장이나 대사, ③ 저자가 언제 어디서 어떤 상황 속에서 이 책을 썼을지, 전하고 싶은 메시지는 무엇이었을지, ④ 모둠의 토론 주제와 토론 과정에서 해당 주제를 정하게 된 이유, 친구들의 이야기 요약, 토론 후 느낀 점, ⑤ 이 책을 한 문장으로 표현해보기, ⑥ 이 책을 권하는 이유를 카피로 작성해보기 등이다. 교사가 PPT에 들어갈 내용을 정해주면 발표 내용이 경직되지 않을까 걱정했는데 한편으로는 책을 어떤 방향으로 읽을지 안내해주는 역할도 필요할 것 같았다. 모둠원들이 같이 읽고 토론했던 책이 역사공부에 의미 있는 도움을 주었는지, 역사적 사실을 매개로 한 저자의 메시지가 현재 우리 삶을 성찰하는 데 어떤 지점에서 의미가 있는지 등에 대한 토론이 이어졌다.

PPT 자료를 만들기 위해 아이들은 책을 다시 들여다보았다. 인터넷 자료를 검색해 관련된 역사적 사실을 공부했고, 저자의 다른 저작들도 찾아봤다. 책을 읽지 않은 다른 모둠 친구들에게 자기가 읽은 책을 소개하기 위해 상징적인 이미지와 간명한 텍스트 구성을 고심했고, 적절한 아이디어로 슬라이드 한 장을 완성하고 나면 탄성을 지르기도 했다. 그리고 자기는 여러 번 읽은 내용을 짧은 시간에 전달하기 위해, 토론 과정에서 의견이 엇갈리기도 했던 주제를 쉽게 설명하기 위해 대본을 작성하고 연습을 하기도 했다. 발표가 끝나면 다른 모둠 친구들이 조언하거나 격려하는 방식으로 소감을 말하게 하니 발표하는 책과 역사적 사실을 함께 생각하고 공유하는 시간이 되었다.

최종적으로는 A4 3쪽 분량의 개인별 서평 쓰기로 독서수업을 마무리하고자 했다. 책을 읽고 토론하고, 책을 읽지 않은 친구들에게 관련된 사실이나 토론 과정 등을 설명해주었던 경험으로 학생들은 서평 쓰기를 수월하게 해나갔다. 평생 공부의 기본기를 기르는 것, 독서를 통한 인문학적 성찰의 힘을 배우는 것이 역사 시간에 역사책 읽기 수업의 목표이자 효과다. 글쓰기(서평 쓰기)는 독서와 토론을 통한 배움을 총체적으로 정리하는 과정이라고 할 수 있다. 역사책 읽기를 통해 책(책 속의 여러 인물들, 그 책을 저술한 저자)과 대화하고, 같은 책을 읽은 친구들과 대화하고, 책에서 다룬 역사적 사실이나 역사적 쟁점들에 대해 고민하고 성찰하면서 내가 했던 질문들과 대화하는 공부를 할 수 있도록 돕고 싶었다. 서평의 마지막에 수업후기를 작성하도록 했는데, 이 수업의 의미를 잘 알고 배운 아이들에게 고마운 마음이 들었다.

『1945 히로시마』를 읽은 학생들의 발표 자료(책 소개)

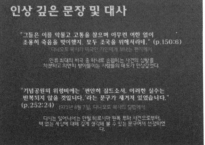

『소년이 온다』를 읽은 학생들의 발표 자료(모둠 토론 소감)

우리 모둠의 토론 후 소감	우리 모둠의 토론 후 소감
- 모든 군인과 경찰이 명령에 복종하여 사람들을 학살한 것은 아니다. - 군부는 군인들 및 경찰들을 명령 하에 두고, 다른 지역의 사람들로부터 의심받지 않기 위해 광주 민주화 운동에 대한 정보를 왜곡하고, 전달하였다. '광주시'를 '광주 섬'으로 만든 것이다. - 나라를 지킨다고 생각해 자부심을 가졌던 군인 역시 실상을 알게 되고 PTSD(외상 후 스트레스 장애)와 같은 정신적 후유증을 가지고 있다. - 군인과 경찰을 무턱대고 가해자로 두고 비난할 수도, 피해자라고 불쌍히 여겨주기도 힘들다.	- 5월 광주 민주화 운동에 대해서 얼마나 많은 사람들이 죽어갔고 또 얼마나 많은 사람들이 싸워왔는 지를 우리는 기억해야 한다. - 그 때 희생당한 분들, 우리나라를 위해 싸운 분들을 한 번이라도 진심으로 생각한다면 '이제 그만하자'는 말을 할 수 없을 것이다. '이제 그만이란 없고, 영원히 기억하자'인 사람이 있을 뿐이다. - 그 때 당시 스스로를 영웅이라 여겼을 군인들에게 역시 큰 책임이 있다. 하지만, 그들에게만 책임이 있는 것이 아님을 알아두자. 또한 '권력'이 그릇되게 사용되면 그렇게 무서운 일이 일어남을 명심하자.

『시인 동주』 독서 수업후기 인용글

솔직히 말해, 태어나서 한 인물에 대해 이렇게 오랜 시간 동안 고민해본 적은 처음이다. 하지만 지난 세 달 남짓한 기간 동안, 시인, 윤동주는 나에게 많은 위로를 해주었고 힘을 주고, 버팀목이 되어주었다. 이번 한국사 수업은 책을 읽는다는 것이 '문화재 발굴' 같은 재미가 있다는 것을 알려주었다. 지금까지 나는 항상 책을 읽을 때 홀로 즐기며 읽어왔다. 하지만 이렇게 수업 시간에 책을 읽고 많은 친구와 느낌과 감정을 공유하고, 토론을 하니 내가 미처 깨닫지 못했던 책 속에 숨어 있는 많은 사실을 발견해낼 수 있었고 다른 관점에서 문제를 바라볼 수 있었으며 이를 통해 역사적 사실, 인물의 심경에 대한 또 다른 해석을 할 수 있는 게 무척이나 신기했다. 책을 통해 윤동주는 이제 나에게도 '내가 가장 사랑하는 시인'이 되었다. 이렇게 멋진 시인을 알려주신 선생님께 감사할 뿐이다. '한 점 부끄럼 없이'. 오늘도 나는 그렇게 살아가야겠다.

「1945, 철원」 독서 수업후기 인용글

선생님께서 2학기에 한 번 더 독서토론을 한다고 하셨을 때 정말로 좋았고 행복했다. 『시인 동주』에 대한 독서토론을 이미 해봤으니 수월할 것 같아 좋기도 했지만 무엇보다도 성장소설을 읽는다는 데 큰 매력을 느꼈다. 나는 많은 소설 종류 중 추리소설과 성장소설을 좋아한다. 성장소설에는 나와 비슷한 또래 아이들이 등장하지만 각자 다른 인생을 삶으로써 내게 많은 깨달음과 생각을 남겨준다. 작가가 성장소설에 등장시키는 인물들은 대부분 나보다 더 성숙한 생각을 가지고 있기 때문이다. 『1945, 철원』에도 내 또래 아이들이 나오기 때문에 작가가 전해주고자 하는 메시지를 쉽게 전달받았던 것 같다. 또 책을 읽고 끝낸 것이 아니라 같은 책을 읽은 친구들이 느낀 메시지도 같이 공유하면서 여러 메시지를 전달받았다. 더불어 최종적으로 반 내에서 선택한 여러 책들의 작가들이 전하고 싶었던 메시지를 PPT 발표를 통해 들으며 생각의 폭을 넓힐 수 있었다. 『시인 동주』 때보다 더 많은 것을 배웠던 것 같다.

3. 맺음말: 민주시민을 키우는 역사교육

매해마다 새로운 아이들을 만난다. 또 각 교실마다 다른 모양새로 흘러갈 수도 있는 게 수업이다. 교실에서의 수업을 아이들이 만들어갈 수 있도록 돕는 방식으로 바꾸라 하고, 민주적 의사소통을 통해 민주시민교육을 내면화하는 수업으로 만들어가라 하는데, 지난 시절 획일적 권위주의 교육 시대에 이 엘리트 집단에 진입한 교사들에게 아이들과 눈높이를 맞추고 대화하는 것이 익숙하지는 않다. 익숙해지기까지 좀 기다려주면 좋겠는데, 혁신교육도 교사를 다그치기만 하면서 평가 잣대를 들이밀고 주눅 들게 한다. 교사 마음에 여유가 있고, 미래 세대와의 만남을 교사 자신이 희망으로 느껴야 수업을 바꿀 수 있고 교육을 혁신할 수 있다.

느리더라도 오래가는 공부를 하게 하자. 지치지 않고 평생 배우는 공부를 하게 하자. 독서를 통한 역사수업은 바로 그런 공부라고 생각된다. 교육과정도 교재도 교사도 교실도 완전할 수 없다는 것을 인정하는 것에서부터 시작하자. 스스로 내공을 키우는 수밖에 없다. 교사의 수업 준비는 매해, 매 교실마다 새롭게, 치밀하게 이루어져야 할 것이다. 그러나 실제 교실에서의 교사는 아이들이 배움의 끈을 놓지 않으면서 역사를 소재로 텍스트와 동료와 자기 자신과 대화할 수 있도록 느슨하게 도와주면 어떨까? 역동적인 교실 현장에서 어떤 질문과 논의가 오갈지, 갈등을 조정하고 배움에 도약을 주기 위해 어느 순간 개입할지 긴장하지 않을 수 없으니 역사적 사실을 하나도 빼놓지 않고 가르친다는 강박에서 해방되어야 하지 않을까? 역사를 소재로 과거에 공감하고 현재를 성찰하고 미래를 상상하는 공부, 역사적 감수성을 키우는 공부, 배려하고 협력해서 더 좋은 사회를 만들어가는 지혜를 배우는 공부가 되었으면 좋겠다.

이제 학교와 교실 수업에 대한 고민은 '아이들에게 무엇을 가르칠까'에서 '아이들과 어떤 이야기를 나눌까'로 바뀌어야 할 것 같다. 학교는 평생 하게 될 공부의 즐거움을 배우는 곳이고, 배움과 가르침에는 경계도 없다. 신영복 선생님이 모든 이가 스승이고 모든 곳이 학교라고 했던 것처럼 평생학습 사회는 누구나 교사가 될 수 있는 사회가 아닐까? 그러니 누구라도 교사로 생각하고 존중하고 존경하는 관계가 만들어져야 하지 않을까? 느리더라도 오래가는 공부, 혼자보다는 함께하면서 더 깊어지는 공부, 책 읽기야말로 공부의 기본기를 만들어준다는 것 그리고 교사는 학생 스스로가 공부의 객체이고 소비자가 아니라 공부의 주체이고 생산자임을 깨닫도록 도와주는 역할을 해야 한다는 생각으로 수업을 고민해야 하겠다.

Ⅴ. 살아 있는 역사수업을 위한 대안 모색

전국 각지의 다양한 학교 급 교사들이 모여서 배움, 가치지향, 논쟁, 융합, 계열화 등을 주제로 삼아 저마다의 생각과 꿈을 이야기하고, 함께 고민하고 더불어 실천하려는 마음가짐을 다지고자 한다.

+ 좌담회: 수업의 변화를 꿈꾸는 역사교사들의 수다

강태원, 김민정, 문순창, 박래훈, 백옥진, 윤종배, 장성예, 정미란

수업의 변화를 꿈꾸는
역사교사들의 수다

− 역사교사, 수업을 말하다

왼쪽 위부터 시계 방향으로 김민정, 윤종배, 박래훈, 정미란, 장성예, 강태원, 백옥진, 문순창

- 일시: 2018. 1. 17. 15:00~18:00
- 장소: 전국역사교사모임 사무실
- 참석자: (사회) 윤종배

　　　　　(패널) 강태원, 백옥진, 정미란, 박래훈, 장성예

　　　　　(서기) 김민정, 문순창

1. 좌담회를 열며

윤종배 좌담회에 참석하신 패널 선생님들, 반갑습니다. 전국역사교사모임(이하 모임) 창립 30주년을 맞아 모임에서는 역사수업의 의미 있는 변화들을 정리해 책자로 펴내고자 합니다. 오늘 좌담회는 그 책의 마지막을 장식할 예정입니다. 패널 선생님들의 수업 고민과 포부를 생생한 구어체로 담아 독자들께 지혜와 경험을 나누었으면 합니다. 대화를 나누기 전에 서로 자기소개를 하도록 하지요. 저는 사회를 맡은 서울 중평중학교 윤종배입니다. 저는 역사수업에서 교사의 가르침과 학생의 배움을 함께 살려내는 일을 궁리하며 지내고 있습니다.

장성예 저는 대전 전민고등학교에서 근무하는 4년 차 교사 장성예라고 합니다. 저는 2년 전부터 '거꾸로수업'을 하면서 한국사를 열심히 가르쳤어요. 작년에 동아시아사를 맡게 됐는데 과목 자체가 가치 지향적인 면이 있어서 거꾸로수업만 하지 않고 학습지를 따로 제작해 활용하고 있어요. 인권, 평화의 가치를 의식하면서 읽고 말하고 쓰는 수업을 하고요. 거꾸로수업으로 시작했지만 제가 지향하는 바는 학생 참여 중심의 역사수업이라 생각하고 노력하는 중입니다.

정미란 저는 서울 초당초등학교의 18년 차 교사 정미란입니다. 저는 아이들이 어떻게 생각하는지를 묻고 답변하고 발문하고 또다시 답변하는 식으로 이야기를 나누며 수업을 하는 편이에요. 아이들이 그 시대나 사건, 인물에 대해 상상해보게 하고 낯설게 생각해 보게 해보면서 역사를 흥미롭게 느끼는 데 초점을 맞춰 수업을 해온 편입니다. 오늘 서로 이야기를 나누며 많이 배웠으면 좋겠네요.

백옥진 저는 파주 해솔중학교에 있는 18년 차 교사 백옥진입니다. 아까 '4년 차 교사'가 인사하셨는데, 참 부럽네요(웃음). 저의 초창기 수업은 내공 있는 선생님들을 따라 하며 이것저것 해보는 식이었어요. 그러다가 혁신학교로 가서 융합수업, 교육과정 재구성 등을 시도하는 수업을 하고 있습니다. 제가 고민을 많이 할 때는 수업에 참여하는 학생들도 결과물을 잘 내는데, 일에 치여 제가 준비를 못하면 결과물도 딱 그 수준이더라고요. '교육은 교사의 질을 넘지 못한다'는 말을 요즘 많이 느끼죠. 오늘 좌담회를 통해 다시 수업 고민을 해야 하지 않을까 생각합니다.

박래훈 순천 별량중학교에 근무하는 13년 차 교사 박래훈입니다. 저는 가끔 역사교사로서 정체성의 혼란을 느껴요. 지역의 특성상 작은 학교다 보니 사회와 역사를 같이 가르치고 있거든요. 문득 '내가 사회교사인가 역사교사인가', '설마 내가 사회가 더 좋은가'. (일동 웃음) 무엇보다 제 수업에는 일관된 흐름이 잘 안 보입니다. 그 와중에 혁신학교에 근무하게 되면서 배움 중심 수업에 대해 다양한 경험을 했습니다. '수업 하이에나'라고 할까요(웃음). 그럼에도 줄곧 지니고 있는 문제의식은 역사 교과만이 가지고 있는 내용으로 아이들과 나눌 수 있는 것은 무엇인가 하는 것입니다.

강태원 저는 대구여자고등학교에 있는 33년 차 교사 강태원입니다. 대구의 강남 1번지라 할 정도로 학력 수준이 높고 입시에 대한 관심이 매우 많은 곳이죠. 예전 학교에서는 아이들이 강의를 10분만 해도 다 잤거든요. 그래서 제가 토론식 수업, 배움의 공동체, 거꾸로수업 등 수업 방법을 다양하게 하려고 노력했는데, 대구여고는 강의만 해도 잘 먹히는 학교입니다. 50분 강의를 해도 다 잘 듣고 학습지 검사를 하면 거의 다 잘 정리되어 있어요. 그 바람에 이 학교에 와서 수업에 대한 고민이 적어져 저로서는 오히려 고민입니다.

2. 어떻게 배움을 도모할 수 있을까?

윤종배 말씀 나누다 보니까 연차도 다양하고 지역도 다양하지만, 모두가 더 나은 역사수업을 꿈꾸고 계시네요. 선생님들의 실천이 오롯이 담긴 고견을 기대하겠습니다. 오늘 좌담회의 첫 번째 주제는 '배움 중심 수업'입니다. 2009년부터 혁신학교와 더불어 배움 중심 수업이 많이 확산되고 있습니다. 그런데 역사과목에서는 배움의 취지에 공감하지만, 이를 실천하는 과정에서 고민이 많은 편입니다. 현재 혁신학교에 재직하면서 배움 중심 수업을 하고 계신 백옥진 선생님께서 먼저 말씀해주시면 좋겠네요.

백옥진 제가 가장 고민했던 건 수업 내용을 줄여야 하는데, 줄이다 보니 배움의 기회를 마련하기가 쉽지 않다는 딜레마였습니다. 기본적인 사실을 가르치면서 아이들을 배움으로 이끄는 '점프과제'를 만들어내는 게 너무 힘들더라고요. 또 '과연 이게 점프과제인가, 그전에 했던 형성평가인가?', '이 점프과제를 하면 정말로 사고의 폭이 넓어지고 역사적 사고력이 생기는 건가?' 확신이 잘 서지 않아요. 역사과의 특성이 애매해지는 것도 더러 있었죠. 삼국의 전성기를 수업하면서 '과연 광개토대왕이 훌륭한 왕인가?', '영토 넓힌 왕이 훌륭한 왕인가?', '그럼 우리의 지도자는 어떤 덕목을 가져야 하는가?' 이런 주제로 점프과제를 냈을 때, 이것이 사회 수업인가, 도덕 수업인가 싶은 거예요. 점프과제를 통해 아이들이 자기 이야기를 하는 건 참 좋지만 과연 중학교 2학년 학생들한테 역사교사가 할 수 있는 방법이 이것밖에 없는가 하는 고민을 많이 했던 것 같아요. 혁신학교에 계시는 박래훈 선생님의 수업은 어떤가요?

박래훈 저도 당연히 배움의 공동체로 시작을 했는데, 하다 보니 점프과제에 대한 의문이 생기는 거예요. 내용보다 점프과제가 중시돼야 하는가, 강의를 통해 역사에 대한 새로운 사실을 깨닫고 영감을 받는 건 점프가 아닌가 싶었어요. 내용에 대한 이해가 부족하면, 아이들이 창의적인 해석을 하기도 하지만, 비역사적인 결론을 도출해내는 경우도 많더라고요. 배움 중심 수업도 중요하지만, 역사교과의 본질에 맞는 수업 고민도 필요하다는 생각이 들었습니다.

더욱이 배움을 강조하다 보니 마치 '가르침'은 나쁜 것인 양 이야기되는 분위기예요. 역사수업에서는 내러티브가 중요한 요소잖아요? 그 내러티브를 살리기 위한 강의를 했을 때, 저 스스로 죄책감을 느껴야 하는 것도 아쉬웠어요. 그래서 저는 주제에 따라서는 강의식 수업도 하고, 한 시간 내내 사료 놓고 탐구만 하기도 하면서 수업을 꾸려나가고 있습니다.

윤종배 어떤 수업 방식도 그것 하나로 모든 문제가 해결되지 않지요. 교조적으로 따르고, 강박으로 느끼면서 부작용이 생기는 것 같습니다. 저는 이 고민을 어떻게 정리했느냐 하면, 배움은 가장 중요한 수업의 국면이며, 우리 수업의 종착점이다. 하지만 배움이 일어나려면 교사가 '잘 가르쳐서' 안내해줘야 된다. 발문을 적절히 던지고 과제도 눈높이에 맞게 제시해서 활동으로 이끌어야 한다 이렇게요.

정미란 학생의 배움이라는 문제의식은 오래전부터 있었는데, 근래 다시 운위되면서 수업에 대한 관점을 변화시키는 미덕을 발휘했다고 봐요. 학생들을 고려해 수업해야 된다는 건 누구나 다 아는데, 그걸 쉽게 망각하고 가르치는 일에만 집중해왔던 게 사실이잖아요. 더욱이 배움 중심 수업은 관계를 중시했다는 점에서 의미가 있어요. 학생에게 배움이 일어나는 게 학생 혼자서는 가능하지 않다, 그걸 도와주는 주체는 교사이므로 교사가 기획을 잘해야 가능하다는 이야기가 되거든요. 그게 교사와 학생의 관계로만 가능하지 않고 학생들 사이 관계도 주목해야 하는데, 이 관계를 잘 풀어나가려면 교사의 노력이 상당히 필요하다는 거죠. 이 일이 혼자서는 가능하지 않으니까 교사도 동료와 함께 머리를 맞대야 하고, 이때 또 관계가 필요한 거예요.

그럼에도 불구하고 어려운 지점도 많은 것 같아요. 왜냐하면 배움 중심 수업이 교육의 전반적인 개선과 수업 운영의 변화를 지향하는 것이지 역사수업에서 구체적으로 어떻게 가르칠 것인가를 담보해주지는 않기 때문이죠. 결국 실천 속에서 배움 중심 수업이 유의미한지 아닌지 고민하고 성과를 만들어내는 건 교사의 몫이잖아요. 또 배움 중심 수업의 문화도 1~2년 안에 정착되지 않고 상당한 시간과 훈련이 필요하거든요. 혁신학교 중에서도 1기를 끝내고 2기까지 몇 년간 실천한 학교들에서나 성과가 나타나는 경향이 있어요.

윤종배 배움의 공동체에 대한 책을 보면 '이것은 수업 방법이 아니라 철학이다'라고 강조하는데, 한편에서는 수업에 대한 방법론이나 매뉴얼은 다소 약하다는 평가도 있습니다. 이에 반해 거꾸로수업은 구체적인 수업 방법을 제시해 많이 주목을 받고 있습니다. 배움의 공동체와 비슷한 방향이지만 또 결을 달리하는 부분도 있는 것 같고요. 직접 수업을 운영해보신 장성예 선생님의 말씀을 들어보고 싶습니다.

장성예 저는 사실 거꾸로수업을 무작정 시작했어요. 발령 첫해에는 수업 내내 강의를 했는데 제 팬도 많았지만 '쓰러지는' 애들도 있더라고요. 그때 '저 아이들은 왜 수업에 들어오지 않을까'라는 의문을 갖게 됐어요. 이듬해에 배움의 공동체 연수에도 참가하고 거꾸로수업도 열심히 배우러 다녔어요. 동시에 2가지를 접

364

하면서 나한테 뭐가 유용할까. 그냥 필요한 부분만 가져가야겠다 생각했고요. '아이의 눈으로 수업 보기' 연수도 도움이 많이 됐어요. 제 수업에서 아이들의 배움을 눈여겨볼 수 있게 되었거든요. 이런저런 연수와 고민을 통해 교사 입장에서만 생각하지 않고 아이들이 수업 안에서 어떻게 움직이고 어떻게 소통하면서 무엇을 가져갈 수 있을까 고려하면서 수업을 디자인하게 되었어요.

거꾸로수업 초반에는 수업의 역동성 면에서 좋아 보이는 '게임', '제작 활동'을 엄청 많이 했는데, 역사수업으로는 뭔가 부족하다고 느꼈죠. 그럼에도 저는 모둠을 위주로 한 활동이 중요하다고 봅니다. 사실 개인주의가 매우 심해지고 있는 요즘, 학교가 사회에서 얼마 남지 않은 최후의 '공동체'라고 생각하거든요. 저는 아이들이 학교에서 배워야 되는 것은 '나는 나이면서도 동시에 공동체의 일부'라는 사실이라고 생각해요. 그걸 진정으로 체험하게 만드는 게 교사의 중요한 역할이라고도 생각하거든요. 제가 역사교사이기도 하지만 교사이기도 하니까요. 그렇지

장성예 "'사람'이 옆에 있다는 것을 아이들이 역사수업을 통해 알 수 있었으면 좋겠어요"

않으면 학원 강사나 인강 강사에 비해 강의력이 부족한 게 아닌지 자괴감에 빠지기 쉽더라구요. 아이들이 학교에서 배우는 게 인강보다 더 좋은 부분은 무엇이 있을지 고민을 하다 보니까, 결국엔 '사람이 옆에 있다는 것'이더라고요. 그런데도 제가 강의만 하면, 아이들은 여럿이 앉아 제 이야기를 듣고 있지만 아이들과 일대다(一對多)의 관계가 아니고 일대일의 합(合)일 뿐인 거죠. 저는 좀 시끄럽기는 해도 학생들 간에 관계를 만들어주는 게 핵심이고, 그들 안에서도 나름대로 집단지성을 형성할 수 있도록 도와주는 것이 중요하다고 생각해요.

강태원 저도 예전 학교에서는 배움의 공동체 수업을 많이 했거든요. 하면서 배움의 공동체가 정형화된 수업 방식은 아니라고 생각했습니다. 구체적으로 어떤 형태라기보다는 아이들이 활동하면서 뭔가를 배울 수 있도록 하는 게 중요하다고 봤어요. 일단 아이들이 자지 않으니까 좋았고, 아이들이 지겨워하고 안 하려고 하니까 학습지도 다양한 형태로 만들어서 자기들끼리 교과서를 본다든지, 이야기를 하든지 해서 스스로 공부를 해나가는 형태로 꾸려갔어요. 모둠을 만들어서 진행하니까 5교시에도 자는 아이들이 없더라고요. 이처럼 아이들의 배움에 다가가려는 노력이 중요한 것이지 특정한 수업이 배움의 공동체다, 아니다라고 개념을 정의하는 건 큰 의미가 없다고 봅니다.

거꾸로수업과의 관계도 그래요. 단순한 지식 습득이 아니라 같이 협력하는 것, 남의 말을 듣는 것, 호기심을 가지는 것 그리고 스스로 문제를 개선하기 위해서 노력하는 것 자체가 저는 배움 중심 수업이라고 생각하거든요. 제가 학습지를 만들 때, 여러 선생님 것을 참고해 '개념 이해하기-역사 흐름 잡기-역사 깊게 이해하기-역사 넓게 이해하기' 순서로 구성했어요. 개념 이해 부분은 제가 설명하고 흐름 잡기는 아이들이 교과서를 보며 정리하게 했어요. 역사 깊게 이해하기는 모둠을 만들어서 아이들이 탐구하는 건데 역사적 사고력을 기를 수 있는 것, 하나 가지고 깊게 파고들 수 있는 것들을 과제로 잡았고요. 역사 넓게 이해하기는 오늘날 현실의 문제와 관련시켜서 자기 의견을 말한다든지 토론을 한다든지 하는 거죠. 이런 과정을 거쳐 배움에 이른다는 점에서 거꾸로수업과 배움 중심 수업이 다르다고 생각하지 않아요.

윤종배 어느 순간 우리가 배움 중심 수업의 전반적인 공과를 논하게 되어버렸는데, (웃음) 이야기를 다시 역사수업 쪽으로 돌려 정리해보겠습니다. 크게 2가지 논점이 있는 것 같습니다. 첫째는 배움 중심 수업에서 역사 고유의 내러티브를 어떻게 구현할 것인가, 둘째는 점프과제를 통해 과거와 현재를 연결시키는 과제를 무리하지 않고, 의미 있게 살려낼 방안이 무엇인가.

그동안 배움의 공동체 혹은 배움 중심 수업과 관련해 역사과에서 고민했던 지점은 필연적으로 드러나거나 잠복돼 있는 '내러티브'를 배움 중심 수업에서는 살려내기가 어려웠다는 점이죠. 내용 요소를 대폭 줄이고 활동 시간을 많이 주는 수업 환경에서는 쉽지 않았다는 거예요. 점프과제에서 '현실 적용 가능한 것', '당장 우리 집과 우리 교실에서 겪을 수 있는 일에 대한 탐구'로 연결시키는 것이 매우 혁신적이었는데, 그게 역사과에서는 부담으로 작용한 면이 있어요. 역사과는 기본적으로 과거 사실을 토대로 현실과 연결 짓는 고난도 점프를 도모해야 한다는 점에서 그렇죠. 과거에 머물지 않고 현재적 의미를 많이 확장시키려고 하지만, 모든 주제나 사건, 인물이 바로바로 현재의 관점에서 적용될 수 있는 게 아니니까요. 배움 중심 수업에 대해서는 앞으로 더 고민할 지점을 이 정도로 짚고 다음 주제로 넘어가겠습니다.

3. 인권, 민주주의, 평화를 꿈꾸는 수업

윤종배 두 번째 주제는 가치 지향의 수업실천입니다. 역사과의 현실적인 교육 목표가 민주시민 양성이라는 점을 다시금 환기하는 경향이 교과 내부에서 두드러졌고, 2008년부터 지속된 역사교과서 시비, 국정교과서 소동과 맞물리면서 인권, 민주주의, 평화라는 가치가 반영되는 수업이 하나의 화두가 되었습니다. 저마다 조금씩 의미 부여를 달리하지만, 인권, 민주주의, 평화에 대한 소신을 수업에 녹여내는 것이 필요하다는 인식이 확산되고 있습니다. 선생님들 중에는 한 차시 수업이 아니라 아예 단원 구성 자체를 새롭게 꾸려나가기도 하고, 수업 안팎에서 다양한 시도를 하신 분이 있을 것 같은데 자유롭게 수업 경험을 말씀해주시죠.

박래훈 제가 먼저 말씀을 드리기가 좀 쑥스럽네요. 개인적으로 '사회'하고 '역사'를 같이 가르치는 입장에서 고민이 더 됩니다. 소위 가치 지향의 역사수업들을

박래훈 "혁신학교에서 배움 중심 수업의 다양한 경험을 하면서 '수업 하이에나'가 되었다"

보면, 훌륭한 점도 많고 배울 점도 많지만 때때로 '과연 그것이 역사수업의 몫인 가' 하는 생각이 들거든요. 특히 전근대의 경우, 왕조시대에 민주주의를 꼭 연결 시켜서 봐야 하는지 의문이죠. 세종, 영조, 정조를 통해 민주주의를 끌어내는 것 이 별로 자연스러워 보이지 않았어요. 차라리 융합수업을 하면서 부분적으로 시 도하거나, 아예 사회 과목에 넘겨주고 우리는 역사답게 가르쳐야 하는 것 아닌가 싶습니다.

장성예 가치 지향의 수업에 대한 저의 경험치는 작년에 동아시아사를 맡으면 서 조금 해본 것 정도입니다. 그나마도 모임의 어떤 선생님 학습지를 받아서 복붙 (복사-붙여넣기)하는 수준이었어요. 하면서 정말 어려운 게 주제 중심으로 역사 내용을 재구성하는 것이더라고요. 아직은 공부가 미진해서 인권, 민주주의, 평화 를 중심으로 정비하는 데 상당한 어려움이 있었어요. 주제에 따라 내용을 단순 나 열해놓는 것과 무엇이 다른가 하는 고민이 있었어요. 그 어려운 걸 잘해내신 분들 의 결과물을 보면서 힘들지만 저도 가치 지향 수업에 도전해보려고 생각하고 있 습니다.

백옥진 저도 용기를 내서 조금씩 해보고 있지만, 여전히 고민입니다. 전 오히 려 수업 방식 면에서 가치 지향의 의미를 새겼으면 좋겠어요. 예컨대 민주주의를 이야기하지만 민주적으로 가르치지 않는 저의 모습, 겉으로는 굉장히 아이들을 생각하는 척하지만, 수업 장면에서는 억압적이거나 일방적으로 가르치는 모습 이 런 것들을 좀 바꾸려고 더 노력했던 것 같아요. 아이들에게 '경청(敬聽)'하게 하 고, 어떤 이야기를 해도 비난하지 않고 존중하며 들을 수 있는 분위기를 만들어주 고, 그런 과정에서 아이들이 '내 이야기가 다른 사람과 협력할 수 있는 매개가 될 수 있다'고 느끼는 걸 중요하게 봤던 거죠. 그전까지는 '내 수업 한 시간을 어떻게 잘 채울까' 고민했다면, 지금은 '어떻게 학교 문화를 민주적으로 바꿀 수 있을까' 여기에 폭넓은 관심을 갖게 됐어요. 제 수업 안에서라도 아이들이 마음 편할 수 있고 민주적으로 의사결정이 되는 모습을 경험하도록 해주고 싶습니다.

물론, 내용적으로 연관이 깊은 한국 근현대사 부분이나 세계사 부분에서 평화와 통일, 인권 등의 주제가 있는 수업을 진행해보곤 하죠. 제가 근무하는 '파주'라는 지역이 평화라는 가치로 보면 의미가 큰 곳이니까요. 하지만 전체적으로는 일관된 틀을 만들어서 가치 지향의 수업을 체계적으로 하지는 못하고 있는 형편입니다.

강태원 제가 오늘 오전에 '위안부' 수업을 하고 이 자리에 참석했거든요. 위안부 수업을 하면서 인권의 문제, 여성 차별을 이야기하는데 오히려 아이들에게 일본에 대한 적대감만 강화시키는 결과를 가져오더라고요. 또 민주주의 수업을 지향하면서 민주주의의 꽃인 토론을 시도했는데 의도치 않은 양상이 드러나요. 상대에 대한 배려와 경청보다는 자기 논리를 앞세워 상대를 이기려는 경쟁심만 키우는 경우가 많더라고요. 심지어 상대가 가지고 있는 논리의 문제점을 찾아내서 어떻게 상대를 이길 수 있을까만 생각하더라고요.

또 하나는 우리가 수업 안에서 인권, 평화를 이야기하지만 수업 밖의 학교생활에서는 왕따라든지, 차별한다든지, 패거리를 짓는다든지 문제가 많아요. 수업은 수업, 생활은 생활이죠. 그래서 인권, 민주주의, 평화라는 것을 수업으로 가르칠 수 있느냐? 오히려 이것은 생활문화 속에서 서서히 형성되고, 서로 배려하는 관계 속에서 만들어지는 것이지 수업 시간에 설명한다고 해서 될 수 있겠느냐는 의문이 들었어요.

그래서 제가 토론수업하면서 아이들에게 강조하는 게 있어요. 반박이 중요한 게 아니고 상대가 어떤 의견을 냈는지 잘 듣고 내가 여기에 의견을 덧붙인다면 어떻게 될까를 고민하라고. 상대의 의견을 종합해서 분류하고 자기 의견을 보태가면서 차이점과 공통점을 찾아나가고, 어떻게 함께 실천해나갈지를 토론하라고 안내하고 수업을 시작합니다. 수업 운영에서도 마찬가지인데 다양한 아이들한테 기회를 주면서 교사의 말투나 진행 방식도 민주적으로 바꾸려고 해요. 그럼에도 제가 가르치는 입장이기 때문에 학생과 동등한 차원에서 서로를 존중하는 게 잘 안 되더라고요.

예전에 독일을 갔더니 흥미로운 수업을 하더라고요. 내가 가지고 있는 상대에 대한 적개심, 불신을 누그러뜨리는 거죠. 예를 들면 '나치 독일이 이스라엘, 유대인을 죽이고 피해를 입혔지만 이 사람들을 어떻게 용서할 것이며, 내가 가지고 있는 그 사람들에 대한 적대감과 불신을 없애고 함께 살아갈 마음자세를 가질 수 있을까'. 우리도 이제 이런 논의를 해야 한다는 생각이 들더라고요. 10월 항쟁이 대구에서 일어났는데 가해자 집안과 피해자 집안이 공존하고 있거든요. 피해자들은 대체로 가해자 경찰과 우익에 적대의식을 갖고 있으며, 소위 우익 쪽 사람들도 좌익 쪽 사람들에 대해 공산주의자라면서 적대의식을 갖고 있어요. 이런 현실적인 문제를 토론하고 그것을 공감해나가는 것이 민주적인 수업이 아닌가 생각합니다.

정미란 선생님의 문제의식에 공감합니다. 하지만 가치 지향의 수업을 여기서 논의하게 되기까지 역사적 배경은 짚어볼 필요가 있는 것 같습니다. 우리가 역사를 가르칠 때 너무 '객관주의' 또는 사실에만 집중하는 풍토가 있잖아요. 저는 아직도 이런 풍토가 역사 전공자들에게 너무 강하다고 생각하는데, 이런 문제 때문에 역사교과서 내용이 절대적인 진실이고 사실이라고 가르치는 풍토에 대해 성찰하는 과정에서 가치 지향 수업을 부르짖게 된 것이라고 생각하고 있어요. 물론 이 해법에 관한 방향이 가치 지향의 수업에만 존재하는 건 아니지만요.

한편으로는 이런 부분도 있어요. 역사과에서 가르치는 민주주의와 사회과에서 가르치는 민주주의가 다르다고 생각하거든요. 사회과에서는 민주주의가 하나의 절대적인 선처럼 그냥 가르쳐지고 있어요. 민주주의는 당연히 해야 하는 것이라고 여기면서, 그 '전사(前史)'도 당연한 것으로 여겨지는 거죠. 이렇게 배우는 아이들은 민주주의의 가치에 대해 하나도 감동을 느낄 수가 없고, 민주주의가 이뤄지는 과정과 관련된 성찰이나 고통이나 자부심을 가져볼 기회를 잃는다고 생각해요. 역사에서 만약에 인권이나 평화나 민주주의를 가르친다면, '인권'이 사람의 기본적 권리이지만 계속적으로 인권관이 변해왔고 지금의 우리 생각이 여기에 이르렀으며, 앞으로도 변할 수 있는 것이잖아요? 이걸 역사수업을 통해 성찰해볼 수 있어야 한다고 생각해요. 위안부 피해자 관련 수업의 경우도 그래요. 지금은 위안부 피해자 문제를 해결하는 데 집중이 되어 있지만, 더 중요한 건 보상 문제 해결 후에 추구해야 할 방향이죠. 그런 면에서 강태원 선생님의 문제의식에 동의하고 함께 고민해야 한다고 봐요. 서로 공존하면서 이 문제를 함께 이해하며 다음 단계로 나아갈 수 있어야지요.

이런 가치 지향의 수업은 충분히 의미가 있어요. 이에 관해 역사교사들이 지속적으로 논의하면서, 가르치는 형태나 내용에 대한 성찰을 요구받게 될 거예요. 그런데 이런 수업을 강요하는 순간, 이건 또 역사교사들을 옭아매는 덫이 될 것이라고 생각해요. 가르치다 보면 의도하지 않은 결과를 오히려 낳게 될 수 있고, 우리가 생각하는 목표와는 전혀 다른 부분이 나올 수도 있어요. 그런 부분을 성찰해야 한다고 생각하죠.

윤종배 정미란 선생님께서 상당히 깊이 있는 말씀을 해주셨는데, 혹시 수업하면서 이런 문제를 깊이 고민하게 된 계기가 있었나요?

정미란 몽골의 침략과 항쟁에 대해 가르칠 때의 일이에요. 반 아이 중에 다문화 아이가 있었어요. 아버지가 몽골인이었거든요. 이 아이가 저에게 와서 '몽골 사람은 나쁜 사람들인가요?' 하고 묻는 거예요. (일동 탄식) 제가 이 아이의 정체성에 대해 불안감을 조성하고, 이 아이가 교사를 불신하게 만든 건 아닌가 하는 생각이 들었어요. 학교에서 '몽골 사람들이 우리에게 쳐들어와서 이런 피해를 주었다'고 가르치는 부분에서 이 아이나 다른 아이들이 이 역사적 사실에 거리를 두고 국가나 역사적 인물에 대해 감정이입이나 판단을 하는 것이 아니니까요. 결과적으로는 아이한테 나쁜 짓을 한 것이죠. 엄청 반성을 했어요. 우리가 가르치는 역사 내용에 대한 교사의 안목이 정말 필요하구나. 역사교과서의 내용을 적절하게 재구성하고 넣고 빼고 해야 하는데, 아무 생각 없이 가르친 탓이죠. '이 내용이 누구를 위한 것이고 왜 가르쳐야 하는 것인가' 되물어보고 나아가 '나는 어떤 역사를 가르치고 싶고 아이들이 어떻게 기억하게 할 것인가' 하는 고민 없이 가르쳤던 거예요. '공공선'에 대한 감수성이 역사수업을 하는 교사에게는 매우 필요하다고 생각했죠. 그런 점에서는 가치 지향의 역사수업이 다양한 형태로 진행되고 있지만, 크고 작은 문제점을 짚어가면서 성숙할 필요가 있다는 생각이 들어요. 사실, 역사과목이 본질적으로 가치 지향 과목인 건 분명하잖아요. 그런데 그걸 아니라고 이야기하면 이상하고, 한쪽으로만 가야 한다고 말하는 것도 무리라고 생각해요. 아예 있다고 인정하고 좋은 가치가 무엇인지 아이들과 탐색하고 공공선의 감수성을 역사수업을 통해 느낄 수 있도록 해주는 것이 필요하다고 생각해요. 하지만 그건 너무 어려운 것 같아요. 너무 어려워요. (일동 웃음)

박래훈 제 말이 그 말이에요. 가치 지향의 수업을 한다 해도 교사가 아이들한 테 가치를 심어주는 건 아니잖아요. 아이들이 한번 생각해보고 교사들도 변화된 관점에서 내가 가르치는 텍스트나 내용을 진지하게 점검할 필요가 있다고 생각하 거든요.

아울러 전근대사에서 어떻게 이 가치를 반영할 수 있을까에 대한 논의가 더 필 요하다고 봅니다. 예컨대 신라의 삼국통일을 가르치면서 삼국통일의 의의, 한계 를 가르치는데, 과연 그것을 어떤 관점에서 이야기할까? 이 질문에 대해서는 여 전히 의문입니다.

강태원 그와 관련한 제 수업 사례를 하나 말씀드릴게요. 신라인의 입장을 두 루 나눠서 신라 귀족의 입장, 신라 농민의 입장, 고구려와 백제 귀족의 입장 그리 고 그 나라 일반 민들 입장, 당나라 군인의 입장에서서 생각해보게 했어요. 당시 기록을 보면, 신라 사람들은 굶어 죽는데 당나라 군대의 군비를 대기 위해 신라 의 물자를 그들에게 보내야만 했다는 이야기가 나와요. 백제 사람들이 신라 사람 들에게 모욕당하거나 당나라 포로로 끌려가는 것과 같은 다양한 사례도 찾아서 아이들에게 제시하는 거지요. '과연 이 사람들이 보는 삼국통일에 대한 입장은 어땠을까?'에 대해 아이들과 나누는 거죠. 아이들의 반응은 대체로 '농민들 입장 에서는 전쟁만 안 하고 평화롭게 살 수 있으면 좋아요'라는 식이었습니다. 이처 럼 저는 역사수업을 통해 신라의 삼국통일을 다양한 관점에서 바라보게 하고 싶 었던 거예요.

아까 정미란 선생님의 일화를 들으면서 저도 생각이 난 건데, 제 경우는 일본 아이가 교실에 있는 거예요. (일동 웃음) 일제강점기를 가르치는데 말이죠. 이 친 구는 일본인이기 때문에, 생각이나 사고방식은 한국인이지만 이 수업을 들으면서 일본인이라는 죄의식 속에 살아가야 하나 고민했을 거예요. 일본인이라고 다 그러지는 않았는데 말이죠. 일본의 평범한 사람들도 전시체제에서 얼마나 고통을 받았던가요. 역사수업이 서로의 입장을 이해하고 공감하는 장이 아니라 대립하면서 적대감을 키우는 경우가 많다는 생각이 솔직히 많이 드네요.

윤종배 지금까지 인권, 평화, 민주주의 등 가치 지향의 수업을 다양한 측면에서 말씀해주셨는데 크게 보면 사회과 민주주의 수업과의 차별성, 수업 방법상의 민주주의가 많이 거론되었네요. 수업에서는 그런 가치를 말하지만 생활과 동떨어진 탓에 학교 문화와 일상의 문제가 해결되지 않는다는 지적도 있었습니다. 또 정미란 선생님은 역사적인 형성 과정과 한계를 넘어서는 노력을 조명하는 것이 역사과에서 해볼 수 있는 가치 지향의 수업 방안이라는 말씀을 주셨습니다. 같은 맥락으로 '민주주의는 동사다'라는 표현도 있어요. 우리가 어떻게 추구하느냐에 따

윤종배 "배움은 가장 중요한 수업의 국면이며, 우리 수업의 종착점이다"

라 민주주의가 다르게 형성된다는 점을 강조하는 것이죠. 이게 바로 역사의 특징이기도 합니다. 정형화된 게 아니라 형성 과정이 있고 앞으로도 빚어나가는 과정이 있다는 뜻이죠.

가치 지향 수업의 가장 큰 난점으로, 전근대사는 이런 방식으로 설명이 안 된다고 하셨잖아요. 그래서 어떤 분은 향약, 두레, 향도 등을 민본이라는 측면에서 볼 수 없을까 살펴보았고, 김한종 선생님은 삼국통일이나 대(對)수·당 전쟁 이야기를 다양한 주체의 시각에서 보자고 제안하셨어요. 전근대사에서도 어떤 신분이나 성별, 지향을 품고 있느냐에 따라 저마다 다르게 상황을 인식했다는 점을 확인하는 것이죠. 이처럼 다양한 주체의 고유함을 인정하는 게 내용 면에서도, 가치 면에서도 실제 가치 지향에 근접한다고 보는 것이죠.

정미란 그런데 '사실에 대한 기반 없이 다양한 해석이 가능하다'는 입장을 취하면, 아이 입장에서 '역사는 어떻게 해석해도 괜찮아'가 될 가능성도 있어요. 어떤 특정한 입장만이 옳은 건 아니지만, 우리 각자의 역사 해석이 어긋나거나 교차되거나 만나는 지점이 있으니까 이를 어떻게 조율할 것인가에 대한 고민은 필요한 것 같아요.

제 경우 교실 속에서 다양한 아이들의 다른 생각이 서로 부딪치는 걸 너무 많이 봤거든요. 북한이나 일본이나 여성과 같은 뜨거운 주제에 대한 아이들의 이야기 말이에요. 부모님의 입장이 강고해서 그 영향으로 자신의 정치철학을 뚜렷이 밝히는 아이들이 있어요. 그런 아이들이 이야기하는 걸 보면, '우리나라가 다른 나라에게 침략받아서 식민지 지배를 받게 되면 어떻게 할 거야?'라는 질문에 '이민 가면 돼요'라고 쉽게 말하더라고요. 이런 현실에서 각각의 주체가 선택할 수 있는 다양한 방향을 이야기하는 것도 필요하지만, 역사적 사실의 시대성 그리고 그것이 현재와 연결되는 지점에 대해 같이 보는 것이 중요하다는 생각이 들어요.

그런 지점에서 토론식 수업의 문제점도 이야기해볼 수 있겠죠. 아까 강태원 선생님도 이야기하셨지만 단순히 입장을 선택해서 옳고 그름을 따지거나 서로의 흑백논리만을 확인하는 것에서 끝나면 안 되겠죠. 역사적 사건이나 쟁점이 굉장히 복잡하고 다층적으로 구성돼 있다는 걸 알고, 그런 쟁점에 대해 자신이 선택할 순간이 왔을 때 다양한 부분을 고려해서 선택할 수 있도록 이끄는 게 중요하다고 생각해요. 그런데 현실 속 역사수업에서는 어떠한 사안에 대해 대립되는 인물 등을 강조해 수업을 설계하다 보니 역사 속에서 '이게 아니면 저게 있는 것'으로만 진행되고 있는 것 같아 우려스럽죠. 그렇게 토론식 수업을 하면 안 하느니만 못하다는 생각을 하곤 해요(웃음). 그런 부분에 대해서도 논의해보면 좋을 것 같아요.

윤종배 정미란 선생님 말씀에 한마디 보태자면, 공공선이라는 것을 염두에 두고 수업을 할 때 선택지를 어떻게 주느냐가 큰 영향을 미친다고 봅니다. 예를 들면 일제강점기를 가르치고 나서 '너라면 어떻게 살았을 것 같니' 하고 물었을 때 '저는 독립운동가처럼 못 살겠고 차라리 친일파를 선택했을 것 같아요'라는 답이 나오면 교사로서 너무 기운 빠지거든요. 그래서 그런 식으로 선택지를 주는 게 아니라 친일파를 아예 제쳐놓고 무장투쟁하신 분, 실력양성운동 하신 분, 학생·사회운동 하신 분 등등 우리 민족의 독립이나 민주주의 진전을 위해서 애쓰신 분들을 다양한 스펙트럼으로 놓고 학생들이 선택하게 했어요. 반민족적이거나 정의를 배신할 가능성을 원천적으로 배제하고 저마다 유의미한 선택을 할 수 있도록 어느 정도 틀을 잡아주는 거예요. 공공선의 입장에서 이런 방식으로 선택지를 주면 학생들이 '역사에 긍정적인 역할을 하겠다'는 작은 자기 결단을 할 수 있도록 기회를 주는 셈이거든요.

4. 역사수업의 논쟁성을 살리려면

윤종배 아까 말씀 도중에 강태원 선생님께서 토론식 수업도 언급을 하셨는데, 예전부터 실천해오셨던 분의 입장에서 하실 말씀이 많을 것 같습니다.

백옥진 제가 먼저 강태원 선생님께 고민 상담을 신청하면 안 될까요? 토론식 수업을 하다 몇 번 망했거든요. 개화파와 척사파에 대한 토론을 하면 제가 아무리 다양한 자료를 제시해도 9:1의 비율로 개화를 원한다는 결과가 나와요. 전근대사 문제도 투표를 붙여보면 '왕권을 강화시키면 되겠네요'라는 답이 나오고요. 이러니 토론식 수업을 할 엄두가 안 나는 거예요. 오히려 학생의 이야기를 많이 끌어내는 수업에서 더 다양한 관점이 나올 때도 있었어요. 프랑스혁명 발표 학습에서 어떤 아이가 「라마르세예즈」가 프랑스의 국가로 불린 유래를 설명하면서 왜 우리는 친일파 논란이 있는 안익태의 「애국가」를 불러야 하느냐고 물었죠. 그러면서 촛불집회에서 불렀던 노래를 애국가로 정할 수 있지 않느냐고 말했어요. 제가 수업을 했으면 그렇게는 못했을 것 같아요. 아이들한테 수업을 맡기니까 훨씬 다양하게 나오지 않았나 싶어요. 이걸 토론으로 연결시켜볼까 했는데 좀 어렵더라고요.

강태원 저는 거창하게 토론식 수업이라는 형식을 앞세우기보다 아이들이 자기 생각을 자연스럽게 이야기하는 게 중요하다고 생각합니다. 최근에 '고려시대는 귀족제 사회인가?'라는 주제로 수업을 했습니다. 먼저 귀족제 사회인지 아닌지를 알려면 어떤 기준을 세워야 하느냐, 그 기준에 맞는지를 따져나가면서 정치적으로 일부 세력이 권력을 독점했는지 살펴보게 합니다. 과연 고려 정치제도에서 어떤 것들을 독점했는지, 경제적으로 귀족들이 이권을 차지한 건 무엇인지 기준을 정해놓고 살펴보는 식이죠. 이런 논의를 바탕으로 공개수업을 했는데, 참관자들이 '선생님의 수업은 토론수업이 아니라 토의수업입니다'라고 이야기하더라고요.

저는 토론이냐 토의냐 그것보다 상대의 의견을 경청하는 게 가장 중요하다고 봅니다. 상대의 말을 정확하게 들어 요약하고, 그다음 두 사람 의견을 들으면 두 사람의 의견을 요약하고 차이점이 있으면 차이점을 이야기하고 자기 의견을 덧붙이는 형태로 그걸 정리해나가는 거죠. 2명이 하면 세 번째 사람은 앞의 두 사람의 의견을 정리하고 4명이면 네 번째 사람은 앞의 세 사람 의견을 정리하면서 자기와 상대가 어떻게 다른지를 찾아나가는 방식이에요.

그다음으로 고민했던 것은, 토론 주제 잡기였어요. 처음 어설프게 도전할 때 '서경천도론에 대해서 어느 것이 옳으냐?'라고 이렇게 흔히 토론 주제를 잡잖아요. '광해군의 중립화 논란, 정책 어디에 동의하느냐?' 같은 것이요. 그런데 아이들에게는 역사에 대한 이해와 지식이 없어요. 그러다 보니 전혀 엉뚱한 방향으로 흘러

강태원 "아이들의 배움에 다가가려는 노력이 중요한 것이지 특정한 방법론의 문제가 아니다"

가기도 하죠. 예전에 어느 선생님 수업에서 '신라 하대의 문제점을 어떻게 해결할 것인가?'라는 질문에 '왕을 투표로 뽑아요'라는 답이 나왔죠. 아이들은 과거와 현재를 잘 구분하지 못하더라고요. 서경천도론도 당대의 상황 속에서 이해하는 게 아니고 현재적 가치를 가지고 주장하는 식이죠. 토론의 밑글로 사료를 주더라도 그 의미를 정확히 몰라 사료를 해석하는 데 시간을 다 보내는 거예요. 말의 뜻도 잘 모르고…. 그래서 이건 진정한 의미에서의 토론이 아니라는 생각이 들더라고요.

다른 선생님들 사례를 보면서도 회의적일 때가 많았어요. 우리 『역사교육』 회보에 실린 수업들을 보면 과연 이 주제로 아이들의 토론이 가능할까라는 의문이 상당히 많이 들거든요. 토론이라는 형식에 준비 없이 도전하기보다는 왜 토론인가, 무엇을 위한 토론수업을 해야 되나 등을 먼저 고민해야 한다고 봐요. 목표에 대한 고려 없이 방법론을 추구하면 방향이 잘못될 수 있다는 생각이 들어요. 토론이 능사는 아니라는 거죠.

특정 선생님의 수업을 비판하는 것 같기는 한데 거기서는 토론 주제를 선생님이 정해주더라고요. 그리고 선생님이 정리한 자료를 제시하고요. 그렇게 되면 아이들의 토론과 생각은 주어진 자료와 교사의 관점을 벗어나지 못하죠. 자칫하면 아이들이 나름대로 갖고 있던 생각을 억누르는 결과가 생길 수 있어요. 양자택일이 아니라 다양한 선택의 가능성을 열어줄 필요가 있지요.

다른 한편으로는 아이들이 자기 생각을 먼저 적어보는 게 필수라고 생각합니다. '광해군의 중립정책'을 수업하는데 한 아이를 가만히 보니까 '왕이 중립정책을 취함으로써 전쟁을 안 하니 백성들이 참 좋았을 것이다'라고 자기 생각을 잘 적어놨더라고요. 그런데 토론하는 과정에서 공부 잘하는 똑똑한 아이가 '훗날을 도모하기 위해 중립정책 취하는 게 옳다고 생각합니다' 하고 말하니까 자기 의견을 지우고 그 의견을 따라가더라고요. 토론을 하는 데도 많이 안다고 하는 것, 공부를 잘한다고 하는 것, 그 지식이 권위가 되어 오히려 토론에서 다양하게 자기의 생각을 드러내지 못하게 만드는 결과를 가져오더라고요. 그래서 요즘은 학습지를 통해 의병운동, 애국계몽운동 같은 독립운동의 방략을 두고 토론보다는 글쓰기들을 좀 많이 하고 있습니다. 아까 언급한 '역사 넓게 이해하기'라는 코너를 통해서요. 일단은 자기 생각을 쓰게 하고 나서 친구들과 이야기하게 합니다.

윤종배 토론식 수업이 다시 역사교사들에게 주목받는 건 아마 국정교과서 소동 탓이 아닌가 싶습니다. 나라에서 정한 한 가지 이야기를 배우라는 것에 대한 반대도 컸고, 우리보다 먼저 이런 일을 겪었던 독일의 보이텔스바흐 협약도 많이 감명을 준 것 같아요. 그에 따르면 역사가 본질적으로 해석의 학문인데 어떻게 한 가지 해석만 있을 수 있느냐는 것이 논의의 출발입니다. 다양한 이야기가 나오게 하려면 교사가 하나의 메시지를 전달하는 게 아니라 질문을 던지고 학생들이 다양하게 답하는 수업 방식이라야 하죠. 또 어떤 주제를 터부시하지 않고 현실의 논쟁도 다 테이블에 올려놓고 이야기해야 생동감 있는 토론이 될 수 있다는 점을 제시합니다. 이런 관점과 태도가 토론식 수업에 많이 영향을 끼친 것 같아요. 우리 모임에서도, 2016년에 토론모임이 만들어졌는데 지금 선생님이 짚어주신 부분을 계속 고민하면서 조금씩 진전이 되고 있는 것 같습니다. 아마 수업 사례가 많아지고 실천이 다양해지면 본래 취지에 맞게 토론식 수업이 이뤄지지 않을까 싶습니다.

정미란 강태원 선생님의 의견에 동의합니다. 역사수업에서는 토론식이라는 말을 쓰기보다는 논쟁적, 해석적이라는 용어를 쓰는 게 더 맞다고 봐요. 제 수업 사례를 예로 들게요. 8·15 해방 당시 사진을 주고 이 사건에 대한 서술을 해본다면 어떻게 할까 묻고, 아이들과 역사 서술을 해보는 수업을 한 경험이 있어요. 그걸 위해 아이들이 생각하는 이 사건에 대한 핵심 단어들을 함께 찾아 봤어요. 그리고 8·15 해방에 대한 세 개의 글을 제시한 뒤 가장 마음에 드는 글을 고르고 그 이유를 발표했어요. 사실 그 세 개의 글은 7차, 2007 개정, 2009 개정에 따른 초등 사회교과서의 역사 서술이었는데, 아이들은 각각의 글에 대해 나름대로 평가하면서 8·15 해방에 대한 자신들의 생각을 알게 되었지요. 정말 놀랍게도 하나의 관점이 아니었어요. 어떤 아이들은 독립운동을 열심히 해왔기 때문에 우리의 노력과 성취에 대한 부분을 강조해야 한다, 어떤 친구들은 기쁨과 환호, 즐거움같이 감정을 중심으로 서술해야 한다, 또 다른 친구들은 일본이 원자폭탄 맞은게 시원하니 그 부분을 강조해야 한다고 말했어요. 하나의 역사적 사실을 설명하고 해석하는 방식이 다르고 그것에는 가치가 녹아 있었던 거죠. 그러한 가치를 주장하는 이유를 이야기도 해보고 하면서 글을 정리하니 정말 자기 글쓰기로 정리가 되었던 거예요. 이를 통해 아이들에게는 교과서, 사료나 기록이 그냥 하나의 서술에 불과한 것일 수 있다는 걸 이해할 수 있었어요. 수업 후 아이들끼리 베스트 서술을 꼽아보게 했는데, 역사 서술에 대한 종합적인 평가를 해볼 수도 있었고요. 이런 과정들이 기존의 서술에 의문을 갖게 한다는 점에서 의미가 있어요. 바로 이런 점이 논쟁적 인식의 시작이라고 생각합니다. 우리가 너무 방법론의 측면에서 '토론을 위한 역사수업'을 바라본 건 아닌지 성찰해봐야 한다고 생각해요.

5. 몸으로 겪고, 함께 나누는 수업

윤종배 정미란 선생님의 말씀을 듣고 보니 역사과의 고유한 특성을 가장 잘 드러낼 수 있는 수업 고민이 필요하다는 생각이 듭니다. 이제 역사수업의 지평을 넓히는 융합수업, 체험에 대한 주제로 넘어가보겠습니다. 역사수업이 역사수업으로만 완벽하게 존재할 수 있는 게 아니라 초·중등학교 교육 전반에 걸쳐 영향을 주고받으며, 여러 과목과의 연계 속에서 진행되기 때문에 다양한 체험, 교과 간 융합이 상당히 비중 있게 검토될 필요가 있습니다. 최근까지도 그런 작업을 해오신 백옥진 선생님부터 역사수업을 더 깊게, 더 넓게 가져가는 방도를 열어주셨으면 좋겠습니다.

백옥진 그런 길을 열어드릴 수는 없고요. (일동 웃음) 저는 어느 순간부터 역사수업만 고민하지는 않았어요. 학년부장이나 혁신부장을 맡으면서 학기말 즈음에 어떻게 하면 아이들을 잠재우지 않고, 영화 보지 않고 의미 있는 걸 할까 협의하다가 융합수업과 교육과정 재구성을 하게 됐어요.

예를 들어 호미, 지게 같은 것들을 다른 선생님들이 언급하는 걸 들으면서 역사수업에서 도구를 떠올렸어요. 그러다 보니까 '간디의 물레' 등 자꾸자꾸 수업 소재가 확장돼요. 그러면서 각 교과마다 적정기술에 대해 수업을 하니까, 우리가 배웠던 많은 도구나 여러 가지 생활용품을 가지고 그게 왜 적정기술인지, 이게 왜 우리한테 도움이 되는지 되짚어보게 되었어요. 몇 차례 수업을 진행하면서 그 전에 내 수업에서 전혀 생각하지 못했던 부분을 가지고 아이들과 이야기 나누고 있더라고요.

이후에는 키워드를 중심으로 융합수업을 시도해봤어요. 가족, 어머니, 소통 등을 가지고요. 그러다 보니 억지스러운 거예요. 예를 들어 엄마에 대한 수업을 고

민하다가 엄마에 대한 인터뷰, 엄마의 가족, 엄마의 역사를 쓰는 수업을 했거든
요. 수업을 하는 과정에 사춘기 딸과 갱년기 엄마 사이에서 겪는 갈등을 아이가
이야기하다 보니 역사수업인 듯 아닌 듯한 수업이 되는 경험을 했어요.

체험수업은 보통 동아리 활동을 많이 하거나 학생들하고 어떻게 하면 체험을
재미있게 할까를 고민하면서 진행했어요. 예를 들면 비누 가지고 구석기, 신석기
를 가르치는 2학년 선생님들이 진행한 융합수업 사례가 있어요. 돌처럼 깨는 건
못 했지만 비누로 주먹도끼 만드는 과정, 그 뒤에 간석기 만드는 과정을 체험해보
기도 했죠. 나중에 수업 평가 때도 아이들 반응이 좋더라고요. 자기 손으로 직접
만들어본 경험을 두고두고 많이 이야기하더라고요. 혁신학교 예산이 있으니까 이
후에도 자꾸 기회를 만들었어요. 토요일마다 문화재 만드는 수업을 하기도 하고
큐레이터 활동도 하면서 자기 진로를 찾는 아이들도 봤거든요. 수업에서는 이를
수행평가로 집어넣는 거죠.

백옥진 "'교육은 교사의 질을 넘지 못한다'는 말을 요즘 많이 느낀다"

　　박래훈 저도 고민의 지점이 백 선생님과 비슷해요. 혁신학교에서는 주로 교과를 뛰어넘어 교육과정을 재구성하도록 요구하니까요. 잘 안 되는 이유가 뭐냐면, 수업의 전체적인 흐름을 고려하면서 융합수업을 하는 게 아니라, 무언가 특별한 시간에, 학교 행사를 위한 융합수업, 시험 직후 자투리 시간에 이벤트식으로 이뤄져서 문제였던 것 같아요. 작년에 이런 시도를 했어요. 전 과목 교과서 목차를 함께 살펴보고 융합수업을 어떻게 할지 선생님들이 고민했어요. 그런데 검토 끝에 선생님들이 모두 '우리 그냥 지금 하고 있는 거나 잘하자'라고 말하게 되더라고요. (일동 웃음) 다양한 교과의 선생님들이 머리를 맞대고 고민할 수 있는 시간이 좋기는 했지만 쉽지 않은 문제였던 거예요. 저로서는 역사과에서 굳이 융합할 만한 게 잘 안 떠오르더라고요.

　　윤종배 저도 혁신학교에서 융합수업에 도전해봤는데, 약간은 공허함이 느껴졌어요. 역사수업에 풍성함을 더하는 게 아니라 그냥 서로 보조를 맞추는 느낌이었어요. 학교에 따라서는 역사가 시간적 배경이나 소재 정도로 소비되는 측면도 있었거든요. 고민하다가 떠올린 것이 프랑스혁명 수업이었어요. 하고 싶은 이야기가 많은 주제인데 많아야 2차시밖에 못하잖아요. 그래서 도덕·사회과 차원의 역할 분담을 꾀한 것이죠. 전형적인 시민혁명이며, 근대 민주주의의 모태가 되는 사건이므로 세 교과에서 다루고 있거든요. 민주주의 제도의 구성과 작동 원리 등은 사회 수업에서, 인권선언을 토대로 인권의 의미를 깊이 있게 공부하는 건 도덕 시간에 하고, 역사에서는 역동적인 전개 과정과 고민해볼 지점을 다루면 좋겠다는 생각을 한 거죠. 이렇게 되면 프랑스혁명을 다각도로 살펴보고 거기에 다층적으로 접근할 수 있게 되는 거죠. 이런 게 융합수업 내지는 통합수업의 하나로 교과에 도움이 되는 수업이지 아닐까 생각해요.

강태원 예전에 과학고에 있으면서 '빗살무늬토기는 왜 밑이 뾰족한가?'라는 주제로 수업을 해본 적이 있어요. 흙을 구우면 왜 색깔이 변하고 단단해지는가, 단단해진다는 건 무엇인가, 온도를 높이는 데 따라 아래 내부 구조는 어떻게 바뀌는가 이런 것들을 한번 다뤄봤거든요. 몇 교과가 어울리면 더욱 좋은데, 미술 시간에는 토기를 만들고, 그 성분이나 형태 변화를 해석하는 건 과학 시간에 하면 좋고. 그릇이 만들어지면서 인간 생활에 어떤 변화가 생겼는가 하는 문제는 역사 시간에 할 수 있지요. 문제는 필요성에 대한 공유가 여러 교과 교사 간에 부족해서 미술 선생님은 협조라기보다 그냥 토기를 만들게만 하더라고요. 과학 선생님들도 좀 미온적이고.

그래서 저 혼자 융합수업거리를 궁리하면서 제 수업에 몇 가지를 실천해봤어요. 실제로 여러 교과가 융합한 게 아니라 역사수업 안에서 자체 융합을 한 셈이죠. 성덕대왕 신종의 소리는 왜 아름다운가, 진짜 사람을 넣었나 물어봤어요. 성덕대왕 신종을 한 번에 잘 만드는 게 가능한가, 주재료인 구리는 어디서 왔을까 궁금해했죠. 과학 이야기를 읽어보니까 소백산맥에서 나온 구리인데, 그 구리와 주석의 비율이 85:15 정도 되더라고요. 문제는 그게 주로 밥그릇, 불상, 숟가락 등 일차적으로 만들었던 걸 걷어다 만든 것이더라고요. 성덕대왕 신종에서 아이 소리가 나는 게 실제라기보다 당시 사람들이 수탈당했다는 원성이 아이 울음소리로 들리지 않았나 하는 거죠. 철제 무기의 경우도 그래요. 고구려가 강대국이 될 수 있는 배경에는 무기가 있더라고요. 화살촉을 분석해보니 연철, 강철, 주철을 마음대로 주조할 수 있었다고 하더라고요. 아차산성에서 발견된 화살촉이 안에는 주철인데 밖은 강철이에요. 그게 고구려가 강철, 주철, 연철을 마음대로 조절할 수 있고, 화살촉 모양이 거의 같은 걸 보면, 하나의 틀을 만들어 대량생산을 했던 거죠.

정미란 그걸 다 알고 수업을 구안하신 선생님이 더 대단하세요(웃음).

박래훈 한편으로는 학생의 질이 수업 형태를 결정한다는 걸 알게 되네요. (일동 웃음)

백옥진 저는 우리 학교 국어선생님 덕분에 제 교과의 정체성에 맞는 수업을 해본 경험은 있어요. 문학 수업을 할 때 그 배경이 되는 역사를 다뤄야 하니, 그 시대적 배경을 역사수업에서 맡고 문학 수업에서는 더 심화해서 가르치는 것이죠. 4·19 혁명을 다룬 시를 공부할 때, 역사적 배경을 역사수업에서 가르쳐주고 국어수업과 융합하는 거예요. 물론 내 교과 운영 계획 순서상 맞지는 않지만, 협력하기 위해 도와주는 거죠.

윤종배 혁신학교조차도 융합수업 논의가 쉽지가 않은 터라 일반 학교에서는 고민이 매우 필요한 일이네요. 자기 과목에 대한 수업 고민도 하면서 이웃 과목과 어디서 어떻게 만날 것인가, 그것에 따른 평가는 또 어떻게 할 것인가 이런 고민이 진행되지 않으면 결국 한 사람이 애를 쓰고 나머지는 구경꾼이 되거나 혼자 그냥 해결하고 마는 양상을 띠는 것 같아요. 그럼에도 다른 교과와 이른바 콜라보(협업)를 해보면 시야가 트이는 느낌이 들기 때문에 꼭 한번 도전해보시라고 하고 싶네요.

백옥진 콜라보 하니 생각나는데 제가 삼국항쟁을 가르쳤더니 정보 선생님이 그걸로 스크래치를 만들겠다고 했어요. 스크래치라는 게임이 있거든요. 저는 그걸 제 수행평가로 했는데, 저의 평가 아이템이 하나 더 생겨서 좋았어요. 대개

UCC를 만들거나 글쓰기를 하는 정도의 수행평가만 했는데 게임을 아이들이 만드니까 너무 좋아하는 거예요. 게다가 하나의 활동인데 2과목에서 수행평가가 된다는 것이죠.

장성예 저도 그런 적이 있어요. 작년에 우리 교무실에는 사회과 선생님이 다 계셨어요. 역사와 지리, 윤리 선생님하고 커피 마시다가 제가 수행평가 같이할까요 했더니 좋다는 거예요. 생각보다 쉽게 융합수업을 했어요. 되게 재미있었는데 선생님들끼리 이런 네트워크나 문화가 있어야 융합수업도 더 활발해질 것 같아요.

백옥진 어떤 주제로 했나요?

장성예 사실 15분 만에 만든 건데 3과목 교과서를 갖다놓고 목차를 보면서 서로 연관 지을 수 있겠다 싶은 걸 중심으로 가볍게 접근했죠. 아이들이 3과목 중 2과목은 반드시 배우거든요. 자기가 배우는 과목에 맞춰 아무거나 2개를 연관시켜 통합보고서를 쓰면 각각의 선생님이 다른 펜으로 피드백을 해주는 거예요. 교사 입장에서는 비슷한 주제를 조금씩 다른 관점으로 한번 볼 수 있으면 재미있겠다 싶었어요.

윤종배 저도 음악과와 역사 뮤지컬을 하면서 도움받은 적이 있어요. 우리 입장에서는 평가 대상이 역사 내용이지 가창 능력은 아니잖아요. 그런데 음악과에서는 그게 중요한 거예요. 음악은 같은 활동을 두고 자기네가 평가하고자 하는 바를 하는 거고 우리는 가사가 얼마나 유의미한가를 보는 거예요. 이렇게 협업하는 풍토나 체제가 더 갖춰지면 서로의 수업에 도움이 되는 형태로 발전할 수 있을 것 같습니다.

정미란 초등학교에서는 사실 융합수업을 많이 하고 있어요. 제가 여러 과목을 진도에 맞춰 쫙 가르치거든요. 빗살무늬토기 하면 미술 시간에 만들고 사회 시간에 탐구하고⋯. 3시간을 연결해서 하루 종일 융합수업을 하는 거죠. 물론 담임이 아니라 교과 전담 교사가 되면 상당히 어려워지지만.

융합수업이 어려운 점은 각 교과에서 고유하게 추구하는 바들이 만나 상승작용을 일으키기가 힘들기 때문이겠죠. 저는 역사에 관심 있으니 역사 위주로, 다른 선생님은 국어 위주로 다른 교과 내용을 흡수하는 측면이 강하죠. 현실적으로 우리가 융합수업 형태로 가르친다 해도 온전히 융합되는 건 아닌데 자꾸 위에서는 융합수업을 하라고 권장하니까 다소 기계적인 실천과 적용이 나오는 게 아닌가 싶어요. 앞으로 더 많은 고민과 협의를 통해 완성도 높은 사례나 수업 모델이 구안되면 좋겠어요. 왜냐하면 각자 다 잘하기가 힘들거든요, 사실은.

강태원 융합수업 관련해서 제가 문제 제기 하고 싶은 게 있어요. 역사교과서에는 왜 수학, 과학과 관련되는 내용이 거의 없을까요? 당시 사람들은 세금을 어떻게 계산해서 걷었는가, 대자연에서 어떻게 농사를 짓고 살았는가 등을 알려면 과학기술이나 수학들도 역사의 중요한 내용이 돼야 하는 거 아닌가요. 10분의 1세(稅)를 내라고 했는데, 분수를 모르는 사람한테 왜 이걸 내야 되는지 수학적으로 설명을 했을 거잖아요. 또 마을에서는 어떻게 계산해서 세금을 분배했을까 등등이 궁금하지 않나요? 역사는 당연히 인문학이라고만 생각하는데 저는 누가 교과서의 틀을 규정했는지 모르겠지만 상당히 불만이에요. 이런 요소들이 있어야 다양한 융합수업이 가능하다는 생각이 들거든요.

윤종배 과거 국정교과서 시절에는 몇몇 연구자 출신이 집필을 했는데 근래 검정교과서에는 현장교사들이 많이 참여하고 있잖아요. 그러면서 수업실천 사례가 교과서에 반영되는 경우가 많아졌어요. 여기 계신 선생님들처럼 문제의식을 가진 분들이 역사를 넓고 깊게 배울 수 있는 융합수업을 실천하면서 그 성과들이 자연스럽게 교과서 안으로 흘러들어가 역사가 좀 더 다채로워지지 않을까라는 기대를 해봅니다.

6. 초등 역사수업의 첫걸음

윤종배 바야흐로 마지막 주제입니다. 오늘 좌담회에서는 최근 10년간 역사수업의 변화를 짚고 있는데, 가장 많이 약진한 부분이 초등 역사수업이라고 봅니다. 2007 개정교육과정부터 초등 역사가 역사답게 자리매김하기 시작했어요. 교육과정 개정 때마다 내용과 체제에 변화가 있긴 했지만 초등 역사라는 영역은 엄연히 존재하지요. 이후 초등 역사수업에 대한 관심이 많아졌고, 국정교과서 소동 와중에 초등 선생님들은 물론, 중등 선생님들조차 초등 역사에 많은 문제의식을 갖게 되었어요. 이제는 초·중·고가 하나의 계열성 속에 있으면서 역사라는 과목의 특성을 살리는 방안을 함께 모색해야 하는 시점이 아닐까 하는 생각이 듭니다. 이 문제를 누구보다 많이 고민하신 정미란 선생님께서 먼저 말씀을 해주시죠.

정미란 예전에는 초등 선생님들이 역사수업을 항상 하지 않기 때문에 크게 관심을 갖지 않았어요. 저도 경력이 18년이 됐는데 그중에 역사를 안 가르친 해가 절반 정도나 되거든요. 이유는, 저학년을 맡게 되거나 고학년을 원해도 주지 않기 때문에 할 수 없기도 하죠. 또 역사가 교육과정 시기에 따라서 어떨 땐 5학년에만 있고, 어떨 땐 6학년에만 있기도 했어요. 3, 4, 5, 6학년에 걸쳐 역사 관련 내용이 있다고 하지만 문화재수업, 지역수업 같은 거라서 사실 '역사'를 체계적으로 가르치거나 수업을 하는 건 아니에요.

그러다가 교육과정이 바뀌면서 5학년과 6학년에 걸쳐 역사를 가르쳐야 하니까 많은 선생님이 관심을 갖게 됐고, 초등학교 역사수업에 관한 단행본도 많이 나왔어요. 한편으로는 초등학교 역사교과서나 역사수업을 비판하는 분들이 교과서 내용이나 체계가 중 · 고등학교 축소판 아니냐, 수업하는 걸 보면 도대체 내용에 허

정미란 "중등과 초등이 서로 관심을 가지고 머리를 맞대면
역사교육 전반이 더 발전할 수 있지 않을까?"

점이 많고, 이상한 이야기나 하고, 도대체 뭘 배우려고 하는지 모르는 체험활동만 열심히 하다가 끝난다. 강의만 하기에 급급하다고 비판을 많이 하세요.

2009년에 만들어진 역사교육연구소에는 어린이와 역사교육 분과가 있는데 거기서 '초등 역사교사의 길을 묻다'라는 주제로 공부를 같이 하고 있어요. 초등 역사교육이 지금까지 해온 것은 무엇이고, 연구자들이 제기하는 문제는 무엇이며, 우리가 앞으로 추구할 바는 무엇인가를 점검하고 있죠. 함께 방향을 찾아가기 위해 논의를 계속하고 있는데 아직 답이 나오거나 성과가 나오지 않았어요. 하지만 초등끼리만 얘기해서 될 일은 아니에요. 초·중등이 서로를 알아가고 이해하려는 노력이 필요하다고 생각합니다.

박래훈 중학교에서는 초등학교 때 뭘 배웠냐 그러고, 고등학교 선생님들도 중학교 선생님들에게 뭘 가르쳤냐고 이야기하세요. (일동 웃음) 초등에서 어떻게 역사수업이 이루어지는지 잘 몰랐는데, 제가 얼마 전에 초등학교 역사 시험문제를 보고 충격을 받았죠. '어려운데? 아이들이 이 정도로 배우나?' 싶었어요. 아이들이 양극단으로 반응이 갈린다고 봐요. '역사 좋아요'와 '역사 어렵고 지루해요'로요. 초등학교 역사수업이 중요한 건 그때 생긴 역사에 대한 느낌이나 관점이 이후 상급 학교로 진학하거나 성인이 되었을 때까지 영향을 미치기 때문일 거예요. 그래서 저는 초등 역사가 중학교 수업을 위해 무언가 준비하는 단계가 아니라, 초등학교에서 잘할 수 있고 해야만 하는 것에 집중해야 한다고 보는 거죠. 초등 아이의 관심이나 수준에 맞는 수업을 하면 된다고 생각해요. 초등학교 아이들의 특성에 맞게 즐거운 역사수업이 이루어지면 자연스럽게 다음 학교 급에서도 도움을 받을 수 있다는 거죠.

장성예 사실 제가 여기 메모장에 뭐라 적었냐면요, '계열성? 아이들은 사실 거의 다 잊어버렸다는 가정하에 가르치고 있음'. (일동 웃음) '흥미만 완전히 상실하지 않았다면 다행'. (일동 웃음) 말씀을 듣다 보니까 흥미가 진짜 중요한 것 같아요. 어쨌든 역사수업에 대한 끈을 놓지 않도록 해주는 거요.

백옥진 초등학교 역사수업에 대해서는 저도 놀랐던 적이 있어요. 제 딸이 초등학교에서 역사 학습지를 갖고 왔는데 제가 하나도 모르겠는 거예요. 왜냐하면 '은, 는, 이, 가' 조사 빼고 다 괄호였거든요. 알아보니까 '아이스크림'이라는 사이트에서 나오는 학습지였더라고요. 다수의 초등 아이들이 역사를 이렇게 배운대요. 저는 나름대로 다양한 체험이나 흥미 위주의 학습을 하려고 노력하는데, 아이들은 초등 때부터 역사는 지겹고 힘들고 어렵다는 생각을 갖고 올라오니 뭐가 잘 안 맞죠. 가끔 수업하다가 아이들이 선생님은 왜 이런 것도 안 가르쳐요 하고 계속 물어봐요. 공부를 좀 한 아이들은 초등학교 때 배운 내용이 훨씬 더 많다고 하는 거예요. 저는 아이들이 고등학교 올라가면서 역사라는 과목을 지겨워하지 않고 그까짓 역사공부, 난 언제든지 할 수 있어 이런 마음을 갖도록 하는 게 목표예요.

정미란 제가 초반에 그래서 말씀드렸잖아요. 초등학교에서는 역사를 한 번도 안 가르쳐보신 선생님이 역사수업을 맡게 되는 경우도 많아요. 그렇기 때문에 수업에 대한 고민이나 설계 자체를 잘 하지 못하는 경우가 많은 것이 현실이에요.

백옥진 저는 초등학교 교과서에도 문제가 있다고 생각해요. 통사로 배우면 중등과 거의 비슷하니까 사실은 내용이 굉장히 많은 거죠. 그런데 성실하고 모범적인 교사들이 그걸 다 가르쳐야 한다고 생각하니까 아이들 머리에 구겨 넣게 되는 거죠. 그걸 보면서 초등학교 교과서가 바뀌어야 한다는 걸 절감했어요.

　　정미란　실제로는 교실 안에서 마냥 그렇게 하지는 않아요. 여러 수업 사례를 보면, 괄호 넣기를 시키더라도 그렇게 심각하게 설명을 하거나 의미를 부여하지 않는 경우도 많죠. 다만 앞으로 바뀌어야 할 지점은 분명히 있어요. 중등의 경우는 전국역사교사모임이 있으니까 실천 사례가 모이고 검증되고 나누면서 성장이 일어날 수 있는데, 초등의 경우는 이제 막 시작되는 상황이거든요. 출발 지점이라고 해야 하나? 근 5~10년 사이가 논의가 시작되고 관심을 갖는 교사가 생겨나고 초등 역사수업에 대한 논쟁이 이루어지는 시기였어요. 한편으로는 역사수업에 관심을 가진 교사를 모으기가 쉽지 않기도 해요. 그나마 열의 있는 몇 분들이 모여 논의를 시작하고 있는 거죠. 보통 전 학년에 걸쳐 있는 국, 영, 수 과목에 관심을 갖거나 자신의 재능과 역량을 펼칠 수 있는 음악, 미술 같은 교과에 집중하는 경우가 많거든요. 역사가 전 학년에 걸쳐 있는 게 아니니까 어려움이 있어요.

　　강태원　제가 전에 초등학교 국정교과서를 분석해본 적이 있거든요. 중학교에서 가르쳐야 될 수준과 내용이더라고요. 그래서 초등학교 교과서는 중학교에서, 중학교 교과서는 고등학교에서 가르치면 딱 되겠더라고요. (일동 웃음) 그렇게 바꾸면 우리가 내용을 어떻게 추릴까 고민하지 않아도 되겠더라고요. 우리 집 아이들도 보면 초등학교 때부터 역사적 사실을 많이 알고 있어요. 그런데 사실과 사실과의 관계는 전혀 모르더라고요. 뭐라고 물어보면 답이 톡톡 튀어나오는데 사실과 사실 간에는 전혀 연결이 안 돼요.

　　계열성에 대해서는 더 많이 고민을 해야 되지만 현재 제 생각으로는 초등에서 역사과가 명확히 구분되는 것에 회의적입니다. 초등에서 배울 것이 많고 체험할 것도 많은데 굳이 역사를 가르쳐야 하나 싶어요. 과거 사실을 정리해서 굳이 초등 아이들에게 교과로 가르쳐야 되느냐 하는 거죠. 오히려 초등학교에서는 공부라는 의식보다는 체험 위주로 박물관 같은 곳에 가서 옛날에 우리 조상들이 이렇게 살 았다는 것을 몸으로 느끼는 것이 좋다고 봅니다.

윤종배 초등 역사교육에 관해서는 그런 견해도 있지만 전혀 다른 견해도 있습 니다. 중등 혹은 나중에 성인이 될 때까지 초등학교 역사수업은 역사라는 과목의 뿌리나 원천이 되는 거잖아요. 이런 중요한 시기에 박물관 가서 문화재 좀 보고 어떤 인물에 대해 익히면서 몇 가지 인상을 갖는 것이 과연 역사답게 배우는 것이 냐 하는 거죠. 낱낱의 사건이나 사물에 대해 즉자적으로 판단하는 것에서 끝나지 않고 똑같은 분량을 배우더라도 역사라는 과목의 시야에 놓고 보자는 거죠. 어떤 구도로 배우는가에 따라 박물관 구경, 체험, 인물 탐구도 아이들에게 다르게 인식 된다는 거예요. 초·중·고가 합리적인 판단과 조정 속에 어느 단계에서 어떤 식으 로 접근할까, 어떤 내용과 위계를 다룰까 고민하면서 합리적으로 설계될 필요가 있다는 주장입니다.

정미란 한국사 통사를 초등학교에서 꼭 가르쳐야 한다 그렇게 생각되지는 않 아요. 근데 아이들은 전통 이야기나 인물에 관심이 굉장히 많아요. 그때가 제일 호기심이 왕성하고 책도 엄청 읽을 때거든요. 그래서 이야기하고 싶어 하죠. 심지 어 자기 의견을 말하고 몸으로 표현하는 것까지 좋아하는 시기예요 이 시기가. 아 이들이랑 수업을 해보면 매우 다양하고 흥미롭게 수업을 할 수 있는데, 문제는 이 런 문제의식이 초등 선생님들 사이에 일반화되지 않았어요.

제가 역사와 신화에 대해서 예를 들어볼게요. 아이들이 『삼국유사』를 초등학교 때 많이 읽거든요. 그게 역사와 신화가 밀접하게 관련이 있는데 그 관련성을 같이 한 번 정도 생각해보는 거랑 아닌 경우는 역사적 경험이 크게 다르죠. 또 다른 예로 1학년 때부터 아이들이 태극기, 만세운동을 배워요. 그때부터 역사적으로 다 설명할 수는 없지만 우리나라가 해방이 되었다거나 식민지 지배를 받았다는 것이 무엇인지를 한 번쯤은 생각해보는 것과 아닌 것에는 큰 차이가 있죠. '신화랑 역사는 다르다' 같은 문제의식이나 '역사의 인물은 그 사람 자체로 그냥 존경할 만한 게 아니라 다양한 입장에서 이야기해 볼 수 있다', '우리가 아는 사건들도 여러 가지 관점으로 볼 수 있다' 이런 것들도 역사수업을 통해 고민해볼 수 있잖아요.

그런데 지금까지 우리에게 익숙한 방식이 초등학교에서는 환경확대법이라는 거죠. 마을-지역-국가 이렇게 확대하는 인식이죠. 그런데 우리 고장의 역사, 우리 지역의 역사, 우리 지역의 문화재, 우리 지역의 인물을 알려면 최소한 국가사를 알아야 되거든요. 거기에 다 설명이 나오기 때문에 그래요. 그런데 국가사는 가장 뒤에 나와요. 그런데 아이들은 1학년, 2학년 때부터 세계의 여러 문화, 인사법 이런 거 다 배워요. 세계사 하나도 안 나오는데도요. 6학년 때 세계지리가 나올 뿐이죠.

이런 복잡하고 어려운 조건 속에서 초등 역사가 감당해야 하는 부분을 고민하고 실천하면서 합리적이고 체계적인 계열성 논의가 많이 이루어졌으면 좋겠어요. 특히 중등에서도 초등 역사에 관심을 갖고 함께 머리를 맞대면 초등학교 역사수업이나 역사교육 전반이 더 발전할 수 있지 않을까 그런 생각을 합니다.

윤종배 네. 초등 역사교육이 의미 있는 첫걸음을 뗐는데 초등만의 노력으로 되는 게 아니라 중등과의 협업을 통해서 더 많이 진전시켜나가야 하는 과제가 있다 이렇게 이야기를 마무리할 수 있겠네요.

　오늘 패널 선생님들과 함께하면서 저는 진행자로서 매우 행복했습니다. 우리가 교사이지만 의외로 수업에 대해 다양한 이야기를 듣고 깨닫는 기회가 많지 않은데 오늘 좌담회가 바로 즐거운 배움의 향연이 아니었나 싶습니다. 앞으로 우리가 저마다의 현장에서 실천하고 가다듬어서 또다시 수업 이야기를 나누는 그날을 기대해봅니다. 긴 시간 동안 수고 많으셨습니다.

함께 읽으면 좋은 글

역사수업 실천의 지속과 변화

김민정, 「역사교사의 가르칠 궁리에 대한 반성과 공유-역사수업 연구에 대한 이론적 검토를 중심으로」, 『역사교육』 117, 2011.

김선옥, 「전입 교사 분투기」, 『역사교육』 97, 2012.

김선옥, 「삶을 바꾸는 사회 수업」, 『역사교육』 103, 2013.

김육훈, 「역사교육운동과 '교사를 위한 역사교육론' 탐색-전국역사교사모임 실천을 중심으로」, 『역사와 교육』 3, 2011.

김응호, 「고발 후 고백」, 『역사교육』 95, 2011.

김한종, 『역사교과서 국정화, 왜 문제인가』, 책과함께, 2015.

박지숙, 「나의 일상 수업 풍경」, 『역사교육』 82, 2008.

신병철, 「역사교육은 실천을 통해서 완성되는 것」, 『역사교육』 52, 2001.

양정현, 「7차 교육과정과 역사과의 진로」, 『역사교육』 52, 2001.

양호환, 「역사 텍스트 독해를 둘러싼 동향과 쟁점」, 『역사교육』 142, 2017.

'역사교육을 위한 교사모임' 준비 모임, 「역사교육을 위한 교사모임' 발기 취지문」, 『역사와 교육』 창간준비호, 1988.

오도화, 「고등학교 '한국사' 배움책을 준비하며」, 『역사교육』 93, 2011.

윤국선, 「'인물사 그림책 체벌 대체 프로그램' 이야기」, 『역사교육』 101, 2013.

윤종배, 「교사의 교육과정, 배움책과 대안교과서」, 전국역사교사모임 『역사, 무엇을 어떻게 가르칠까-현장교사들이 쓴 역사교육론』, 휴머니스트, 2008.

이선숙, 「교과별 교사모임을 통한 교사의 전문성 개발에 관한 연구: 전국역사교사모임을 중심으로」, 서울대학교 석사학위논문, 2005.

이재희, 「전국역사교사모임의 활동에 대한 연구」, 서울시립대학교 석사학위논문, 2005.

이해영, 「2013년 중·고등학생의 역사교육 이해 조사 결과」, 『역사와 교육』 9, 2014.

전국역사교사모임, 『역사교사로 산다는 것』, 너머북스, 2008.

정다운, 「중학역사수업연구모임 활동 소개」, 『역사교육』 91, 2010.

정의진, 「참여와 민주주의를 역사수업에 어떻게 엮어낼 수 있을까?」, 『역사교육』 104, 2014.

정진경, 박혜영, 정미란, 「역사수업에 대한 연구 동향」, 양호환 편, 『한국 역사교육의 연구 동향』, 책과함께, 2011.

조정아, 「고양파주역사교사모임-동아시아사 모임」, 『역사교육』 104, 2014.

최영준, 『박근혜 퇴진 촛불운동-현장 보고와 분석』, 책갈피, 2017.

최종순, 「초등학교 역사수업이야기 1~3」, 『역사교육』 87~89, 2009~2010.

역사교육의 대안 논의와 역사수업의 재구성 방향

강경선 외, 「서울 민주시민교육 모형과 실천 방안 연구」, 『교육정책연구보고서』, 서울특별시교육연구정보원, 2012.

구난희, 「1990년대 이후 역사교육 정책 네트워크의 구조와 양상 변화」, 『역사교육』 127.

구난희, 「민주화, 세계화와 역사교육의 변화」, 역사교육연구소, 『우리 역사교육의 역사』, 휴머니스트, 2015.

김삼웅, 『진보와 저항의 세계사』, 철수와영희, 2012.

김육훈, 「살아있는 삶을 위한 역사교육」, 전국역사교사모임, 『우리 아이들에게 역사를 어떻게 가르칠 것인가』, 휴머니스트, 2002.

김육훈, 「고등학교 '역사'교육과정과 근현대사 교육」, 『역사와 교육』 1, 2009.

김육훈, 「역사교육운동과 '교사를 위한 역사교육론' 탐색」, 『역사와 교육』 3, 2010.

김육훈, 「박근혜 정부의 역사교육 정책과 역사교과서 국정화」, 『교육비평』 37, 2016.

김육훈, 「역사교과서 국정화와 재국정화 소동 이후의 역사교육」, 문화사학회, 『기억은 역사를 어떻게 재현하는가』, 한울아카데미, 2017.

김정인, 『역사 전쟁, 과거를 해석하는 싸움』, 책세상, 2016.

김철신 외, 『민주주의 강의 2: 사상』, 민주화운동기념사업회, 2007.

김한종, 『역사교육으로 읽는 한국 현대사』, 책과함께, 2014.

나종석 외, 『민주주의 강의 1: 역사』, 민주화운동기념사업회, 2007.

로저 오스본, 『처음 만나는 민주주의 역사』, 시공사, 2012.

미셸린 이샤이, 『세계인권사상사』, 길, 2005.

박명림, 「남한과 북한의 헌법 제정과 국가정체성 연구: 국가 및 헌법 특성의 비교적, 관계적 해석」, 『국제정치논총』 49-4, 2009.

방지원, 「처음 만나는 '역사' 어떻게 구성할까」, 전국역사교사모임, 『역사, 무엇을 어떻게 가르칠까』, 휴머니스트, 2008.

방지원, 「'국민적 정체성' 형성을 위한 교육과정에서 '주체적 민주시민'을 기르는 교육과정으로: 향후 역사교육과정 연구의 진로 모색」, 『역사교육연구』 22, 2015.

성낙인, 「헌법과 국가정체성」, 『서울대학교 법학』 52-1, 2011.

송상헌, 「역사교육 내용을 둘러싼 역사교육 담론의 검토」, 『역사교육연구』 1, 2005.

심성보 외, 「보이텔스바흐 합의를 통한 민주시민교육 정책 방안 연구」, 서울시교육연구정보원, 2016.

이동기, 「국정화가 전체주의다: 독일 역사교육 이야기」, 한국사국정화저지네트워크, 『거리에서 국정교과서를 묻다』, 민족문제연구소, 2016.

이동기, 「정치 갈등 극복의 교육 원칙-독일 보이텔스바흐 합의」, 『역사교육연구』 26, 2016.

장은주 외, 「왜 그리고 어떤 민주시민교육인가-한국형 민주시민교육의 이론적 기초에 대한 연구」, 『교육정책연구보고서』, 경기도교육연구원, 2014.

존 B. 베리, 『사상의 자유의 역사』, 바오, 2005.

지크프리트 실레 외, 『보이텔스바흐 합의는 충분한가』, 민주화운동기념사업회, 2009.

한국사교과서국정화저지네트워크, 『거리에서 국정교과서를 묻다』, 민족문제연구소, 2016.

역사수업과 배움의 공동체의 만남

사토 마나부, 『아이들을 어떻게 가르칠 것인가』, 살림터, 2011.
사토 마나부, 『수업이 바뀌면 학교가 바뀐다』, 에듀니티, 2014.
손우정, 『배움의 공동체』, 해냄, 2012.

초등 역사수업의 고민과 꿈

강선주, 「초·중학교 세계사 교육의 현황과 쟁점: 2015 개정 역사교육과정을 중심으로」, 『서양사론』
    131, 2016.
김육훈, 「초등 역사교과서로 본 국정교과서 제도의 문제점」(국회토론회 '초등 사회(역사) 실험본 교과
    서로 본 국정교과서 제도의 문제점'에서 발표한 글), 2014.
방지원, 「역사교육 계열화의 개념과 원리」, 『역사교육연구』 3, 2006.
송상헌, 「역사교육의 내용을 둘러싼 역사교육 담론의 검토」, 『역사교육연구』 창간호, 2005
양정현, 「역사교육에서 사실, 해석, 그리고 주체와 관점: 2013년판 교학사 교과서를 중심으로」, 『역사
    와 교육』 9, 2014.
윤종배, 『역사수업의 길을 묻다』, 휴머니스트, 2018.
이동기 외, 『보이텔스바흐 합의와 민주시민교육』, 북멘토, 2018.
키쓰 바튼·린다 렙스틱, 『역사는 왜 가르쳐야 하는가』, 역사비평사, 2017.
전국역사교사모임, 『역사교사로 산다는 것』, 너머북스, 2008.
전국역사교사모임, 『우리 아이들에게 역사를 어떻게 가르칠것인가』, 휴머니스트, 2002.
한국사국정화저지네트워크, 『거리에서 국정교과서를 묻다』, 민족문제연구소, 2016.
황은희 외, 『5·18 민주화운동 교과서』(초등 5·6학년), 5·18기념재단, 2017.
황현정 외, 『민주적 가치 실현을 위한 역사교육과정 구성 방안 연구』, 경기도교육연구원, 2017.

※ 글의 성격상 참고문헌이나 자료가 없을 수 있습니다.

역사교실, 역사에서 배우고 삶으로 가르치는

전국역사교사모임 지음

초판 1쇄 발행일 2018년 7월 20일
초판 2쇄 발행일 2021년 7월 7일

발행인 | 한상준
편집 | 김민정 ·강탁준 ·손지원 ·송승민 ·최정휴
디자인 | 김경희 ·조경규 ·김미숙
마케팅 | 주영상 ·정수림
관리 | 양은진
종이 | 화인페이퍼
제작 | 제이오

발행처 | 비아북(ViaBook Publisher)
출판등록 | 제313-2007-218호(2007년 11월 2일)
주소 | 서울시 마포구 월드컵북로 6길 97(연남동 567-40) 2층
전화 | 02-334-6123 팩스 | 02-334-6126 전자우편 | crm@viabook.kr 홈페이지 | viabook.kr

ⓒ 전국역사교사모임, 2018
ISBN 979-11-86712-85-6 03370